JN275430

目次

別冊 環 ④
KAN: History, Environment, Civilization

イスラームとは何か
――「世界史」の視点から

イスラームは「世界史」の中心か？

西欧中心史観によるイスラーム理解を徹底批判する熱論！

別冊 環 ④

KAN: History, Environment, Civilization

板垣雄三
西谷　修
三木　亘
ウォーラーステイン
黒木英充
中堂幸政
羽田　正
武者小路公秀
三島憲一
黒田壽郎
小杉　泰
東長　靖
鷹木恵子
黒田美代子
田村愛理
桜井啓子
フサイン
トッド
宮田　律
鈴木　均
飯塚正人
サドリア
松原正毅
梅村　坦
中村光男
西井凉子
加賀谷寛
宮治美江子
日野舜也
鈴木　董
堀内　勝
久田博幸
岡田恵美子
奴田原睦明

イスラームとは何か

——「世界史」の視点から

藤原書店

〈鼎談〉

「世界史」の中のイスラーム

「9・11事件」以後、「イスラーム」はにわかに世界の人々の関心の的となった。だがメディアに流通する「イスラーム」イメージは、ヨーロッパ中心の世界史認識が作り出したものではあるまいか。

「イスラーム」を問うことは、我々自身の世界史認識を問うことである。非西欧的歴史認識の中で世界史を考察することからはじめて「イスラーム」を問うことができるのではあるまいか。

（編集部）

三木 亘（中東歴史生態学／コーディネーター）
板垣雄三（イスラーム研究）
西谷 修（思想文化論）

■問題提起

■討 論

問題提起

本日お話しいただきたいことは、イスラームとは何かということです。しかもそれを「世界史」の中で考えていきたい。「世界史」といっても、ヨーロッパ中心主義の中から生まれた、今いわれている「世界史」ではない世界史。そのような本当の意味での世界史を、この二一世紀に構築していかなければならないと思います。本日は、「世界史」におけるイスラームを考えることから逆に「世界史」を照射できないかと考えています。それではまず三木先生から問題提起をお願いします。

（編集部）

生態学からみた世界史の中のイスラーム

三木 亘

歴史を生態学的にみることの重要性

まず申し上げたいのは、歴史を生態条件の方から捉えることの大切さです。

生態学的な観点から見ますと、ベンガル湾の周縁から中国西南部、日本にかけての地域は、アマゾン流域と、それからギニア・コンゴと並んで生態条件が世界で一番いいところ、豊かなところです。地球上で唯一の生産者である植物の多様性が最大で、しかも復元力がものすごい。人々の行動が自足的になるような傾きが、そうしたところから生まれてくるのかもしれません。

それに対してアルプス・ピレネー以北のヨーロッパというのは、最後の氷河を被った地域で、そのために生態条件がひどく悪い。例えば、トルコ一国で同定された植物は一万二〇〇〇種類ぐらいですが、アルプス・ピレネー以北のロシアまで含めた地域全体において同定されたのが、これと同じくらいです。したがって植物性の食材

●三木亘（みき・わたる）
1925年生。東京大学文学部西洋史学科卒。東京外国語大学教授，慶應義塾大学教授を歴任，現在，慶應義塾大学特選塾員。中東歴史生態学・民族生薬学。著書に『世界史の第二ラウンドは可能か』（平凡社），共編著に『イスラム世界の人びと』（全５巻，東洋経済新報社）などがある。

がきわめて少なく、一六世紀ごろ新大陸からジャガイモなどが導入されるまでは、およそ貧しい食生活で、相対的に肉食度が高い。その後の歴史におけるヨーロッパの文明の内外ともに戦争をルールとするような攻撃性は、この貧しさから出たものかもしれません。一方、中東から地中海にかけては、多様な生態系がモザイク状に入り組んで、四方にあけっぱなしで、開放的で能動的なのが特徴ではないかと思います。

およそ一万年ばかり前に農業牧畜がはじまってから一〇世紀ごろまでは、未開から文明への転換の時代ですが、そこで文明なるものが展開していくのは、カリブ海から地中海・中東・インド・東南アジア・東アジアへの、中緯度から低緯度にかけてのベルト地帯です。一一―一二世紀以後、西欧だとかモンゴルだとか、高緯度の人間集団が、中緯度以下の文明に対していわば殴り込みをかけた。その時点で旧大陸世界の文明というのは、ある意味で飽和状態を迎えます。

諸文明展開の中心地

そして、一八世紀にいたるまで、次から次へと中心の担い手は替っていくわけですが、文明が、結果的には水平的連続的に展開していきます。まずひとつの文明があって、その周縁からそれに代わる新しい文明が出てきて、それが、まだ文明化していないところも含め、既成の文明までも飲み込んで場を広めていく。水平的連続的な展開とはそういうことです。私が「西洋」と呼ぶ、中東を中心とした、地理的には西アジア・北アフリカ・地中海・ヨーロッパを含めた地域で、そのような形で文明が展開していきます。その際、中心的な役割を演じたのがイスラームです。水平的連続的な展開というのは、既存の地域社会を破壊しないで、より大きな場を用意することで全体が活性化されるという、そういう展開の仕方です。

これは、担い手が次から次へと変わって征服や融合が生じ、言語、宗教などが互いにつくり合いをしていく過程です。西谷さんと酒井直樹さんとの対談で翻訳の問題という形で論じられている過程ですね（西谷修・酒井直樹『〈世界史〉の解体――歴史・主体・翻訳』以文社、一九九九年）。それがつぎつぎに展開していったわけです。例えば文明語としてのアラビア語は、シリア語で暮らしていたシリア人や中世ペルシャ語で暮らしていたイラン人などの知識人たちが、古代ギリシア語の胸を借りて仕立てあげたものです。逆にペルシャ語は、抽象語に関しては全部アラビア語というようなことになりました。一二世紀以後はさらに、中世ラテン語がアラビア語の胸を借りて文明語化し、それの俗語化したフランス語が一七―一九世紀の西欧の文明語となりました。

そのようにして、いわば人と物と情報の流れ、端末開放的なネットワークが、水平的連続的に展開し、言語も宗教も磨きあう。イスラームというのは、そういった現象の中心、地理的にいってもまさに中心的な位置を占めていました。

第一次緑の革命

生態的な問題とネットワークに関わって重要な事件は、カナダのアンドルウ・ワトソンさんが「緑の革命」と名づけた、イスラーム地域で生じた農業革命です。九―一〇世紀ごろ、農業革命が生じ、ほんの短い間に旧大陸世界全体に及んでいきます。

ワトソンさんによれば東南アジアが生態学的に最も豊かなところとなりますが、極端な言い方をすれば、そこの人たちは何もしないでも生きていける。その辺のバナナや木の実を食べて、サルン（スカート状腰巻）のまま水浴し昼寝でもしていれば、捨てた種がまた生えてくる。大庭みな子さんがアメリカのどこかの大学で出会った、インドネシアの女流作家がそういう言い方をしていたそうです。

そういうところでは、言説化された文明は起こりにくい。ただしインドとの関わりの中で、インドでそれが言説化される。植物が言説化されるというのは、栽培植物になるということで、栽培植物になると、これは文明要素として移転が可能になる。ウマイヤ朝に比べるとアッバース朝は南、東向きになった側面が強いのですが、アッバース朝時代の九―一〇世紀にかけて、インドで栽培植物化されたものがわずか一―二世紀の間にはるか西の涯イベリア半島にまで広がってしまう。

ちょっと挙げますと、稲・サトウキビ・綿・ココヤシ・バナナ・タロイモ・マンゴー・ナス・ホウレンソウ・かんきつ類。他方、アフリカのサバナからソルガム・スイカ・メロンなどの瓜類、パスタに絶対必要な硬質小麦やゴマ。また中東原産の大根・ニンジンなどの根菜類。レタス・キャベツ・その他の葉菜類、イチジク・ザクロなどの果樹、ピスタチオなどの堅果類。こうしたものが、東はインド、中央アジアから西はイベリア半島にいたるまで、生態学的条件が許す限り、一―二世紀の間にぱっと広がってしまうわけです。

私は、農学というのは学問のなかで一番高級だと思っています。江戸時代の農書などを読んでもつくづくそう思いました。八―九世紀ごろの中東、あるいは一〇世紀ごろのイベリア半島で非常に優れた農書が出てきています。違った場所に栽培植物を移すというのは、灌漑をはじめいろいろな技術的な工夫がいるからです。ただ、イベリア半島まで届いていた緑の革命が一六世紀にいたるまでアルプス・

ピレネーを越えられなかったのは、西欧にそれを受けいれるだけの文明度がまだなかったせいではないかと、ワトソンさんは判断しています。

イスラームの大衆化と多様化――遊牧民の時代

それに続く一一―一五世紀は遊牧民の時代です。ただしイスラームにおける遊牧民には二つのタイプがあります。まずトルコ系、モンゴル系などの高緯度のステップの遊牧民。それからアラブやイラン、あるいはサハラの遊牧民。後者の地域においては、オアシス・農耕地・都市と、遊牧民の場所とが入り乱れて古くから互いに接触しています。さらに海の民や山の民の地域も混在していますし、要するに、非常に多様な生態系が入り乱れて存在してその間にネットワークが展開するのが、イスラームが広がっていった地域です。それぞれの生態条件から生じてくる文化、価値観や生活様式がみんな違っているからこそ有無相通ずる商業その他のつきあいも発生しやすいわけですね。イスラームはこのネットワークの写像だといってよいでしょう。人間移動が活発で空間的にも社会的にも流動性のつよい、この社会の調整役となったのがイスラームです。日常のことから天下国家の問題にいたるまで、おのれの行為が神の意にかなうのが信徒の理想とするところですが、そのための行為規範を見いだす方法がイスラーム法で、コーランとハディース（預言者の言行の伝承）を典拠に、問題や社会の状況に即した実際的で合理的な推論（ギヤース）と、人々の合議（イジュマー）によって、適切な規範を見いだしてゆく方法が、敬虔な篤志家たちによって形づくられてゆきました。宗教的名望家ともいうべき、そういう人々はのちにウラマー（知識ある人の意）と呼ばれますが、かれらは行為規範を見いだすための人生万般にわたるコンサルタントであって、聖職者ではなく、キリスト教の教会のような画一的な統一性もなく、また、かれらの勧告にしたがうか否かは原理的に言って個人〳〵の自由です。したがってこの方法がおこなわれてゆく過程は、本質的に政治的社会的な動態で、ぼう大なイスラーム法学の文献は、イスラーム世界の広大な時空のなかで形づくられた、人々の生き方のレファレンスといってよいでしょう。国家はこの動的な過程がスムースにおこなわれるための調整役として位置づけられてきました。

ところが北方のステップの遊牧民は、いわゆるシルクロード沿いのオアシスとのつきあいを除いてはあまりそういう歴史的な経験をしていない。また、モンゴル人と同じく高緯度のゲルマン人などは、森林地帯で豚を飼っていたわけですが、これは遊牧とはいえない。しかも南がオリーブ色の地中海の人々で、直接非常に違った人々との接触経験がありません。それらが、すでにイスラームが展開している地域になだれ込んで、経験知のなさから文明施設を破壊したり虐殺をおこなったりする。西欧の十字軍は結局失敗に終わるわけですが、多分それがルサンチマンになって、その後のアメリカ大陸でのひどいやり方の背景にもなったのではないかと思います。

また、モンゴルにしても、トルコ族にしても、結局はイスラーム化されてしまった。西アフリカのベルベルの場合も同様です。その結果、それまでアラブが中心であったイスラーム世界が民族的に多様化していくわけですが、それはイスラームのさらなる拡大を意味した。空間的には内陸アジア・東欧・小アジア・アフリカ中部・インド・東南アジア、あるいはいま中国領となっている南部や北西部などです。

そういう空間的な拡がりと同時に、イスラームの一種の革新運動として、スーフィズムというものが展開します。これは、いわばイスラームの垂直展開です。スーフィズムというのはとかく聖者を媒介として神にすがるというような、救済を求めるヨーロッパ・キリスト教と似たイメージで語られてきている面が強い。ですが佐藤次高さんの『聖者イブラーヒーム伝説』などを読むと、聖者像がいろいろ広い地域に展開していくわけですが、その聖者像にこめられたメッセージにはちょっと驚きました。「放浪、禁欲、清貧、神を敬う、仕事で糧を得る、友への思いやり、女性を大事に扱う、異教徒との戦い、奇跡」。日常から天下国家の事柄にいたるまで、すべて乱世をまっすぐに生き抜くための行為規範で、行為規範のシステム化ともいえるイスラームの伝統に忠実なんですね。ムガール、サファヴィ、オスマンというこの時代の終わりごろ広範な地域帝国が登場してくる背後には、このように熱烈なスーフィズムの教団の運動がありました。長年の天下泰平によって形骸化した公式イスラームへの激烈な批判として登場したスーフィズムは、このように乱世に生きる神の道を提示することによって広汎な大衆の心をとらえ、征服者としてあらわれた遊牧民をもイスラーム化していったわけです。

一六―一八世紀にはオスマン、サファヴィ、ムガール、それから中国の清などの地域帝国が横並びに存在し、非常に長い期間、天下泰平が続く。そしてこの間、いまいったイスラームの垂直展開、大衆化が進みます。そしてイスラームが大衆化すると同時に、イラン・イスラーム文明、トルコ・イスラーム文明、インド・イスラーム文明といったように地域化します。あるいは中国・イスラーム文明などというものも考えられるでしょう。非常に広い場ができるということと地域的な多様性が出てくるということは、別に矛盾することではありません。イスラームが多様な地域社会にまで根をおろして重層化していったわけですね。そのようなかたちで旧大陸世界では、いわば歴史の深度が増していく過程を迎えます。

西欧近代文明展開のいびつさ――遠隔支配

一方、一六世紀の大航海時代のヨーロッパにおいては、「アメリカ大陸で出会ったのは、果たして人間であるのか」といった議論が長々と展開される。これは遠隔支配の問題です。

およそ異文化接触の経験のなかった人々がいきなり、自分たちとは違った、赤いアメリカ大陸の人、黒いアフリカの人、インド、東南アジアの褐色の人といった人間と出会う。喜望峰を回った船の三分の一か半分ぐらいは戻ってこられないというようなお粗末な航海条件でしたから、実際にそのような経験をしたのは、ごくわずかの人々で、行った先々では、彼らは極めて弱い存在なので、逆に恐ろしく攻撃的になる面があったのではないかと思います。そういう歴史の上につくられたアメリカにおける文明にとって、何かそれは原記憶、トラウマのようなものになっているのではないでしょうか。

アメリカ大陸で起きたことは、いわば島国の人間による遠隔支配です。先ほどの、文明の水平的な連続展開に対して、遠隔支配においては文明の展開が間接的で非連続なものになる。遠く離れて現場を知らない人間が指図をして、現場ではわずかな人々が恐怖をいわば裏返して非道な残虐行為をはたらいたりする。のちの近代化学技術にも、この遠隔支配のモデルはある面で当てはまるかもしれません。アメリカ大陸におけるピサロ、コルテスなどによる征服、あるいはインディアン狩りのような恐ろしく野蛮な行為は、それまで文明が水平展開していたときには、モンゴルの征服を除いては、あまり見られなかったと思います。しかし、遠隔支配や文明の非連続的な展開においては、その土地を更地《さらち》（「大自然のフロンティア」）化して、その上に、自分たちの好きなように何かをつくり上げるようなことが行われていきました。

その点、イスラエルというのはリトル・アメリカであるように思われます。ある日、ダマスカス大学のフランス科の大学院生の若者と話しをしていたら、チェルケス人の彼の村があったゴラン高原は一九六七年にイスラエルに占領されてしまい、ずっと後になって彼が行ってみると、跡形もなく村全体が抹殺されてしまっていたそうです。単なる破壊ではなく、全部きれいに掃除していた。これは西欧人が北アメリカのインディアンに対してとったのと同じやり方です。「そういう人たちが果たして人間であるかどうか」というのは、西谷さんのアントローポスとフマニタスの議論に関わってくると思います（前掲『〈世界史〉の解体』）。

農業の産業化、資本主義化、モノカルチャー化

ただこの大航海時代において、二番目の緑の革命が起ります。ジャガイモ・サツマイモ・トウモロコシ・カボチャ・トマト・トウガラシなど、アメリカ大陸からもたらされた植物性の食材。ドイツ人は、ジャガイモが入ってきたおかげではじめて腹いっぱい食べられるようになったのではないか、とある生態学者が言っていたのを聞いて笑ってしまったこともありましたが。

ただアッバース朝時代の緑の革命と違う点は、これがかなりの部分、その後のモノカルチャーの起源になっていったということです。やはり遠隔支配の形で、カリブ海あたりのサトウキビ・タバコ・ワタその他からはじまって、その後第三世界各地にひろがってゆくプランテーション農業がそれで、これは地域社会を無残に破壊して、貧困化をもたらします。また、資本主義というのは、本質的にモノカルチャーといっていいでしょう。そのようなモノカルチャー的な資本主義の登場により、一八世紀までの旧大陸世界における文明の水平的連続展開による商業世界が攻撃的な商品生産世界になっていく。岩井克人さんが『貨幣論』で、一八世紀までのいわゆる近代以前には、差異が水平的に存在し、そこに商業が生まれる、産業資本主義においては、農村が労働力を供給し、都市と農村との間に垂直的な差異が生まれ、さらに現代においては、技術革新によって差異がつくり出されるとしていますが、この第三段階はいまでは、米国自身をもふくめてグローバルな規模で地域社会を破壊し、これを

更地化するという暴力的な様相を呈しています。

そのような中で、経済だけを抽象化して、それもＧＤＰのような数字で抽出し、豊かさを測るような考え方が生まれてくる。ほとんど狂ったような利潤追求という発想は、そのようなことを自明の前提とした議論だと思われます。これは、商品生産というモノカルチャーに特徴的な、非常に攻撃的な経済のあり方です。例えば、第二次大戦後のアメリカの経済、経営学の基本は、戦争中に開発された軍事戦略、オペレーションズ・リサーチの上に乗っかっています。経済も戦争として把握するのが第二次大戦以後のアメリカです。それと株式会社、法人という擬人化した組織体が巨大化して、世界的に支配的なものとなり、さまざまな問題を引き起しています。

行為の宗教としてのイスラーム

では、そのような近代西欧文明をイスラームはどう受けとったかというと、ある意味で自らが近代西欧文明化されていった側面もあります。独立を求める民族解放運動も、結果的には近代西欧文明の最大のレパートリの一つである近代国家をつくり上げていくような方向に向かっていった。一見強硬な護教論的な主張やそれによる形式的な戒律厳守なども、むしろ近代西欧化されたイスラームの側面と言えます。

そもそもイスラームは、言説的なもの、顕示的なものというよりは、むしろもっと自由なあり方をしていた。例えば、信仰の五つの柱は儀礼ですが、遊牧民や農民が毎日五回礼拝するようなことは、ちょっと前まではおよそあまり考えられなかったことです。実際に私がつきあった延べにして数百人ものイスラーム教徒の中にも、一日五回礼拝するような人は、いまでもわずかしかいません。

イスラームというのは、徹頭徹尾行為の宗教です。その点、礼を規範とする儒教と似ている面があると思います。行為規範が中心的な位置を占めて、行為規範の柔らかいシステム化ともいえるのがイスラームではないか。

そのこととも関連する思いますが、ワクフ（神への寄進財で公共的なものを維持するシステム）や、政治倫理としてのアドル（公正）やマスラハ（公益）といったもの、すなわち我々が公共性と呼ぶようなものが、より自然な形で、しかも強固に存在しています。行為の宗教ですから、いまでいうＮＧＯ的な人々の活動も昔から存在する。西欧近代の影響に対しても、内部改革の流れがある。ハマース、ヒズブッラー、ムスリム同胞団なども、元々はいわばＮＧＯ的な運動として広く民衆の間で展開されてきたものです。

その意味で、言説化、理論体系化された宗教としてのイスラームよりも、むしろ歴史が降り積もって日常生活の中に沈積したイスラーム、あるいは身についたイスラームとでもいうべきものを考える必要があるのではないかと思います。家族やコミュニティがいまでもしっかりしているところが多く、したがって社会治安が欧米よりもはるかにいい国がたくさんあります。あるいはイスラーム世界の人々は、概ね大変礼儀正しい。その点、石黒マリーローズさんが、「国際化したか、しないか」の指標は、むしろ乗り物の中で年寄りに席を譲るかとか、そういう広い意味での礼儀にあるのでは、といったことを書かれているのはおもしろいと思います。

他方、ヨーロッパキリスト教というのは、言語規範の比重が非常に大きい。キリスト教はもともとギリシャ的な論理で培養されていましたが、それを引継いだヨーロッパは、さらに強力な言語規範優位の宗教をつくりだした。

コプト教会・シリア教会・アルメニア教会などは、同じキリスト教であっても、ヨーロッパのキリスト教と非常に違っていて、むしろ中東の民俗宗教の変換形態という感じを受けます。つまり、キリスト教とイスラーム教のもともとの違いというよりも、アルプス・ピレネー山脈を超えてキリスト教がヨーロッパ化していったことの問題が大きいわけです。そしてこうしたことは、イスラームの歴史を生態学的に眺め、イスラームを行為の宗教として捉えることで見えてくるのではないかと思います。

世界の中心としてのイスラーム

板垣雄三

世界史における中心性

一五分間で世界史とイスラームを語るのはなかなかに大変です。今回の鼎談のそもそもの中心テーマは、ヨーロッパ中心主義の根底からの見直しということですね。ですが、私などがヨーロッパ中心主義について一生懸命これを爆撃しようとすると必ず、三木さんの語りもそうだが、それはイスラーム中心主義ではないかといわれる（笑）。そして、いずれにしても「中心主義」はよくない、ヨーロッパ中心主義をイスラーム中心主義に置き換える結果になってはダメだ、という話になる。そういう物言いで、ヨーロッパ中心主義の人たちは現状維持のための逃げ道を探すわけです。私は何度もこんな観察をしてきました。

その点、イスラーム中心主義というのは、何もこちらが選んでそうなっているのではなく、事実として、世界史がイスラーム中心になってしまっているからそうなるのだということを、いつもいっているのです。ヨーロッパ中心主義を批判して別の中心主義をすえつけるのではない。イスラームというと、これをすぐ辺境性からの攻撃みたいなものに置き換える言説が横行してきた面があるのですが、世界史におけるイスラーム世界の中心性をまず明確に認識しなおすべきだということを、最初にいっておきたいと思います。

「中心主義」ではない

そして同時に、イスラームというものが、世界史的には否応なく中心性という場を生得的・運命的に担うようになってしまっているにも関わらず、それが中心主義にはならないような性質を持っているのではないかということも、強調しておきたい点です。イスラームは、絶えず宇宙万物の多様性とか多元性とか、物事の差異性とか個別性とかを、徹底的に強調する立場を持している。ここにこそイスラーム的立場なるものの特徴があるわけで、自らが宿命的に背負ってしまった中心性にも関わらず、中心主義に傾くことを絶えず自己批判し、拒否していくような面があるのです。

日本におけるヨーロッパ中心主義の根深さ

しかし、殊に日本の知的状況においては、そういう問題の立て方はそぐわないというかなじまないようです。たかだかこの二百年ぐらいの話にすぎないわけですが、ヨーロッパ中心主義のイデオロギーへの寄りかかりを促進する力が強烈に働いている。その影響は非常に根深く、かつどんどん拡大してしまっている。教育の現状を振り返ってみても、日本社会全体、いわば全身に毒がまわった状態だともいえるでしょう。もはや振り出しには戻れないという意味で、かなり絶望的な状況です。

二〇〇一年九月一一日以降の事象を考えてみても、世界をどう捉えるかという点において、日本の社会全体が認識・行動主体としての重大な欠陥をさらけ出してしまったように思われます。それは、オイルショック、イラン革命、湾岸戦争下の国際貢献、反「テロ」と続く間歇的狂騒とイスラームへの恐るべき誤解・偏見への陥没とに見られたように、世界史におけるイスラームの中心性をきちんと認識してこなかったことと密接に関係する欠陥だと思います。

私はかねがね「文明戦略」という見地を強調してきました。まさしく日本文明のこれからのポジショニングの問題、日本の将来ヴィジョンつまり日本社会、日本国家の文明戦略策定という問題が、この二〇〇一〜〇二年という時期に、のっぴきならぬ課題として表面化してきた。しかもそれは、単に現在の「日本人」が世界をどう捉えているか、という問題にとどまらず、世界を知る「知り方」の吟味、つまり日本の人文・社会科学や自然科学の現況と趨勢に端的に表れている、いわば「知」の構造と戦略の問題性とその批判に関わるものだと考えます。ヨーロッパ中心主義批判という課題は、我々の思考の方向を思いきって切り替えるとか、我々の頭脳をすっかりとり替えるとかするくらいの、そんな類の問題ではないでしょうか。

イスラームと日本

つぎに、世界史において、日本と、イスラームのウンマと観念されたもの、つまり常識的にいい換えればイスラーム世界と、これら両者のあいだに認められるパラレリズムの問題にも、目を向けたいと思います。

●板垣雄三（いたがき・ゆうぞう）
1931年生。東京大学文学部西洋史学科卒業。東京大学名誉教授，東京経済大学名誉教授。イスラーム研究。著書に『歴史の現在と地域学』（岩波書店），『石の叫びに耳を澄ます』（平凡社），編書に『「対テロ戦争」とイスラム世界』（岩波書店）などがある。

イスラーム世界が世界史の中で最初にグローバリズムを実現したことからしても、日本とイスラーム世界とを並べて単純に並行現象だというわけにはいかない。しかし、いずれも、西暦七世紀以降、同時並行的に成立・展開してきたことは確かです。両者は別々に離れたものとして比較されるべき存在ではなく、イスラーム世界は、そのグローバル化の過程において、日本の歴史にもそのままつながりを持ってきている。したがって、日本とイスラーム世界をつなげて考える際には、単に比較の次元においてハイパースペース的につなぐだけでなく、両者を実質的に結び合わす連結性をも考えてみなければならない。

　他方、世界史的に特異な社会発展の道筋の次元で、長子相続や農村から発する資本主義や軍事化と結合する産業主義など、比較対照が可能な日本と西欧という組み合わせも考えられます。

　ところが、イスラームに対する関わり方という点では、西欧と日本は、別の意味で著しく対照的です。ヨーロッパは、イスラーム世界といわば地続きで、その影響をモロに受け止めざるを得なかった。それに対して日本の場合は、中国、インド亜大陸、東南アジアのイスラーム化というある種の媒介項を通じて感応する。イスラーム文明のネットワークの東方への拡大の影響を、そうした中間項を介して受け止めたわけです。このように、イスラーム世界との関係において、直接性と間接性という関わり方の違いはあったが、西欧と日本とはイスラーム世界の東西の縁辺に位置する顕著な対称性を持っていました。そこで、ヨーロッパ・オリエンタリズムを容易に受け止めることができる素地が、日本にはあったのです。

　いろいろ複雑なことをぶっきら棒に申しましたが、差し当たり以上を問題として提出しておきます。

ヨーロッパの臨界から現れるイスラーム

西谷　修

問題は境界に存在する

元々フランス思想などをやっていて、そこからイスラームのこと、あるいは世界史の問題について関心を持つようになったという辺りのお話をしたいと思います。

フランス思想の場合でも、二〇世紀に入ってからは、しだいに哲学・思想や文学の領域に境界がなくなってきました。学問の枠組みとしては、言語による区分も、分野の区別もあります。我々は最初にそうした枠組みを受け入れることから始めるわけですが、実際に取り組んでみると、すでにそうした枠組みが消滅してゆくようなところにしか注意を惹くような問題はないわけです。

最初に、かなり本格的に勉強したのは、ジョルジュ・バタイユ、モーリス・ブランショ、あるいはエマニエル・レヴィナスとかいった人たちです。この人たちは、あらゆる意味で「境界線上」にいるわけです。板垣先生がよく書かれる図式でいうと、円が幾つか交差するところですね。ジャンルでいえば文学とか哲学とか社会学とか、そういうものの枠をはみ出していく。あるいはそれらの継ぎ目というか、それぞれの領域には収まりきらず、その継ぎ目でしか総合的に把握できないようなものに思考の焦点を合わせているわけです。領域としてもそうだし、同時代的にそういう傾向が出てきたのだと思います。

歴史的に言えば、彼らが生きたのは、まさにキリスト教世界が第三ミレニアムに入る直前というか、あるいはキリスト教世界がいわゆる近代化、世俗化のプロセスを経て、神や教会の役割がほとんど公共生活の中では無視されていくような時代なんですが、そのような時代にいながらかれらは、おそらくはキリスト教信仰を根本のところで見えない形で支えてきたと思われる神秘体験のようなものを問題にしていたのです。かつて神秘家が語ったこと、言葉を超えた体験を語った言語、言語的な限界で表現された体験、それはいわゆる精神と肉体との境界の体験でもあると思います。

では、宗教的世界においてそういうふうに表現されたものは、現代のいわゆる非宗教的な世界においてはどうなったのか、それは消滅してしまったのか。では精神と肉体の境界はいったいどうなっているのか、と。

近代医学の文脈でいえば、これは狂気と理性の境目の問題でもあります。ある種の狂気の体験ということになりますが、それを理解させるための言語は、理性とそり合わせなければならない。そのまま表明していたら、無意味な破滅的な表現にしかならないでしょう。そういう境界の露呈が、実はキリスト教時代の初期にもあって、二〇〇〇年のキリスト教時代を隔てて呼応している。その意味では一つの世界がある臨界に達し、つまりキリスト教世界の展開がある臨界点に達して、まさにそこに身を置き、そのことに促されて思考したのが彼らだということです。

エマニエル・レヴィナスはといえば、キリスト教ヨーロッパの長い歴史の中で、近代ヨーロッパというものが形成されていくとき、いわばヨーロッパという布地をつくるときに、初めから織り込まれながらそれこそ抑圧される形で、その裏に見えない形で埋め込まれて下地になり、かつ出来上ったときには、このヨーロッパ近代という表地に存在しないという形で働いているユダヤ的なものが、まさに「ショアー」というのを契機にして、歴史的な出来事としての「ショアー」を機会にして、語りえないものとしてヨーロッパの只中に露呈してきたということがありますが、その境界に思想的な表現を与えようとしたのが、レヴィナスのような人です。

人間が言語をもって思考する限りでの、その思考の限界を考える。ここからさらに下がったら、何も言えなくなってしまう、私ということすらも言えない、もう闇の泥沼に沈むしかない、いってみれば、そのような喫水線、言語表現が可能であるかどうかという、その喫水線のようなところに、ある一つの条件と可能性とを設定して、ギリシャ語的な論理の中にユダヤ的なものをもう一度織り込んで臨界の世界の言葉、あるいは思考を織り直すということをやったのがレヴィナスですが、そうするとその思考はもはや哲学ではなくて、倫理だと言うわけです。

そこには「世界戦争」という同時代の出来事があったのですが、いずれにしてもかれらは、さまざまな事柄の境界のところで考えた人たちです。

●西谷修(にしたに・おさむ)
1950年生。東京都立大学大学院仏文修士課程修了。東京外国語大学大学院教授。思想文化論。著書に『世界史の臨界』(岩波書店)『離脱と移動』(せりか書房)『戦争論』(講談社学術文庫), 訳書に『物騒なフィクション』(ベンスラマ, 筑摩書房)などがある。

「世界史」の臨界

ではそのような境界体験、あるいは臨界状況というものがどうして浮かび上がってきたのかを考えてみると、一つにはキリスト教二〇〇〇年の歴史が年季を迎える時期だということが確実にあると思います。キリスト教は、一つの文明として歴史を起動させた。歴史を起動させ、みずからの世界を広げながら終末へと向かう運動をつくり出した。近代になってその時間は抽象的な、科学的な時間に接木されましたが、人間が科学をいかに使うかということも含めて、ヨーロッパの論理の中では、この終末論的運動は世界自身の自己実現、それも精神を通しての真理の顕現という形をとることになる。要するに人間の知性を通して世界がみずからを知において現実化するということですが、これには原理的に終わり、テロスというものがある。

これはだいたいヘーゲルが理論化したことですが、たしかに西欧文明が導く世界というものがある到達点を持ってしまったように見えてくるわけです。バタイユにしろブランショにしろレヴィナスにしろ彼らの問題がなぜこれほどまでにアクチュアルなものになったかと言えば、世界戦争があったからです。世界戦争というのは、ヨーロッパ的な人間がいろいろと作り上げ、構築した挙句に、ついにその構築の論理、ヘーゲル的にいえば「否定」ということですが、自ら築き上げた世界を壊すことになってしまった、つまり人間というものをこの世界に実現し尽くしたら、その人間を壊すところにまで至ってしまった、そういうことを示す出来事です。そのことから、西洋文明というものは何を演じているか、何を演じてきたのかを、どうしても考えざるを得なくなってくるのです。

ヨーロッパから発現した「世界史」

そんな関心から「戦争論」というテーマ設定で、現在の世界がどういうことになっているかを考えてきました。そこにはもちろんアジアや日本も含まれます。というのも、ヨーロッパは世界を包摂したわけで、そのプロセスは対象としての世界に関わるだけでなく、我々の考え方にも関わっています。実際、板垣先生が言われたように、我々の思考の枠組みは基本的にはすべてヨーロッパ的知識に依拠して作られています。

ではこのヨーロッパ的な知の枠組みから、相対的に自由になる可能性をどう見つけていったらいいかというときに、私の場合どうしたかというと、世界を歴史的に、つまり時間空間的にグローバルに対象化していくこの西洋的な知自体が、実は普遍的なものではなく、それ自体歴史的かつ地域的な形成物であると考えたわけです。発見や認識が征服や同化と軌を一にして進む、そして世界に起こるあらゆるものを一つのディスクールにとり込んでいくこと自体が「世界史」の記述だったのではないかと。歴史のディスクールというのは、ヨーロッパにとっては非常に重要なもので、その歴史のディスクールのあり方を解明し、それがどうできているかを内在的に解明することで、逆にそれを相対化する視点が得られるのではないかと考えました。それで「世界史論」をやったわけです。

例えば、今は、二〇〇一年です。この年号だけは、世界で共有されている。我々が歴史的現在というものを語るときに、この年号を外して語ることはできない。いまこの年号が全世界に共有されているということが、世界の過去を振り返ってみるとき我々の一つの基準になっている。どうしてこれが基準になったか、いつから基準になったかと考えると、それにはわずか百年ばかりの歴史しかない。そういう年号の共有、歴史的時間の共有自体を世界史のプロセスの中で見てみると、少なくとも我々が世界という全体像を構成して、なおかつそれを時間的な因果律の中に配置して見ることができるようになったのは、ヨーロッパ人が歴史というものを発明して、それを道具にし、世界に広めてからのことです。そして歴史の論理は、同時に征服の論理でも、統合の論理でもあった。そうした枠組みの中に、我々も、我々の認識もしっかり組み込まれているわけです。二〇〇一年という年号が共有され、この年号がキリスト教暦だということが、いってみれば我々が世界史という考えを持つことの商標登録であり、今の世界はメイド・イン・クリスチャニズムだということです。

ヨーロッパ／「世界史」を理解するためのイスラーム

だとすると、我々が考えている世界史というものも、実はコロンブス以降にしかあり得ない。そうした世界史がキリスト教的な時間観念によって整序されたものだということを考えた場合、ヨーロッパ的な歴史が対象として包摂していった地域を、いってみればヘーゲル的な知のつくり方とは違う形で認識し直さないといけないと思い至るわけです。ヘーゲル的な知とは、要するに森があるとその森を否定して、つまり木を切って家を建てる。そういう形で「人間」の空間にする。するとこれは破壊とか、消滅とかではなくて、自分のためのものに作り替えて、そこに自分が住むわけで、そんなふうにありのままのもの（自然）が「人間化」されて、人間の世界になることになります。そうなると、かつてそれはどうなっていたのかということは、人間が木を使う段階になるとわからなくなってしまう。

そこで森の段階にもう一度立ち戻って考えてみる。あるいは、一旦家を建てたらその家が永続的に維持されるのではなくて、その家すらも、家をつくる力を超えてまた森の中に飲み込まれていくかもしれないと考える。いわばその自生力の方からものを見て、ヨーロッパが形成すると同時にヨーロッパ的なものを形成したもの、ヨーロッパが隠してきたものを見ていく。

あるいは、はるかに遡って、古くはゾロアスターから、要するにヨーロッパの哲学の発端にある、黒い闇の中に浮ぶ東方の光ですね。朝の前の光ですけれども、そういうところからヨーロッパの光の文明の裏というか、周りに脈々と蓄えられているものが少しずつ見えるようになってくる。そこにとりわけ浮かび上がってくるのがオリエントだし、ヨーロッパの近代そのものを作るファクターとしてのイスラーム世界ですね。イスラームについては何ら具体的なお話はできませんでしたが、ヨーロッパを理解するために、世界史というものを理解するために、イスラームの理解が欠かせないんだということを一〇年ぐらい前から考えてきました。

討論

日本におけるイスラーム観の問題

なかなか改まらない偏見・無関心

西谷　まず伺いたいのは、板垣さんたちがもう三〇年、四〇年と頑張ってこられたのに、日本でのイスラーム観が全然改まらない、イスラーム圏の重要さが全然認識されないという問題です。

板垣さんがイスラーム世界の認識を変えるためにやられてきたことは非常に重要だと思います。それから三木さんがやられてきたこともとても興味深い。いわゆる文物として形成され、文字化された資料を基に書かれる歴史では見えないものを、むしろその規定条件としての生態系の観点から読みかえていくということですね。そこに浮かび上がってくるものは非常におもしろい。

ただ、生態学的な歴史観の中にイスラームがそのまま入ってくると唐突な印象がないでもありません。イスラームという枠は歴史的形成物だから、世界の歴史の中に時間的にも空間的にも位置づけられることで、ほかとの関係でクローズアップされてくるものだと思います。そのことを明示しないと、いつの間にか氷河時代の話から不意にイスラーム世界の話になったりしてしまいます。

生態学的な歴史構成を考えたときに浮かび上がってくるイスラーム世界のある特別なあり方と、そうした観点から見えてくる特徴、ほかの文明に対して優れた面とかはわかるんですが、でもイスラーム世界とはこうだよというだけではなく、そうしたイスラーム世界の形成をうまく歴史化して呈示できれば、その世界の重要さがもう少し上手く伝わるのではないかと思うのですが。

板垣　西谷さんの話に即していえば、ヨーロッパの人間は、イスラームの重要性をよく知っていると思う。逆に、もう知り過ぎているからいわないとか、あるいはあえて逆のことをいうとか、そういう面があると思う。しかし日本社会の場合は、ナイーブに、漠とした外界のイメージや雰囲気として感じているだけ。三木さんがいうような具体的事物のありようとか生態やその絡み合いに即して、世界を見ていない。非常に上滑りなところがある。

しかもこれは、単なるナイーブさや無知だけの問題ではなく、頑として動かないある種の思い込み、眺め方の癖、刷り込まれた感性が作用して、イスラームを意図的に無視して平気だったり、無視することこそ知的に誠実だとするような間違った「ヨーロッパかぶれ」に陥っている状況なのです。

オリエンタリズムを受け入れる素地

西谷 それは日本において歴史的に形成された意識ということでしょうか。

板垣 そうです。出発点はいわゆる「三国」意識。本朝（日本）、唐ないし震旦（中国）、天竺（インド）という構図で世界を見る伝統的な世界イメージです。吹けば飛ぶような粟散国という小国意識も一方に持ちながら、三本柱の組み立てでなんとか自らのアイデンティティを打ち立てようとする。こうして本地垂迹説から根本枝葉花実説へ、そして国学の「やまとごころ」や「みくにぶり」へといたる感覚は、唐土や天竺との関係、つまり仏教・儒教・道教などの意味の問い直しに絶えず心を砕く課題意識に発するものだったわけです。しかし実際には、例えば天平の昔、イラン人が日本の国の心臓部に存在していたわけです。

西谷 奈良時代にペルシャ人がいたわけですね。

板垣 そう、にも関わらず、イスラームについては全然考えないで来た。だから一三世紀初め中国に留学した慶政上人も泉州の港でイスラーム教徒と会いながら、これはお釈迦様の国から来た人たちだというようにしか認識できない。「鎖国」認識では、一七世紀幕府が長崎にモウル通事（ペルシア語通訳官）を置いた事実も忘れられる。そのように三国意識をずっと引きずってきた。

そして一九世紀半ばから、今度はヨーロッパの「西洋・東洋」二項対立論に同化する。アジアかヨーロッパかという問いがそれ以外は考えられない選択肢にされて、今日に至ります。しかし脱亜もアジア主義も実は同根、同じ穴のむじなで、世界をヨーロッパ対非ヨーロッパ（アジア）と二分する十字軍以来の「二つの世界」論です。このヨーロッパ・オリエンタリズムにパッと乗り替えた。だから、古代ギリシャをヨーロッパの先祖に仕立てる一九世紀アーリア・モデルの捏造にも、二〇世紀後半の東西対立の「冷戦」観にも、ころっとまいってしまう。こうして三国意識とオリエンタリズムのために、日本は世界の中心を見失ってきた。日本の歴史とともに始まる世界の中心をも。いま、この持続的感性への付けがまわってきた。でもこれまでは、イスラームについて知らないことがむしろ立派で、誠実ということだった。

西谷 勉強してはいけないんですね（笑）。

危機認識と世界認識

三木 田中優子さんが書いているように、江戸時代の二世紀半、日本は情報的には外の情報を集めますが、実態としては日本列島だけで生きてきた。しかもあの時代の世界を見回しても、生活においても文明においても結構高度なものでした。生態学的には、日本は大変恵まれたところで、先ほど私は自足的といいましたが、奈良平安時代も同じような状況だった。

しかし何か外と感じられるものから攻撃され

「脱亜もアジア主義も実は同根、同じ穴のむじなで、世界をヨーロッパ対非ヨーロッパ（アジア）と二分する十字軍以来の『二つの世界』論です。」（板垣）

「日本や米国で、イスラーム世界に対する関心や認識が、一過性で根づかないのは、いずれも文明が末期症状で、生命力を失い、閉じつつあるからでしょう。」（三木）

たり、あるいは危機と感じるような状況を迎えると、少しは世界に通用するようなことも出てくる。板垣さんがどこかに書かれていた、聖徳太子なんかの時代がそうですね。あるいは白村江の敗戦あたりの大海人皇子だとか天智天皇、天武天皇。またあるいは、元寇に対する日蓮とか幕末・明治前期の指導者たち。何か危機意識をもったときには、一所懸命やってある程度世界に通用するようなものも出てくる。けれども一段落するとまたぬくぬくとした日本に帰って昼寝でもするというような具合です。

その点、有無を言わさず、イスラーム世界の中心部、中東と大きな深い関係が出てくるのは石油以後ですね。ただ太平洋戦争のときすでに中国・東南アジアのイスラーム教徒の人々とも接触があるわけですが、どういうわけかいまそれはあまりとり上げられていない。

しかしその石油以後にしても、イブン・ハルドゥーンの四代の法則のいう三代目か四代目のような形で、外に対する好奇心を、失っているような気がします。高校生や大学生と、半世紀近くつき合ってきましたが、世界に対する関心が、経済成長と比例して急速に薄れてきました。米国も同様です。エドワード・サイードさんが『イスラム報道』でイランの革命後の動きに関するアメリカのメディアを丹念に調べて、恐ろしい無知を描き出しています。ケネディの時代は、外に対する関心を持たざるを得なかった。そこから地域研究が盛んに行われましたが、それが急速に衰えています。それもアメリカが島国であるせいだと思います。日本や米国で、イスラーム世界に対する関心や認識が、オイル・ショックその他の時だけの一過性で根づかないのは、根本的には、いずれも文明が末期症状で、生命力を失い、閉じつつあるからでしょう。もっとも、そういう腐朽した世界体制、各国体制からはみだし、あるいはとびだして、イスラームに限らず第三世界のＮＧＯなどにおもむき、いわば自分のからだで世界認識を形づくる人々もふえつつありますが。

西谷　板垣さんがいわれた、日本がずっと歴史的にイスラームを眼中に置いてこなかったというのは、納得できます。いまでもそうだというのはわかるんですが、それはなかなか入りにくいということもあって……ちょっとあえていわせていただきますが、例えば学生の頃、板垣雄三先生というのが目の前に出てくると、「アラブ・イスラーム研究の人」とか「イスラーム世界の人」とか、そういう感じで受けとるわけです。つまりこっちから限定するんですね。ところが板垣先生の方は、あたかもイスラームが中心であることは自明のように語られる（笑）。そこにはズレがあるんですよ。イスラーム世界の専門家とか、そこに足場をもつ人というふうに受けとってしまうのです。

板垣　日米安保条約体制の身体化にともなう視野狭窄、などといってみたりしているが、一世紀前の日本人は違ったのですよ。欧米に伍するという気概から、イスラーム世界への視野を持とうとしていた。敗戦とともにこれを忘却したのです。

西谷　それともう一つ気になるのは、まさしく生態学的にみて、石油がこの中東、あるいはイスラーム世界に存在したということですね。短いスパンかもしれませんが、この百年か二百年にとっては大変な問題でしょう。でもあと百年もたてば石油はなくなるから、こういうことは忘れてしまっていいんでしょうか。何かこれはアラーの思し召しでしょうか。

三木 一九世紀が石炭の時代で二〇世紀が石油の時代というのは、事実としてありますね。

西谷 それに西洋の産業主義は、どうしても石油に結びつく。そこに石油があってしまったことが問題を複雑にする大きな要因にもなっているのではないですか。

板垣 そうですね。でもそれはあくまで二〇世紀の問題。日本では、志賀重昂は非常に早い段階で二〇世紀は石油の時代だと見抜き、彼自身一九二〇年代にペルシャ湾からエルサレムまで貫く踏査旅行をしました。現在のパレスチナ問題まで見通す見識です。ただ社会一般はとなると、三木さんは石油以後イスラーム・中東への関心が少しは変わったといわれるが、このこと自体ほとんど考えない人の方が多いのではないか。九割ものエネルギーを専ら中東に負っている状況なのに、普段はそれを忘れて暮らしているのが日本の現状でしょう。

エネルギー資源に関しては、中東問題は、いまや環カスピ海から中央アジアへと広がっている。

西谷 それもソ連崩壊以後はまさしくイスラーム地域だということですね。

ユダヤ教、キリスト教、イスラーム教の本来の共通性

イスラームの本質とは何か

西谷 三木さんは、日本人にとっては、イスラームで起こることが全部突如として起こったように見えてしまうということを問題にされていますが、やはりイスラーム世界、ウンマというのは突如として出てきたものではないんですか。というのは、例えばムハンマド以前、あの地域にイブラヒーム（アブラハムのアラブ名）という名前はなかったそうですね。

三木 それは知りません。

西谷 そうなんですか。ベンスラマが論文の中で引用していたんですが、イスラーム化以前のアラブ人の名前について調べた人がいるらしいんです。そうしたら、聖書に出てくる名前というのは、アラブ人の間にはそれまでほとんどなかったと。けれどもイスラーム化以後、そういうものがごく普通の名前になる。まさしく六二二年、いわゆる元年にすべてが始まり、それでイスラーム世界ができる。

例えばキリスト教世界は、もっと徐々に五―六世紀になってから、イエスの出生からの年数を数えてキリスト暦をつくった。そのころから、ある共通の時間に包摂された一つの意識空間ができてくる。ところがイスラームの場合は、七世紀の初めに登場して、それまで違った形であったものが、一つのウンマ的世界として作り変えられ、それ以後厳然として存在したということではないのでしょうか。

板垣 だけど、そんなにポッとなんか出てこないですよ。というのも、アラビア半島にはユダヤ教もキリスト教もすでに拡がっていたわけ

です。そういう聖書的世界の海の中に、イスラーム教徒の集団が出現するのですから。それは連続しています。しかもイスラームは、信仰告白の前段「神は唯一である」という部分に関しては、ユダヤ教徒やキリスト教徒と全く共通の綱領を掲げているのですから。異質のものが突如現れたわけではない、いわば自然にわいて出たようなものです。

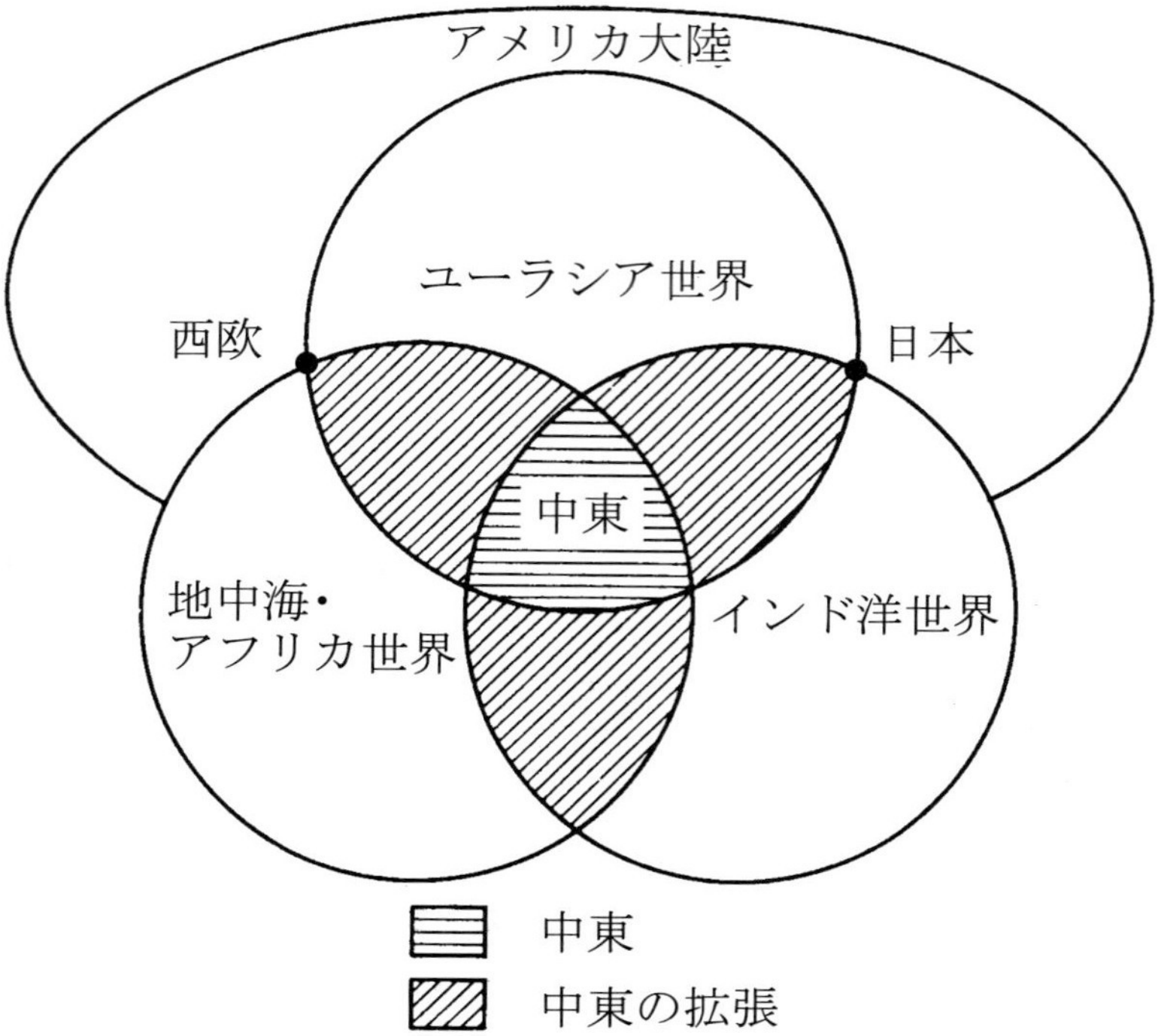

図　世界史の中の中東

西谷　いや、異質のものが登場したというわけでなくて、ただそれがイスラームという信仰というか一つのシステムでまとめられるようになる、するとこの世界は独自のドグマを持つわけですね。そしてそれ以降の人たちはイスラームに従って世界解釈をする。そういう意味で、新しい世界が確実に開かれたのではと思うのですが。

板垣　新しい世界がひらけたことは確かですが、全く無媒介に新しいものが出てきたわけではなくて、過去のいろいろなつながりを全部背負い込んだ格好で、かつ新しいものとして生まれたということでしょう。

例えば、徹底的な個人主義とか合理主義とか普遍主義、それから言説共同体や法の支配、市民社会、市場経済、社会契約、国民国家（ウンマ）、シューラー（合議）と共和制といった類のものがすべてが、いまいわれたような意味での新しい世界の解釈だと思うのですが、すべてイスラームの成立とともに鋭く突き出されるようになったことは確かだと思います。けれどもその土台にあるものは、古代オリエント世界やユダヤ教、ヘレニズム世界やキリスト教の展開につながっているわけです。

キリスト教とイスラーム世界の重なり合い

西谷 もう少しいわせていただきますと、板垣さんが前から使っておられる、ちょうど中東とアメリカが対比されるようなあの図式（**図参照**）は、非常に啓発的なものだと思うんですが、そこでいわれる中東というものと、イスラーム世界とはそのままでは重ならないでしょう。要するにあの図式において、中東とされる部分がある歴史的時期からイスラーム化するということでしょう。

板垣 その図式では、三つ巴に重なっているところが中東で、二つずつ重なっているところが中東の拡張です。これらを合わせた三つ葉のクローバー状の地域がイスラーム世界の歴史的核に当たる部分だということです。今日イスラームは、ウラ世界としてのアメリカ大陸も含め表裏のすべてでイスラーム化が進み、グローバル・イスラームというか、イスラーム世界＝グローバル世界となっている。しかし歴史的には、クローバー状の形がイスラーム世界の核です。

西谷 つまりこういう形で捕らえられる文明の図式は、別にイスラーム以降の時代に限ったことではなくて、もっと広い時間的な幅を含んでいるわけでしょう。その中のある段階から、イスラーム世界というものがここを埋めるような形で起こってきたということですね。

板垣 おっしゃる通りです。古代メソポタミアで都市が発明されたあたりからずっと連続していて、古代ギリシャやイランやローマの発展のプロセスが含まれる。そういう一連の多様な思想の営みや社会的実験や知恵の蓄積がシステムないしプログラムとしてはっきりと自覚化され、そしてそれらを多様性に根ざす普遍的価値として実現しようとする運動になってくる。それがイスラームです。

西谷 するとキリスト教というのは、要するに中東地域に発しながら西方に移動して、さらに西に行くことによってラテン・カトリックになって、かなり違ったものになるわけですね。

板垣 それは西谷さんの本日最初の問題提起につながることですが、キリスト教の理解の仕方に問題があるのではないか。三木さんは西谷さんに何というか知らないが、私のキリスト教理解は西谷さんのそれとかなり違うなという感じがあります。イスラームがいちじるしい親近性をもつ東方キリスト教をも視野に置かなければならないという立場から、私はキリスト教というものを、まさしくイスラーム世界と重なり合うところで考えているものですから。

三つの宗教が入り混じるクルアーンの世界

西谷 いや西側のをラテン・カトリックというわけです。それは三木さんがいわれるところの舶来宗教というか、西の方から見れば舶来宗教ですが、中東の方から見れば、輸出されて向こうで加工されて変わってしまった宗教ですね。そういうふうに思っているんです。

三木 いまのお話と関連付けていえば、クルアーンというのはアブラハムの宗教の原点に帰れという宗教改革のメッセージとして読めないことはないです。

西谷 基本的にはそういうものだと、私は思っていますが。

三木 クルアーンの中には、旧約、新約の宗教説話や観念がいっぱい出てくるわけですよね。イエスもマリアも……預言者の系列があって、アダム、ノア、アブラハム、モーセ、イエス、みんな預言者の系列です。そして最後の預言者ムハンマドという、そういう把握ですね。

アーノルド・トインビーの文明論に歴史地図が付録についているものがあって、それを見て驚いたんですが、イスラームが出てくるころの

「『宗教』というタームは、明治につくられた『ルリジョン』の訳語なわけで、完全にキリスト教的なタームです。そういう用語、概念でイスラームが語れるかどうか。」（西谷）

中東の中心部は、圧倒的にキリスト教世界です。エジプトもシリアも小アジアも、それからある程度イラクまで。アラビア半島にもキリスト教とユダヤ教とゾロアスター教が入りこんでいて、あるいはどちらでもないけれども唯一の神に従うハニーフと呼ばれる人々もいる。旧約・新約的な一神教の観念や説話も、アラビア半島にずっと前から広がっていた。

　ウンマというのは、メッカからメディナへ移動したごくわずかなムハンマドに従う人々がメディナですでにムハンマドを預言者として認める十余りの部族とが契約を結んで一つになるというものです。ただその中に、権利は限定されるわけですがユダヤ教徒もちゃんと入っている。しかもその十余りの部族も、部族長がムハンマドを預言者として認めるということですが、部族員全部が果たしてそうかどうかわからない。認めていないのもいるでしょう。ですからウンマというのは、尻抜けなんです。いわば開放的な共同体です。もともと存在する部族連合という形式を換骨奪胎して、理念的な信徒の共同体に変換したものですね。いいかげんというかおおらかというか、ユダヤ教徒ばかりでなく、後にはキリスト教徒・ゾロアスター教徒、さらにインドを征服すると、およそ性格の違うインドのヒンドゥー教徒などもユダヤ教徒と同じジンミー（被護民）として扱ってしまう。

　なお、一〇世紀あたりが古典的なアラブの大帝国の全盛時代ですが、その当時イスラーム教徒は人口的にはマイノリティなんです。名士伝に出てくるような人に関しては、イスラーム化していっています。しかし都市の下層民だとか、いわんや遊牧民、農民、海の民なんかにはおよそイスラームは広がっていません。

西谷　一般化するのはいつごろからですか。

三木　一一世紀以後、先ほど垂直展開といいましたのはそのことです。一一―一八世紀にいたる過程で、イスラームはもっと深く一般大衆の中に入っていく。そう考えた方がいい。

　そもそも宗教のつくり合いで、それまで八百万《やおよろず》の神々の世界があった。それがお互いに相対化し合ってより抽象度の高い神になっていくという側面がある。

　一〇世紀ごろの中央アジアのトルコ系の人たちがイスラーム化するときに、アッラーをタンル（天、すべてを超えた何か、をあらわす言葉）というトルコ語に訳している。それで非常にスムーズにイスラーム化していく。人類学者の日野舜也さんが、アフリカも同じだといっています。もともとすべてを超越した何かの宗教感覚があり、その下に神々の世界があった。それがアッラーやジン（精霊）などに置きかえられて、自然にイスラーム化したというわけです。

　序でですが、中国の政治思想上、重大な役割を果たしているのが天の思想です。これがもしかしたら、トルコ系・モンゴル系のタンルとつながったもので、古代の中国の国家形成、文明形成のときに遊牧民系と農耕民系とのいわばつくり合いで、中国の天というような政治思想も出てきたのではないかと想像しています。そういうものを、私は勝手に原一神教感覚と呼んでいるのですが、つまり言説化されない以前の、すべてに超越した何ものかの感覚が、モンゴル高原から内陸アジア、中東を経てサハラにいたるあの大乾燥地帯にはあったのではないかと。

　例えば、石黒マリーローズさんの『杉（レバノン杉のこと）と桜』という自伝的な本が印象的

なのですが、彼女はレバノンのギリシャ正教徒の家庭で育って、若いころアメリカでNGO的な活動を何年かやったりして、日本人と結婚していま芦屋在住の方です。彼女の育ったレバノンだけではなく、シリア・ヨルダン・イスラエルを含むシャームといわれる歴史的シリアの地域は、二〇以上もの宗派や言語が違う人々が混住している地域ですが、彼女はそれを、少し生活習慣の違う人々という感じで、わけへだてなくつき合ってきたと書いています。

また、自分たちにとって神はいるのが当然のものだけれど、欧米の人々の神は「解釈された神」ではないかとも、彼女は書いています。

西谷　舶来品だからですね。

三木　そういう彼女の考え方は原一神教感覚と言ってよいのではないでしょうか。別な場所では自前の神様、自前の唯一神と私はいっているんですが。

「宗教」とは何か

西谷　そういうことを考える場合、我々が使っている「宗教」というタームは、要するに明治につくられたものでしょう。これはルリジョンの訳語なわけですね。しかもその元になっている「ルリジョン」という言葉は、完全にキリスト教的なタームです。そういう意味でこの用語、この概念でイスラームが語れるかどうかということを考えたいわけです。

先ほど三木さんが、イスラームは行為規範としての宗教システムであるというようなことを言われていたでしょう。あいさつするときに手をどういうふうに挙げるかということは、ほとんど生活の中で骨肉化して習慣化しているようなことですが、そんなことも含めて、人がどうやって生きていくかという基本的な規範の総体ですね。単なる教義を信じるというのとは違って、あいさつの仕方、関係の仕方、それから振舞い方ということを成り立たせるような要素を、イスラームというのは基本的に持っている。それに比べるとラテン・カトリックというのは本当にドグマだけで成り立つ。ドグマの後は解釈と構築で成り立つ。その意味で相当異質なものだろうとは思うんです。

板垣　そういわれる気持ちはわからないではない。しかし実際は、カトリックとプロテスタントでまたかなり違うだろうし、殊にカトリックではそうばかりはいえない面があると思います。むしろどこでもいわば共通したことがあるのではないか。三木さんのいう原一神教感覚みたいなものです。別に一神教でなくてもいい。一神教と多神教あるいは汎神論は、実際には支え合っているものだから。イスラームにおいては、まず宇宙万物の個別的・差異的な現象をたゆみなく枚挙し観察し研究する努力を通じてはじめて、第一原因・「究極の一」たる神があらゆる存在と関係の創造主であり、それへの帰依があらゆる被造物の拠るべき立場だという確信にいたる、というのです。

先ほど日本とイスラームのパラレリズムに言及したけれども、八百万のカミは、イスラームのタウヒード（一と決めること、神の唯一性の確信、多元主義的普遍主義）と矛盾しない。クルアーンにやたらと頻出する神の徴（しるし＝アーヤ、アラマート）の提示（啓示のことば・天空・太陽・月・星・昼と夜・暁・水・土・山・川・海・雨・風・雷・雲・鳥・蜜蜂・家畜・乳・男と女・芽吹き・実り、等々）は、森羅万象がカミの立ち現れだという観念とあい寄りあい交わるのです。日本人は一神教を理解できないなどということはない。

「超越的絶対者の前に孤独に立たされる私」、といった「我と汝」の関係性の次元の分析的・分割的切り取りだけが一神教ではありません。イスラームにおいては、あらゆる存在は多様かつインタラクティヴな関係性の中で、それらの関係性とともに創造されたと考えるので、私のイスラームも、地球のイスラームも、一匹の羊のイスラームも、野草の一輪の花のイスラームも、神の前にみな対等であるだけでなく結びあうべきものであり、神と人との平和は人と人との、また人と自然との平和と結びあっているというエコロジー／エコノミーが強調される。そしてこの統合的な考え方は、歴史的にイスラームと共生したキリスト教・ユダヤ教その他が「常識」として分かち合ってきたものだったのでした。

先ほど指摘された訳語としての「宗教」には、置き換え過程で、政治と宗教、国家と教会という組み立てられた観念に沿って、ユダヤ人と異邦人、霊と肉、こころと身体、物質と精神、個と全体、自我と他者、公と私、等々と同様の意味での二分法、二項対立的論理の次元での領域分割の意味づけがこびりついてしまった。さらには個人の内面と外部、信仰と行為といった区別も。そういう二項対立がこびりついた訳語としての「宗教」がひとり歩きして、現代日本人の意識を規定してきた。だから「国家神道」など、むしろ逆にそうした錯乱の産物だったかも。日本人の大半が「無宗教」という自己暗示の操作に身を任せる風潮も、こうして生まれた。この視角を拡げていくと、今度はまたさらに逆に、ヨーロッパのキリスト教についても二項対立的な約束に立って頭からそういうものだと決めてしまうこと自体が、社会的・精神的現実の土台にある、人々の生活や生活意識と結びついた、広い意味での宗教を切り捨ててしまうことになるのではないかという批判にたどり着くのです。

イスラームの近代性

近代の土台はイスラームにあった

西谷　ちょっと違う質問をしていいですか。

板垣　問題はいっぱいあるから、どんどん行きましょう。

西谷　例えば板垣さんはイスラームの近代性とか、特に都市性ということをよくいわれますね。都市についてはわかるんですが、とりわけそのイスラームの近代性というときに、近代というのは何を指していわれるのでしょうか。もちろん記述を見ればわかるんですが、ではなぜそれを近代性というのか、ちょっとお聞きしたいんですが。

板垣　縮めていえば、個人主義と合理主義と普遍主義、これらが都市化（都市人間化すること）、商業化（商業人間化すること）、政治化（政治人間化すること）を通じて実現されていくところに、モダニティーの土台があると考えています。こうした人間と社会のあり方を、理念として（理想像として）だけでなく、現実として獲得し実現していこうとする場といってもよいでしょう。

後に宗教戦争の煽動に憂き身をやつす十字軍のような社会ルールを逸脱した人間行動が生じてくると、宗教・宗派によって人間集団を分類し、棲み分けを固定化する制度上の対策も出てくるが、そもそもイスラームが起こってきた段階では、一つの家族の中にユダヤ教徒もいれば、キリスト教徒もいる、そしてイスラーム教徒が現れるという状況で、それこそ独立した個人のアイデンティティー選択の問題だったわけです。それからイスラームの成立とともに、女性の遺産相続権が法的に精密に確定されるし、また女性が証人として証言力をもつことができる社会システムも確立していく。

『ヨーロッパ近代』と我々が考えてきたものの出発点は、ヨーロッパの枠の中だけで考えていてはいけない。出発点としてイスラームがあって、そこで七世紀から近代が動き出した。」(板垣)

このように考えると、「ヨーロッパ近代」と我々が考えてきたものの出発点は、ヨーロッパの枠の中だけで考えていてはいけない。出発点としてイスラームがあって、そこで七世紀から近代が動き出したということをいっているわけです。

先ほどの西谷さんの話は、ヨーロッパが行くところまで行ってしまったということでしたが、それはローカルなヨーロッパの話であって、世界史的にいえば、イスラーム世界を含めて世界全体が行くところまで行ってしまったということです。だからいま「世界史の臨界」があるとすれば、本来それはイスラームの責任でもあるわけです。そのために、ここでどうしようもない二〇〇二年の迎え方をすることになる。米国もひどいことになっているが、イスラーム教徒の方もどうしようもない状態です。これは七世紀以来の近代の決算を人類が迫られているところでの惨憺たる現実です。その意味で、先ほどの話は、ヨーロッパ人の意識の地平に限定し過ぎた話のように感じられたのです。

西谷　ただ、そういうある種のコミュニケーションとネットワークの形成、そこで可能になる個々の要素の解放といったものを近代と言うとすれば、それはやはりヨーロッパが事象としてつくり出した概念でしょう。

我々の学問のターミノロジーはほとんど全てヨーロッパ製です。とすると、近代という言葉が出てくると、イスラームもそちらのパースペクティヴに飲み込まれてしまう。行き詰まって年季が来てしまっているのはヨーロッパのローカルな話だといわれても、そのローカルな話に我々は多大な迷惑を被っているわけです。そういう錯綜した関係は、要するに知的なタームと現実との間にあるのであって、実は日本でも世界でもイスラームに関する理解を妨げているのは、そういう錯綜に原因があると思うんです。

板垣　ただターミノロジーが全てヨーロッパ製というところに、また問題があるんです。例えば社会契約とか、そもそも個人とかにはじまって、そうです。イスラームにとっては、ヨーロッパに教えこそすれ、別にヨーロッパから教わったことではない。

三木　板垣さんのアーバニズムという言葉を少しずらしていうんですが、僕は最近、「つき合い」というキータームで、世界史を全部書いてみようかと考えたりもするんです。そのつき合いに対して近代西洋文明は、つき合いを否定する管理・操作というやり方です。遠隔支配の現代版で、いまの戦争もアフガン人を使ってやらせています。これはつき合いではなくて、相手を客体化してしまう。物にしてしまう。もっともこれは別の文脈では腰が引けている、へっぴり腰だということでもあるのでしょうが。

西谷　物と同義にする。

三木　ええ、板垣さんがいわれたことを少し置き換えて考えると、そういう問題として考えることもできると思います。

「近代」とは何か

西谷　近代の話に戻りたいのですが。

板垣　要するに近代というのは、あらゆる社会にあるものでしょう。

西谷　いや、やはり近代というのは、もともとはヨーロッパの自己意識の形だと思うんです。ヨーロッパというのは近代のことでしょう。それ以前にヨーロッパは存在しないのですから。

三木　まあ、そうですね。

西谷　ヨーロッパというものが形成されるのは、古代ギリシャに対する意識からですね。要するにルネサンス以降です。ヨーロッパははじめから古代との関係でみずからモダンとかモダニティという形で自己規定したのだから、その意識は同時に歴史意識でもあって、そこから世界化運動が始まる。そしてその世界化運動の記述が世界史として展開される。その歴史化をレトロスペクティヴにもやり、プロジェクションとしてもやるというのが、私の「ヨーロッパ的世界史」の捉え方です。そういう見方からすると、モダニティという、近代という言葉でイスラーム世界を規定するのはまずいのではないかと思うんです。むしろ都市性、ネットワーク、グローバリゼーションといった具体相を示す言葉で捉えた方がいいのではないでしょうか。歴史を語るときの、あるいは世界史を語るときの、我々の概念装置が問題となっているわけですから。

板垣　確かに私の議論では、ヨーロッパには最初から近代しかないわけです。いってみれば、イスラーム的近代の展開の一つの場がヨーロッパになったというだけ。その意味では、日本（倭国）もこの世界史的近代を迎える時点で出発したのだから、古代史なんぞというのはふざけた話です。イスラームの歴史意識では、イスラームの成立はジャーヒリーヤ（無知の時代）に終止符をうつ近代の始まりですが、しかし同時にその近代＝「知識の時代」は進歩の上向線をたどるような性質のものではなく、堕落・退廃と彷徨・逸脱のなかで「現状」否認と自己批判を絶えず迫られつつ、終末に備える時なのです。けれども、このイスラーム的近代をこれに触発されたヨーロッパのモダニティ概念でもって説明すれば、話の順序が混乱するばかりか、ヨーロッパ的対抗論理にとり込まれるのではないかということはあります。

西谷　いや、とり込まれるとかいうことではなくて、むしろ板垣さんの本でも三木さんの本でも読んでいると、中東地域で起こっていることがいかに世界を規定しているかとか、イスラーム世界が非常に重要なものだということが納得されるにも関わらず、それを三〇年間やってきてどうして歴史学会を変えられなかったかなあと考えているわけですよ（笑）。

板垣　三〇年より、もっとやっているよ（笑）。

学問におけるヨーロッパ的な概念

西谷　やはり知的な作業は、アカデミズムにしろその周辺にしろ、すべてが近代主義なんですね。近代といういい方をすると、全部一度西洋に戻っていってしまう。これは初めて私がイスラーム圏の人と知り合いになって議論したときにはっと思ったことですが、彼らは――チュニジアの人でしたが――ヨーロッパ本国で勉強することによって世界のことを知るわけです。そういう私のようなヨーロッパ系の学問をやる者も、ヨーロッパを学んでそこからほかのところを知るということになる。知的な習得のプロセスとして初めはどうしてもそうなってしまいます。そのとき、お互いにえっと思ったんですね。ああ、そうか、おれたちを媒介にしているのはヨーロッパなんだと。でもこれは、おかしいよなという話をしました。

　ですから、我々の相互認識はいつもそういうプロセスに捉えられているんだということだけは意識しておかなければいけない。そういうことが知的な習得の場に組み込まれてしまっている。それに気がつかない状況になっている。だからその装置というものを、できるだけ外していかないといけないと考えるようになったんです。

板垣　それは重要ですね。確かに、そのようにインプットされてしまっている状況の中では、自覚的にひっくり返すことが大事。しかし全部とり払って無の状態で新しく考え出すわけにいかないから、対抗への対抗戦略として近代という言葉を大いに使ったらいいのではないか。

西谷　対抗戦略としてですね。

三木　西谷さんのいわれる翻訳の問題で、私は大してアラビア語はできないんですが、ジャバルティなんかの近代以前のアラビア語よりも現代のアラブの知識人なんかが書くアラビア語の方がずっとやさしい。何でかと思ったら、私の日本語も彼らのアラビア語も西欧語の文脈が入ってしまっているわけです。ただいまさら、それをとり払うわけにはいかない。

板垣　ほんの二百年ぐらいのヨーロッパ中心主義で、確かに力関係は変化した。そういう状況に対して何を考え、何をいうか。最近、少なくも二一世紀初頭までのところで、結局ヨーロッパ中心主義にしてやられることとなるイスラーム的近代のグローバル長期波動がたっぷり負の遺産を抱え込んできた「現在」に決着をつけなくてはならない。宇宙誌的・生命誌的観点からも特筆すべきスーパーモダンの人類的価値とその可能性を、中心主義的パロキアリズムの攻撃性と潔癖さから救い出すために、あえてイスラーム的近代の用語法を掘り起こすのです。

「知的な作業は、アカデミズムにしろその周辺にしろ、すべてが近代主義です。知的な習得のプロセスとして初めはどうしてもそうなってしまう。そのことだけは意識しておかなければいけない。」（西谷）

イスラーム・インパクト

三木 京都で中国史をやっている人たちは、ずっと前から宋代あたりから近世が始まるという。いま問題にされている文脈からいうと、近代といってしまってもいいような内容です。

板垣 英語に訳せばアーリー・モダンですから。

三木 意味が違わない。

板垣 内藤湖南にはじまり、イスラームを視野に収めた宮崎市定の仕事まで、宋代中国が画した変化は東洋的近世と捉えられた。だが、三木さんの指摘に寄せていえば、一六世紀の卓越した思想家、李卓吾をめぐる島田虔次『中国における近代思惟の挫折』では、近世でなく近代ですよね。

三木 島田さんはそう書いていますか。

板垣 標題はね。溝口雄三さんも、李卓吾や黄宗羲らの思想展開の研究を通じて中国的近代の淵源を探る仕事をしてきた。アジアは一九世紀になって初めて西洋の衝撃などで近代化するのではない、すでに中国自前の近代があったのだという議論です。しかしこういう研究者たちも、イスラームに結びつけては考えない。李卓吾はイスラーム教徒の家系から出た人だというのに。その事実は認めながら、その意味を深めようとはしない。つなげると、中国学・中国研究者でなくなるからだろうか。こうして、中国という視座からイスラームは切り離されるのです。何とかしてイスラームを外在化し避けて通ろうとするインド研究や東南アジア研究も、アーバニズムと近代性を触発し交感するイスラームのネットワーキングやイスラーム化というグローバル化の過程を直視することは何とか回避して、「専門」を成り立たせようとしているわけですね。

イスラームとヨーロッパ

ヨーロッパの軍事化した産業主義

—— そうしますと、ヨーロッパの世界支配、近代国家が植民地をつくって、近代国家間システムを世界中に広げていったときの原理を、板垣先生はどう名づけられますでしょうか。それもイスラーム発の近代の一部ということでしょうか。

板垣 結果として一つの展開局面です。散逸効果というか。これは資本主義理解の問題とも関係する。三木さんが強調したモノカルチャー的性格と軍事的側面、それを私も考えています。

資本主義という概念を見直さなければならない。原料や市場を支配するため軍事化された大量生産型の産業主義、そういう資本主義は資本主義の特異な一タイプであって、しかも世界史的にヨーロッパと日本に現れた例外現象なのに、それが覇権化した。その典型化が社会科学のパラダイムとなる。しかし、七世紀以降のイスラーム文明と結合した市場経済とか市民社会とか国民国家という概念を再考するところから出発し直す新しい資本主義論が必要です。市場経済化やグローバリゼーションと呼ばれる今日的事態からも、世界史と社会理論の再構成が思考の転換として求められるようになったと思います。
　世界システムという話も、ネーデルラントあたりから拡大がはじまるグローバル化過程という見方は、それ自体オリエンタリズムです。国際法だって、オスマン帝国のキャピチュラシオン、つまりイスラーム法のスィヤル（宗教を異にする国家相互間の法）の適用としての条約締結を通じて、学習されたものでした。その結果展開する一七世紀以来の国際秩序・体系については、イスラーム的近代の長期波動の観点からは、一種の散逸構造と見ていいかも知れない。

イスラーム経済の可能性

―― いまでは社会の発展のあり方が、ヨーロッパ的な発展モデル、いわゆる経済発展という枠組みでしか考えられなくなっていますね。

板垣 イスラーム経済論が、二〇世紀後半になって世界的関心を集める対案として浮かび上がってきたように見えます。考え方そのものはイスラームの歴史を通じて働いてきた原理的なものです。福祉目的税としてのザカートや公共的信託財団としてのワクフの活用など、そして何より金《かね》に金《かね》を生ませる利子生み（リバー）の禁止。ここから銀行改革の現代的課題が提起される。知恵と体力を働かし情報力を尽くして独立の経済主体として利益をあげる商業活動は、人間として正当な行為であり、むしろ人間の自己充足的ジハード（努力）として尊重されます。倫理的な自己開発である商いこそ、人間として正しい生き方だという考え方です。

三木 僕のいい方でいえば、文明が連続的に水平的に展開しているときには、商業社会になる。江戸時代の近江商人や住友・三井の何代も続いたような商人などは、大局的には世間様のお役に立つことによってそこそこ食べさせていただくという感じで、そういう家憲・家掟があったりします。

―― 非常に、イスラームとよく似ていると。

三木 はい。それは文明の水平展開のときの商業のあり方だと思う。ちょっとした歴史の曲がり角には、たまに紀伊国屋文左衛門みたいなのが出てきますが、長く安定していると、商業とはそういうものになる。ぼろ儲けするやつは罰せられるか、あるいはみんなからひんしゅくされる。
　そのことと関連するんですが、イスラーム経済論に関連して昔ムダーラバ、もっとひろくはムシャーラカといった協業ですね。金を持っているのと、実際に商売の活動をやる人間とが手を結ぶ。そのときの条件で後に利益が出た場合、あるいは損失した場合に、どちらがどれだけ負担するかという。

板垣 損益分担というやつですね。

三木 そうです。イスラーム法裁判所で証人に立ち会ってもらって契約を結ぶ。これは一回こっきりです。もとはエジプト、シリアあたりの、ビザンティン帝国時代からあったらしい。ルネサンス期のイタリアではコンメンダと呼ばれて、これも大体協業ですね。
　ところが産業資本主義の時代になって、株式会社、法人という擬人格ができてしまう。これがまさにモノカルチャーの組織体、そして近代国家にそっくりなんです。そうなると、攻撃的な商品

「産業資本主義の時代になって、株式会社、法人という擬人格ができる。まさにモノカルチャーの組織体です。西欧の個人主義はなぜか国民国家や法人のような組織体をつくってしまう。」（三木）

生産が中心になって、いまの押し売り形態、僕にいわせると「ごみのもと製造業」が繁盛する形になる。経済畑の奥村さんなども法人を批判していますね。西欧の個人主義というのは、国民国家や法人のような組織体をなぜかつくってしまう。そのことも考える必要がありますね。

それからイスラーム法だと均分相続をきちんとやる。エジプトのコプトの人に聞いても、これまた均分相続です。ヨーロッパも元は均分相続だったようです。そういうところでは商人は、何代も続かない。逆に日本は家という少し法人に似たような疑似血縁組織が江戸時代には展開していた。それが近代西洋文明と出会ったときに、株式会社などをあっさり受け入れた下地になったのではと思います。その点、イスラーム世界の場合には、根底はあの協業でしょう。

板垣 パートナーシップとしてのムシャーラカですね。

三木 そうです。だから逆にアメリカ批判も厳しくやれる。経済学者の内橋克人さんによると、現在世界の実体経済は八〇兆ドルぐらいだそうです。ところがお金の方は八〇〇兆ドルとなっている。それが日本にバブルをつくりだした。金本位制ではなく、個々の国もバリケードをつくるわけにもいかないかたちですべてドルにリンクするという条件において生じたのです。その条件を悪用して米国はドル紙幣を垂れ流す。それによって常にバブル状態をつくりだし、それを日本に持っていってかっさらうか、東南アジアに持っていってかっさらうかということをやる。要するに金が金を生むあざとい仕事によってアメリカの繁栄があったわけです。おそらく最後はアメリカに行って破綻するのではないでしょうか。ただ本当に破綻されると、われわれも多分すごく困ると思うんですが。

イスラームの戦争論・平和論

三木 先ほど国際法の話が出ましたが、以前『アジア歴史辞典』という平凡社の本に、「イスラームの平和思想」と「インドの平和思想」というのを書かされたことがありました。ハッドゥーリというジョンズ・ホプキンス大学のイラク系の研究者が、シャイバーニーのシヤル（イスラーム法的な国際法）を訳していて、それを見てイスラームの方を書いたんですが、ウマイヤ朝、アッバース朝時代には、何世紀にもわたって広大な地域で平和が続いていたことが分かります。もちろん年代記が取り上げるような権力争いによる小さな戦争や辺境の反乱などもありましたが、大局的には平和で、逆にそういう当たり前のことはあまり記録されないわけです。

そのときのシヤルにおける戦争、イスラーム法の観点からする戦争は、一つは反乱を鎮定する戦争、いま一つはダール・ル・イスラーム、イスラームの家とそれからダール・ル・ハルブ、戦争の家という世界認識があって、ただ端末は開放で囲い込まれているわけではありませんが、後者の攻撃があった場合の防衛ジハード、それが許容されるという。それに比べると何か西欧の歴史というのは、シャルルマーニュ以来何でこんなに戦争ばかりするんだろうという感じですね。先ほどの国際法も板垣さんがいわれたような面と同時にいわゆる絶対主義の時代というのは傭兵軍団の時代ですから、お互い死にたくない、それで馴れ合っていてルール化する。国際法というのは、ある意味では戦争のルールですから、そういう側面もあると思います。

どのレベルの「近代」が問題か

西谷 国際法の元がイスラーム世界にあったのだとしても国際法を学んだヨーロッパがいろいろなところに出ていって、日本なども条約を結ぶことになるわけでしょう。国家システムから法システムまですべて受け入れる。そういう意味では、社会の仕組みがかなり改造をされる。それによって自生的なというか、地域自足的なオートノミーはほとんど失われてしまう。そういう形で、いわゆる西洋原理の世界化というものが起こったことは確かですね。

板垣 何もないところで起こったのではなく、東アジアの例でいえば、国際関係を規定してきた冊封体制のようなシステムなりルールがあったし、それは完全には失われない。また西洋原理は決して丸ごと非イスラームではない。いずれにせよ、一八―一九世紀からの変化だけを見るのは……。

西谷 人間の寿命は百年ないですからね。生きている間、すっぽりそこに包まれるというぐらいのタイムスパンはあります。

板垣 そうですね。この二一世紀、へたをすれば欧米の原理や日本も加担しているシステムのために地球全体がおかしくなる可能性もある。人類もどうなるかわからない状況です。

西谷 おちおちしていられないじゃないですか。

板垣 確かに重大な問題です。しかし滅びるとしても、少し長い目で考えたらどうですか。

西谷 もちろん長い目で考えればパレスチナ問題だって心配しません。だってパレスチナ人は子供を何人も産むでしょう。イスラエル人は一人ぐらいしか産まないから一〇〇年後の人口構成は明らかです。長期的に見ればだれも心配しないのですが、やはり問題なのはいまの状況が変わるまでにどれぐらい犠牲者が出るかとか、どれぐらいみんなが迷惑するかということです。現在の世界全体のことでも、それぞれの国がアメリカにどういう思惑でつき合っているにしろ、とにかく戦争マシーンが動いてしまっている。しかもそれが国際的に承認されてしまって、とんでもない状況になっている。それに誰も文句をいわないという事態が現にあるわけで、あまり安閑としてもいられないのではないですか。

板垣 安閑としてはいられないから、そしていまの世界の状況が深刻であればあるほど一層、我々は人類史を超える視野まで持たなければいけないということになる。

西谷 それは、そうですが。ただアメリカ国家の形成と同じで、放っておいたらその前にいた人たちは問題にされず、土地を占有し、所有の契約だけで支配し、二百年ぐらい経つと完全に白人の土地になったという、そういうことが

「土地を占有し、二百年ぐらい経つと完全に白人の土地になるということが実際に起こった。仮に一時期の現象にすぎないとしても、そういうものを無視していいと構えてはいられない。」(西谷)

> 「『近代』という言葉をあえて使うのも、モダニティの到達点について、イスラームもともに、いやむしろイスラームこそまず、責任を負うべきでないかということを強調するためです。」（板垣）

実際に起こってきたわけです。だから三木さんがよく西洋の三種類の暴力性と書いておられますが、仮に大きな時間の中でいえば一時期の現象にすぎなくても、そういうものを無視していいと構えてはいられない。実際アメリカの原住民なんて、もう復元しようもないでしょう。もちろん、それが歴史なのかもしれませんが。

板垣　暴力が構造化した世界では、今度は、そういうはずでなかったイスラーム世界の人々の中から、攻撃性とか暴力性とかの次元で対決主義に走る者が出る。まさしく現実批判のためにヨーロッパに同化する動きです。これが現在の問題です。

　先ほどからいうように、「近代」という言葉をあえて使うのも、モダニティの到達点について、イスラームもともに、いやむしろイスラームこそまず、責任を負うべきでないかということを強調するためです。しかもこの先、もし人類が生き延びられるとすればどんな未来があるのかと問えば、やはりアーバニズムつまり都市を生きる生き方を再活性化するしかない。その意味で、イスラームの可能性に賭けなければならないのです。

　ここで一番深刻なのは、先ほどから問題になっている今日的状況の切迫性、そこにイスラームも巻き込まれていることですね。イスラームのアーバニズムに、言い換えればイスラームの多元主義的普遍主義（アラビア語でいえばタウヒード）に、新しい世界を開く可能性を期待しながらも、実際には、欧米的な二項対立の論理に足をとられている。そういうイスラームの現状の二面性、内なるせめぎ合いにこそ問題があると思うのです。

イスラームの自己変革の可能性

板垣　三木さんの話の中で、スーフィズムが垂直的イスラーム化だという話がありました。イスラームの歴史の時代区分としても、その意味をはっきりさせることは大事です。しかしそれは外に拡がるイスラーム化の局面で初めて現れるのではなく、文字通りアラブ社会の中から出てきたもので、むしろアラビア半島そのものにスーフィズムの根があるのです。

　スーフィズムは柔軟に何でも受け入れる。もともとユーラシア、殊に中央アジアはスーフィズムの世界でした。しかしターリバーン化もその一例であるように、イスラーム運動は戦闘的リゴリズムになる。そもそもはイスラームが種を播き、西欧でキリキリと尖鋭化されてきた言説共同体、それに拠る抗争に、いまあらためてイスラーム運動がのめり込んでいく。この動きが、スーフィズムの土台を浸食し、拡がっていくのです。チェチェン人も、ウイグル人も、抑圧の激化の下で、そういう方向に行かざるを得ないようにさせられてきている。

　イスラームは本来、中庸とか中道を大切に考えるのですが、そうはならなくなりつつある。のんべんだらりとしたスーフィズムは堕落だろうが、ほどよく活発で開放的なスーフィズムを実現するのは望ましいアーバニズムの方向ではないかという気がする。イスラームを「これがイスラームだ」といった式で割り切る考え方はしない方がいい。積極的スーフィズムからの未来に向けたイスラーム的メッセージが、いま一番人類にとって役に立つという気がします。

三木　イスラームの言説ということでいいますと、アラブの大征服で支配下にはいったマーニー教徒やキリスト教徒との論争などで言説化されてゆくのですね。いわばそういう形で互いに磨き合う。キリスト教はパウロの時代からギリシャ的な理屈をはめ込んでいますから、間接的にギリシャ的な理屈も入ってくる。イスラームでいえば、一番大事だとされているイバーダート、ポランニー流に言えば神への贈与行為、日本流にいうと六信五行。六信は神・天使・啓典・預言者・来世・予定（カダル）。五行は信仰告白・礼拝・喜捨・断食・巡礼ですが、五行が言説化されたのは、島田襄平さんによると八世紀ごろだそうです。大征服は七世紀ですが、その後大分経ってからです。六信が言説されたのは一〇世紀も後半ぐらい。ですから登場したばかりの時には、そういう面倒くさい言説はないわけです。要するに、キリスト教、ユダヤ教その他の唯一神の徒がいて、それらがみんな堕落している、では宗教改革で、ひたすら神にしたがうイブラヒーム（アブラハム）の宗教の原点にかえろうということでイスラームが出てきた。迫害されたりして、ますます強固になった。

　メッカの人口は当時一万人ぐらいではと後藤明さんが推定していますが、都市的な、文明語的なものは当時のアラビア語にはない。それはむしろ、征服地の多数派であるキリスト教徒、ユダヤ教徒、あるいはイランのゾロアスター教徒、あるいはあちらこちらにいるマーニー教徒などとの争い、接触、磨き合いの中でつくられていくわけです。それで、そうした言説が形づくられて増幅していくと、いまの西欧もそうですがつまらなくなる。

　イスラームの場合には、板垣さんが昔から言うように、自己否定という契機を持っている。スーフィズムというものも、そのように言説化されて固くなったものを一回捨てようというものでしょう。次のイブン・タイミーヤ以後の現代イスラームにつながるものも、これまたオーソドックスな言説、いわば判例集の積み重ねみたいになったタクリード（先例墨守）を全部捨てようというものでしょう。ですから、二回、そういうように裸になろうとした。そうやって裸になって自由になる。いまのイスラームの世界で、近代西欧の言説も踏まえて、そういう裸になる理屈を出しているのは、イスラーム世界の中にいますか。

板垣　まだいないのではないか。

「世界史」の中のイスラーム

イスラームとは何か

西谷　イスラーム世界においてもいろいろな国がしだいにヨーロッパ的に近代化していくわけでしょう。すると、どうしても生活様式や習慣も変化せざるを得ないでしょう。チュニジアやアルジェリアでは、みんなパラボラアンテナで、フランスやイギリス、ドイツのテレビを見ているわけです。

　都市の人もいれば、農村の人もいて、サラリーマンも日雇いもいるのでしょうが、この地域でも社会の解体は相当大きな問題になっているでしょう。いわゆる文明的展開の浸透によって、世界のどこでも自生の共同体や制度が解体され

「イスラーム教徒といってもいろいろ。文字通り、イスラームはそういう人たちからなる。夫婦といえども、結局は一人一人の問題だという考え方が徹底している。」(板垣)

ているのですが、それはイスラーム世界の中でも相当大きな問題なのではないかなと思います。

　そこで、イスラームのウンマの場合も、西洋の攻撃性とは全然違うものが出てくるかというとそうではなく、むしろ、イスラームの政治化というんでしょうか、原理主義といっていいのか……。

板垣　「ヨーロッパ化」ですね。

西谷　なるほど、徹底していますね。それは、やはり相当危機的なのではないでしょうか。

板垣　ウンマとは何かが分からなくなっている。いたるところで系統的な差別・抑圧・殺害・虐殺が起こり、それがイスラーム教徒の多くいる場所に特徴的に集中するというのに。いまやイスラーム教徒は文字通り世界に拡散しているから、世界全体でイスラームが問題化している。日本も例外ではあり得ない。これが地球上の広範な人々にとってのアクチュアリティーです。

　これにどう対処するのかと問うとき、そして米国市民を含め人々が鋭く政治化するとき、イスラームがときに一体性をかいま見せる局面はあるとしても、また一部のイスラーム教徒の間でカリフの再獲得とウンマの再建が夢想されているとしても、イスラームの現実には深刻な分断が立ちはだかっている。世界中がやたらとイスラーム絡みの問題に直面しているが、それは必ずしもイスラームそれ自体の内に発する問題ではないことが問題でしょう。

三木　板垣さんがずっと以前から言われているように、「世の中にはイスラームですべてを説明する考え方があり、それからもう一つ、イスラーム世界をもイスラームを全く抜きで説明する仕方もあって、そのどちらもうそだ」ということですね。基本的には、ここ三〇年ほどのあいだに、末期の近代西欧文明が米国自身をも含むグローバルな規模で破壊した地域社会の廃墟が、さまざまの地域紛争や、よるべなく幻想的な共同性をもとめて過激な行動に走る人たちをうみだしたということで、その行動がそれぞれの地域の歴史を背負ったタームで表現される、イスラーム世界から出た人々はイスラミックなタームでそれを表現するということでしょう。

　また、イスラーム教徒の方も本当に様々です。いつだったかカラチ空港で乗換えが上手くいかなくて、夜通し近所に座っていたユダヤ教徒の家系の、元テヘランのフェルドゥーシ広場の絨毯商人と四、五時間おしゃべりしていたことがあるんですが、おもしろかった。彼はイスラーム革命の後、彼の言い方では、田舎から出てきた頭の固い、若いやつにいじめられて、イランから逃げ出した。米国が復権させた王制のもとにイランの農業が破壊されて、農村からの難民でテヘランの人口が何百万もふえた。その人々が七九年の革命の行動部隊となり、いわば聖者崇拝の世界からあらためてイスラームに入信した。革命防衛隊のような連中のことですね。ターリバーンもそうです。キリスト教が大衆をとらえはじめた十字軍時代の西欧だとか、日本でいえば創価学会だとかオウムだとか、入信した直後は、人間は非常に攻撃的になる。またイラクを先頭にした反革命戦争もかえって人々を硬化させた。しかし、そうかといえば、礼拝なんて一度もせず、酒も飲んで、それでいて非常に敬虔な人間もたくさんいる。本当にさまざまなんです。

板垣　イスラームの用語法を離れて、その絨毯商人のように事態を捉えるような仕方も、イスラーム的に十分成り立つわけですね。イスラーム教徒といってもいろいろ。文字通り、イスラームはそういう人たちからなる。ヨーロッパのキリスト教は、日本のキリスト教は殊にそうだが、やたらと他人の魂を心配するでしょう。イスラーム教徒の場合は、礼拝の時間だよといってムチを持って回る国もありますが、全般的には、夫婦といえども一人一人独立であって、手に手をとって一緒に天国に行ったり地獄に落ちたりするわけではなく、結局は一人一人の問題だという考え方が徹底している。だから人さまざまというか、おのおのゴーイング・マイ・ウェイで、自己責任方式です。

西谷　アワー・ウェイ・オブ・ライフとはいわないわけですね。「我々の」ではなくて、マイ・ウェイ・オブ・ライフですね。

「欧米対イスラーム」という認識図式

板垣　多分にイスラーム原理主義という言葉が、紛らわしさをつくり出しているといわなくてはなりません。三木さんも触れたが、イスラームは本質的に自己批判や現状否認の契機を持っています。絶えず自らの現状を逸脱・堕落・退廃と反省し、そこからいかに脱出できるかを問題にして神の「導き」を希求する。これは預言者ムハンマドのときから今日までずっとつながっている。ですからイスラームの変革運動と切り離してイスラームは考えられない。

ところで別の面では、イスラームは、言語も宗教もさまざまの異文化の人々が人工空間としての都市をつくって共存することを、しかも生態・環境をも含めた次元でこの都市を成り立たせることを、ずっと問題にしてきたわけです。

それなのに、このような自省と共生への契機をもったイスラームに、新たな逸脱・退廃が生じる。ユダヤ人か異邦人（非ユダヤ人）かという二項対立を延長して世界のありとあらゆる事物を矛盾対立する二つに分割して見るヨーロッパの二分法の論理と、これに基づいて欧米対イスラームという構図を設定する対決主義のオリエンタリズムと、これらへの同調・同化の動きがイスラーム運動の中に持ち込まれるのです。

そこで、本来の意味でのイスラーム変革運動としてのイスラームのあり方と、先ほどから「ヨーロッパ化した」と意地になっていっているこの変調のイスラーム運動の潮流とを、区別もせずにぞんざいに「イスラーム原理主義」と一括し、この言葉でイスラームを理解できるとする説明が横行するようになりました。「原理主義」という用語は、無論キリスト教のファンダメンタリズムとそのイメージを借りたものですが、「コーランか剣か」や「テロリズム」の場合と同様に、イスラームとは無縁の外部的概念操作によって誤解と偏見を増幅させるたくらみです。

このような内外からのヨーロッパ化的次元での歪曲に対して、本来の内在的なイスラーム変革のエネルギーがどのように発揮されるのか、イスラームのタウヒードの論理やアーバニズムが単なるポテンシャルとしてでなく現実を動かす力としてどう展開するのか。間違いなくそれは、イスラーム教徒だけでなく、人類全体の運命に関わる問題だろう。

実際にアル・カーイダに属するといわれる人々も、欧米に留学したとか、欧米の考え方に慣れ親しんだ人々です。貧困とは無縁な暮らし方を

「本来の意味でのイスラーム変革運動としてのイスラームのあり方と、『ヨーロッパ化した』イスラーム運動の潮流とを区別もせず『イスラーム原理主義』と一括する説明が横行するようになった。」（板垣）

「西欧の発想の元になる原世界風景に、ホッブズの『リヴァイアサン』の『あらゆる人間の、他のあらゆる人間に対する戦いの世界』がある。それは近代国家を暗黙の前提とする強い者勝ちの世界です。」(三木)

してきた者も多く、むしろ実は欧米かぶれの人々の中に変調のイスラーム主義者がいる。彼らにイスラームを代表させてよいか、これには問題があります。

そのあたりの認識が、非常に難しいのでしょうね。先ほど西谷さんのお話にありましたが、やはり我々はヨーロッパの目を通して、世界史を学んできたものですから、我々もまたそうした「ヨーロッパ化」を克服する必要がありますね。

世界の中心——中東とアメリカ

板垣 「アメリカ」がしばしば問題になりますが、私はむしろ中東とアメリカ大陸との親近性を強調しています。中東の場合、生得的・運命的に、そこに世界全部が集まっている。アメリカの場合は後天的・獲得的にそうなった。世界がそこにある、ということですね。生得的か後天的かの違いはありますが、中東とアメリカ大陸という比較論をやりたいのです。三木さんの議論といささか違うが。

三木 いまいわれたことは分かります。

西谷 中東とアメリカとの非常にダイナミックな、かつ歴史地理的な関係ですね。板垣さんのこの世界の一体図式は、非常に啓発的です。中東がどういうところか、一神教世界全体のもとになりイスラーム世界を生み出す母体となった中東がどういうところか。そして一五―六世紀以降、まさにグローバリゼーションの運動の中で生成してきたアメリカが果たす役割とは何か。そういうことがこの図式によって見えてくるような気がします。単にイスラーム世界形成以後のことではなく、人類がどこから出てきたにしろ、まさに文明なるものが中東の一部から出てきて、そこから展開していったものと考えると、六―七万年ぐらいの射程でこの運動が、いま集約的に展開されていることが見てとれる。そういう非常にダイナミックな運動をイメージすることができます。

中東とアメリカの位置をいまのコンテクストの中で重ねて見ると、グローバリゼーションとは何かということをもう一度考えさせてくれます。そもそも中東はすでに常にグローバル的であって、その中東がイスラーム化することでさらにグローバルに展開していく。それに押されるような形でヨーロッパが形成され、さらに押し出されて地球の向こう側に行ってしまい、しかもその向こう、つまりアメリカがただ単に通り過ぎられるだけではなくて、何世紀かかかってそれ自体がグローバル状況を呈してくる。一方、中東の方では、そのグローバル的な性格がほとんど忘れられてゆく。向こう側のグローバル性は、実はアメリカ内部にあるグローバル性という性格が強いんですが、それがアメリカから外に向けてのグローバル化ということになり、それによって世界中が方向づけられている。そうしたダイナミックな関係を、この図式はよく理解させてくれます。

板垣 念のためつけ加えたいのは、「アメリカ」の意味あいです。三木さんの話は、米国、アメリカ合衆国のことですね。私がいうのはアメリカ大陸で、米国のヒスパニック化やレッドパワー化やイスラーム化の変化をも含むアメリカ大陸全体、南北アメリカを問題にしています。

西谷 それを、先ほど内部のグローバル性と

いったわけですが……。

三木　鶴見俊輔さんも、米国が中南米をもふくめてアメリカという自覚を持つようになるとずいぶん変わるだろうと言っていますね。

アメリカ合衆国自体も世界中のいろいろな要素が入り込んでいて多元的で、ゴーイング・マイ・ウェイのイスラーム世界とはある面ではそっくりです。

ただイスラーム世界の場合には、前にいった何世紀もの諸文明の交替による磨き上げの過程から、そうした条件が自ずから出てきて、ひとりひとりの身についた多元共存の文化があると思います。他方、米国の場合はあまり歴史がないから、目下まだ実験中という感じがします。だから、九・一一事件後、約七〇〇万の中東系米国人は差別迫害されて、キリスト教徒のE・サイードさんが「在米五一年でふたたびよその扱いされる」と嘆くような事態も起こる。その違いは、随分大きいと思います。

だから今度の九・一一事件のことで、中国知識人が「アメリカには知恵がない。文明文化の可能性はアジアの方が大きい」と言っていましたが、歴史の降り積もったところにこそ、沈積化した知恵とでもいうべきものがある。そういうものを背景に、中国は一面テロリズム反対の戦線に立つ。しかし別の面ではソ連なき後、もっと以前からですが、いつも覇権主義という言葉でアメリカ、西欧に対して動かない立場を出してきていて、それがやはり、幾分かは米国の動きに対する鏡になっている面があると思います。

西欧の発想の元になる原世界風景というものを考えると、そのひとつは、ホッブズの『リヴァイアサン』の「あらゆる人間の、他のあらゆる人間に対する戦いの世界」といった、いわばブリテン島の人々の原世界風景みたいなものを言説化したものがある。一九世紀の後半に出てくる社会進化論というものもその続きとして考えていいでしょう。そこでは近代国家、国民国家などが暗黙の前提になり、その上に強い者勝ちの世界というわけです。レーガン以後のアメリカのやり方も国家レベルから個人レベルにいたるまで強い者勝ちの社会進化論丸出しです。これはアングロ・アメリカンの系統の動きとして考えていい。フランスはちょっと違います。ルソーの場合では、搾取も支配もない、理想の過去があったという。世界風景ですね。これはどうして違うのか。

世界史の普遍的な問題として

板垣　いずれにせよ、ヨーロッパ対イスラームとか欧米対イスラームといった分け方とは違う考え方をすべきではないか。

先ほど資本主義の問題に言及しましたが、大量生産型の産業主義、しかも著しく軍事化と結びついた資本主義の行きついた先は、マネー資本主義になっている。出口が見定まらない状況で、イスラーム経済論の新しい意味が埃を払いつつ新しい装いで見直されている。世界史の普遍的な視野において、イスラームの問題提起を位置づけ直すことができるのではないか。

三木　そうですね。「比較」と「つながり」（あるいはかかわり）という事柄の二つの捉え方がありますが、比較には落とし穴がある。比較をすることで、比較する二つを自己完結的なものと無意識的に前提してしまう。京都の日文研の「公家と武家」という共同研究プロジェクトに、もう五年ぐらいかかわっているのですが、いつもイスラームではどうですかと聞かれる。一応、イスラーム世界ではこういうこともあるという返事をするわけですが、そうすると、いつの間にかこちらも、イスラームを自己完結的な何かみたいに思い込んでしまうということを、割合最近気がつきました。

それで藤原さんから「イスラームとは何ぞや」ということをやりたいとあったときに、そういう設問の仕方をすると変な落とし穴に入るのではないかと思って「世界史の中のイスラーム」というのを提案しました。単なる比較ではなく、むしろ世界のすべての関わりの中で捉えてみようということですね。

イスラームから何を学べるか？

―― 二一世紀が始まったところですが、イスラーム世界から何を学ぶことができるか、最後に一言ずつお願いします。

自己完結しない生

西谷　学ぶことはたくさんあると思います。三木さんがいわれる原一神教ですか、そういう土壌が強固な一神教を包み込むといった、何か懐の深さのようなものがある。ある知人がイスラームというのは自分にとって日々のお茶のようなものだと言っていましたが、教養より生活のベースですね。つい板垣さんの図式が浮かんでしまいますが、強い中心性とかそういうことではない。人が生きるときにはどこでも必要な制度のようなもの、生きていくためのシステムを、どこの地域でも持っていると思うんですが、そういうものを緩く結合させるような、そしてネットワークをつくり出すような、そういう広がりを垣間見せてくれるのがイスラーム世界ですね。

ヨーロッパというのは、ある普遍の名の下に一元化する運動として登場してきた。確かに力強いし影響力も強い。効率でいえば圧倒的な力を持っている。その面で競争をしようとしたら、歴史が示しているように全然話にならない。むしろ彼ら自身が競争のためのアリーナを設定してくる。そういうものではない形でのコミュニケーションやネットワークの仕方を構想するとき、イスラームから学べることはたくさんあると思います。だから逆にいうと、全世界のイスラーム化ということはあまり考えていないわけです。

これは教義の問題ですが、例えばキリスト教の進化を考えても、イスラームの展開を考えても、あるいは仏教の展開を考えても、ある時期にこの地上の生活というか人間を絶対性から切り離す。神でも天でも何でもいいですが、それと人間とを分離することによって、人間のオートノミーを確保する論理を生み出しているようです。そのオートノミーは人間が神ではない、絶対ではないということを含んだオートノミーですが、キリスト教ヨーロッパの大きな問題は、それを自己完結したものとして設定してしまったことにあると思います。

イスラームは一神教でありながら、オートノミーを自己完結させないという知恵を保っているように思います。ごく基本的なことでいえば人は絶対に一人では生まれてこられないし、一人では死なないということです。もし一人しかいないのならば、死ぬことには何の意味もなく、死という出来事は起こらない。その意味で人間の生は始まりも終わりも閉じていないのですが、その両方の間に人間の生、生きるということがあるとすると、人はそれをどうやって引き受けていくか。どうやってそれを知的に、あるいは意識的に、あるいは社会制度的に構成していくかというときに、自立ということが自己完結性として構想されてしまうとこれはひどいことになる。一神教というのは常にそういう危険を持っている。しかしイスラームはそれを開いたままにしておく、そういうシステムをつくり出している。それが恐らく、コミュニケーションやネットワークの形成にも効果的に作用していると思うんです。

> 「イスラームは一神教でありながら、オートノミーを自己完結させないという知恵を保っているように思う。それが恐らく、コミュニケーションやネットワークの形成にも効果的に作用している。」(西谷)

私は全然一神教徒ではないですが、ただ原一神教的な、あるいは何らかの形での信のシステム、知のシステムを求めている。そういう姿勢とのつながり、連携というものの可能性をイスラーム世界が見せてくれる。

最初に私がいったことはヨーロッパに偏り過ぎてしまったんですが、ではどうしてヨーロッパの思想家やヨーロッパの歴史の構造などを研究するかといえば、やはり私が東アジアのこういうところにいて、ヨーロッパ言語とは違う、でも相当ヨーロッパ化されてしまった言語で生活しているからです。しかもここでキリスト教もアラーもなしに、とはいえそういうことがあると意識しつつ生活している。ここで何が考えられるかというと、ここで可能な信のシステム、知のシステムを何とかつくっていくということです。西欧的近代の中につかりきっているだけでは、恐らくそういう観点は出てこないのではないかと思います。そういう意味で、私自身にとって、やはりイスラームとの出会いは一つ展開の契機になったと思っています。

アイデンティティ複合

板垣　何を学ぶか、すでにいくつかアイディアはお話ししました。むりやり一つを抽出すれ

ば、「アイデンティティ複合」かな。それを全面的に開花させるという課題。私がこの問題に着目し論じたのは一九五九年ついで六一年。一九七〇年代半ば頃からアイデンティティ複合なる概念そのものの議論を展開しましたが、いまでは日本でも広く受け容れられたと思っています。イスラーム化に続く現在の二番煎じのグローバリゼーションの下で、元祖の中東の人々だけの問題ではなく、我々を含め世界全体の人々がいよいよもってアイデンティティ複合の問題に自らをさらすことになった。

もともと「都市的」地域としての中東では、人間は、個人とその外部世界というような分割を許さないほど多様なアイデンティティ複合を内面に抱えることになったのです。状況の中で自分が何者であるかを選び分けるアイデンティティ選択をたゆみなく自覚的に、それこそ自己責任でやらなければならぬことになる。「自分」の選び分けが、商業であり政治なのです。

例えば一人のエジプト人が、カイロ市民、サイーディー（上エジプトの人）、エジプト人、アラブ、イスラーム教徒あるいはコプト（土着のキリスト教徒）といった多様な自分を持っている。一般にイスラーム教徒といっても、スンナ派とかシーア派などといった帰属ばかりでなく、ユダヤ教徒やキリスト教徒と一体の「啓典の民」という自覚の仕方もあり、ヒンドゥー教徒や仏教徒もひっくるめた諸宗教のタウヒードという連帯の中に自分を位置づけることもできる。

男であれ女であれ中東の人々の名前が状況の中で可変的なのは、社会集団形成の起点としての先祖を自在にスライドさせることによって、自分の属する「族」的結合集団を自由に伸び縮みさせたり変換させたりするアイデンティティ選択という自主管理を、個々人が時々刻々やっているためです。人類の祖アダムから出た子孫であるアダム族としての自分、という選択肢も当然あるわけで、「私は人類だ」というこの自己選択は、あらゆるナショナリズムに反対し人類意識を教えるイスラームの理想にもっとも適合的なオプションだともいえる。

中東の人々は、歴史を通じて、主体的な変身を生き抜く可能性の開発者でした。イスラームは都市化・商業化・政治化に支えられた個人主義の徹底を教えてきました。驚くべきことに、アイデンティティ複合をダイナミックに生き抜くことがいまや人類の課題となったのです。文明間対話も、地球的アーバニズムも、世界の平和も、みなこの課題への取り組みにかかっている。

人とのつき合い

三木　いまの板垣さんと西谷さんのお話から思ったのですが、何らかの意味で己を超えたものの感覚みたいなものはどの宗教も共通ではないかと思います。ベイルート育ちでベイルート・アメリカ大学の学長をやっていて、多分間違えたか誤解されて暗殺されたマルコム・カーという人が、もう随分以前現代イスラームについて書いた本の中で、やはり同じようなことをいっていました。どんな宗教も――英語だからパイエティ、敬虔さ。私が先ほどいった、何らかの意味で己を超えたものがあるという感覚。これは八百万であろうと唯一の神であろうと変わらない。あるいは仏教のように神様がいなくても、いわば自分のなかをつきぬけたところに超越がある。八百万の神々がいた古代ギリシアでも、ヒュブリス（傲慢）の神にとりつかれた人間は破滅するという、イスラームにおける神へのおそれと同様の宗教感覚がありました。宇宙の片隅のちっぽけな惑星の上の卑小なヒトという、SF作家の小松左京さん的な宗教感覚もあります。そういう共通性を持ちながら、時と所によって多様な形態をとるのが宗教というものなんでしょうね。

　なお、このような己の卑小さの自覚を失って、みずから世界の規範と正邪の決定者となり、無差別爆撃という国家テロリズムをおこなわせた息子ブッシュという人は、サリン事件をおこわせたオウムの麻原彰晃という人とまったく同型で、さらに、森孝一さんが「見えざる国教」と名づけた幻想的な共同体をまとっている点では、一五年戦争末期の日本の指導者たちともそっくりです。末期の近代西欧文明が破壊した地域社会の廃墟がうみだした点では、九・一一事件を企画実行した人々も同様だと思いますが、ただブッシュには自爆する勇気はないでしょう。

　イスラームから何を学ぶかといえば、ふたりの学生から教えられたことがあります。ひとりはイラン革命前年のタブリーズで、タブリーズ大学農学部の学生から。米国とシャー（王）がイランの農業を破壊して、穀物も肉も食糧の自給ができなくなった。伝統的なイラン農業をなかから変革してゆく道があるはずだ。日本の大学でそういうことを教えてくれるところがあるか、と問いかけられて、まったく同様の日本農業の現状を考えて絶句したとき。いまひとつは、カサブランカでマラーケシュ行きのバスを待っていたとき話しかけたムハンマド五世大学法学部の学生。政治と経済と文化の植民地主義が僕たちを支配している。独立で一応政治面はクリアーして経済は努力中。いちばんむつかしいのは文化だ。それは僕たちの心の中まで入りこんでいるから。しかしどんなに困難でも僕たちはこの課題を果してみせる、また地方政治家であった父の跡を継いで地域社会のために働く、というのがかれの教えてくれたことでした。りりしい若者たちでした。

　また、私は幸いにして六回もフィールドワークをやらせてもらって、それでイスラーム世界の人々から学んだのは、何よりも人間のつき合いというものです。とりあえずイスラーム世界の人々とつき合ってみませんか。

――長時間、ありがとうございました。

（二〇〇一年一二月一二日／於・藤原書店会議室）

「イスラーム世界の人々から学んだのは、何よりも人間のつき合いというものです。とりあえずイスラーム世界の人々とつき合ってみませんか。」（三木）

Photo by Ichige Minoru

「世界史」の中のイスラーム

イスラーム、西洋、そして世界

イマニュエル・ウォーラーステイン

訳・解題＝山下範久

Immanuel Wallerstein　一九三〇年生。フェルナン・ブローデル経済・史的システム・文明研究センター所長。九四〜九八年、国際社会学会会長。九三〜九五年には社会科学改革グルベンキアン委員会を主宰し、討論報告『社会科学をひらく』を刊行。次代への知の構築を訴える著書『脱＝社会科学』『ユートピスティクス』に続き、『新しい学』を刊行。

〈解題〉「反システム運動」概念の濫用と混用

ここに訳出したのは、オックスフォード・イスラーム研究センターでの連続講義「イスラームと世界システム」で、一九九八年の十月二十一日にウォーラーステインが行った講演「イスラーム、西洋、そして世界」の全訳である。

今回、イスラームについての特集を、本誌『環』別冊誌上で組むというお話を藤原書店の編集部からうかがって、すぐに本稿の訳出を提案させていただいた。やや個人的な事情にわたるが、中東地域の現代政治を専攻する私の知人が、中東研究で定評のあるイギリスのある大学に留学していたおり、ちょうど当時発表されたばかりの本稿が同大学の授業の教材の一部として用いられていると伝えてくれて、そのとき怠惰にも本稿を未見であった私は、あわてて取り寄せて一読したのである。そして「反システム運動」の概念が、ハンチントンの「文明の衝突」テーゼとサイードの「オリエンタリズム」

批判との二項対立の外部に立つ射程を持つものであることが示された本稿は、大変印象に残るものであったため、今回の藤原書店からの打診に接して、迷わず頭に浮かんだのである。

しかしながら、当時の私が本稿を一読して持った、そのような印象と、今回本稿を訳出しながら、私が改めて感じた本稿の意義とは、必ずしも連続しているとはいいがたい側面があるとした方がよいかもしれない。言うまでもなく、昨年の米国同時多発テロ事件を境に、イスラームをめぐる言説の配置に——すくなくともある水準では——変化が生じているからである。

だが他方で本稿が、テロ事件をはさんでも——すくなくともある水準では——全く注釈を必要としない射程を持ち続けていることもたしかであり、その意味では、やはり本稿の意義は、その発表直後から現在まで変わらないということもできる。

私はここで、本稿の意義をテロ事件とのかかわりにひきつけて解釈しすぎることも避けたいし、状況と無関係な理論的価値のようなものを強調しすぎることも避けたい。「事件」と「真理」の二項対立に引き裂かれた表層的な解釈もまた、まさにウォーラーステインが批判する知のあり方である。

そこでここでは、本稿の鍵概念である「反システム運動」概念について、そのような表層的な解釈とむすびついた、避けるべき二つのタイプの誤用を指摘して解題の責を埋めたい。明示的にウォーラーステインに依拠しているといないとにかかわらず、また明示的に「反システム運動」という用語を用いているかどうかにかかわらず、「反システム運動」という概念が、実質的にここでとりあげられた問題場について語る際の、ひとつのゆるやかな参照枠となっているからである。

その二つの「誤用」は、一方が概念の濫用と、他方が概念の混用とに、それぞれ結びついている。まず概念の濫用について。これを避けるために注意すべきなのは、反システム運動と、システムの危機がひきおこす混乱そのものとの概念的区別である。いいかえれば、システム内部の時空に定位される現象と、システム間移行の時空に属している現象との区別である。反システム運動は、その定義において、総体としてのシステムを対象化し、その総体としての変革を求める運動であるが、他方でそれは（成功しているものであればあるほど深く）システムの内部に定位されており、そのことによって本来システムが抱えている矛盾を一定程度ひきうける（ないしは中期的に有効な（矛盾の）先送りを可能にする）存在でもある。

他方、システムの本来的な矛盾が臨界点を越えてくると、それまでは通常のシステムの機能に回収されていた（ないしは、有効に抑圧されていた）不満や悲惨が、端的に顕在化することになる。重要なことは、そのようなシステムの機能不全が既存の政治的な正統性の構造自体にも及ぶため、そのような不満や悲惨が既存のシステムを全否定するレトリックと結びつく傾向を持つということである。

　すると、レトリックだけに注目する限り、そのようなシステムの危機における不満や悲惨の端的な現象を、反システム運動とみなす結果に陥ることになる。そして、ウォーラーステインの主張通り、現在がまさにシステム間移行の時代であって、しかもその危機はますます深刻化している状況においては、「反システム運動」概念の濫用を招いて、事態をかえって見えにくくしてしまうものとなる。私が管見する限りでも、昨年の米国同時多発テロ事件を「反システム運動」として理解しようとする向きがあるようだが、私はそのような分析が事態の明晰化に役立つとは思えない。

　もうひとつは概念の混用の問題である。右に述べた通り、「反システム運動」概念は、総体としての世界システムに対する批判の契機を具えていることに、その本質がおかれているが、そのような批判の契機が、具体的な戦略や戦術の次元でどのような形態をとるかということについては、近代世界システムの通時的な動態のなかに変遷がある。特に重要なのは、社会主義運動（のちに共産主義運動と社会民主主義運動とに分解するが）と民族主義運動とに代表される「旧左翼」型の反システム運動から、いわゆる一九六八年革命に象徴される新しい反システム運動への展開である。

　本稿の文脈では、その展開は、近代国家の建設を目指し、大勢としては世俗化を是としていた北アフリカや中東の民族主義運動と、世俗主義に反対し、それをすすめてきた「近代国家」（そして、さらにその背後にあるアメリカ覇権の世界システム）を否定するイスラーム主義（いわゆる「イスラーム原理主義」や「イスラーム保守十全主義」）との対比として明晰に示されている。この区別と歴史的変遷を無視して、イデオロギーや政治的レトリックとしてのイスラームを語ることは、イスラームに対する安直な本質主義的言説やその逆の不可知主義的言説に容易に転化する。ここでも個々の「反システム運動」が、システムの構造的な過程のどの局面に定位しているかについての区別を無視することで生じる「反システム運動」概念の混用が、世界システムの現状の明晰化を阻むことになるのである。

　しかして、ウォーラーステインが、実に四年前に書いた本稿に込められたメッセージは、「現在われわれが最も必要としているのは、まさに明晰さであって、「イスラーム世界に投影された」悪魔などではないのである」という最後の一文に尽きると言ってよい。にもかかわらず、昨年の九月十一日以降、このメッセージの背後にある危惧が全面的に現実のものとなりかねない現在にあってなお、「反システム運動」概念ひとつをとってみても、その概念の誤用が、むしろわれわれの視野の明晰さを奪っているといわざるをえない。

　これは、しかしわれわれの嘆ずべき知的怠慢なのだろうか。私は必ずしもそうではないと思う。

　ウォーラーステインは、本稿のなかで

「闘争の深刻さが低いほど、対立軸は鮮明になる」という洞察を示している。賭け金が少ない方が、二者択一のリスクはひきうけやすいのだ。しかし、裏を返せば、闘争が深刻で激烈になるほど、対立軸は錯綜し、明晰さを失っていくということにほかならない。とすれば、われわれは、安直に「明晰」な対立軸を引いてしまうことに対して、いくら慎重になってもなりすぎることのない状況に置かれているというべきなのかもしれない。それにもかかわらず、明晰さを放棄すれば、すぐにでも「悪魔」は捏造されてしまう。この困難な時代においては、「反システム運動」概念を正しく用いることは、必要な知的努力の最初の前提であるにすぎない。

（二〇〇二年二月二八日記）

（山下範久）

三つの「世界宗教」

この講演のタイトルである「イスラーム、西洋、そして世界」には、地域を示す用語が二つ含まれている。そこで、まずは、地理的なところから話を始めるのが一番良かろうと思う。いわゆる「世界宗教」のなかで、アジア大陸の南西の一角のかなり狭いひとつの地域にその歴史的起源を有するものは三つある——ユダヤ教、キリスト教、イスラーム教である。三つの「世界宗教」はいずれも、その狭い地域に対して、特別な関係を有していると主張しており、そこをそれぞれの宗教にとっての精神的な故郷とみなしている。しかしながら、三つの宗教はいずれも、その地域に限定された宗教としての枠を越えている。

ユダヤ人は、征服および国家の破壊の帰結として、エジプトへ移住——強制的にせよ、自発的にせよ——することになり、次いでバビロニアへ、さらにローマ時代には地中海の各地へ、さらに時代が下るとヨーロッパの大半に散らばり、最終的に現代では、西半球および世界のその他多くの地域へと移り住んでいる。この全過程が、いわゆる「離散民族《ディアスポラ》」を生み出したわけである。そして周知のように、二十世紀になると、多くのユダヤ人が、その故地へと戻って、そこに新しい政治体ができあがった。すなわちイスラエルという国家である。同国はユダヤ民族の故国の再建であるというのがイスラエルの主張である。

キリスト教は、このユダヤ人の故地において、ひとつの宗教運動として始まったものである。しかしながらキリスト教徒たちは、比較的早い時期に、そのユダヤ人共同体とのつながりを断ち切り、主として当時拡大していたローマ帝国内において、非ユダヤ人に対する〔キリスト教への〕改宗を進めていった。わずか三世紀後には、キリスト教は帝国の国教となり、その後五百年から七百年にわたって、キリスト教徒は、主としてヨーロッパ大陸全土に改宗政策を推し進めた。その後の近代世界システムの形成は、いわゆる「ヨーロッパの拡張」を伴った。それは軍事的、政治的、経済的拡張と同時に宗教的拡張でもあった。この文脈のなかで、キリスト教の宣教団は、地球のすみずみにまで広がっていったのであるが、注意すべきなのは、その成功は、「世界宗教」が支配していないような地域において、相対的に大きかったということである。大雑把に言って、イスラーム教、ヒンドゥ教、儒教／道教圏における〔キリスト教への〕改宗者の数は、相対的に少なく、とりわけイスラーム教圏において少ない。

最後に、イスラーム教は、キリスト教が誕生してから約六世紀後に、同じ地域に出現した。イスラーム教も改宗を旨とする宗教であり、今日で言う中東地域から北アフリカ、イベリア半島にかけて、きわめて急速に広がっていった。イスラーム教は、イベリア半島からは押し戻されることとなったが、そのかわりに、今で言うバルカン地域に浸透していった。その間、イスラーム教は地理的拡大を遂げていき、東方では東南アジアへ、南方ではアフリカ大陸の南の地域へと、広がっていった。二十世紀においても、その拡大の過程は続いており、移民と改宗の両方の結果として、西半球および西ヨーロッパ地域にまで届いている。

こういったことは、高校の教科書に書いてある程度のことの要約にすぎない。このような地理的な概括をしたのは、次のことを指摘したかったからである。すなわち、三つの宗教が——特にキリスト教とイスラーム教は——すべて、その〔地理的〕範囲と主張において世界規模であるという事実にもかかわらず、われわれはキリスト教を「西洋」、イスラーム教を「東洋」と、考えたり語ったりしがちであるということである。たしかに、そのような短絡的な言い方にも、ある程度の地理学的根拠があるにはあるわけだが、それは、われわれが思い込んでいるよりも薄弱なものでしかないし、またその根拠自体がいままさに失われつつある。したがってわれわれの疑問は、なにゆえわれわれはこのような短絡的な地理用語の用い方から脱け出せないでいるのかに向けられることになる。そしてあきらかに、これは、地理学用語の意味の問題というよりは、政治的な問題である。

〔この問題に対しては〕近年、いくつかの答えが出されており、よく知られている。サミュエル・ハンチントンは、西洋とイスラームとを、長期的な地政学的紛争におかれた二つの相反する「文明」であると見ている。エドワード・サイードは、オリエンタリズムを、西洋世界がイデオロギー的な理由でうちたてた誤った構築物であると考えている。両者の見解は、ともによく普及しているが、同時に有害な影響も出ている。私としては、この問題に対して、別のアプローチをとって、次のように問いたい。すなわち、なにゆえキリスト教世界は、特にイスラーム教世界をとりあげて、それを悪魔にしたてあげる——それも単に最近のことではなく、イスラーム教の成立以来ずっと——ようになってきたのだろうか、と。実際のところ、おそらくこの問いは裏返しても成立するだろう。つまり、イスラーム教は、とりわけてキリスト教を悪魔と見なしてきたともいえるだろう。しかし〔この裏返しの問いについて〕、なぜそうなのか、どの程度そうなのかという問題を論ずる能力は、私にはない。

ここでの私の議論の力点は近代世界におかれることになるが、ヨーロッパ中世になんらかの言及をせずに説明を行うことはできまい。このような〔キリスト教とイスラーム教との〕関係についての神話の起源は、その時期にあるからである。周知のとおり、中世においてキリスト教とイスラーム教は、多かれ少なかれ、たがいに境界を接しながら広大な地域に広がっていた。各々の宗教圏は多様な内的抗争に引き裂かれていたものの、それぞれ、自らをひとつの文化的単位として認識し、他方との紛争関係にあるものと考えていた。この理由の一部を挙げれば、当時支配的であった神学、およびそれぞれの宗教が全的かつありうべき唯一の真理を体現しているという感覚、さらにおそらくは両宗教がともに、決して広くはない同じ地域に由来するものであるという事実があろう。キリスト教徒は、キリスト教がユダヤの律法を完成させ、したがってユダヤ教にかわって、新しい究極の啓示をもたらすものだと主張した。対してイスラーム教徒は、彼らの宗教が、ユダヤ教徒およびキリスト教徒から受け継いだ叡智の上にたって、アラーに対する帰依という、新しく、真に究極の形態をもって、うちたてられたものだと主張した。したがって、争いの一端は、継承関係と真理に関する、家系内の争論ということになる。これはしばしば、きわめて対決的で、きわめて激しい争いになるタイプの争論である。というのは、ある意味で、これは愛情と競争の両方に満ち満ちた争いだからである。

この争いには、別の側面がある。観念よりも、経済力や政治力にかかわるものである。一進一退する征服活動の波のなかで――八世紀のウマイヤ朝によるイベリア半島、フランスへの進出、キリスト教徒による聖地への十字軍、キリスト教徒の征服に対する「サラセン」人の反攻、スペインの国土回復運動《レコンキスタ》、オスマン帝国の拡張、オスマン帝国に対する反攻――キリスト教世界とイスラーム教世界が、〔単に宗教的な情熱というだけではなく〕広大な諸地域、その資源、および人口の支配をめぐって闘っていたのはたしかであるし、また各々にとって相手が主たる軍事的脅威と見えたこともたしかである。いかにも、いくつかの特定の時点において、両者がともども北アジアからの別の征服者集団に直面したことがあるというのはその通りであるが、しかしながら、それらの別の征服者は最終的には退けられたし、そればかりか、それら征服者集団の多くは、宗教的には改宗してしまって、文化的脅威としては飼い馴らされてしまった。

「半植民地化」の現実

以上あわせて、近代世界システム登場の場面となる。すなわち、西欧において資本主義世界経済が出現し、その経済的フロンティアを拡大し始め、次第に世界のより多くの地域をそのなかに収めていった。このシステムの中核は、(西)ヨーロッパとキリスト教であった。しかし、ここでわれわれは、ヨーロッパの地理的な焦点が変化したということを見ておかなければならない。十六〜十七世紀におけるヨーロッパの最初の拡張は、イスラーム世界を——あるいは、少なくともイスラーム世界の中核地帯である中東地域を——とびこえて行われる傾向があった。ヨーロッパ諸勢力は西を目指した。彼らは、インドを目指しているつもりだったのだが、実際にはそのかわりにアメリカ大陸にたどりついた。次いで、やはりアジアを目指して、ヨーロッパ人はアフリカを周航した。これは、ひとつには、彼らがアジアにあると考えた富を求めたからであるが、またひとつには、その方が容易だったからでもある。イスラーム世界を相手にすることは、とても手におえない——とりわけオスマン帝国の最盛期であるその当時においては——難題と見えたのである。いずれにせよ、この時期は、あたかも休止期のようであった。つねに時代の中心を占めていた中世のキリスト教—イスラーム教抗争に中断が持ち込まれた。抗争自体が忘れ去られたわけではないが、しばらくの期間、西ヨーロッパのジオ・エコノミー的/ジオ・ポリティクス的企図からする第一の関心から、一段さがったように思われたということである。

長期の十六世紀の初めから、二十世紀の初めまでの近代世界システムの歴史を見てみるならば、ヨーロッパの支配が、直接統治の形態を取っている場合と、それよりも間接的な形態をとっている——場合によっては「半植民地」の建設という用語で呼ばれる(実際に帝国統治をうちたてる以前のところでとどめられた政治的・軍事的介入と結び付けられた経済的支配)——場合とがあることがわかるだろう。ここでもまた世界地理の簡単な概観が役に立つ。植民地化された地域は、両アメリカ、アフリカの大半、南アジアおよび東南アジアの大半、そしてオセアニアである。植民地化されなかった主たる地域は、東欧、極東、そして中東である。これはもちろん、きわめて粗雑な要約であり、多くの点で、もっと個別に、濃淡をつけて論じられるべきものである。

いずれの場合についても、それぞれ、なにゆえ完全な植民地化が、それらの諸地域で追求されず、また可能でもなかったのか、そして別の諸地域では、完全な植民地化が追求され、また可能でもあったのか、ということについては、きわめてわかりやすい説明がいろいろと出されている。私としては、ヨーロッパによる他地域支配に〔地域ごとで〕差異が生じた原因について、ここで再検討することはせず、むしろ、いずれの地域にせよ、近代世界におけるヨーロッパとの関係が完全な植民地化であったような地域の人びとについて、その〔ようなヨーロッパとの関係の〕帰結が、半植民地化された地域の人びととの対比において、いかなる差異をもたらしたかということを問いたい。(むろん、十九世紀末の時点で、「ヨーロッパ」という用語は、文化的に定義される語とみなされるべきであり、したがって合衆国を含むものと理解されるべきである。)

さしあたりの私の観察として、二十世紀においてもっとも激しいヨーロッパとの政治的衝突が、まさに「半植民地化」されるにとどまった三つの地域から生じたということだけをのべておこう。すなわち、ソ連、中華人民共和国（および北朝鮮）、そして「イスラーム」である。もちろん、「イスラーム」は国家ではなく、イラン、イラク、リビアといった国々が、汎ヨーロッパ世界との激しい衝突関係にある国家のリストの上のほうにあるということである。これら三つの地域は、ヨーロッパともっとも先鋭に対立している地域であるので、〔逆に〕ヨーロッパ側の言説の想像のなかで、これら三つの地域が悪魔の居場所とされた――共産主義、黄禍、イスラーム・テロリズム――というのは、わかりやすい話である。もちろん今日、西洋において、共産主義の悪魔は、歴史の記憶となったように思われる。中国は困難ではあるが、ずいぶんと教化された友人で（あるいは同盟国でさえ）ある。したがってもっとも主要なものとして未だ悪魔であり続けているのはイスラーム・テロリズムである。〔しかし〕その悪魔は、西洋において大きな議論と恐怖の的でありながら、本質的に現実についての不鮮明なヴィジョンを反映した不正確な構成物でしかない。

「原理主義」とは何か

では今日の世界において――特に一九八九／九一年の共産主義の崩壊以降――いわゆるイスラーム・テロリズムは、どのようにして、かくも中心的なイメージとなったのだろうか。周知のとおり、イスラーム諸国において、「イスラーム原理主義」Islamic fundamentalistというラベルでよく呼ばれる――それよりはまれであるが「イスラーム保守十全主義者」Islamic Integristとも呼ばれる――重要な社会的／宗教的運動が、今から数十年ほど前から生じてきた。私の知る限り、「原理主義」とか「保守十全主義」とかいうこのような呼び方は、彼らの自称ではなく、西洋世界およびそのメディアにおいて用いられている用語である。イスラーム諸国においては、これらの運動は「イスラーム主義者」Islamistというのが、いちばんよくある呼び方だろう。

　これらの西洋側からの呼び方は、なにに由来しているのか。そして、それによって何を指し示しているのか。注意すべきは、右の二つの呼び方がイスラーム圏起源の言葉ではなく、キリスト教世界に起源を持つ言葉だということである。原理主義とは、米国におけるプロテスタンティズムの歴史のなかで、二十世紀の初頭に出てきた言葉である。〔プロテスタンティズムの〕いくつかのグループ、特にバプティスト派教会内の諸派が、「原理《ファンダメンタルズ》」への回帰を呼びかけたのである。この言葉によって彼らが意味していたことは、さまざまな近代主義的観念――そこには世俗派のものまでも含まれた――が、キリスト教の教義と実践とを侵害し、迷いに導いているという信念である。そして彼らは、以前の時代の信仰と実践とに回帰することを呼びかけたのである。〔他方、〕用語としての保守十全主義は、西ヨーロッパ、特にフランスのカトリシズムの歴史から出てきたものであり、やはり近代主義および／あるいはナショナリズムの観念や実践によって希釈されていない「十全な」信仰を求める同様の呼びかけを指している。

したがって、類比的に言えば、イスラーム原理主義（ないしは保守十全主義）は、イスラーム世界において、近代主義的なものの見方や実践が信仰を迷わせていると感じて、より古く、より純粋で、より正しいものの見方や実践への回帰をよびかける諸集団に与えられた呼称であるということになる。いわゆる原理主義者たちが呼びかけを行う主たる対象はつねに、同じ宗教を名乗りながら、その実践において完全に世俗化されているか、あるいは、やはり同じ宗教を名乗りながら、「原理主義」的には「希釈」ないしは「歪曲」された教えとしかみなされないものを奉じているかのいずれかであるような人びとである。宗教思想を研究している歴史家たちは、「原理主義者」集団は、あるべきはずの、より古く、より純粋で、より正しい信仰と実践がどのようなものであるのかについては、決して十分正確に、表現していないということをくり返し指摘している。歴史家の手にかかれば、これらのいわゆる原理主義者集団が、一年前に実際に行われていた信仰や実践からいくつもの点で異なる（場合によっては、かなりの異なりようで）伝統を、つねに再創造していることを示すのは、むしろ容易なことである。

しかし無論、これらの諸運動は、「それがそうであったがままの」宗教的真理を追究するようなランケ主義史学の歴史家の集団などではない。彼らは、万人がある特定のものを信じ、ある特定の実践を行うべきだという主張を押し出している現在の運動である。彼らの歴史的主張のもっともらしさに対して学者たちがこねくりまわす議論など、彼らにとってはどうでもよいことである。またそんな議論は、やはり現在に属している、運動の外部にいる人びとにとっても、たいした役には立たない。では誰が、そしてなにゆえに、〔原理主義／保守十全主義の〕運動の行動と主張を理解したいと望むのだろうか。

〔原理主義／保守十全主義という〕ここで用いられている用語がキリスト教の歴史から出てきたものであるという事実が、事態を理解する第一の鍵となる。それが何であれ、イスラームに固有のものではないということだ。二十世紀において、「原理主義」は、キリスト教とイスラーム教だけのものではない。ユダヤ教にも、ヒンドゥ教にも、仏教にも「原理主義」はあり、それらはすべて、おなじ特徴を共有しているように思われる。すなわち、「近代主義」――宗派内の世俗主義的傾向――の拒否、厳格《ピューリタン》な宗教的実践の強調、宗教的伝統の十全性およびその永遠不変の価値の賛美である。しかし、この第一の特徴のほかにもうひとつ第二の共通の――キリスト教の原理主義にも共通の――特徴がある。すなわち近代世界システムにおける支配的強国に対する反対である。この二つの特徴の組合せ――宗派内で「原理」への回帰を求める改革の要求と単なる宗教的問題を越えたところで発される反システム的修辞――こそが、原理主義運動を定義する特徴であり、同時に、近代世界システムの歴史的展開のなかで原理主義運動が持っている意味を分析する際に鍵となるものである。

三つの反システム運動

ここでしばらく、宗教の問題から離れて、世界システムの政治経済に目を向けてみよう。何が見えるだろうか。資本主義世界経済は、史的システムであり、そのシステムは、建前として主権を有することになっている諸国家で構成される国家間《インターステイト》システムと世界市場——その自律性は完全ではない——を通じて統合された基軸的分業の組み合わせに、経済的転換と利潤稼得の基礎としての科学的エートス、および資本主義的発展がひきおこす持続的な社会経済的二極分解の進行に対する大衆の不満を封じ込める様式としての自由主義《リベラリズム》的改良主義を正当化するジオカルチュアとが複合してできている。このシステムは西欧に端を発し、何世紀にもわたって拡大をとげて、全地球を包摂《インコーポレート》するようになった。

十九世紀において、このシステムの内部に、システム内の被抑圧集団の利害に立脚する反システム運動が生じてくるようになった。それらの運動は、〔既存の〕システムをなんらかの別の——より民主的で、より平等主義的な——システムへと転換させることを自らの目的とした。反システム運動がとった二つの主要な形態は、社会運動と民族運動であった。ポスト一九四五年期までの段階で、そのような諸運動は、世界のあちこちで、しっかりとした組織を持つようになっており、〔他方で〕それら諸運動の地理的な分布は、事実上、三つに分割されたようにみえた。(1) いわゆる社会運動が、第一次大戦によって、二つの陣営に分裂した。すなわち社会民主主義と共産主義の二つであり、それぞれ第二インターナショナル、第三インターナショナルとして組織された。両者はともに労働者階級の利害を代表していると主張した。また両者はともに「帝国」内の民族運動とは別個のものであった。民族運動は、民族としてのアイデンティティが認知されていない「人民《ピープル》」の名において語り、国民国家の創出を目指した。

以上三種の運動はすべて、一八五〇〜一九四五年の時期に現れたものであり、当初、政治的には全く弱体であった。しかしながら、三種の運動はすべて、歴史の趨勢が、自分たちの方に向かってきており、自分たちの言い分が最終的には完全に実現されるであろうと信じることができていた。内部論争が積み重ねられた後、三つの運動はすべて、二段階の歴史的戦略を取ることに決した。すなわち、まず国家構造の支配権を獲得し、次いで世界を変革する、という戦略である。一九四五年以降の二十五年において、三つの運動はすべて、この戦略の第一段階を達成したと言ってよかろう。二十世紀初頭の世界を見てきた者の目からすれば、仰天せんばかりの成果であるが、それは歴史の趨勢がこちら側に向かっているという彼らの確信を裏書するもののようにみえる。

地理的に見ると、世界は、それら三種の運動によって分割されていたともいえる。共産主義の運動は、中欧から北太平洋にいたる地域で政権を掌握し、その領域は世界の三分の一にまたがった。

社会民主主義の運動は、「西側世界」――西欧、北米（民主党のニューディール派を社会民主主義とみなしての話であるが）、オーストロアジア〔オーストラリアとニュージーランドおよび近海地域〕――で政権についた（少なくとも政権交代に参加していた）。そして民族主義運動（今日では民族解放運動と呼ばれることが多いが）は、アジアおよびアフリカで政権についた。ラテン・アメリカで政権についたのも、ある意味ではこれと同種のポピュリズム運動であった。

自由主義的改良主義と一九六八年の世界革命

このような反システム運動のめざましい政治的躍進について、二つ注意すべきことがある。〔ひとつは〕それが、まさに世界システムにおけるアメリカ合衆国の力が最高潮に達したとき、したがって〔総体としての〕世界システムを支持する諸力が、たがいに最も協調的で、最も高い一貫性を有しており、そしておそらく最も強力であったはずの瞬間に起こったということである。第二は、それら諸々の反システム運動のほとんどすべてが、その戦略の第一段階――国家権力の奪取――を実現し、したがってそれら諸運動は、彼らが公約した戦略の第二段階としての変化、すなわち世界の変革が、どの程度実現されえたかによって審判を下されるようになったということである。

一九六八年の世界革命は、この二重の現実――一方における、アメリカの世界へゲモニーおよび世界秩序の確立、そして他方における、反システム運動による、その戦略の第一段階の世界的実現、すなわち、しばしばまとめて「旧左翼」とよばれるさまざまな運動による政権掌握――に対する反応を構成するものであった。一九六八年の革命の担い手たちは、第一のアクターであるアメリカ合衆国に対しては、その抑圧性を非難し、第二のアクターである旧左翼に対しては、ヘゲモニー側のたくらみに対する反対運動として――実際におこった衝突はおくとしても――適切ではないと非難した。ラディカルな世界運動の立場からすれば、第一の非難は当たり前のものであったが、他方、第二の声高な非難、すなわち伝統的な反システム運動に対する非難は、さらにゆゆしいものであった。

この第二の非難は、欺瞞に対する糾弾であった。なにが欺瞞であったのかを理解するには、どのような期待が――それは幻想だったということになるだろうが――あったのかを確認する必要がある。一九六八年の世界のものの見方は、反システム運動の闘争の長い歴史の上にたっていた。大衆的な想像力において、その歴史は、少なくともフランス革命にまで遡るものであった。たとえ、各々の地域における反システム運動の始まりは、もっと時代が下ってから、たとえば二十世紀の初頭程度のことであったとしても、やはりそうであった。いずれにせよ、そこには長い歴史的記憶というものが存在したということである。

では、その歴史的記憶の主たる要素は何であったか。第一に、そこにあったのは困難な闘争であったということである。弱々しい勢力として起こった実際の諸運動は、それが立脚する地域の――および友愛にもとづいて他の地域からも――大衆的な支持を動員することを通じて、ゆっくりと力をつけていった。さらにそこには、闘争の記憶だけではなく、弾圧の記憶があった。それは、しばしば、その地域の強大な権力による厳しい弾圧であり、また世界規模での強大な力（きわめて直截に言えば合衆国政府であるわけだが）による積極的な煽動および支援を受けた弾圧であった。

第二の記憶は、運動を抑圧する力がとった、これとは逆の戦術、すなわち「とり込み」戦術である。歴史的に、この戦術は、運動に「とり込み」の誘いをかけることによって、その利益にあずかる者と必ずしもそうはなりえない者との間で、運動を分裂させてきた。「とり込み」の利益にあずからなかった者たちが、それで鎮圧されてしまわなかった場合、彼らの怒りはいやまし、さらにラディカルな利益の代弁者を求めることになった。しかし、とり込みの過程、すなわち全員にではないがかなりの数に対して状況の改善をもたらす譲歩を行う過程は、持続的・反復的に進められたために、その過程は運動を混乱させた。というのも、〔とり込みが権力の戦術であるという〕教訓は、あとに続くそれぞれの世代が、その都度学ばざるをえなかったからであり、またさまざまな被抑圧者の集団がたがいに共通の訴えをなすことで根本的な変化を達成する能力を弱めることにもなったからである。

そして、第三の記憶がある。これは、右の二つの記憶――抑圧ととり込みの記憶――を中和する記憶である。それは、達成の記憶である――動員できる人間の数の点から、および政治の舞台におけるまともなアクターとしての世論の認知の点からみた、運動そのものの力の増大、そして〔運動がひきだしてきた〕譲歩（その一部は「取り込み」の過程に属するが）の蓄積が、その達成の大きさを測るものさしとなった。

この第三の記憶は、政治的および歴史的な希望――「歴史は、自分たちの側にむかってきている」という堅固な期待――の源泉となった。今生きている自分たちの子供ないしは孫たちには、よりよい生が待っている、というわけである。この第三の記憶は、運動組織の人数が増え、生活のあり方も改善された（生涯所得の増加と生活様式の物質的向上）という直近の歴史に対する、いわば計量的な解釈に立脚するものである。将来に対する、このような深い希望の感覚、平等と民主主義の増進を確信する感覚は、そのような将来のために被抑圧者が困難な闘争の努力を続けており、実際その闘争の努力こそがここまでの達成をもたらしたという事実に根ざしているだけになおさら、〔将来の展望がすでに約束されているかのような〕極端に脱政治化された世界観を逆説的に可能にしてしまう。そのような世界観は、将来に期待される帰結の重要性に照らすことで、現在において手にしている帰結はささいなものにすぎないと過少に評価することを許してしまうのである。

実際のところ、このようなヴィジョンこそが、自由主義的改良主義の本質的なメッセージであった。皮肉なことだが効果的にも、反システム運動自体が、このメッセージを伝えてまわることになった。そのような諸運動は、自分たちがラディカルであると主張すればするほど、その運動によって動員されている人びとに対して、その運動が行っている意志表示の切迫性や活力にもかかわらず、当座もたらしえている帰結がそれほどのものではないことについて忍耐を求めるうえで都合がよかったわけである。まさにこのようにして、逆説的にも、さまざまな旧左翼的反システム運動は――しばしば政治的流動化を求めていたにもかかわらず――長期的に見た場合、むしろ世界システムの政治的安定性を保証する最も重要な役割を果たしていたのである。

表向き打ち出された能動性の背後に潜在的な受動性をひそませた――つまり「達成の計量化」（局地的および世界的な観点の両方から測定される）によって正当化される――このような要求には、ひとつだけマイナス点があった。すなわち、最終的には、実現された変化の重要性とその変化の実際の速度とを計算・評価することができてしまうということである。そしてまさに反システム運動の目に見える成果が最も大きくなったその時、この最終的な決算の瞬間がやってきたと思われたのである。一九六八年の世界革命は、このように世紀単位の長きにわたる戦略の有効性を評価した結果である。評価の結果は、その有効性を否定するものであった。成功の幻想の後にやってきたのは幻滅であった。あの成功は、現実にはとどかない運命だったのだ。変化の恩恵を受けたのは、ごく少数の集団（ソ連のシステムでいうところのノーメンクラツーラである）にすぎず、特権層とその下におかれた層との間の現実のギャップは――旧左翼がもたらしたはずの改革と成功にもかかわらず――これまで以上に広がった。

近代主義としてのアラブ民族主義

さてここで、以上の一般的な世界規模の診断から、イスラーム世界に話を戻そう。右に述べた過程は、中核地域の外部にある世界の他の諸地域の大半にも同様に――それ以上でも以下でもなく――あてはまるものであることはいうまでもない。しかし、それぞれの地域には、それぞれの歴史的特殊性があり、〔一般的傾向に対する〕反作用は、地域ごとに特殊な現われ方をとることもまたいうまでもない。では、イスラーム世界、特に歴史上のアラブ中核地域の史的特殊性とは何なのか。

たとえば一九〇〇年以降について、さまざまなアラブ諸国において継起的に起こってきた諸運動に目を向けるとするならば、「覚醒《ナフダ》」（アラブ主義的反乱、民族意識の覚醒）をよびかける声はすべて、近代主義の言葉遣いを用いる傾向があった。彼らは、彼らの感じていた抑圧を、ひとつには外部からの支配（帝国主義）、またひとつには内的な「伝統主義」の帰結と分析していた。したがって彼らは、外部からの支配の拒否と内的な文化的変革を同時に求めることになった。ふたつの要求は、ともに追求され、相互に強化しあっていた。さらにいえば、両者は、たがいにもう一方の要求を可能にする条件であったともいえよう。このような感情からわきおこってきた運動が、その社会的基盤において一貫性を欠いており、社会の将来についてのヴィジョンもさまざまであったのはたしかである。よい社会とはなにかということについての見解をとってみても、相対的に保守的なものもあれば、相対的にラディカルなものもあった。

しかしながら、これらの諸運動のすべてについて一般的にいえば、宗教としてのイスラームは、小さい役割しか果たしていなかった。さらにいえば、多くの場合、むしろなんらかのマイナスとなっていた。自分たちがムスリムであるという事実に彼らがこだわる場合もあったのはたしかであるが、それは、一種の文化的帰属と考えられていたものであり、運動の潜在的な支持者のなかで啓蒙が進んでいない層に対する慰撫として必要な主張であると考えられていたともいえよう。彼らが思い描いていた将来は、近代社会であり、彼らにとって近代社会とは、世俗社会を意味していた。さまざまなアラブ主義運動は、トルコのケマル主義的な諸前提の多くを共有していた。植民地期のインドにおけるムスリム連盟も、それほど異なるものではない。

おおまかにいって、それらの諸運動は、とくによりラディカルなものほど、ポスト一九四五年期には成功を収めていた。それら諸運動は、さまざまなかたちで政権を手中にしていた。エジプトのナセル主義。シリアおよびイラクのバース党。チュニジアのネオ・ドウストゥール党、アルジェリアのＦＬＮ〔民族解放戦線〕などである。これらの諸体制はすべて、その後第三世界とよばれるようになった他の諸地域で並行して転回していた諸運動とともに、バンドン会議に端を発する、いわゆる非同盟諸国の運動に参加しているケースが多かった。実際、よく知られているとおり、ガマル・アブデル・ナセルその人は、この世界的ネットワークの誕生に重要な役割を果たしていたし、アルジェリアのＦＬＮは――ヴェトナムの運動と同様に――このネットワークを横断するひとつのモデルのイメージを喚起するものであった。

他方で、ポスト一九四五年期は、アラブ世界にとって――また、その延長として、イスラーム世界全体にとって――いくつかの大きな困難が訪れた時期でもある。最も大きな困難は、イスラエル国家の建設であった。ここで、その歴史をくどくどと語るつもりはないし、その功罪を論ずるつもりもない。ただ二、三の事実を強調しておきたいだけである。シオニスト運動は、十九世紀から二十世紀へ移る時期に、アラブ民族主義運動がおこったのと、多かれ少なかれ時期を同じくして現れたものである。またシオニスト運動は、アラブ民族主義運動と言葉遣いの点で多く――独立国家建設の必要性、世界システムの諸強国からうける抑圧の感覚、ユダヤ人の精神構造に内的変革が必要であるという感覚、宗教としてのユダヤ教との両義的な（積極的には語られない）関係――を共有している。一九四八年以前において、シオニストがイメージする世界のなかで、アラブは現実的にはたいした役割を果たしていない。〔むしろ〕敵はキリスト教世界であり、また無論一九一八年以降は、特にイギリスがそうであった。

しかし、そのようなイメージは、イスラエル国家の建設によって根底的に変わってしまった。イスラエル建国に対するアラブ諸国の軍事的抵抗は、主要な敵がアラブ世界になったということを意味した。そして、そのアラブ世界とは、だいたいにおいてイスラーム世界であった。このような態度は、一九六七年の〔第三次中東〕戦争におけるイスラエルの勝利――その結果、アラブ人住民が多数イスラエルの統治下にはいった――によって、いっそうのこと強まることとなった。近代的なパレスティナ民族運動――すなわちPLO〔パレスティナ解放機構〕――が組織されたのは、まさにこのときであった。PLOは、先に触れた近代主義的民族主義運動と同型の運動であり、同じ言葉遣いを用いていた。またPLOは、宗教としてのイスラームとの関係については、やはり同じく積極的には語らず、両義的であった。それは、パレスティナに、アラブ人キリスト教徒人口が相当程度存在しており、また実際、彼らがPLOを支持しているだけに、なおさらのことであった。

一九四八年から現在にいたるイスラエル・アラブ関係およびイスラエル・パレスティナ関係の歴史を特にふりかえらずとも、おおまかにいって、イスラエル側が、軍事的・政治的に優勢であったということは無理なことではない。しかしまた、パレスティナ側の動員は、イスラエルが、全体としてみればしぶしぶであったにせよ、きわめて長期にわたる、結論の出ない、そして不満ばかりがつのる、いわゆる和平交渉――それは全く無に帰する可能性もあるわけである――に足を踏み入れざるをえないところまで追い込む程度には十分成功したということはできる。

イスラエル〔国家〕の存在は、アラブ民族主義にとって、ある問題を提起するものであった。すなわち、それは遠く離れた西洋世界のほかに、地域に基盤をおいた別の敵が加わるということであり、しかもその敵は西洋全体と比較して譲歩の用意に欠く存在なのである。二十世紀の非ヨーロッパ世界において、現実的に見て、唯一この状況と並行する事例なのは、南アフリカのアパルトヘイト国家の存在である。こちらの問題は、憲法改正とANC〔アフリカ民族会議〕政権の成立によって、今日、解決を見ている。

くわえて、アラブ世界には、イスラエルの存在〔という第一の問題〕に匹敵するほど大きく、またそれと重なり合った第二の特殊な問題がある。それは、その地域が世界の原油供給の大部分の所在地であるという事実である。このことは十九世紀には、まだ知られておらず、第一次世界大戦以降はじめて考慮に入るようになった問題であるが、それ以来――特に一九四五年以降――この地域にとっての中心的なジオポリティクス上の現実となった。アメリカ合衆国は、まさにこの理由によって、同地域の政治に決して無関心ではいなくなった。ロシアや西欧も同様である。原油供給の切れ目ない流れを維持すること、そして採油権料にほどよい上限を維持することが、諸大国の大きな関心となった。これが理由に付け加わって、イスラエルに対する支援と〔アラブ諸国における〕相対的に保守的な政権体制に対する援助および安定化の努力への投資の両方が行われた。
アラブ世界におけるイスラーム主義運動の歴史に目を向けると、実際のところ、それは〔右に述べた近代主義的な〕民族主義運動と同じくらい古いものであり、いくつかの国においては、両者は混同されかねない場合もある。〔たとえば〕アラビア砂漠におけるワッハーブ運動やキレナイカにおけるサヌーシー運動には、世俗的な民族主義運動と共通の特徴がいくつかあり、いずれも、外からの抑圧を憂慮し、より純粋で、より厳格なおこないを強調して内的刷新を呼びかけ、近代国家のしくみの創出をめざし(もっとも、いうまでもなく、〔右にあげたようなイスラーム主義運動は〕世俗主義〔的な民族主義〕運動とはちがって、その言葉遣いは宗教的である)、そして政権の座についた。サヌーシー体制は、一九六九年に、より世俗的な体制にとってかわられた。サウジ体制は、今日まで、そのような運命に対してうまく抵抗してきている。

イスラーム主義運動の反国家性

では、いわゆる〔近代主義的民族主義運動とは概念上区別される〕イスラーム主義運動に目を向けたときに、そこには何が見えるのか。それは二つのことを主張する集団である。第一に、彼らは、さまざまな国で政権についたそれらすべての諸運動が、法解釈上は独立国家であるとはいっても、その国内事項に対する外部の勢力の役割の除去・一掃には成功していないと主張する。彼らが指摘するのは、〔アラブ〕地域においてアメリカの役割が依然として続いており、イスラエル——それは、第一義的に西洋世界の前哨とみなされている——という中世の十字軍国家に類似した植民国家の強力なプレゼンスの存在である。そして第二に彼らは、この状況が、まさにそれに反対していると主張している〔アラブ世界の〕諸体制——注意すべきことに、世俗主義的な体制だけではなく、サウジアラビアのような、宗教に立脚しているはずの体制も含めて——によって支持されてしまっており、実際のところ、そのような諸体制の存在ゆえに可能になっている事態なのだと主張する。

かくして、イスラーム主義運動は、以下のように主張する。外部からの抑圧から脱し、内的刷新を育もうとするならば、それら近代主義的なアラブの諸体制——そのカテゴリーには〔サウジアラビアで政権を担っている〕ワッハーブ運動も含まれる——をこそ排除しなければならない。いうまでもなく、これはアヤトラ・ホメイニがイランのパフレヴィー体制について語ったことと同じであり、タリバーンがアフガニスタンの擬似共産主義体制(およびそのさまざまな後継諸体制)について語ったことと同じである。アラブ世界では、現在までのところ、政権についたイスラーム主義運動体制は、スーダンを除くとひとつもない。

さらに、それらイスラーム主義集団の政治的な動員の手法を観察してみると、それは単に彼らが反対している近代主義的な諸運動とは異なる別の言葉遣いを前面に押し出し、したがって近代世界システムのしくみのあり方について、近代主義的な諸運動とは異なる分析をしているだけではない。彼らは、それら近代主義的な諸運動が、近代国家としての基本的責務——市民に対して最低限の福祉と安全を提供しつづけること——を果たしていないとも主張している。イスラーム主義の諸組織が、困窮層に対して、幅広い社会的サーヴィスを提供しており、国家機能の深刻な空白を埋めていることは、よく知られている。イスラーム主義運動について、もうひとつ留意すべき特徴は、大学の理工科系学生から、広範かつ多数の人員を確保し、彼らの技術を利用して、運動が主張するところを推進しているということである。

右の二つの特徴——社会的サーヴィス機能と理工系の若者に対するイスラーム主義の魅力——がともに示しているのは、イスラーム主義が、過ぎ去りし農業社会へのロマンティシズムではなく、むしろオルタナティヴな近代の形態を用意しようとしているということである。すなわち、技術の発達には開かれつつも、世俗主義とそれに付随する諸価値を拒否するという形態である。〔他方〕国家政体に対する態度については、イスラーム主義は両価的《アンビヴァレント》になっている。権力の外部にあって、イスラーム主義運動は、政治的のみならずイデオロギー的にも、強力な反国家主義勢力である。世俗的近代主義の中心にある要素、すなわち道徳的・政治的支柱として中立的に存在するはずの国家を擁することの枢要性を否定している。彼らは、権威ある解釈者集団によって釈義された精神的諸価値の優先性を強調する。しかしたとえば、今日のイランがそうであるように、そのような価値を優先することは、イスラーム主義運動が実際に政権をとってしまった場合に問題を生じ、国家と宗教的権威とのあいだに緊張の高まりをもたらしてしまう可能性がある。これはまさに、近代の世俗主義的国家が解決しようとした問題にほかならない。現在までのところ、政治的勢力としてのイスラーム主義は、国家主義の外部にたつ言葉遣いを優先させ続けている。

旧い反システム運動への幻滅

では、最近二十年ほどの間にイスラーム諸国で起こってきたことをどのように解釈することができるだろうか。私は、最も重要な要素は、教育ある教養層と大半の大衆層の両方にわたって、二十世紀における大衆闘争の主要な現われ方であった過去の反システム運動——民族革新ないしは民族解放の運動——の功績に対する幻滅がおこったことであると考えている。それら過去の反システム運動は、そのあらゆる変種に、欠陥があることがわかってきたのである。それら諸運動には非難がむけられている。曰く、彼らの追求する戦略は不毛であった。曰く、少数の集団が闘争から不正な金銭的利得を得ることを許している。曰く、世界の支配的地域との比較において、〔イスラーム〕諸地域のひとびとが、実質的な政治的自律ないしは実質的な経済的前進を獲得できるようにするという、運動の第一の目的に失敗した。このような非難が、これら諸運動のやってきたことに対して、バランスのとれた判断を代表するものであるかどうかは問題ではない。問題なのは、事実としてこのような幻滅が巨大であるということである。

　この幻滅の結果として、〔「旧左翼」型の〕反システム運動の背後にあった長期的な改良主義の戦略は、特に以下にあげる、ふたつの中心的戦術において、無益であると思われるようになった。すなわち、ひとつは世俗化を通じての社会的慣行の転換、もうひとつは強力な国家機構の形成である。かくて、運動のあり方は、いまや無益ということになったこれらの戦術が採用していたものとは異なる新しいヴィジョンに開かれることとなった。イスラーム世界においては、この新しいヴィジョンはイスラーム主義であり、世界の別の諸地域では、同じ幻滅が異なるヴィジョンを育てた。しかしながら、そのいずれも、いまや無益ということになった旧来の運動の戦術を拒否するという特徴を共有している。

　世界システムにおける権力の担い手の観点から見ると、そのような新しいヴィジョンは、いまや時代遅れとなった民族解放運動の諸戦術と比べると、よいものでもあると同時に、悪いものでもある。それがよいものだというのは、旧左翼がつねに指摘していた意味において、すなわち新しいヴィジョンは、近代世界システムの実際の構造を見抜こうとする分析からひとびとを遠ざけ、それによって、世界システムの特権層にとって、日常ベースでその構造を維持することが容易になるからである。これが告発しているのは、こういうことだ。つまり、たとえばイスラーム主義のような旧左翼とは異なるヴィジョンを持つ者たちが国家権力を手中にした場合、彼らは、実質的に対外政策を持たないか、あるいはあっても有効性を欠くものでしかないか、あるいは容易にとり込まれて、事実上システムの枠組の内部で適当に機能するようになってしまうかのいずれかであるということである。ある程度まで、これはそのとおりである。

　他方、新しいヴィジョンを持った勢力の勃興は、ひとつの単純な理由によって、世界システムにおける権力の保持者にとって絶望的に悪いことである。近代世界システムを安定化させるうえで鍵となる特徴のひとつに、大衆が、自分たちの日常生活を侵害する外的な力に対して、あらゆる範囲にわたって、効果的な政治的防護を果たしてくれるものとして国家を信用しているということがある。この意味で、そのような国家——特に世俗主義的反システム運動が政権について以降——は、本質的に〔大衆を〕政治的な動員から遠ざける存在である。そのような国家は、指導者を信用せよと説き、したがって忍耐を説く。新しい運動が国家に対する信用を破壊すれば、〔大衆の〕政治的動員を押さえてきた制約を取り除くことになる。

　このように世界システムにおける権力層の観点から、新しい運動の勃興の得失を計算すると、現在起こっている西洋におけるイスラームの悪魔化が、かなり説明されることになる。西洋は継続的に、イスラーム主義諸勢力を協調的にとり込むという選択肢をとりつづけているが、その一方で、一般的に、自国の国家に対する大衆の信認の破壊の危険性を強調している。このことは、イスラーム世界の場合では、二つの特殊要素のために強化されている。すなわち、ひとつはイスラエルの存在であり、もうひとつは原油供給地としての役割である。この二つの要素だけでは、ほとんどなにも説明できないが、イスラーム主義に対する戦術的対応の選択を強化するものとして見た場合、これらの要素は決定的に重要である。

原油資源の存在がアラブ世界にとって祝福であると同時に呪いでもあるとしても、それは、彼らの手では〔永久に続くわけではないとしても〕どうしようもない現実である。他方、イスラエルの存在は、歴史的な文脈のある現実であり、したがって原油資源の存在よりは変えうる可能性のある現実であり、したがって激しい闘争の焦点となってきた現実である。したがって、西洋世界がイスラエル国家に対して与えてきたきわめて強力な支援の源泉について、簡単にみてみる必要がある。それは、決して不可避というわけではなかった。そして、想起していただきたいことに、一九四五年の段階では、〔西洋世界がイスラエルをかくも強力に支援することになるかどうかは〕きわめて不確実であった。〔イスラエル建国の年である〕一九四八年の段階でも、やはりそうである。実際のところ、アメリカ合衆国にせよ西ヨーロッパ諸国にせよ、一九六七年以前に、この〔イスラエル支持の〕政策を優先することが固定していたとは思えない。

この政策には三つの要素がある。ひとつは、キリスト教世界に歴史的に存在する反ユダヤ主義《アンチ・セミティズム》である。これは、ほぼキリスト教の最初から浸透しており、ナチズムとホロコーストにおいて、その道徳的醜酷さは絶頂に達し、それが原因となってきわめて深い罪悪感が反作用として生じた。このキリスト教徒の罪悪感が現在の状況に果たしている役割を過少評価するのは間違いである。その罪悪感は、西洋における主要な社会集団にまたがって——世俗的知識人、カトリック教会、原理主義的プロテスタント諸教派〔今日、このなかには、キリストの再来の必要条件として、イスラエル国家の必要性を語るものも複数存在する〕——その言葉遣いに劇的な変化をもたらした。

この罪悪感のコンプレックスは、もし仮に一九六七年の〔第三次中東〕戦争におけるイスラエルの勝利がなければ、その他のジオポリティクス上の考慮に押しきられていたかもしれない。このイスラエルの勝利は二つの効果があった。まず一方で、かつてなかった水準で、世界中のユダヤ人社会からイスラエルに圧倒的な支援が集まったということである。アラブに対する勝利は、同時にホロコーストに対する補償とアラブ世界が第二のホロコーストを行う脅威となるという信念という心理的効果をもたらした。ここでも私は、このような見方がどの程度正当なものであるかについては議論しない。ただ、そのような心理的効果があったのだということを強調しておきたいだけである。

第二の帰結は、いうまでもなく、イスラエルを不安定なアラブ諸国に対する軍事的制御として機能させうるということを、西洋世界がはじめて確信するにいたったということである。イスラエルは西洋のジオポリティクス戦略に統合されることとなった。この第二の決定の対価は、インティファーダが始まると急速に高まり、結果として、西側諸国が、いわゆる和平プロセスに関心を向け始め、イスラエル政府に対する不満が高まることになった。しかし、イスラエルに対する基本的な支持は、依然なくなってはいない。

いずれにせよ、反ユダヤ主義《アンチ・セミティズム》に対するキリスト教徒の罪悪感、イスラエルに対する世界中のユダヤ人からの支援、そして世界の主要産油地の政治的安定化にイスラエルがひとつの要素として役に立つという西洋側の見方が組み合わさって、いわゆるイスラーム・テロリズム〔というイメージ〕が、一九九〇年代の大悪魔として、メディアに流通するようになった。このイメージは、ソビエト共産主義や黄禍の悪魔が消え去ってしまったように見えたために、なおさら流通することになった。そして、仏教やヒンドゥ教とは異なり、イスラーム教がキリスト教と文化的に縁戚関係にあるのに応じて、イスラーム主義を悪魔化するのは、さらにまた容易なことであった。家族内の確執の響きが、この悪魔化の不合理性と持続性を助長した。悪魔化の対象としてイスラームが選ばれる一助となったもうひとつの要素は、イスラーム世界の中核部の大半は、完全には植民地化されたことがないという事実である。ある重要な意味において、西洋は、旧植民地に対処するにあたっては、多少の自信を持っている。結局のところ彼らは、一度はその地を軍事的に征服し、統治を行ったのであり、その地のひとびとも自分たちの弱さをわきまえていると考えているのである。〔しかし〕植民地化されていない、あるいは半植民地化しかされていない地域には、どこかしら謎めいたオーラが保持されており、したがって危険が感じられるというわけである。

闘争の深刻化と錯綜する対立軸

さて、私がここまで論じてきたことをまとめさせていただきたい。一方で、イスラーム世界に起こってきたこと、とりわけ社会的・政治的勢力としてのイスラーム主義の勃興は、端的に、世界システムの周辺地域のいたるところで生じていたことの一変種である。基本的な解釈としては、〔「旧左翼」型の〕歴史的反システム運動の勃興から、そのみかけ上の成功、実質的な政治的失敗、結果としての幻滅、そしてオルタナティヴな新しい戦略の探求という展開をたどる。それはすべて、史的社会システムとしての近代世界システムの発展の枢要な一部をなしている。

他方で、西洋とイスラームの関係には、いくつかの特殊な要素があり、その帰結として、西洋においてきわめて異常なイスラームの悪魔化が起こった。私は、その諸要素の複合を示そうとした。千年単位でのキリスト教とイスラーム教の関係、およびキリスト教とユダヤ教の関係。ならびに、それら三つの宗教が、ある種の拡大家族のような紐帯で結ばれているという事実。さらに、原油の産出地という、動かし得ないものではあるものの、理論的には偶然のジオポリティクス的現実。そして最後に、植民地化を経験していない世界の諸地域から、別の悪魔をつくりだす可能性がなくなってしまったことも付け加えた。

かくして、最後の問題に到達する。西洋は悪魔なしではやっていけないのか。今現在、私には無理だと思われる。西洋は巨大な危機に直面している。それは、単に経済的なものではなく、根源的に政治的・社会的なものである。資本主義世界経済は、史的社会システムとしての危機にある。別の場所で何度か論じたことがあるので、[2]ここでは、その危機の詳細にたちいって論じることはできないが、この問題をとりあげることで強調したいのは、その〔危機の〕帰結が、西洋において大きな混乱と自己懐疑となるということである。そして、そのような状況はつねに、悪魔の必要を引き起こすのである。これと同じ混乱と自己懐疑とが、イスラーム世界の側にも広がっている。それは、主要なアクターがそろって、その戦術をころころと変えていることからもあきらかな通りである。世俗主義の諸勢力の足並みは乱れきっている。イスラーム主義の諸勢力も、自分たちが実質的に追求すべき政治的プログラムがどのようなものであるべきかについて、あまり明確にはなっておらず、内部における一致というものを全く欠いている。

ここで再度、イスラーム世界に関心を限定するのをやめて、総体としての世界システムの文脈に、この問題を置き直してみるべきである。危機にあるシステムは、カオス期に入る。最終的に、そこから脱するときに、新しい秩序が現れる。その軌道は分岐《バイファケーション》を経験するものであり、どちらに進む枝が残るのかを予測することは、本質的に不可能である。これは、実践上は、二つのことを意味する。〔ひとつは、〕システムが均衡からかけ離れている以上、たとえ小さなものであっても、なんらかの方向に圧力が加われば、それが決定的となりうるということ。したがって〔もうひとつは、〕社会闘争がきわめて激しいものになるということである。かくて、そこからもちあがる問題は、〔近代世界システムの〕後継となる社会システムの形成をめぐる闘争において、その闘争の対立軸が、どのように引かれることになるか、ということである。

闘争の激しさが低いほど、諸陣営を分ける線引きははっきりする。だからこそ、近代世界システムの内部における反システム運動について語ることができる。それらの運動は、自分たちが何について運動をしており、第一の敵が誰かということを分かっていると考えていた。既存のシステムを擁護する諸勢力も同様であった。最近の二十五年間がわれわれ全員に教えてくれたこと——私は、それを一九六八年革命の教訓だと考えている——は、闘争についてのわれわれのヴィジョンが深刻な欠陥を持っているということであり、いずれの側に立っているにせよ、敵対している相手が実は本当の敵ではなく、連帯している相手が実は本当の味方ではないということである。この意味において、イスラーム主義者たちが、既存の史的システムを分割する論点が何であるか、そしてありうべき再構築後の世界システムの歴史的可能性のオルタナティヴが何であるかについて、われわれの理解の尺度を定め直す必要があると主張しているのは、深いところで正しいことである。

　批判は万端ととのった。しかし解決の方はどうなのか。すでに述べたとおり、私は、彼らは自分たちが本当に意図している解決が何であるのかについて確信を持っていないと考えている。われわれのなかで、彼らの前提のいくつか、あるいは大半を共有していない者、ないしは、より世俗主義的な伝統を受け継いできている者にとっては、よりよい将来のための最初の一歩として、彼らが提起しているものの大半について、それを受け入れることは困難であろう。私が感じているのは、既存の世界システムの本質的限界と、歴史的に見たわれわれにとっての選択肢の範囲について、真の対話《ダイアローグ》――あるいは〔二者間の対話《ダイアローグ》というよりも多数者間の〕マルチローグ――の必要があるということである。私は、個人的には、基本的な対立は、特権層とそうでない大多数層とが存在するヒエラルキー的な世界秩序を確立／再確立しようとしている者と、最大限に民主主義的・平等主義的な秩序を構築したいと望んでいる者との間にあると考えている。各々について、それぞれに異なるかたちで、その支えとなる価値体系が必要であり、歴史ある世界宗教は、そのような諸々の価値体系において何が枢要であるのかについて、多くを教える可能性があると思われる。

　真の問題は、世界のあらゆる地域の世俗主義者の陣営でも、原理主義者の陣営でも、そこに属している人びとは、私が予期するところ今後五十年規模で起こるであろう、大きな政治的＝社会的闘争において敵対するはずの二つの陣営にまたがって存在しているということである。問題を世俗主義vs原理主義として提起することは、もっともありがちなかたちで、われわれの視界を明晰なヴィジョンから遠ざけてしまうことになる。そして現在われわれが最も必要としているのは、まさに明晰さであって、悪魔などではないのである。

注

（1）〔訳注〕後述の通り、社会民主主義、共産主義、民族主義の三つの反システム運動が、それぞれ第一世界、第二世界、第三世界に、ほぼ対応していることを指している。

（2）とくに参照していただきたいものとして『ユートピスティクス――二十一世紀の歴史的選択』（松岡利道訳）一九九九年、藤原書店。

＊連続講義「イスラームと世界システム」での講演（一九九八年一〇月二一日／オックスフォード・イスラーム研究センター）

（やました・のりひさ／一九七一年生。世界システム論。北海道大学大学院文学研究科助教授）

中東の都市から見た国際政治の構図
【アレッポ、ベイルート、エルサレム】

黒木英充

（くろき・ひでみつ）　一九六一年生。東京大学大学院総合文化研究科修士課程修了。東京外国語大学アジア・アフリカ言語文化研究所助教授。中東地域研究・東アラブ近代史。『イスラーム研究ハンドブック』（共編著、栄光教育文化研究所）などがある。

都市と国際政治

国際政治という言葉には、国家という高次元の行為主体による抽象度の高い政治的交渉、あるいはそれを取り巻くこれまた高度に複雑なパワーの絡まり合いで、行動科学的モデルを適用して分析するべきもの、といったイメージがつきまとう。もちろんそういった側面が存在することは事実だが、言うまでもなく、政治を実際に行なうのは常に人間であるがゆえに、そこには絶えず文化的な要素が入り込み、ローカルで歴史的な要因が影響を及ぼし続ける。そういった要素をどのように測定し、評価するかという難しい方法的問題はあるものの、国際政治が生身の人間が織り成すミクロな行為の集積であることは確かである。

本稿は、都市という極めてローカルで歴史的な空間に視点をおいて、そこから国際政治を見直すことを目的とした、大雑把なデッサンの試みである。

なぜ都市から国際政治を考えるのか、という疑問は当然生じよう。たとえばある都市で、その地政学的な位置のゆえに重要な国際条約が締結されたとか、ある都市の大規模な民衆運動が国際的な政治環境を動揺させ変容させるに至った、といった事象をとらえて、何らかの考察を試みることは想定されよう。しかし、ここで問題にするのはそういったことではない。都市社会の文化的な複合性が国際政治の動向に直結する性格を帯びることがあり、その場合には、国家に比べれば極めて小さな限定的な空間でしかない都市が、多くの国々を巻き込んで政治的に激しく争われるような、シンボリックな中心性をもつ場となる。そういった特徴的な都市に焦点を合わせることにより、マクロな国家間のゲームとして国際政治を語るのではなく、国際政治の動因となるような諸要素が狭小な都市空間のどのような部分に接続し、都市に生きる人々の行動規範や心性がこれに対してどのような反応を見せるのか、といった相互的な問題として論じることができるのではないか、と考えるのである。

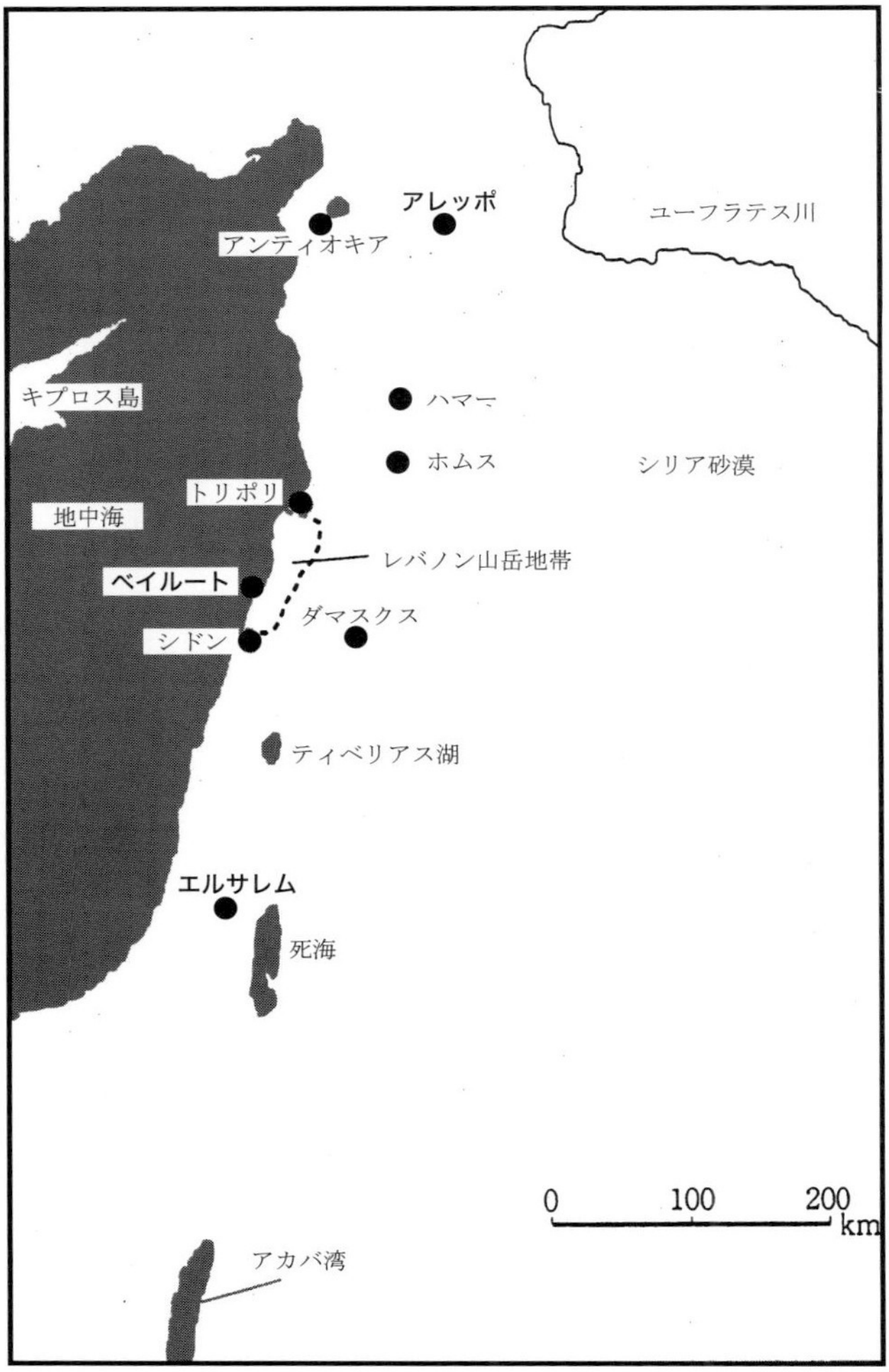

歴史的シリアの主要都市

別の言い方をすれば、右の表題に掲げた三都市は、国際政治の諸局面を照射するだけの役割と機能をもっていた、あるいは現在なおますますその性格を強めているのである。そしてそこでは当然ながら、イスラームという要素が何らかの形で深く関わっている。

現在、アレッポはシリアに、ベイルートはレバノンに、エルサレムはパレスチナ／イスラエルに、といった具合に三都市は別々の国に存在するが、元来「歴史的シリア」といった、緩やかな一体性を持つと考えられてきた地域に所在している。この地域は、北を（現在トルコ領の）タウルス山脈、東をユーフラテス川およびシリア砂漠、南をアラビア半島の砂漠、西を地中海によって区切られ、概ね平原と丘陵・高原からなっていてとりたてて大きな地理的境界域を内部にもたない、天水農耕可能な地域である。ここは、地球上を見渡したとき、人類にとって最も古くから（遅くとも紀元前四千年紀から）数々の都市が現代にまで生き続けてきた、「都市の博物館」とでも言い得る稀有な地域である。また、アラビア語で「ビラード・アッ・シャーム」（シャームのくに）と呼ばれてきたように、「シャーム」（ダマスクスの別称）にある程度の中心性を付与されてきたとはいえ、それは他を圧するような首座性をもつものではなく、人口数万からせいぜい二〇万程度の複数の都市が、それぞれの個性を主張しながら（それこそ古代には都市国家として）、相互に活発な交流を維持してきた地域なのであった。

さらに特徴として指摘できるのは、この地域の都市が首都となって地域全体をカバーする統一国家をつくったことは、七世紀から八世紀にかけてのウマイヤ朝（もちろんこの国家は歴史的シリアをはるかに超える巨大な領域をもっていたが）以外にないという事実である。その数千年にわたる歴史を通じて、ほぼ常に複数の国家に分裂していたか、あるいは外部に首都をもつ巨大帝国に支配されてきたのであった。

こうした歴史的シリアの地域の諸都市は、その超長期的生命力ゆえに次々と刻印されてきた文化的重層性と、それぞれが別々の方向を向いているような独自性、そして（これとは背反するようであるが）相互に維持してきた密接なつながりとによって特色付けられる。

以下、この地域の三都市のオスマン帝国時代（一五一六〜一九一八年）から現代までを対象として、現在の国際政治にまで影響を及ぼしている特徴的な文化的要素について、瞥見してゆくことにしよう。

アレッポ——「教会合同」のインパクト

現在でこそ、アレッポは首都ダマスクスに次ぐシリア第二の都市と位置づけられるが、オスマン帝国時代は、アナトリア半島とシリア、イラクを中心とするアラブ地域を結びつける要衝たるアレッポ州の州都として、また帝国屈指の主要貿易都市として、大いなる繁栄を謳歌した。都市人口の推定は常に困難であるが、十九世紀半ばの段階でおよそ一〇万人ほどだったと考えられ、十八世紀には一五万人を数えたと推定されている。つまりこの時期、都市人口は減少傾向にあり、経済的にもアレッポは苦境に立っていたのだが、それでも一五万という人口は、当時のオスマン帝国においてはイスタンブル（七〇万以上）とカイロ（二六万余り）に次ぐ第三の規模だった。アレッポは、ペルシア湾から地中海に抜ける貿易ルートと、イランから現在のトルコ南東部を通ってやはり地中海に抜ける貿易ルートの交差する地点に位置し、またイスタンブルから陸路メッカ巡礼に向かう主要ルート上にも位置して

写真１　アレッポ市街遠望（19 世紀末もしくは 20 世紀初め）

いた。こうした中枢性のゆえに、ヨーロッパ諸国は十六世紀のうちから領事館を設置し始め、都市中心部の市場に隣接する数々のキャラバンサライの中に領事やヨーロッパ人商人が滞在するようになった。

都市人口の宗教・宗派構成は、複合的なものであった。十九世紀半ばには概ね、ムスリムが八割弱、キリスト教徒が二割弱、残り一割弱がユダヤ教徒であったが、確たる統計はないものの、諸々の記述資料から、十八世紀から続いていた人口流出の多くの部分はキリスト教徒だったと推定されるので、十六〜七世紀はキリスト教徒の比率がもう少し高かったであろう。ここで一口にキリスト教徒といっても、その内部はさらに細かく宗派に分かれていた。本来、ギリシア正教会（東方正教会）、アルメニア教会、シリア教会、マロン派教会、そして若干のネストリウス派といった構成だったが、このうちマロン派のみが、十字軍時代以来ローマ教皇の傘下に入って、事実上カトリック化していた。

さて十七世紀から十八世紀にかけて、この構成をいっそう複雑にする事態が進行する。それが「教会合同（ユーニエット）運動」と呼ばれる、ローマ・カトリック側の東方諸教会に対するはたらきかけであった。十一世紀半ばの東西両教会（ローマ・カトリックとギリシア正教会）の最終的分裂以降、専ら西から東に対する、再統合の呼びかけとはたらきかけはたびたび行なわれてきた。十五世紀半ばのビザンツ帝国の滅亡直前にはそれが成功しかけたこともあった。しかし、一五一七年（これはオスマン帝国がエジプトを版図に加えてメッカ・メディナ両聖地の守護者となった年でもある）にマルティン・ルターが九五ヶ条の論題を公表して以来、教会合同運動はカトリックによる対抗宗教改革の一環として、東方伝道と結びつけて進められるようになった。伝道の対象が東方諸教会の、とりわけ歴史的シリアにおけるキリスト教徒であり、アレッポはその伝道活動の中心的な拠点とされたのである。

十七世紀からフランスやベネチアといったカトリック諸国の領事館が所在するアレッポのキャラバンサライの中に、イエズス会やカプチン会、カルメル会といった伝道団の修道士が住み込み、カトリックの居留民のためにミサを執り行うのみならず、現地の東方諸教会のキリスト教徒に対して、カトリック化（典礼は従来のものを維持しつつ教会首位権を各教会の総主教にではなく、ローマ教皇にあると認めること）を促す活動を開始したのであった。ギリシア正教会、アルメニア教会、シリア教会のいずれにおいても、多くの者がローマ教皇を最高位の聖職者と認める宣誓をすることになった。

こうしたキリスト教徒住民のカトリック側へのシフトが生じた理由は、単に伝道団の活動のみに帰せられるものではない。現地キリスト教徒の側でも、たとえばギリシア正教会においては、ギリシア語しか話せない聖職者を送り込んでくるコンスタンティノープル総主教座に対する反発があったり、アルメニア教会においてもキリキア（現在のトルコ南東部アダナを中心とした地域）の教会組織の信徒と、現在のアルメニア共和国にあるエチミアジンの教会組織の信徒との間で対抗関係が歴史的に存在してきたことが、前者をカトリックに接近させたり、という具合に、独自の事情が存在した。また、カトリック化することにより、アレッポに存在するカトリック諸国の領事館において通訳職を獲得しやすくなると考えられたことも要因として挙げられる。領事通訳となれば、「プロテジェ」と称されたように外交的保護を受けることが可能となり、免税特権を初めとする身分特権が得られたほか、対ヨーロッパ貿易情報にも精通することができ、商業を副業として大きな利益をあげられたのである。十八世紀末にかけて、違法な者も含めて多数の通訳がアレッポで跋扈することとなり、オスマン政府が取り締まるだけでなく、ヨーロッパ人商人たちも強力なライバル出現と眉をひそめるほどになった。

さて、こうして各教会からカトリック化する者が多数現れると、これを信徒の引き抜きととらえる元の教会信徒たちとの間で、激しい確執が生じた。典礼を共に行なうか、教会財産をどうするかといった、極めて深刻な問題が発生したからである。十八世紀前半には、何とダマスクスに所在していたギリシア正教会アンティオキア総主教の地位までもが、本来の正教会とカトリックとに分裂し、両立する事態となってしまったのである。一八一八年にはアレッポで、正教会主教とカトリック化した信徒との間で暴力事件が発生、オスマン官憲が介入してカトリック信徒の中に死者が出るまでになった。フランスやオーストリアといった有力なカトリック国は、ヴァチカンからのはたらきかけを受けて、外交ルートを通じ、オスマン政府に対しカトリックを保護するよう要請した。

その後、アルメニア・カトリック、ギリシア・カトリックという具合に各教会から分立する形で教会が事実上の分離を果たし、オスマン政府にも公認されることとなった。これはイスラーム圏内のキリスト教会の多様化、という積極的な捉え方もできようが、ヨーロッパ諸国の一部が関係して社会のある部分に分裂要素を持ち込み、対立関係を惹起したという側面をもっていたことは確かである。

さて、ヨーロッパ諸国がアレッポのような国際貿易都市に外交団を派遣したり、その下で通訳を雇用したり、商人を滞在させたり、カトリックの伝道団を送り出したりしたのは、ヨーロッパ諸国の意のままに可能だったのではない。あくまでも、オスマン帝国スルタンからカピチュレーションを下賜されることにより、初めて可能になったのである。カピチュレーションは、スルタンが一人称でヨーロッパの国王に対して恩恵として授与する特権をオスマン語で記したものであり、これを得るためにヨーロッパ側が行なったのは、好意を示すこと、すなわち贅を尽くした贈り物をすることであった。国王からスルタンに対する贈り物については、しばしばカピチュレーションの前文においてスルタンが評価する文言を示している。また大使や領事は自らの着任時や諸々の機会には、中央政府や地方政府の歴々の高官らに対して、現金を含む、そして相手方の位階に応じて微妙に差をつけた、贈与をする必要があった。そこで不手際が生じれば、様々な形で意趣返しがなされるのであった。十八世紀後半においてもなおこの慣習は守られ、フランス人はこれを自虐的に「貢ぎ物」と呼び、さらにはイスラーム国家臣民の非ムスリム男子人頭税「ジズヤ」になぞらえて、そのように呼んでいたのである。

これは故なきことではない。非ムスリム臣民の人頭税は戦役負担免除の代償としてとらえられ、その支払いは国家への帰属と忠誠を意味していた。これに対して国家はそうした非ムスリムを臣民として保護する義務を負ったのである。同様にスルタンは、贈り物をもって滞在許可と保護を求めた異国（より正確には「イスラームの家」領域外の「戦争の家」）の異教徒（潜在的敵国の民）に対しても、しかるべき手続きが踏まれさえすれば、安全を保障して保護する義務を自らに課したのである。ヨーロッパ諸国の大使や領事は、本国からの信任状をスルタンに提出した後、スルタンから大使や領事として追認する旨の勅許状を得て、その地位が有効と見なされた。こうした他者受け入れと交流のシステム自体が、イスラーム法の枠組みの中に位置づけられていたことに注目する必要がある。

カトリック伝道団の活動に対しても、オスマン政府は、それがオスマン帝国やムスリムの側に問題とならない限りにおいて、カトリック諸国の外交団の管轄下で認める立場にあった。いわば民事不介入のようなものである。しかし、ギリシア正教会など従来からの東方諸教会が自らの存続の危機を訴え、非ムスリム住民の間に動揺を引き起こすものと認めると、その立場は揺れ始めた。

アレッポでの一八一八年事件の後、数年間にわたってアレッポのギリシア正教側、ギリシア・カトリック側いずれからも嘆願が中央政府あるいはアレッポのイスラーム法廷に出され、オスマン政府の立場は二転三転した。ここで興味深いのは、アレッポのムスリム名士たちがギリシア・カトリックの側に立って法廷に出頭し、教会の分離を認めるよう、嘆願したことである。より多数のキリスト教徒がカトリック化している以上、彼らを苛《さいな》んでほしくない、さもないと彼らが都市を離れてしまい、都市の経済活動に支障をきたす、というのが理由であった。

オスマン帝国時代、ヨーロッパ諸国の歴史的シリアに対するアプローチは、繁栄するレヴァント貿易の蔭で、教会合同という、キリスト教徒社会の構造に深く亀裂を入れる形で進められた。その背景として、オスマン帝国とヨーロッパ諸国の間の不均衡な――垂直的といってもよい――関係ゆえのオスマン帝国側の開放性と、都市社会の構造がキリスト教徒という要素を通じてヨーロッパ側に直結する複合的性格を持っていたことの二点が、アレッポの事例を通じて指摘できるだろう。これは次の二都市にも共通する基層をなす問題である。また、「東方問題」は十八世紀から第一次世界大戦期に至るオスマン帝国の衰退過程、あるいはヨーロッパ諸国の対オスマン進出過程としてしばしば描かれるが、これを理解するための前提となる問題でもある。

ベイルート――外部勢力との結託と内戦

アレッポに比べれば、十八世紀から十九世紀半ばにかけてのベイルートは、ごく小さな港町に過ぎなかった。その歴史こそアレッポと同様に古いものがあるが、アレッポでキリスト教徒間の衝突が起こった当時は、地中海に面する人口五千人程度の要塞都市でしかなかった。行政区としては周辺のレバノン山岳地域とは切り離されて、トリポリ州（リビアのトリポリではなくレバノンの）に飛び地として属し、地中海各地からやってくる小規模な商船の寄港地となり、後背の山岳地域やダマスクス方面に物資を送り出していた。ムスリム（スンナ派）とギリシア正教徒中心のキリスト教徒とが、ほぼ半々の人口構成だったと推定されている。

レバノンの山岳部は、現在のレバノン共和国の領域よりも一回り小さく、南北に約一二〇キロ、東西に三〇キロ余りの、主に西レバノン山脈を中心とした領域で、ここはオスマン帝国のトリポリ州とシドン州に形式上は従属しつつも、首長領として、一種の間接統治地域となっていた。首長はマロン派キリスト教徒の有力家系が世襲し、またその小さな山岳地域が二二の所領に細分されて、首長家を含む多数の有力家系が統治する体制ができていた。その有力家系は、もっぱらマロン派とドルーズ派（シーア派分派の一つで、輪廻を信じるなどスンナ派からはムスリムとは見なされていない）が中心で、シーア派とギリシア正教が若干加わる程度であっ

写真２　ベイルート港と旧市街中心部（19世紀末もしくは20世紀初め）

た。山岳地域の住民自体は、北部にマロン派が多く、中部から南部にかけてドルーズ派とシーア派ムスリムが多いという傾向があったが、一つの村にたとえばマロン派とドルーズ派が混住する、といった光景は多く見られた。マロン派領主の下でドルーズ派農民が暮らす、ということも珍しくなかったのである。

このように、レバノンではムスリム人口といってもスンナ派のみならずシーア派、ドルーズ派、そして若干のアラウィー派があり、キリスト教徒人口といってもマロン派のほかにギリシア正教、ギリシア・カトリックがあり、さらに二十世紀初めのトルコ南東部におけるアルメニア人虐殺事件以降は、多数のアルメニア正教会、アルメニア・カトリックの人口が流入し、シリア正教やシリア・カトリック、そして少なからぬプロテスタント改宗者やローマ・カトリックも加わり、ユダヤ教徒も含めて、実に多様な宗派人口が存在した。

一八三二年から四〇年にかけて、エジプトのムハンマド・アリー政権がオスマン中央政府との対立から歴史的シリアの地域を軍事占領した。これは単にイスタンブルとカイロの間だけの紛争に止まらず、エジプトの地政学的重要性と農業生産力を重視するヨーロッパ諸国や、黒海から地中海への進出の機会をうかがうロシアが絡んで、複雑な外交戦の様相を呈した。またこの時期、地中海で蒸気船が航行を開始したため、歴史的シリアの沿岸海港都市がヨーロッパ諸国との接触点として、以前にもまして急速に重要性を帯びてきた。中でもベイルートは、険しい山脈二つによって隔てられるとはいえ、エジプト軍が総司令部を置いていたダマスクスに近く、またレバノン山岳地域の海岸線のみならず歴史的シリアの沿岸部分の中心的な位置にあることから、この時期にヨーロッパ諸国が新たに領事館を設置するところとなった。

以後ベイルートの人口は徐々に増加したが、これはレバノン山岳地域のみならず、内陸のアレッポやダマスクスといった主要都市からの人口流入によるものでもあった。アレッポが中継地点となったイランからヨーロッパに向けての絹貿易は衰退し、代りにレバノン山岳地域における絹生産が拡大するなど、農業生産の増加も追い風となった。

しかし、エジプト軍が撤退してオスマン支配が復活すると、山岳地域では、前者と良好な関係にあったマロン派と後者の側についていたドルーズ派との間で衝突が始まり、オスマン政府が中心となって、ヨーロッパ諸国も介入する形で行政区の再編作業を行なったものの、解決には至らず、一八六〇年についに山岳地域の南部全体を巻き込んだ大規模な内戦に発展してしまった。

ヨーロッパ諸国のうち、フランスは明確にマロン派を支援していたが、これは同じカトリックに属するという理由からであり、またこの地域で最大の人口をもつ最有力宗派だからでもあった。またフランスはムハンマド・アリーのエジプト軍に対する技術指導などで他国よりも深くエジプト政権に肩入れしており、いわばフランス―エジプト―マロン派といった緩やかな連合関係が成立していた。イギリスはこれに対抗するために、オスマン政府を中心とした東地中海の現状維持を最優先し、レバノンではドルーズ派を支援する立場をとった。こうしてイギリス―イスタンブル中央政府―ドルーズ派という緩やかなラインが成立していたのである。

一八六〇年の大衝突は、軍事的にはドルーズ派の攻勢が強く、一ヶ月で一万人以上のキリスト教徒が殺される事態となった。フランスを中心とするヨーロッパ諸国では「キリスト教徒大虐殺」として危機感をもって報じられた。オスマン政府もイギリスも、ドルーズ派側に近かったとはいえ、もちろん「キリスト教徒大虐殺」に加担するわけにはいかず、鎮静化を図ったが失敗したのだった。この衝突は内陸部のダマスクスにも飛び火し、やはり数千人のキリスト教徒住民が殺害される事件に発展した。

この一連の大衝突に際し、ベイルート市内では同様の紛争は発生せず、逆にこの港町はキリスト教徒を中心とする避難民を受け入れ、保護したのだった。これをきっかけとして、ベイルートの人口は急速な増加を開始する。旧来の要塞都市周辺には、レバノンとしては比較的広大な平坦地が開けていたため、都市の拡大する余地は十分にあった。流入人口の多くはマロン派などのキリスト教徒で、以後、ベイルートはスンナ派ムスリムとギリシア正教徒の港町から、より多彩な宗派人口を持つ、なおかつキリスト教徒人口が優勢な、近代海港都市へと成長を遂げていった。十九世紀末には人口が一〇万を超え、一九四三年に独立レバノンの首都となった頃には二〇万を超える都市となっていた。以後人口は急増し、一九六〇年には約一〇〇万に達したと推定される。いわば

写真３　内戦前のベイルート

バブル的な膨張だった。ベイルートは「中東のパリ」とも呼ばれるような大都市となり、レバノンにおける首座性は圧倒的なものになると同時に、中東全体の中でも金融・教育・出版のセンターの地位を獲得した。

ただし、二十世紀になると、都市の宗派的な人口構成比は以前にもまして不明になる。一八六〇年の宗派紛争以降、レバノン山岳地域はオスマン中央政府直轄の領域となり、行政評議会の議席ポストが宗派の規模を反映して地区ごとに振り分ける、宗派体制の祖型ができあがった。この体制の下でレバノンの平和は維持されたが、宗派別の人口がレバノン政治の最も微妙なイシューと化した。このため人口調査自体が、フランスの国際連盟委任統治時代の一九三二年以降一度も行なわれていない。

独立以後の国会議席数は、六対五の比率でキリスト教徒が優位になるように固定され、さらに内部で宗派ごとに、地区の大まかな多数宗派人口が勘案されて振り分けられた。たとえば、一九七二年の議会選挙では、ベイルートは三つの選挙区に分割され、第一区（ベイルート東部）の八議席はマロン派、ギリシア正教、ギリシア・カトリック、アルメニア・カトリックが各一議席、アルメニア正教が三議席と割り振られた。第二区（ベイルート西部）三議席はスンナ派、シーア派、ローマ・カトリックが各一議席、第三区（同じくベイルート西部）五議席はスンナ派の四とギリシア正教の一に配分されていた。

興味深いのは、住民は一人一票ではなく、各宗派別の議席に対して一票ずつ持っていたため、第一区のマロン派住民は、マロン派の候補者に投票するのみならず、ギリシア正教やアルメニア正教などの候補者にも投票したし、第三区のスンナ派住民は、スンナ派候補者にもギリシア正教候補者にも投票したのである。こうしてベイルートでは、大まかに東側にキリスト教徒住民が多く居住し、西にムスリムが多いという傾向が存在したが、混住はごく普通のことであったし、宗派の枠を超えた政治的な交渉は非常に密に行なわれた。

しかし、一九四八年のイスラエル建国以降、多数のパレスチナ人難民がレバノンに流入し、ベイルート南部に難民キャンプが形成されたり、南部レバノンからシーア派の貧困層が多数、やはりベイルート南部に流入したりして、都市人口の構成はますます多様化し、諸々の政治的要求が相互にぶつかり合う状況が生まれた。またパレスチナ人は常にレバノン政治から疎外されていたが、対イスラエル武装闘争をレバノン国内から行なうことは認められていたため、これを支持するか否かという問題をめぐり、レバノン政治に新たな火種をもたらすこととなった。スンナ派ムスリムとギリシア正教のキリスト教徒がひっそりと共存していた地方都市は、より多彩な構造をもつ近代都市に変貌する過程で、山岳部の宗派紛争と、パレスチナ／イスラエルという地球規模の民族紛争の要素が流入した、新たな衝突の舞台と化したのである。

一九七五年に東ベイルートでパレスチナ人の乗ったバスをマロン派中心の民兵組織が銃撃したことから、十五年間にわたる内戦の火蓋が切って落とされた。以前から様々な小規模な衝突は発生しており、多数の政党や政治団体が武装する傾向はあったが、七五年以降、多くの民兵組織が林立し、それぞれが膨れ上がっていった。内戦はベイルートだけではなく、その他の都市や山岳地域の農村部にも波及したが、最も激しい戦闘はベイルートで繰り広げられた。やがてベイルート中心部を貫く主要路からダマスクスへ向かう街道が、その東側のマロン派キリスト教徒を中心とする勢力と、西側のパレスチナ人とスンナ派ムスリムを中心とする勢力との間の境界線となった。その周辺は地雷が埋まる瓦礫の山と化した無人地帯となり、都市は完全に分裂してしまった。

シリア軍は当初、優勢に立ったパレスチナ・ゲリラ組織を押さえるべく、マロン派側に加勢して内戦に介入したが、マロン派側が優勢になると逆にこれに敵対した。イランは自国と同じシーア派組織を支援した。イラクはスンナ派組織の一部を支援した。フランスはマロン派組織を、イスラエルはレバノン南部の少数派のキリスト教徒組織を傀儡化するのに成功した。アメリカは概ねキリスト教徒側を、そしてイスラエルが関わった場合はイスラエルを、ソ連はこれに対抗してドルーズ派やパレスチナ組織側を応援した。中東のみならず世界の大国が何らかの形でこの内戦に絡み、敵対する双方に支援を与えるような奇妙奇天烈な光景も現出した。こうした戦争の起源は宗派体制にあり、その起源は十九世紀にまでさかのぼり、また外国勢力とやすやすと手を結んで内戦を激化させる傾向の起源も、少なくとも十九世紀までさかのぼるのである。

一九八二年になるとイスラエル軍がＰＬＯの追放をねらってレバノン侵攻を行ない、ベイルートを包囲して支配下に置くまでになった。翌年にはベイルート自体からは撤退したものの、南部レバノンの占領は、ついに二〇〇〇年まで続いたのである。

こうしてベイルートに典型的に見られるように、歴史的シリアの都市は、国内政治の矛盾の上に国際政治の利害関係が重なって、激しい暴力が繰り広げられる場と化した。もう一つ、これに加えて国際政治の比較にならぬほど大きな矛盾が押し付けられた都市として挙げねばならないのがエルサレムである。

エルサレム――変成圧力の集中点としての聖地

「歴史的シリア」の都市の中でも、その長い歴史の重層性が空間の中に深く刻み込まれ、またそれが今なお世界大の強力な磁場を提供している都市は、エルサレムをおいて他にはない。預言者ムハンマドの死後四年たった六三六年、エルサレムはムスリム軍団の支配下に入り、従来のユダヤ教とキリスト教の聖地に新たな一神教の刻印が加えられることとなった。オスマン帝国支配下に入ってからも、ギリシア正教会とアルメニア正教会の総主教座があることや、そのイスラーム法廷の法官の地位が非常に高かったことなどから、疑いなくオスマン帝国内の枢要な都市の一つであり続けた。しかし、その人口規模は長らく、発展する前のベイルートとあまり変わらない規模だったのである。一八〇〇年頃は約九〇〇〇人だったと推定され、その内訳はムスリム四〇〇〇、キリスト教徒二七五〇、ユダヤ教徒二二五〇と見られている。レバノン山岳地域で大衝突が発生した一八六〇年には人口は倍増していたが、ムスリムは六五〇〇にとどまり、キリスト教徒が四〇〇〇に、ユダヤ教徒は八〇〇〇に、と大きく伸ばしたと推定されている。イスラエル建国直前の一九四六年の推定値は、ムスリム三万三七〇〇、キリスト教徒三万一四〇〇、ユダヤ教徒九万九三〇〇、合計一六万四四〇〇で、やはりユダヤ教徒が他を圧するようになっているが、これはもちろん第二次世界大戦中のヨーロッパ諸国からの難民の流入によるものである。

三宗教の聖地が集中するエルサレム旧市街（東エルサレム）が、イスラエル建国以前から最も帰属が問題視される空間として、イギリス委任統治政府や国際連盟、国際連合などで議論されていたことや、一九六七年の第三次中東戦争で、イスラエル軍が東エルサレムを占領して今日に至っていること、ＰＬＯがそこを首都として独立パレスチナ国家を希求していること、しかしイスラエルはこれを頑として認めず、不可分の、永遠のイスラエルの首都であると主張していることなどは、周知の事実である。

ここで問題にしたいのは、こうした聖地の聖なる空間の争奪戦が常に国際問題化するという事実そのものよりも、それがオスマン帝国時代の、すでに問題にしたカピチュレーションの問題をめぐって、十八世紀から開始されていた、ということである（なお、エルサレムにヨーロッパ諸国の領事館が設置されたのは、ベイルートと同じく一八三〇年代以降のことである。)

焦点となったのは、エルサレム旧市街北西部にあるキリストの墓たる聖墳墓教会であった。この世界で最も重要な教会の内部の管理権をめぐり、ギリシア正教会とローマ・カトリックがしばしば角逐した。十八世紀にはローマ・カトリック側が優位に立ったが、それは一七四〇年にフランス国王ルイ十五世に与えられたカピチュレーションのおかげなのであった。少し細かくなるが問題になるところを見てみよう。

その第一条は、「エルサレムに巡礼するフランス人と(エルサレムの)聖墳墓教会の聖職者には、何人も干渉してはならない」で、また第三三条で「エルサレム市内・市外、および聖墳墓教会内の、古くからの慣習通りにフランク(=カトリック)の聖職者が定着し、所有している場所にある諸参詣場所に対しては、何人も介入してはならない。またそれらの場所は、何人にも干渉されない形で、諸税の支払い要求によって悩まされない形で、今後も従来通り彼らの所有するところのものである。また、訴訟事が起こって、そこで裁定が下され得ない場合は、それを我が至高の門(=イスタンブル中央政府)に送付せよ」〔傍線と( )内は筆者、以下同様〕とある。これはフランス語訳の条文であるが、右の傍線部二箇所のうち、初めのものがオスマン語原文に存在しないにもかかわらずフランス語訳に加えられている部分で、二番目は原文では単なる「裁定が下されない」との受身形であるべきところが、意図的に不可能の意味を込めて訳された部分である。エルサレムにおけるカトリックの権益を損なわないようにするため、そこで問題が生じてもイスタンブルに案件が送られるのをできるだけ制限しようというフランス側の意図が透けて見える。

つまり、スルタンが一人称で授与するオスマン語のカピチュレーション条文を、翻訳する際に微妙に内容をすりかえていたのである。これだけではない。続く第三四条では「フランス人と彼らに帰属する者たちは、いかなる民族(ナシオン)であれ、身分であれ、エルサレムを訪れる者は、その往来時に干渉されることがあってはならない」とフランス語に訳されているが、この傍線部のオスマン語は「いかなるジンスであれ」というものである。この「ジンスjins」という語は曲者で、おそらくギリシア語の「ゲノスgenos」を語源とするであろうアラビア語からオスマン語に入ったものであり、一般には「種類」「範疇」「性」を表わす。したがって、確かに「身分」にもなりうるし、近代以降は「ネーション」の意味にもなる。ちなみに現代アラビア語でこの語から派生した「ジンスィーヤ」は「国籍」の意味である。しかし、この条文の文脈では、「いかなる宣教団であれ」の意味であるべきで、これをフランス側が針小棒大に意訳しているのである。前述のとおり、カピチュレーションはあくまでもスルタンの一方的授与によるもので、オスマン語が原文であるが、こうした訳文を通じて異なる解釈をもぐりこませ、オスマン側もこれを了解しているはずだとの言質をとろうというわけである。

オスマン帝国スルタンは、エルサレムのキリスト教やユダヤ教

写真4　エルサレムの「岩のドーム」(19世紀半ば)

の聖地も自らの支配下にある以上、そこを巡礼するキリスト教徒やユダヤ教徒の安全を保護することも、自らの当然の責任と考えていた。こうした枠組の中で、スルタンの特別な好意をフランス国王の臣民に恵与すべく、いわば客人を鷹揚にもてなす形で、さらにカトリックに特別の便宜を供与したのが右の条項だった。

対抗宗教改革の時代に信徒拡大の熱意とエルサレム滞在の夢をもって聖地を訪れたカトリック宣教団と、それを支援したカトリック国フランスは、イスラームの他宗教に対する寛容の体系に取り込まれて、それをちゃっかり利用しながら、そこに相手の「脇の甘さ」、攻撃のきっかけをつかもうとしていた。ゲームのルール解釈の論理的妥当性などは二の次であって、強引なねじ曲げが目指されていたのである。その結果、右の条項などから、エルサレム巡礼のカトリック信徒は、イスラーム国家ではなく、フランスがすべて面倒を見る、「宗教的保護」を与える、との論理が生まれてきたのであった。領事通訳ら「プロテジェ」に対して行使することを認められた保護の対象を、カトリック全体に極大化するという方針である。こうした、スルタンのキリスト教徒臣民に対する保護権をいわば横取りする発想は、フランスのみならずロシアのギリシア正教徒臣民に対する姿勢にも表れていた。一八五六年に始まったクリミア戦争の発火点が、聖墳墓教会の管理をめぐる右のカピチュレーションに根を持つ問題であることもよく知られているが、こうした聖地に対する宗教的イデオロギーを背景とした占有願望と、それを実現するための生々しい国際政治の駆け引きが、歴史的シリアの都市を舞台として繰り広げられてきたのであった。

こうした問題を下敷きに、ユダヤ教徒の聖地の問題がさらに加わり、「世界のユダヤ人」という欧米の人種問題が圧倒的な力をもってのしかかってきて、エルサレム問題は現在、収拾が不可能な状況に陥っている。その詳細をここで論じる余裕はないが、右に論じてきたような、都市を含めた地域社会の複合性とイスラーム法体系の開放性とが前提として認識されるべきである。

二〇〇〇年九月にイスラエルの野党リクード党首シャロン（当時）が「岩のドーム」のあるムスリムにとっての聖域アル・ハラム・アッ・シャリーフへの立ち入りを強行したことは、本稿執筆現在にまで至るパレスチナ問題史上最大の危機の引き金となったことから、長いエルサレムの歴史に残る汚点となろう。さらに問題なのは、現在進行中のイスラエル側の一方的な暴力行使（暴力の質を冷静かつ客観的に比較してみれば、これは一方的であるとしか評価のしようがない）に対して、国際社会が何ら有効な対応をとりえないでいることである。PLOのアラファト議長は、ラーマッラーというヨルダン川西岸の高原避暑地として知られた瀟洒な都市で、電気も水道も断たれて数メートル範囲の銃撃戦で側近を失うような軍事的包囲を受けつつ、パレスチナ側の「暴力」停止のために努力していない、と欧米諸国から非難されているという、二十一世紀を代表するであろう笑えないジョークのような状況が現出している。国際政治の現場において、こうした言説がおかしいとは考えられないのだ。（蛇足ながら、アラブ諸国の反イスラエル姿勢を、イスラエルが「反セム主義」と批判することがしばしばある。ヨーロッパ諸国に対してこの言辞を投げつけるのは理解できるとしても、同じセム系のアラブに対してこの言葉を当てはめるのは、矛盾以外の何物でもない。これは二十世紀のジョークの一つであろう。）これは偏に欧米における「ユダヤ人問題」という巨大な圧力のなせるわざである。ヨーロッパ史上繰り返されてきたユダヤ人迫害と、その極点としてのナチスによるホロコーストとに対する負い目が、欧米諸国をしてイスラエルに対する過度な放任姿勢をとらせているのであり、国際政治においてたたかわされるディベートから一定の合理性を欠落させているのである。さらにアメリカとイギリスに関しては、そのキリスト教プロテスタントの千年王国思想とシオニズムとの親和的関係、より正確には相互補完的共犯関係というべきものが存在する（臼杵陽「パレスチナ問題」〔板垣雄三編『「対テロ戦争」とイスラーム世界』岩波新書、二〇〇二年所収〕を参照）。一九六七年以来、度重なる国連安保理決議を無視・拒絶しながらもイスラエルが欧米から何の制裁も受けないでいること、否、積極的に支援されていることの背景には、こうした欧米側の重層的な差別とイデオロギーの問題があるのだ。

このように現在の国際政治も、「歴史的シリア」の都市からきびしい問いかけを受けている。それも、非常に切迫した形で、人類全体の将来を左右しかねない情勢を孕みながら、である。右に概観したような歴史的経緯を十分に踏まえた上で、社会科学としての国際政治学の喫緊な取り組みが要請されているといえよう。

三大一神教とヨーロッパキリスト教世界

【預言者たちの地政学（ゲオポリティーク）】

中堂幸政

（ちゅうどう・ゆきまさ）　一九五〇年京都生。早稲田大学大学院経済学研究科後期課程修了。大東文化大学国際関係学部教授。中東地域研究・経済史。主要論文に「セファルディム系ユダヤ人と〈近代世界システム〉」（『世界経済』所収）などがある。

三大一神教

ラテン語起源の〈quarter〉（フランス語で〈quartier〉）は、「四分の一」と「地区」の二系列の意味を持つ。「四分の一」の「地区」四つから構成される城壁で囲まれたエルサレム旧市街とこの言葉の起源についてはつまびらかでないが、イスラエルとパレスチナ人との最大の係争点の一つであるエルサレムの旧市街が実は三大一神教の「三つ」ではなく「四つ」の地域から成り立っている事実はあまり知られていない。

イスラーム教徒の聖典であるコーランに、預言者ムハンマドが夢の中で天馬にまたがって出発したとされる岩の上に建てられたモスクがあることで知られる「イスラーム教徒地区」、嘆きの壁で有名な「ユダヤ教徒地区」、イエスにちなんだ数々の教会がある「キリスト教徒地区」、そして「アルメニア教徒地区」の四つだ。

同じキリスト教徒であるアルメニア教徒地区がキリスト教徒地区とは別の独自の地区を形成しているのは、キリスト教はもともと東方に生まれた宗教政治共同体であるが、西方ヨーロッパ世界統合のイデオロギーとなって以来、キリスト教世界は、教義的にも、政治的にも「西方キリスト教世界」と「東方キリスト諸教会世界」と二分されていることを象徴的に示している。

国民国家が政治的世界の枠組みとなる近代にいたるまで、世界は政教分離以降「宗教」の名を冠して表象されることになる四つの政治的世界に分かれて共存、対立してきたことをエルサレムの四つの地区割はわれわれに教えてくれる。四つの地区から成り立つエルサレム旧市街は、東方と西方の関係史そのものであるといえる。

生態学から地政学へ

中東・東地中海地域が「世界の十字路」であるというのは単なるレトリックではない。ユーラシア大陸の東西をつなぐさまざまないわゆる「シルクロード」がこの地域で交差していたのだ。蒸気船と航空機がこの地域を迂回することが出来るようになるにいたる数千年の長きにわたり、ヨーロッパ、アフリカ、東アジア、南アジアなど、それぞれの世界の間の文物の移動は、中東・東地中海地域を中心にユーラシア・アフリカに広がる一大乾燥地帯という隘路を通過せずしては不可能であった。この地域はまさに諸世界をつなぐ世界として、ユーラシア大での経済循環の要衝であった。

ところでシルクロードというと、東方と西方の双方から文物が活発にやりとりされたように考えがちだ。しかし現実には、近代にいたるまで、東西交易のバランスシートは圧倒的に東高西低、つまり西方の入超（輸入超過）であった。

小生産者による集約農業は、東アジアにおいては一七世紀のヨーロッパに一五〇〇年も先立って発展をみせている。小麦にくらべ稲の高生産性、高い人口扶養能力はつとに有名だが、稲作、とりわけ水田稲作農業は小生産者による集約農業によってはじめて可能となる。これに加え、ヒマラヤ山系を要に、南アジア、東南アジア、東アジアを横断して扇状に広がる、熱と水分が同時に大量に供給されるモンスーン・アジア地帯（夏雨地帯）の高い生物学的多様性が、ユーラシア大陸の東端（東方）をして最も豊かな地域となる条件を提供した。

ユーラシア西端（西方）のヨーロッパ世界は、生態学的にこの対極に位置していた。絶えざる人口圧力を、貧しい生態系下での粗放な小麦生産（奴隷制と固定的階級社会の基礎）で吸収できない西方は、自らを「ヨーロッパ」と自己規定し、東方にたいする入超を、自己の「外部」（非ヨーロッパ、オリエント、東方、アジア）への軍事的拡張と膨張により決済し続けてきた。「アジア」とは地理概念ではなく、「ヨーロッパ世界」が産みだした関係概念としての戦略用語である。

とりわけ貧しい西方=ヨーロッパ世界の外部との決済にとって決定的に重要な意味を持ったのが、世界の十字路である中東・東地中海世界の管理権を手中にすることによる東西交易の支配であった。ユダヤ教、キリスト教、イスラーム教による一神教諸派関係の歴史は、西方=ヨーロッパ世界の東方への進出と膨張の歴史であった。

ユダヤ教徒、キリスト教徒

キリスト教とは、唯一神信仰を民族主義的な枠組みに閉じこめていたユダヤ教の個別性を克服、普遍化して「世界性」を獲得した宗教である、と一般的には考えられている。しかし事態はそう簡単ではなかった。少なくとも、キリスト教をローマ帝国統合のイデオロギー的枠組みとしようとしたローマ帝国支配層にとっては。

もともと後にキリスト教と呼ばれるようになったメシア（救世主）信仰は、これまた後にユダヤ教徒と呼ばれるようになる集団の一新興宗派として成立した。一神教諸派は共同体の政治的統合のシンボルとしての正統な「預言者」の認定と定義を最重要な作業とするが、預言者イエスもユダヤ人なら、十二人の弟子も、そして「裏切り者ユダ」ですらユダヤ教徒であった。

こうしたなかでローマ帝国は、その末期、たがの弛んだ帝国の再統合のためにキリスト教徒の財力や組織力の利用のために、キリスト教のヨーロッパ化（脱ユダヤ化）を謀った。西方＝ヨーロッパ世界の神学者たちはイエスを神と人の性格を持つ曖昧で絶対的な存在に祭り上げ（三位一体）、それを殺害したのが、「ユダ」という名の一個人ではなく、ユダ＝「ユダヤ教徒」全体であるとすることによって、「ヨーロッパ＝キリスト教世界」を創設し、あわせて「外部」を代表するものとして、政治的に「ユダヤ人」の枠組みを制度的に創設した（Seth Schwartz, *Imperialism and Jewish Society, 200 B. C. E to 540 C. E.*, Princeton, 2001）。

ヨーロッパ世界はこうして、非ヨーロッパ世界（つまり、オリエント、東方、アジア）の象徴としての「ユダヤ人」の枠組みをでっち上げたうえで、さらに内部で排斥・差別することによって、「キリスト教徒の政治的共同体」としてここに成立する。ヨーロッパ＝キリスト教世界の成立である。キリスト教徒もユダヤ教徒もこうして「想像の共同体」として政治的に創造された。以降「ユダヤ人」は「イエス殺し」の主犯にでっち上げられゲットーへと追いやられてゆく。

しかしこうしたキリスト教の換骨奪胎に対して反旗をひるがえしたキリスト教徒も多かった。三位一体説による人間イエス神格化を図るローマ帝国の政治的利用主義と地中海東南岸（中東・北アフリカ世界）の植民地化と経済的搾取に反対して、西方キリスト教世界と袂を分かったのが、アルメニア教会、シリア正教会、コプト教会などに結集する「東方独立教会諸派」＝単性論派のキリスト教徒たちであった。

単性論派キリスト教徒とイスラーム教徒

後にイスラーム教とよばれるムハンマドを創始者とする宗教＝政治運動は、実はこうしたヨーロッパ・キリスト教会の排他性と東方への拡張主義に反対する単性論派キリスト教徒勢力の圧倒的な支持を背景に、またたく間にユーラシア大陸の全域に東西交易の幹線路に沿って広まる。

交易の十字路である中東・東地中海を軍事的に支配して、東方への拡大を目指す西方キリスト教世界は、東方のペルシア帝国との間で、東西冷戦さながらの軍事的衝突を繰り返していた。ローマ帝国は軍事費を賄うために高額の関税を課し、さらに北アフリカ、エジプト、小アジアの農民に重税を課したせいで、東西の物資の流れはますます滞り、交易ルート上の経済活動の停滞は、多くの商人、農民の生活を直撃した。

東西交易のバイパスとして繁栄したアラビア半島の商業コミュニティ出身のムハンマドはこうしたなかで、「神はみな共通で、預言者というものも人間なのだから、人種や民族や予言者を理由に重税を課すのはやめよう」との呼びかけをおこなった。「アッラーは偉大なり」ではじまり、モスクから響き渡るアッザーンは実はこうしたことを意味している。いうまでもなく「アッラー」とはイスラーム教徒だけの神ではなく、ユダヤ教やキリスト教と同じ神のアラビア語名であるにすぎない。ムハンマドもモーゼやイエスの教えを継ぐ、優れた預言者ではあるが、神の子ではなく、人間である。事実、イスラーム教徒にとっての聖典である『コーラン』には、ユダヤ教徒、キリスト教徒は、『旧約聖書』の同じ神を共有する兄弟であり（啓典の民）差別・迫害は許されず、保護しなければいけないと明記されている。

ヨーロッパ・キリスト教の排他的解釈とは違った、寛容な一神教解釈をムハンマドに見たユダヤ教徒やアルメニア、シリア正教、コプト諸教会のキリスト教徒は、「剣かコーランか」の選択を強制されたのではなく、自らの政治的意志でこぞってムハンマドの陣営に馳せ参じた。イスラーム遠征軍の主力はユダヤ教徒やローマと袂を分かった東方のキリスト教徒によって構成されていた。

十字軍と東西両教会の分裂

東西交易の十字路であるイスラーム世界の発展により、ユーラシア大陸を横断する東西交易は大いに発展し、さまざまな地域の人たちがイスラーム教をとりいれるなかで、宗教・宗派・民族の境界線と垣根は劇的に低くなり、西は大西洋から、東は太平洋にまで連なる広大な経済=文明圏が出現した。多くの商人や学者がユーラシア大陸全域を舞台に、活発に文化や諸技術の交流と伝播に活躍し、イスラーム世界において、東西の諸文明間の文字通りの異種交配が繰り広げられた。ギリシア・ローマの文明的成果が結実・発展したのも、西方ヨーロッパ=キリスト教世界においてではなく、西方の「外部」であった東方=イスラーム世界における自由で寛容な文明環境のもとであった。

ここでシルクロード沿いの東西交易というと、わたしたちは東西双方の特産物がお互いに取引されて両者が繁栄したような何かロマンチックなイメージを思い描いてしまう。しかし先述したが、

「豊かな東方」の物産や文化の「貧しい西方」に対する一方的な輸出超過がシルクロードの現実であり続けた。西方キリスト教世界は、拡大する一方の支払いに窮する度に、域内における東方性の代名詞である「ユダヤ人」を迫害し、あまつさえ借金を棒引きにさせ、交易の十字路である中東を支配して、東西交易における物の流れと価格を自らに有利に操作することを目的に東のイスラーム世界に向けて軍勢を間欠泉的に差し向けた。

宗教を錦の御旗に掲げた十字軍も、こうした西方ヨーロッパ＝キリスト教世界の東方への拡張主義政策の一駒に過ぎない。教義論争が原因とされてはいるが、十世紀から十一世紀にかけてのキリスト教世界の「大分裂」は、まさに西方ヨーロッパ＝キリスト教世界の東方への膨張と拡張主義政策が直接のきっかけであった。

イスラーム世界との日常的な接触と共存のなかで、西方ヨーロッパ＝キリスト教世界の拡張主義に反対する道を選択したのが、東ヨーロッパや東地中海のキリスト教徒たちであった。今日、ギリシア正教会から派生した「東方正教会」系のキリスト教各派は、十字軍の東方への侵略に際して、イスラーム教徒の側に立って戦ったキリスト教徒として、今日の中東イスラーム世界においてもイスラーム教徒の同盟軍として承認を得ている。

このように、西方＝キリスト教世界の成立、およびユダヤ人差別の構造化のみならず、東西両教会の分裂も、宗教の教義問題というよりも、東方の富と市場をどのように獲得するかについての軍事・経済・外交政策をめぐる対立を直接の引き金としている。今日バルカン・中東からユーラシア内陸部にかけての地域で進行している事態を考える場合、実に示唆的である（Tomaz Mastnak, *Crusading Peace: Christendom, the Muslim World and Western Political Order*, Berkeley, 2002）。

さまざまな十字軍

東方へ向けての拡張性を内包した西方キリスト教世界は、「ユダヤ人」、「東方独立諸教会」、「東方正教会」と、内部の東方性を常に「異端」として排出しながら、東方への軍事的、政治経済的進出の機会を窺ってきた。イスラーム教とはその意味で成立の当初においては政治的には、一神教世界内部での西方キリスト教世界の拡張性に対抗する諸潮流の総称であった。

イスラーム教は、教義のうえでも現実の政策のうえでも、先行する預言者を奉ずるユダヤ教、キリスト教諸派（西方キリスト教諸派もふくめ）の存在を容認・保護するものであるのに対し、西方キリスト教世界にとって「ユダヤ教徒」と「イスラーム教徒」は教義的にも、現実の政策のうえでも排除の対象でしかなかった。

西は大西洋から東はインド洋、南シナ海にいたる拡大するイスラーム世界のなかでユダヤ人は、ローマ帝国のキリスト教国教化以来はじめて、その存在を公式に容認・保護する政権下で、アジアの経済循環の外部世界との接合局面の役割も演じたイスラーム世界システム（ジャネット・L・アブー＝ルゴド、佐藤次高・斯波義信・

高山博・三浦徹訳『ヨーロッパ覇権以前――もうひとつの世界システム上・下』岩波書店、二〇〇一年）における中軸的交易・金融活動をイスラーム商人とともに担ってゆくことになる。中世世界における最大の長距離交易ルートであった東方物産の対ヨーロッパ輸出は、こうしてイスラーム勢力支配下のイベリア半島を拠点としたイスラーム商人とユダヤ教徒の金融家たちによって大規模に組織化されていた。

数次にわたる十字軍遠征がユダヤ教徒・イスラーム教徒・東方キリスト教徒同盟軍の反撃によって頓挫し、アルプス以北に一時撤退した後、西方キリスト教世界がその拡張の方向を迂回させながら再び突破を図ろうと試みた相手がこのイベリア半島における「ユダヤ教徒・イスラーム教徒連合軍」であった。

世界史における「近代化」とは、交易経済史的な面で極言すれば、西地中海世界を対ヨーロッパ前線基地としてユダヤ教徒、イスラーム教徒、諸キリスト教徒連合軍によって組織化されていたユーラシア大でのイスラーム世界システムを、広義の十字軍（レコンキスタ、カタリ派掃討、アルビジュア十字軍、ユグノー戦争など）と異端審問によって解体、簒奪、再編、支配することによって、西方ヨーロッパ世界の自生的発展神話が創生されるプロセスであった。

東方問題・冷戦・文明の衝突

一四九二年のグラナダ陥落に続き、カトリック勢力はユダヤ教徒とイスラーム教徒に対し「改宗か死か」を迫る。イスラーム勢力の保護下で地中海世界の繁栄を担った、セファルディム系ユダヤ人や、南仏を中心とした（「ユグノー」と蔑称された）カルヴァン派プロテスタント勢力のカトリック勢力を避けてのオランダ等への大量流入によって、地中海＝イスラーム世界的繁栄の中心は、史上はじめてアルプス以北に移植された。一時、北西ヨーロッパに自生的経済発展のダイナミズムが根付いた時期があったことは事実としても、西方キリスト教世界の対外関係のその後を考える場合、近代以前からの長距離交易網の政治軍事的継承による原始的蓄積の貢献を無視することはできない。

こうしてイスラーム支配下の前近代世界システムにおいて西地中海に集中していた交易・金融・技術の最先端部分を、弾圧と追放と移住の強制により密輸入した西方キリスト教世界が次に勢力を傾注したのが、イスラーム世界内部の三大一神教徒間の離反工作、とりわけ最強の同盟関係にあったユダヤ教徒とイスラーム教徒の離間であった（Allan Harris Cutler and Hellen Elmquist Cutler, *The Jew as Ally of the Muslim : Medieval Roots of Anti-Semitism*, Notre Dame, 1986）。

ヨーロッパキリスト教勢力は、東方のキリスト教諸教会を西方

Photo by Ichige Minoru

キリスト教世界の被保護民として取り込み、迫害したユダヤ教徒の問題解決を、イスラーム教徒との対立へと転化することにより外化し、双方の対立と急進化を陰に陽に煽りながらユダヤ教徒対イスラーム教徒対立の中立的「仲裁者」として登場することにより、当該地域の政治経済循環への介入の契機を拡大してゆく。「信託統治」、「委任統治」、「植民地主義」、「新植民地主義」、「非公式帝国」、「自由貿易帝国主義」、「帝国」等、さまざまに呼ばれる支配と管理と介入の狡知がここにある。双方の急進主義を引き出して「介入」の条件をつくるための和平工作なども期待される政策効果としてすでに織り込み済みだ。

預言者イエスを「神」として、先行するユダヤ教や後続のイスラーム教との共存と和解の道を自ら閉ざし、ヨーロッパ世界の絶対化をはかる西方キリスト教世界は、貧しい自然との生態学的共存を拒み、内なる自然と外なる非ヨーロッパ世界の改造と支配にしか突破口を見いだせないまま、疾走しつつある。「東方問題」から「地域紛争と冷戦」そして「文明の衝突」へと、交易の十字路の管理や従来の輸出市場の拡大のみならず、兵器市場、原油、そして新たなエネルギー資源である天然ガス、遺伝子、環境関連市場を求めて、バルカン半島・東地中海からコーカサス・中央アジア、そして中国・東アジアへと、前近代以来イスラーム世界というかたちで組織化されたユーラシア大での交易網の血脈に沿って、預言者たちのゲオポリティークを駆使しながら。

「イスラーム世界」史の解体

羽田 正

（はねだ・まさし）　一九五三年生。パリ第三大学博士課程修了。東京大学東洋文化研究所教授。歴史学、異文化交流論。著書に『勲爵士シャルダンの生涯――十七世紀のヨーロッパとイスラーム世界』（中央公論新社）、『モスクが語るイスラム史』（中公新書）などがある。

一九七〇年代半ば頃から、我が国の歴史家たちは、「イスラーム世界」の歴史が、世界史を考える際に無視できない重要性を持っていると意識するようになった。それまでは、世界史とは言っても、その内容はほとんど西ヨーロッパ史と中国・内陸アジア史の叙述を合わせたものに過ぎなかったが、以後今日に至るまでの二〇年あまりの間に、「イスラーム世界」史（人によっては「イスラーム史」ともいう）は世界史記述の中で確固たる位置を占めるようになった。

試みに、中央公論社から一九六〇年代と一九九〇年代の二度出版された「世界の歴史」シリーズの内容を検討してみよう。第一回目のシリーズでは、総計一六巻のうちで、「イスラーム世界」に充てられた巻は一巻もなく、「西域とイスラーム」という巻のわずか四分の一程度に「イスラーム世界」関係の記述があるだけである。これに対して、一九九〇年代に出版された第二回シリーズでは、全三〇巻中の三巻が一九世紀までの「イスラーム世界」の歴史を扱っている。インドや東南アジアに関する巻、それに二〇世紀に関する何冊かの巻のそこここで「イスラーム世界」への言及があるので、全体では優に四から五巻程度が「イスラーム世界」に関わっていることになる。これと同様、高等学校の世界史教科書でも、「イスラーム世界」についての記述は確実にその頁数を増やしている。

人類の歴史を総体として体系的にあとづけることが世界史記述の任務だとすると、これが望ましい変化であることは言うまでもない。しかし、そうであるだけに、世界史についての日本人の常識形成に大きな影響を与える教科書や一般書の中で、「イスラーム世界」史がどのように記述されているかについては、大いに注意が払われねばならないだろう。本稿では、我が国における従来の「イスラーム世界」史の描き方を検証し、そこに見られる特徴と問題点を指摘してみることにしたい。

従来の「イスラーム世界」通史と暗黙の前提

はじめに、従来の「イスラーム世界」の通史を簡単にまとめてみよう。著者によって多少の違いはあるが、それは概ね次のような順序と内容で記述される。まず七世紀における預言者ムハンマドの生涯とムスリムの共同体であるウンマの成立が述べられ、次いで、正統カリフ時代、ウマイヤ朝、アッバース朝の両カリフ政権の時代へと話が進む。この六〇〇年ほどの時代については、①正統カリフからウマイヤ朝にかけての時代に、アラブ人ムスリムによる大征服が行われ、「イスラーム世界」が、東は中央アジアから西はイベリア半島にまで拡大したこと、②続くアッバース朝の時代に、「神の前でムスリムは平等である」とするイスラームの教義がはじめて一定程度実現するが、逆に「イスラーム世界」には複数の政権が生まれ、その政治的統一が破れたこと、③アッバース朝カリフは「イスラーム世界」の宗教的、精神的な権威として一三世紀まで存在し続けるが、現実には各地に世俗的な政治権力者が割拠したことなどが指摘される。

一三世紀以後一七世紀頃までについては、モンゴルの侵入やイベリア半島での部分的な敗北はあったものの、「イスラーム世界」はユーラシアの東西に確実にその領域を広げたこと、一六世紀には、オスマン朝がバルカン半島から中央ヨーロッパへ進出するとともに、南アジアでムガル朝がインド亜大陸の大半を領有するに至ったことなどが述べられ、オスマン・サファヴィー・ムガルという三つの強大な王朝が並び立つ一六―一七世紀は、前近代「イスラーム世界」の絶頂期であることが強調される。

そして、一八世紀後半になると、近代化を進めるヨーロッパ諸国の政治・経済・軍事・文化的な影響が「イスラーム世界」に本格的に及ぶようになり、「イスラーム世界」の衰退が始まること、一九世紀から二〇世紀前半にかけては、その大半の地域で領土の喪失や、ヨーロッパ諸国による植民地化が進んだこと、近代ヨーロッパの影響に対して、様々な形での近代化運動、改革運動が起こったことなどが説明される。

私自身、最近までこの通史に疑問を抱くことはほとんどなく、この内容に近い形で講義を行い、いくつかの文章を書いてきた。しかし最近、そこには一つの暗黙の前提があり、そのことの意味についてよく考えてみる必要があるのではないか、と感じるようになった。その前提とは、空間としての「イスラーム世界」が現実にこの地球上に存在したと見なすことである。

ムハンマド時代に誕生したウンマを原点とする「イスラーム世界」が、一七世紀に至るまではほとんど常に膨張を続け、一八世紀以後危機に瀕した、すなわち、「イスラーム世界」が成立し、発展し、分裂し、再編成され、衰退したと捉える通史の記述は、この前提をもとに可能となる。高等学校の教科書で「イスラーム世界」が、「東アジア世界」や「ヨーロッパ世界」などと並んで、前近代における一つの地域世界として説明されるのも、その故である。

「イスラーム世界」の定義とそれへの疑問

それでは、この通史の叙述においては、どのような空間が「イスラーム世界」とされているのだろうか。私の理解する限り、ある空間が「イスラーム世界」と呼ばれる条件は、ムスリム支配者がその空間を統治しているということだけである。その空間内の実際のムスリム人口の多寡は問われない。政治や経済の仕組みの違いも問われない。だからこそ、ほとんど征服者だけがムスリムで、治下の住民の大部分は非ムスリムである正統カリフやウマイヤ朝の領域が「イスラーム世界」と表現される。多数のヒンドゥー教徒を支配する南アジアのムガル朝が「イスラーム世界」の王朝に含まれるのも同じ理屈からである。

統治者がムスリムかどうかだけを基準とするこの区別は分かりやすく、「イスラーム世界」の範囲はある程度目に見える形で決定することができる。しかし、私は、このように単純である意味では乱暴な仕分けの方法で、空間としての「イスラーム世界」が地球上に存在したと考えて世界史を叙述することに、以下の三つの点で疑問と不安を感じるようになった。

第一は、このような形で定義される「イスラーム世界」に、そもそも歴史学的な意味があるのかという点である。仮に、為政者がムスリムである地域を「イスラーム世界」としてみよう。すると、前近代中国やインドの港町におけるムスリム居住地に見られるように、為政者がムスリムではない地域に居住する多数のムスリムは「イスラーム世界」の住人ではないことになる。他方、「イスラーム世界」には大量の非ムスリムが居住していた。一七世紀初め頃のオスマン朝領域の人口の約半数は、キリスト教徒やユダヤ教徒だったし、同じ頃のムガル朝領域では、ムスリム人口は二〇パーセントにも満たず、大半がヒンドゥー教徒やシク教徒などの異教徒だった。この人たちは「イスラーム世界」の住民ということになる。一方で多数のムスリムを切り捨て、他方で多くの異教徒の存在を無視し、ただ為政者がムスリムであるという理由だけで、あえて「イスラーム」という用語を用いて一つの空間を設定することは果たして有効な世界史理解の方法なのだろうか。

この疑問に対しては、以下のような反論がただちに予想される。「イスラーム世界」では、ムスリムと異教徒との関係がイスラーム法の原則に基づいて詳細に定められ、「イスラーム社会」とでも言うべき秩序が形成されていた、それこそが為政者がムスリムであることと並んで、「イスラーム世界」のもう一つの特徴である。

もっともな意見である。しかし、イスラーム法が一応の体系を整えるのは九世紀のことである。それ以前の時代についてもこの意見は有効なのだろうか。また、一律にイスラーム法とは呼ばれるものの、実際の法解釈や運用にあたっては各地の慣習がかなり自由に取り入れられたため、時代や地域によって相当なばらつきがあったようである。もちろん、ムガル朝のように少数派のムスリムが支配者である地域では、社会的な手続きや係争がすべてイスラーム法に基づいて処理されていたわけではない。さらに、一八世紀以後、イスラーム法は、各地で次第にヨーロッパ起源の法体系に取って代わられる。とすれば、イスラーム法によって律せられた空間が「イスラーム世界」である、という命題は、理念としてはともかく、現実の世界の歴史の流れを説明するには適当ではないのではないだろうか。

そもそも、ムスリム支配者とイスラーム法を「イスラーム世界」の特徴だとすると、歴史上の「イスラーム世界」は我が国で現代世界に関してしばしば使われる「イスラーム世界」「イスラーム諸国」などという語とどのようにつながるのだろうか。

二つ目の疑問点は、「イスラーム世界」という言葉を使うことによって、その空間で生起した出来事すべてが、イスラームによって説明できるとの誤解を人々に与えかねないことである。確かにイスラームは前近代の「イスラーム世界」で重要な意味を持った。しかし、前近代のヨーロッパ世界でも、それと同じ程度にキリスト教が大きな意味を持ったのではないだろうか。前近代ヨーロッパ世界における歴史の流れがすべてキリスト教によって決まったわけではないように、「イスラーム世界」史の展開に、すべてイスラームが関わったのではない。なぜ、一方で「イスラーム世界」という言葉が用いられるのに、ヨーロッパ世界は「キリスト教世界」とは呼ばれないのだろうか。

三つ目の疑問点は、「イスラーム世界史」という言葉を用いることにより、歴史がその世界の中で半ば完結して展開していたように誤解されないかということである。フェルナン・ブローデルが名著『地中海』の中で論じているように、人々が生きる生態系的空間としての「地中海世界」は、ローマ帝国の滅亡やイスラームの大征服といった政治的事件とは無関係に、時の流れの中で厳然と存在し続けていた。「イスラーム世界」と「ヨーロッパ」という対立する二つの空間を想定することによって、ブローデルのいう「地中海世界」は二つに割られ、世界史の叙述の中で不当に無視されることになる。

実際には、ある時期までの「ヨーロッパ世界」の歴史が、ムスリムが多く住む地中海の東岸や南岸の歴史と密接に関連して展開していたことは疑いない。十字軍、イベリア半島のいわゆる「レコンキスタ」、オスマン朝とハプスブルク家との攻防など、両者の密接な関係を示す大きな政治的・軍事的事件だけでもいくつも挙げることができる。これらの事件は、これまで「あちらとこちらの対立」という形で叙述されてきた。しかし、一歩後ろに下がって世界史の大きな流れの中で眺めてみれば、それは単に地中海を取り巻く一神教世界の中での内輪もめに過ぎないのではないか。イタリアや南フランス諸都市と、チュニジア、エジプトやシリア、トルコなど「イスラーム世界」の地中海沿岸地域諸都市との密接な通商関係は、キリスト教ヨーロッパと「イスラーム世界」との経済的交流としてよりも、全体を「環地中海世界」の経済活動として把握すべきではないだろうか。

オスマン朝の歴史を「イスラーム世界」の枠内で分析するだけでは十分でないことは、あらためて述べるまでもないだろう。また、アナトリア高原東部からイラン高原を経て、中央アジアのステップ地帯からモンゴル高原に続く東西数千キロに及ぶ乾燥地域は、一一世紀以後トルコ系、モンゴル系を中心とする遊牧民の生活の場だった。この地域の出来事は、遊牧世界に独特の論理によって説明できる場合が多い。「イスラーム世界」という枠組みが存在することで、この地域全体を見通して歴史を語ることが難しくなっていないだろうか。さらに、「イスラーム世界」という枠組みは、地理的な意味での西アジアにおいて、イスラーム勃興以前の古代オリエント世界との歴史の断絶という問題を生みだしてもいる。

なぜ「イスラーム世界」という語が使われるのか

空間としての「イスラーム世界」が現実に存在したと考えて世界史を叙述しようとすると、このようにいくつもの疑問点が浮かび上がってくる。それにもかかわらず、専門家は、私自身も含めて、この言葉をこれまでさして抵抗もなく教科書や一般書で繰り返し使ってきた。それは一体なぜなのだろうか。

第一の理由は、近代歴史学を生み出し、日本の歴史学研究に大きな影響を与えてきたヨーロッパで、この語が作られ、今日まで使用されているからである。中世以後のヨーロッパでは、自分たちキリスト教徒の諸王国の領域を取り囲んでバルカン半島から西アジア、北アフリカ地域にかけて存在するムスリム政権の支配する地域が漠然と「マホメット教徒たちの地」とされ、キリスト教世界と区別された。中近世ヨーロッパの人々にとって、東方の進んだ文化を体現する「マホメット教徒たちの地」は、憧憬の対象であり、同時に、自分たちに数多くの災厄をもたらすという点で、脅威の的でもあった。逆に一八世紀後半以後の近代ヨーロッパは、エドワード・サイードによって批判的に明らかにされているように、退廃と悪徳に満ちた「オリエント」(東方)を好奇と侮蔑の念をもって見つめていた。ここで言う「マホメット教徒たちの地」や「オリエント」が、近代歴史学や東洋学でいう「イスラーム世界」とほぼ同じ地域を指すことは言うまでもない。ヨーロッパから歴史学や東洋学を輸入した日本の歴史家たちは、このヨーロッパ的な見方をそのまま受け入れたのである。

もう一つの理由として無視してはならないのは、他ならぬムスリムの思想体系の中にも「イスラーム世界」に類する概念が存在することである。ムスリムの思想家たちは、世界が「イスラームの家」と「戦争の家」という二つの対照的な地域からなっていると考える。「イスラームの家」とは、イスラーム法が施行され、人々が神の勧める道に従って生きている地域のことであり、「戦争の家」とは、まだイスラームの教えを知らず、異教を信じる人々が住んでいる地域を指す。ここで言う「イスラームの家」は、そのまま「イスラーム世界」という語に置き換えられるだろう。オリエンタリズム的言辞にはきわめて敏感な我が国の「イスラーム世界」史研究者が、「イスラーム世界」という地域設定を抵抗なく受け入れ、その歴史を語ってきたのは、それがイスラームの文脈でも説明できるからである。

一神教世界の世界認識とその限界

ここで確認せねばならないのは、「イスラーム世界」という言葉が、二項対立的に自と他を峻別することを特徴とする一神教的な世界認識を持つムスリムとヨーロッパのキリスト教徒の思想や言説の中で用いられているということである。過去から現代に至るまで対立することの多かった両者が、その意味内容は大いに違うにせよ、同じ「イスラーム世界」という言葉を用いて世界を把握しようとしているのは何とも皮肉である。いずれにせよ、この言葉は、ムスリムやヨーロッパの人々の世界観を表すものにすぎず、地理的にはっきりと規定できる空間を意味する言葉ではないことに注意しなければならない。

イメージとして作り出され、現実の空間としてはどうにも規定しにくい単語を、「東アジア世界」や「南アジア世界」などの比較的ニュートラルで地理的に把握しやすい単語（「アジア」という言葉が元来はギリシアやヨーロッパの人々による他称であり、一定のニュアンスを有していることにはここでは触れない）と並べて、世界史における一つの地域世界を表す語とすることに、どれだけ積極的な意味があるのだろうか。むしろ、「イスラーム世界」の異質性を強調することにはならないだろうか。

私は「イスラーム世界」という枠組みを使って世界史を叙述することによるデメリットはいくつも指摘することができるが、逆にメリットはほとんど思いつかない。もちろん、「イスラーム」という言葉を戦略的に用い、強調することによってヨーロッパ史偏重の世界史記述に風穴を開けたという点は、これまでの我が国の「イスラーム史」研究者たちの功績として大いに評価されるべきだろう。しかし、もう「イスラームの衝撃」によって我が国における世界史理解の未熟さを指摘する段階は終わったのではないか。「イスラーム世界」を使うメリットをしいて挙げれば、それがムスリムの世界観を反映しているという点だろうか。ただし、ヨーロッパの人々の世界認識に基づいて描かれる世界史に偏りがあるとするなら、ムスリムの世界認識に従った世界史叙述にも同様の問題が潜んでいると見なければならない。私たちは、特定の人々の世界観によって世界史叙述を試みるべきではないのである。

誤解のないように確認しておくが、私は「イスラーム世界」という概念そのものに問題があると言っているのではない。この言葉は、イスラーム的な価値や行動規範を尊重する人々（必ずしもムスリムとは限らない）が頭の中に抱く理念的、象徴的な空間を意味する時に限って使うべきであると思うのである。従って、イスラーム思想史を考える際や、ムスリムが考える世界史やムスリムの世界認識を描く際には、大いに有効だろう。しかし、それを現実世界の空間として無批判に歴史叙述に適用することには慎重であるべきだと思う。

「イスラーム世界」と現代

残念ながら、我が国における世界史叙述において「イスラーム世界」という語はすでに相当程度市民権を得てしまった。私たちは、ヨーロッパの人たちやムスリムと同じく、「イスラーム世界」という枠組みによって、歴史上の現象を理解することに慣れ親しんでしまったのである。このことが、現代世界に生起する諸事象を私たち自身の目で見、分析することをも著しく困難にしているように思えてならない。

例えば、私たちはあまりに安易に「イスラーム」ないし「イスラーム世界」という切り取り方で物事を捉え、理解しようとしていないだろうか。紙幅の関係でこの問題にこれ以上深入りするのは控えるが、ハンチントンの「文明の衝突」しかり、九・一一事件、アフガニスタンやパレスチナに関するマスコミの報道しかり、である。

イスラームを特別視し、それだけを把握し理解しようとしても、イスラームはその真の姿を容易に現さないだろう。イスラームは現代世界では世界的な現象だと言われる。私もその通りだと思う。だからこそ、イスラームを枠の中に閉じこめるのではなく、枠から解き放って、その動きを一歩後ろに下がって他者との関係性に注目しながら見定めたらどうだろう。そのときにはじめて私たちは現代世界におけるイスラームの意味や役割を理解できるのではないだろうか。

従来の高等学校教科書や一般書において使われてきた「イスラーム世界」という枠組みでの歴史の捉え方が、現代の私たちの世界認識に何がしかの影響を与えているとすれば、いまからでも遅くない。世界史叙述の方法を変えるべきである。そのためには「イスラーム世界」という枠組みを一旦取り払ってしまわねばならない。この作業は、当事者であるヨーロッパの歴史家やムスリムの歴史家にはなかなか難しいだろう。しかし、双方から離れた場所に位置し、両者を客観的に眺めることのできる日本人の歴史家には不可能な作業ではないはずである。

Photo by Ichige Minoru

もちろん、「イスラーム世界」史を相対化、解体し、別の枠組みによって世界史の流れを語ることは簡単ではない。そもそも、私自身これまでずっと「イスラーム世界」史という観点から歴史研究を試みてきたわけだから、まずこれまでの自分の仕事の自己批判から始めねばならないだろう。いまここで直ちにしっかりとした代案を出せと言われれば、少し待ってくださいと言うしかない。それに、世界史の再構築のように大きな課題は、一人の人間の手に負えるものではない。ただし、「イスラーム世界」史の解体を唱えた責任上、新しい世界史叙述の方法については、有志と議論を積み重ねた上で近い将来何らかの提案を行いたいと考える。

なお、本稿では直接触れることは出来なかったが、新しい枠組みを作るためには、「イスラーム世界」史だけではなく、「ヨーロッパ世界」史など、他の地域世界の歴史も当然リストラの対象とされるべきである。新しい時代にふさわしい世界史叙述を実現するためには、狭い専門分野を越えた歴史家の理解と協力がぜひ必要なのである。本稿がこれからの建設的な議論のきっかけになれば幸いである。

日本とイスラーム世界

武者小路公秀

（むしゃこうじ・きんひで）　一九二九年生。学習院大学政治学部卒。上智大学国際関係研究所所長、国連大学副学長を歴任、現在、中部大学教授、中部高等学術研究所所長。国際政治学・平和学。著書に『転換期の国際政治』（岩波新書）などがある。

イスラームに無関心でありすぎた日本

日本と日本人にとって、イスラーム世界はなじみにくい遠い世界のように思われている。九月一一日事件とこれに続く反テロ戦争によって、その遠さがにわかに認識され始めた。反テロ戦争が、日本とイスラーム世界との隠れた近さにわれわれが気づくきっかけになってくれればとの思いを込めて、この小論を書く。

日本にとって、アジアは近くて遠い地域である。それは、日本がかなしいことに、脱亜をその近代化プロジェクトの大前提にしたからである。さらに、自ら周辺の諸国を侵略・植民地化して、アジアの怒りを買ったからである。しかも、アジアの頭越しに西欧に、そして米国に急接近してしまったからである。しかし、アジアのなかでも、日本に恨みを、あまりもっていないアジアがある。そして、日本にあやまった期待感を持ちつづけているアジアがある。それが、イスラーム世界である。この世界は、狭く定義すれば、イスラームを国教とする国家群をさすが、イスラーム世界とここで名づけた地域は、イスラーム信仰共同体（ウンマー）に所属する人々が政治的・文化的に有意な役割を果たしている地域をさす。とするならば、この地域は、アジア・アフリカと重なり合う、ナイジェリアからフィリピンに至る広範な地域である。もっと広く、欧米においても、移住者たちのほかに新しい改宗者を含むイスラーム世界の出店がある。この世界に対して、われわれ日本人は、これまであまりにも無関心でありすぎたというべきであろう。そもそも、イスラーム世界と日本とは、共通の歴史体験をもっている。しかも、イスラーム世界と日本とは、共通の西欧近代の超克という課題をもっている。そこで、イスラーム世界と日本とは、相互補完的な近代の超克の可能性を共同で模索するべきである、ということができよう。(1)

共通の歴史体験

先ず第一点。イスラーム世界と日本とは、共通の歴史体験をもっている。日本では専門家以外にあまりしられていないことがある。それは、日本とトルコとが、同等の関心をもって研究されていたということである。一九六〇年代に日本の所得倍増がはじまったことで、近代化研究は日本に集中した。このことには、日本人は大変感動し、バブル時代に「ジャパーン・アズ・ナンバー・ワン」といわれるに及んで、有頂天になってしまった。その後、バブルがはじけてシュンとなってしまった。こうなったことを機会に、五〇年代の近代化論をふりかえってみるのもわるくはない。当時、イスラーム世界におけるケマル・アタ・トュルクの大胆な近代化によって生まれた新トルコと、明治維新によって生まれた明治国家の近代化とを比較して、そこから低開発諸国(当時の呼称)の近代化の処方箋をみつけだそうということが、真剣(?)に検討されていた。今になってみれば、いわゆる「原理主義」イスラームも、その一部のテロ運動化は、このトルコ型近代化への反動であるとも考えられる。トルコにおこったイスラーム世界の「近代化」の試みがいろいろ変形して、今日のイスラーム世界のさまざまな「近代諸国家」が生まれたのである。これらは、イスラームを、西欧のキリスト教がしたように、個人の信仰に還元する世俗主義を、大なり小なり、採用した。しかし、イスラームの神中心主義、生活全体を神に捧げる社会的・政治的・経済的実践の大原則があるため、よほど苦心してこの「世俗化」の正統性を確立しない限り、両者は相容れない面がある。その意味で、トルコを模範とすることには問題があった。しかし、そのためでなく、日本があまりにも目覚しい「近代化」に成功したためにトルコの近代化がわすれられた。そして、儒教資本主義などという名を冠して、かなりあやしいアジアＮＩＥＳを礼賛する近代化理論が、日本中心の非西欧開発を題材にして、八〇年代に君臨した。それがつぶれて一〇年たった今日、イスラーム世界の近代化とその大部分が非イスラーム・アジアである東アジア・東南アジアの近代化の比較を改めて実施する時代がきている。それは、西欧に追いつくためにではなく、西欧を中心に今日まで続いている近代化・グローバル化の問題性を明らかにするためである。そこで、われわれは、もう少し正確なイスラーム世界への理解につとめる必要がある。そこでは、アジアを日本中心に東アジアと太平洋とに限定する議論を改めて、文明論的に、イスラーム世界とインド世界・中国世界が構成する非イスラーム・アジアとによって構成されていると考える必要があろう。

この近代化という共通の問題は、歴史的な意味で避けて通れない問題である。確かに、実際これに取り組むのは、つい最近まで、近代化についての専門家、開発理論の研究者・実務家だけでよかった。しかし、最近の自爆テロとこれに続く米国ブッシュ政権下で開始された反テロ戦争によって、この問題はにわかに、日本などの非イスラーム・アジア諸国とイスラーム世界との緊急問題になってしまっている。なぜなら、反テロ戦争は、文明に味方するか、テロに味方するか、という「踏絵」の形で、米国の覇権を承認することが迫られているからである。そこではまた、日本とイスラーム世界を、それとなく非文明の側に分類する文明論も現われている。

ある意味で、ブッシュ大統領が、文明のための戦争と規定しているグローバル反テロ戦争が進行しているという今日、「文明」の側、つまり米国ブッシュ政権の側につくか、そうでなければテロという野蛮につくことになる、という文明対野蛮の世界分割が覇権国によって宣言されている。この文明と野蛮を排中律で対立させる論法は、「文明の衝突」論さえも無意味にする西欧近代文明の単一支配論、文明覇権主義の現われである。そのなかで、やはり先ずイスラーム世界と非イスラーム・アジア文明との対話、なかでもとりあえず日本との対話を進めて、西欧近代単一支配論に対抗する必要がある。(2)

その場合、九・一一自爆テロ事件は、この対話の必要性、その可能性を促進するプラスの効果をはたしているということができる。「文明の衝突」と言うときに、ブッシュ大統領は、多数の文明を想定するハンティントンの衝突論さえも否定して、自分が代表する文明の側と、テロが代表する反文明＝野蛮の対立として、文明の多様性をさえも否定している。そして、私たち日本人は、日本が「イスラーム」と一緒に非文明の側に分類されているという基本的な事実を忘れてはいけない。

テロ事件と「カミカゼ」

今度のテロ事件が、真珠湾攻撃と同じだという言い方があり、これが、「カミカゼ」に由来していることを忘れてはならない。「カミカゼ」は、真珠湾攻撃の特殊潜航艇の例でも、自分の命を捨てて敵をやっつけるというものであった。九・一一事件の際に、米国で世界貿易センター攻撃に参加した青年が忘れた荷物にはいっていたとされる指令書に、飛行機にのる前に、身を清めて神に祈ることを命じてあったことを、野蛮のきわみとして宣伝した。「文明人」は自分の命を大事にするので、自分の命を大事にしないのは「非文明」の極みである、という考えである。「文明国」とか「文明の……」という時には、自分の命を捨てるような「野蛮人」

を軽蔑する考えから出発している。かつての日本の「カミカゼ＝特攻精神」と今回のイスラーム「原理主義」テロリストに、共通するひとつの心情がある。それは、家族や仲間、自分の属する国家や信仰共同体のために命を捨てるという気持ちである。米国の宣伝で野蛮とされているこの心情が、われわれに近い、かつての日本人と、われわれがよく知らないイスラーム世界のある人々との間に共通するのである。そのことは、決して誉められたことではなくとも、事実として素直にみとめるべきであろう。この精神は、しかし、中華思想にも、イスラーム思想にも異質な両文明圏の周辺に生まれた共同体中心に育まれた心情であることを、米欧の文明論者に理解してもらう必要もある。「カミカゼ」精神、「武士道とは死ぬことと見つけたり」という葉隠れ精神は、もともと儒教を極端な共同体への奉仕として解釈した辺境日本に生まれた「野蛮」な心情である。今回の自爆テロのカミカゼ精神も、イスラームの信仰とは無関係な「野蛮」な心情である。

一四世紀のイスラームの社会学者、イブン・ハルドゥーンは、イスラーム史の中の王朝交代理論において、野蛮なベドウィン族の「アサビーア」精神の役割に注目している。つまり、「都会に住む支配者や住民はぜいたくをしている。そのぜいたくは、砂漠に住む民の犠牲の上に成り立っている。もし、砂漠の民がそれに耐え切れなくなって都会に押し寄せたとき、都市を守っている兵士たちは逃げ出し、都市を守ることはできない。そこで砂漠の民は新たに王朝を作るが、それも三世代がすぎればぜいたくをするようになり、砂漠の民に滅ぼされる」と、その『ムカッディマー＝歴史序説』に記している。この際に、歴史を変える原動力は、砂漠の民の「アサビーヤ」(自分の仲間のためには命をも投げ出してたたかうという精神)である、という指摘である。これは、イスラーム世界の中でも、商業道徳の支配する都市の野蛮な縁辺に存在する心情である。ある意味で、いま「聖戦」を戦っている人たちも、自爆という自己犠牲をよしとするネオ・アサビーヤ、つまりイスラーム信仰共同体の防衛のために身を投げ出してもいいという元気をもっている。それに対して、ネオ・リベラルの中にいる人間は、そういう元気をもつことはできない[3]。

われわれ日本人も、もはや「カミカゼ」などもってのほかではあるけれども、比較的最近、われわれの親兄弟が、そのような心情をもっていたことは知っているし、それをもとにして、彼らテロリストの青年たちの心情を理解することができないわけではない、ということがあろう。今回の反テロ戦争という「文明の衝突」は、かなり非対称的なものになる。軍事力ではネオ・アサビーヤが劣るかもしれないが、命を投げ出してもいいという気持ちを持ちうる青年たちが後を絶たないならば、反テロ戦争は米国の負けである。ネオ・アサビーヤを育み、支援してはばからない裏のネットワークをつぶすことは非常に難しい。このような理解は、テロリストへの理解ということではない。むしろ、テロリストもろとも、非文明よばわりされかねないイスラーム世界に、同じ非文明視されている日本が対話の可能性を探るキッカケとしたいのである。

反テロ戦争が、テロを相手にした監視体制を敷く中で、欧米とくに米国に住むイスラーム世界の人々を潜在的なテロリストないしはテロリストを匿う潜在的なコミュニティとみなす傾向が現われている。この傾向によって倍加するイスラーム世界の中の米国に対する恨みや不満をどう解決するかという問題が、テロ対策が成功するかいなかのカギを握っている。そう考えると、同じ非文明側に置かれている日本がイスラーム世界とも対話をすすめることで、何らかの形で、反テロ戦争の災禍を食い止めることが可能になってくる。文明の側に立つかどうかを迫るブッシュ大統領が引き起こしている強引な「文明の衝突」のさいに、日本は、ある意味で中立的な立場にある。イスラームの人たちは、日本に対しアジアの国で初めて西欧に勝利した国だという尊敬をもっている。もちろん、この尊敬は、いまの日本にとっては見当違いで困るけれども、とにかく尊敬の念はまだある。それがアメリカに尻尾を振るようになったのは残念なことではある。近代西欧とイスラーム世界の両方の考えをつなぐことができるのではないか、という問題を提起したい。宗教的にいうと、キリスト教を世俗化した西欧社会とイスラーム世界とは、両者とも「目には目を、歯には歯を」で報復を重ねていく宗教である。これに対して、仏教は報復を良いとは考えない。それを知っている私たちが、仲裁に入る必要があるのではないか。

共通の課題——西欧近代の超克

このように、イスラーム世界と非イスラーム・アジアとの複合体として、アジアをとらえなおしてみると、上述の第二の問題がうきぼりにされる。つまり、イスラーム世界と日本とは共通の西欧近代の超克という課題を持っている、という事実がクローズアップされる。これは、反テロ戦争という形で現われているグローバル化時代の根底にある文明論的な大問題である。この問題に接近する手がかりとして、本稿の筆者が国連大学でのエジプト知識人たちとの付き合いのなかで学んだことを紹介したい。アラブ世界のひとつの中心であるエジプトでは、日本で全く無視されている近代化に関わるひとつの視点がある。それは、日本とエジプトの近代化のちがいについての解釈である。エジプトでは、日本が近代化に成功し、国際社会の中の大国になったことに大きな尊敬を寄せる知識人が多い。ブートロス・ブートロス・ガリ前国連事務総長は日本を訪問するたびに、東郷神社に敬意をはらいに訪れたのもその証拠である。この日本への関心は、モハメッド・アリが描いていた近代化構想を日本の明治政府が成功した、という日本では全く想像できない学説のおかげである。なぜ、モハメッド・アリが失敗し、日本がその近代国家形成に成功したのか。それは、エジプトが、英国の植民地主義的な介入にまけたからだ、というのが日本との比較の根底にある発想である。

西欧からの植民地主義的な圧力のもとでの近代化、という問題は日本の歴史研究のなかでもひとつの前提になっている。しかし、モハメッド・アリと明治天皇とを比較しようとする研究はないと思う。今日、非西欧世界のなかで中心的な関心をよんでいるポスト・コロニアリズムの視点を日本で共有できていない問題は、グローバル化、日本の米国への従属、そういう問題をかんがえるのに必要不可欠な視点である。その意味で、イスラーム世界の中でのポスト・コロニアリズムへの問題関心、これがある面では、先鋭化・反動化していわゆる「原理主義」になり、普遍化・革新化して新しいイスラーム解釈による西欧近代の超克への知的創造性の源泉になっていることを、われわれは無視しとおすべきではないであろう。もし、日本が東アジア・東南アジアでも尊敬される国になりたいのであれば、西欧に端を発し、日本に波及したときに、日本がその尻馬に乗ってしまった、植民地主義・帝国主義の問題を直視する必要がある。日本が侵略した国々に謝罪し補償することはもちろん必要だが、同時に西欧に端を発し、現在米国によって推進されている植民地主義・帝国主義の波に乗りつづけている今日の日本の立場についても反省する必要がある。ただ、日本が悪かったか、悪くなかったか、という矮小化された論争をしている余裕はもはやないはずである。その意味でも、植民地主義・帝国主義が、イスラーム世界と非イスラーム・アジア世界、インド世界と中国文明圏で、どのように進行したかを比較してみる必要がある。今日、いわゆるグローバル化が全世界的規模で展開する中で、西欧近代とその植民地主義を批判するポストモダニストおよび反省的・再帰的近代論者の考察が進められている。

西欧近代を超克する上での相互補完的な関係

そこに第三の点が注目されてくる。イスラーム世界と日本との、西欧近代超克における相互補完性という問題である。日本でイスラーム世界に無関心なのは、ひたすら西欧に目を向けて「近代化」にいそしんできたからである。しかし、もし、この西欧近代に疑問がでてきたら、どこに目を向けるか、日本とは違った近代化をしてきているイスラーム世界に目を向けることがもっとも自然なはずである。なぜなら、イスラーム世界は、一神教という、西欧とおなじルーツをもったまま、近代化が遅れ、おなじルーツを持っていない日本に追い越された、そのことを、植民地主義・帝国主義への対応のしかたの違いとともに注目してよいと思われる。簡単に解答からさきに示すとすれば、グローバル化のなかの世俗化についでは、世俗化の何たるかをよくわかっていない、われわれ日本人がイスラームから学ぶべきところが大きい。これに対して、イスラームは日本から、一神教にはわかりにくい共存・共生、棲み分けと和みあい、という西欧近代に欠如していた平和と環境問題への視点を学ぶことができるであろう。

ところで、この対話が西欧近代を批判的に捉える手がかりをもったものにするためには、イスラーム文明と、インド・中国に端を発する非イスラーム・アジア文明という、今日のアジアの側の二つの文明がもっている問題性を十分に意識して、これをあらためていく必要がある。まず、イスラーム世界と非イスラーム・アジアとは、共同して克服すべき欠点をもっている。その典型は、ひろくは人権感覚、とくにジェンダー平等の感覚の欠如である。しかし、この欠点をただ西欧渡来の普遍主義価値の受容によって、外発的に男女平等を認めるのでは、真の意味での人権は育たない。むしろ、伝統文化の中で、女性がその差別を逆用して造り出したジェンダー的主張を、今日の西欧近代克服の中で、内発的に自覚し、再帰的に活用していく道を共同で開拓する必要があろう。紙数の都合で詳述を避けるが、日本には女性差別制度である「郭」のなかで花魁が造り出した「いき」がある。また、イスラーム世界の女性差別制度であるハレムの中で「宇宙の女性化」を物語ることに成功した「アラビアン・ナイト」の世界がある。(4) このような非近代的な根拠を共有するようなポストコロニアル・ポストモダーンのフェミニズム運動がイスラーム世界と非イスラーム・アジアに起こることを期待することは、時期尚早とはいえ、決して不可能ではないはずである。

イスラーム世界と日本はじめ非イスラーム世界との協力はまた、互いに補完しあう関係を中心にして展開すべきであろう。まず、イスラーム世界には、日本などから学んで補うべき欠点がある。イスラームの文明メッセージは、残念ながらイスラーム世界が近代主義と原理主義の二極分解してきたために、十分非イスラーム世界にうけいれられていない嫌いがあるのである。先に記したように、世俗国家をたてたアタチュルクも、イスラーム立憲主義国家を法的に基礎付けたサー・モハメッド・イクバルも、西欧近代の諸価値を受け入れ、これに適応する道を開いた。教義解釈を信仰共同体が行うイシュティハードの門が今も開かれていることを主張して、ウンマー（イスラーム信仰者共同体）が近代化のプロジェクトを採用して近代主義的なイスラーム解釈を行うことを前提に、西欧近代への適応を実現しようとした。

問題は、西欧化、近代化、工業化が決してイスラーム諸国の民衆を幸福にはしなかったことである。むしろ近代化エリートを輩出してきた中流の上の西欧化した知識人層、官僚、財界人、都市のホワイトカラー層だけが、工業化の恩典に浴し、近代国家を単位とするアイデンティティとしてのワタニーヤ（愛国心）を支えてきた。民衆はむしろアラブ民族のアイデンティティとしてのカウミーヤ (qaumiya arabiya)、そして、イスラーム信仰者のアイデンティティ、ウンマーへの帰属意識を抱きつづけている。彼らには、近代化によって貧富の差がひろがって、自分たちが貧困から脱することができないことへの不満がたまりにたまっている。

いわゆる「原理主義」運動は、この不満を支えにした、イスラームの信仰の復興運動に他ならない。一九五〇年代から六〇年代にかけて、イスラーム諸国に民族解放の動きがたかまり、先進工業諸国が積極的に南の経済を支えていたころ、この復興運動は、一時民族解放運動に協力していた。エジプトにおけるイスラーム同胞団が、ナセルの民族国家構築に協力していた例、イスラームの反仏運動が、アルジェリア民族解放戦線の独立運動に協力していた例があげられる。しかし、一九七〇年の石油を利用した南の民族主義的な第三世界の動員が、七〇年代後半の石油価格低下と累積債務危機の進行の中で、イスラーム復興運動は、政治的独立を達成したあとではもっぱら工業化に専念する近代主義国家の指導層とはたもとをわかつことになった。エジプトにおけるサダトの暗殺、アルジェリアにおける「原理主義」イスラームの勃興と、これに対する国家側の弾圧の例がこの時代の近代主義と「原理主義」との二極分解の典型例である。この二極分解は、グローバル化の進行とともに一層激化している。

三者間の対話を──西欧／イスラーム／非イスラーム・アジア

九月一一日事件は、このような二極分解でイスラーム世界に発生していたテロリズムを辞さない反体制運動が、米国の技術援助のもとにグローバル化した例である。幸い、米国が始めた反テロ戦争は、北米と西欧のイスラーム諸コミュニティに新しいイスラーム復興の動きを促進しているようである。この復興運動は、狂信的なテロリズムを退けると同時に、グローバル化と覇権主義を受け入れる近代主義をも否定する、反省的・再帰的近代のなかのイスラーム信仰共同体の再構築を目指すものであるといえよう。もしこの動きが進み、アジアと西欧の二つの非イスラーム文明もこの動きを受け入れ、開かれたイスラームとの対話が、開かれた非イスラーム世界のなかで形成されれば、そこに新しい文明間の三者間対話の可能性が生まれる。ともに、ネオリベラル・グローバル化を克服しようという共通の政治経済プロジェクトをもつことで、イスラームの信仰をもつものも、これを持たぬものも、ともに闘うなかで、この対話をすすめることができるであろう。

いずれ、西欧の中からこのような動きがでてくることが期待できるであろう。今日の西欧には、それだけの近代に対する反省が生まれているし、イスラーム研究の蓄積もできている。問題は、これだけでは一神教同士の対話、結局は西欧側の世俗化した一神教文明と世俗化を退けるイスラーム文明との真正面からの対立がさけられないことである。この対話を実りあるものにするためには、両側の主張に理解をもちつつ、両側に異論ももっている日本はじめ非イスラーム・アジアの対話への参加が大事になってくる。われわれは、西欧近代の世俗化が生んだ諸価値に十分の尊敬をはらっている。やはり、個の自覚、人権と民主主義が大切なことは、日本はじめアジアの知識人がみとめていることである。しかし、だからといって、西欧文明諸価値にのみ普遍性を認め、他の諸価値を重視することを非文明と断ずる西欧文明原理主義に対する反対の気持ちと、普遍的諸価値の名においてすすめられてきた植民地主義・帝国主義に対する反感とは、日本をはじめアジアの知識人もイスラーム世界の知識人と十分に共有している。

もともと中国・仏教世界は、イスラーム世界に劣らず、グローバル化している世界の環境破壊、エスニック紛争、工業化による貧富格差などの諸問題に対する近代西欧文明批判のメッセージを持っているはずである。しかし、これまで話題を呼んできたのは、むしろグローバル化の中で西欧とは一味違う儒教的な資本主義開発であった。一九八〇年代、日本と東南アジアＮＩＥＳ（新興工業化諸国）との開発モデルは、西欧中心の開発論に対する強力なオルタナティヴを提示しているように見えた。残念ながら、日本のバブルの崩壊から、アジア金融危機に至る一九九〇年代の経済停滞の中で、アジアの奇跡はむしろアジアの失敗に転化し、儒教資本主義は、クローニー・キャピタリズムつまり「馴れ合い」資本主義という悪名を冠せられるようになっている。

仏教、特に大乗仏教については、その認識論におけるテトラレンマ(tetralemma)、つまり西欧近代がイスラーム世界から受容したアリストテレス論理学にない、排中律を含まない論理によって、国家や企業の技術官僚によるグローバル・ガヴァナンスの目的合理主義を克服する可能性が生まれる。また、グローバル政治経済の根底にある権力欲と貪欲、富と権力のはかなさの強調、さらには萃点思想としての南方熊楠のマンダーラ解釈などをもとに、非覇権的な世界を構築していく可能性も考えられる。

道教においては（これは、イスラーム文明のスーフィズムにも共通するが）、民衆のコミュニティ生活に密着しながら、超越的な神秘思想を秘めており、ここから非世俗主義・非市民的な人々も参加した形での普遍的価値の共有、多様性も受け入れる人権と民主主義が生まれてくることも期待できる。また、荘子の「混沌王」神話にみられる文化には、脱合理性・脱イデオロギーの文明間の対話の仲介者の役割が期待できる。易経については、近代西欧科学が目指している分析的な知を補完する総合的な知による世界認識への扉を再び開く可能性を期待できよう[5]。

もちろん、ここに簡単に列挙したこと、ひとつひとつについてはさらに立ち入った説明が必要であるが、ここでは紙面の都合で深く立ち入ることは避けたい。強調したいことは、これらの東洋文化メッセージが、グローバル化した西欧近代文化のもとでは解決できない認識論的な制約を超克することに役立つということである。したがって、非イスラーム・アジアと一神教的な文明との対話が、ただ相互理解を増すという意味で大切であるばかりでなく、むしろ今日人類が直面している文明的危機を超克するために不可欠なのである。

今日「文明間の対話」というとき、非一神教東洋と一神教東洋とのいずれについても、西欧との対話が問題になっている。西欧中心主義が支配している今日、当然西欧との関係だけに注目するからである。これは、本論の冒頭で触れたユネスコの東西文明プロジェクト以来の傾向である。

しかし、グローバル反テロ戦争が勃発した現在、世俗化した西欧近代文明と世俗化を排するイスラーム文明との対立が激化し、対話どころではない。そのとき、非イスラーム・アジアとイスラーム東洋との対話が断然クローズアップされる。この対話を進めないかぎり、イスラーム世界と西欧との衝突をとめることができる非一神教的アジアの出番はでてこない。そして、むしろ両アジアは、もっぱら西欧近代とのみ個別的に対話をして、各個撃破される運命にある。このような西欧中心の「オリエンタリズム」的現実を、一日も早く清算する必要がある。そこで、イスラーム世界とインド・中国文明圏のあいだの文明間の対話を意識的に進めていく必要がある。

この対話は、西欧近代文明世界にもっとも接近している日本で、とくにはじめる必要がある。すでに、イスラーム世界の側からは、エジプトのアヌワール・アブデルマレク教授などが、すでに一九七〇年代から、この対話の必要性を主張してきた。また、その先鞭をつける努力が、日本側では板垣雄三教授たちによってはじめられている。この対話を生産的なものにするのには、次の二つの条件を満たしていく必要がある。

第一には、イスラーム世界も非イスラーム・アジアも、互いに対してはほとんど何の関心も示さずに、もっぱら西欧ないしは米国に対してわき目も振らずに注目してきた、これまでの西欧中心主義を克服する必要がある。

イスラームのいわゆる「原理主義」も、西欧に魅せられている同胞への反発から、結局は自分たちも、否定的にではあっても、やはり西欧や米国のことを念頭において、反西欧になり、反米になっている。決して、西欧と等分の注目を非イスラーム・アジアに対して向けてはいない。非イスラーム・アジアの方でも、これまで、近代への関心から、西欧の一神教キリスト教にはかなりの関心をよせてきた面があるけれども、近代主義でない一神教への関心が今ひとつ不足している。両者が西欧に向けているまなざしを、互いに対しても向けるように努力するべきである。

第二には、両者の内部にわだかまる西欧近代超克の問題を、対話の主要なねらいにするべきである。イスラーム側で、非イスラーム・アジアの中でも日本に強い関心があるのは、日本が、イスラーム世界が近代化したときのように、西欧一辺倒の近代主義と反西欧の原理主義に二極分解していないからである。この理解は、日本のなかにも両傾向があることを十分理解していないことからくる過大評価による面もあるけれども、日本では西欧化勢力と反西欧化勢力との境目にグレーの部分がかなりあることもたしかである。

もし、非イスラーム・アジア世界で、儒教資本主義ではなしに、仏教と道教とを手がかりにして、極端な反西欧にながれず、アジアの限界への反省的・再帰的な姿勢をもちながら、西欧近代化とは別の道を模索する試みを進めるのであれば、イスラーム世界のなかでの同様の動きと連動し、西欧のなかの自己反省・再帰勢力とも連絡を取り合いながら、西欧中心的なグローバル化に対抗していくことができるであろう。また、日本はじめ儒教的・仏教的・道教的なアジアも、イスラーム文明から教えられて、絶対者にのみささげるべき献身的奉仕の精神を、支配者や企業に向けることの無意味さを悟り、いわゆる儒教的資本主義の「会社」主義を克服する手がかりとすることができるであろう。そうすることができれば、真に有効な反グローバル主義の同盟を、イスラーム世界と非イスラーム的アジアのあいだに構築することができるであろう。このような反グローバル化を目指すイスラーム世界と非イスラーム・アジアとの対話は、西欧にも支持者をえることができるだろう。

今後、新しい多元的な文明を築くための、この三者間の共同作業、文明間の対話を進める可能性がうまれてくるのではあるまいか[6]。ある意味で、「文明間の対話」を進めよう、というような悠長なことがいえないような差し迫った衝突が、今日発生している。このような状況のもとでは、衝突を避けないかぎり、遅かれ早かれ人類の破滅に至ることがはっきりしている。ポスト冷戦時代の「文明の衝突」による人類の共滅をさけるために、いまこそ、文明間の三者対話によって、西欧文明単一支配を無責任に主張するグローバル覇権勢力を孤立させる必要がある。そのようにして、世俗主義を奉ずるものも、反対するものも、唯一の普遍的真理を信ずるものも、一切が無に帰することを信ずるものも、グローバルな衝突をその存在理由とする覇権文明勢力に対して、ともに根気よく陣地戦を展開し、多様な諸文明が共存できる非覇権的な世界を構築する必要がある。

注

（1）この協力関係の根底としてのバンドン・プラス五〇構想については、次の拙稿参照。“Bandung Plusse 50' : appel à un dialogue tricontinental face à l'hegemonie mondiale”, *Alternatives Sud* vol. VIII (2001) 2 pp. 141-156.

（2）拙稿、「グローバル反テロ戦争の問題性」（『軍縮問題資料』二〇〇一年一二月号所収）参照。

（3）アサビーヤの解釈は多様である。ロバート・コックスもこれを重視し論文をささげている。Robert W. Cox, “Towards a Posthegemonic Conceptualization of World Order : Reflections on the Relevancy of Ibn Khaldun”, in Robert W. Cox, Timothy J. Sinclair, *Approaches to World Order*, Cambridge, 1996, pp. 144-173.

（4）「いき」は、「武士道」とは対照的な日本固有の美的価値である。これが、被差別女性である花魁によってはぐくまれたことは、日本文化の裏の貢献である。九鬼周造『いきの構造』（岩波文庫）参照。イスラーム文化の裏の構造におけるハレムの女性の貢献については、cf. Malek Chebel, *La feminisation du monde : Essai sur les Mille et Une Nuits*, Paris, 1996.

（5）Cf. Kinhide Mushakoji, “Japan and Cultural Development in East Asia : Possibilities of a New Human Rights Culture”, Jeferson R. Plantilia, Sebasti L. Raj, S. J. eds., *Human Rights in Asian Cultures : Continuity and Change*, Osaka, 1997. pp. 292-322.

（6）Cf. Kinhide Mushakoji, “Are Religions for or against Human Security? From close to open religiosity”. Joseph A. Camilleri ed., *Religion and Culture in Asia Pacific : Violence or Healing?*, Carlton, Victoria, 2001, pp. 17-30.

ドイツにおけるイスラーム表象の問題

三島憲一

（みしま・けんいち）一九四二年生。東京大学大学院比較文学比較文化研究科修士課程修了。大阪大学大学院人間科学研究科教授。哲学。著書に『ベンヤミン』（現代思想の冒険者たち09、講談社）『ニーチェとその影』（講談社学術文庫）『文化とレイシズム』『戦後ドイツ』（岩波書店）などがある。

ポジティヴだったイスラーム圏へのイメージ

一見すると、ドイツ語圏での「イスラーム地域」、あるいはその大きな部分を占めるアラビアやペルシャの世界へのイメージは長いこと決して悪くなかった。いやそれどころか大変な好奇心の対象であった。とはいえ、ここにはかなり問題的な知的枠組みが無自覚的に潜んでもいた。まずはそうした過去に目を向けてみよう。

ペルシャ、アラビアの世界は神秘的なヴェールに包まれた魅力を漂わせていた。古くはゲーテの『西東詩集』でのズライカの絶唱がある。「オリエントとオクシデントのように、愛しい乙女から離れるならば、魂は砂漠を駆けめぐり、自ずから道を知る。恋する者にバグダッド遠からず」――古きペルシャの詩人の言葉の本歌取り。またロマン派の詩人リュッケルト（一七八八―一八六六）の仕事がある。中国や日本やペルシャやアラビアの詩を訳し、初期のイスラーム学の教授になった彼の「天才的な」仕事は、本論の最後に触れるイスラーム神秘主義の国際的な研究者アンネマリー・シンメルの再評価でも有名だ。

東方の世界はただ神秘的だけではなく、理性の歴史の重要な一環でもあった。レッシングの戯曲『賢者ナータン』（一七七九年）

を思い起こせばよい。理性を宗教に優先させることで、キリスト教、ユダヤ教、イスラーム教の共存を説いた『賢者ナータン』はドイツ啓蒙主義のプログラムであった。それぞれの宗教が理性的である度合いを競争するあの指輪の寓話は、ドイツでは多くの教科書に載っているだけでなく、最近の情勢の中でこの作品が——主人公ナータンの傍観者的諦念が強調されながらではあるが——新たに上演されてもいる。

こうしたポジティヴな評価の伝統には、話が若干飛ぶが、一八九八年のヴィルヘルム二世皇帝の中東歴訪も寄与している。英仏に対抗するバグダッド鉄道の建設を始めとする、現実政治上の計算にもとづいたもので、動機はいささか生臭かったとはいえ、特にイスタンブールのスルタン訪問は、長期にわたるドイツとトルコの親近感のもとになってきた。元々大口を叩くのが好きなこの皇帝だが、このときの中東旅行では、ダマスカスでの演説で自らを「すべてのイスラーム教徒の擁護者」とまで言い切っている。政治的・地理的な理由からフランコ・アフリカの大部分やインドネシア、フィリピンなどにまで一般読者の目がとどくことはなかったが、イスラーム圏へのイメージは、その由来の構造はともかくとして決して悪くなく、相当に正確な知識も存在していた。

それに、一三一一／一二年のウィーンの公会議で、神学にとって東洋語の教育の重要性が決められて以来、パリやオクスフォードもそうだが、ドイツ語圏でヘブライ語、アラビア語、ペルシャ語などの東洋語の知識が途絶えたことはなかった。ハンブルクの啓蒙主義者ライマールルスは東洋語の教授であったし、探検家ゲオルク・フォスルターと娘が結婚しているゲッティンゲンの東洋語学教授ハイネは、ドイツ言語学の創設者の一人である。哲学者シェリングは幼少の頃に父から東洋語をてほどきされた。ニーチェやマクス・ヴェーバーがイスラームや古代ユダヤ教の知識をその著書から得ていたヴェルハウゼンのような怪物的な碩学も一九世紀には輩出している。直接にコロニアリズムと結びついていなかったせいか、ドイツの文献学的なオリエント研究の伝統には、サイードも『オリエンタリズム』でそれほど厳しい評価を下していない。

根強く存在した安易なイメージ

だが、こうしたイメージを生み出す枠組みそのものの問題性は長いこと自覚されることがなかった。実は、アラビア、ペルシャへのこうしたイメージが広く受容された背景には、『アラビアン・ナイト』も含めて市民階級がいだき続けた、遙か遠い、違った世界への、いささか手前勝手な憧れや夢が働いていたのである。例えば、一九世紀半ばに書かれたある本の前書きにはこう記されている。

「昔からヨーロッパの目はアジアに向けられていた。ちょうど母にたいする子供の目のように、また異国で故郷に向けられる旅人の目のように。アジアは人類の揺りかごの伝説である。……いまだヨーロッパの精神の地平が光りなき夜の闇に囲まれていた遙かな太古の時代に、アジアでは芸術と学問が栄えていた。アジアから敬虔な信仰を富ます麗しき滋養が流れてきた。かの地から知識への憧れを満たす豊かな果実が伝えられた。ちょうどあの大陸から商人が高価な品々や貴重な宝物を受けていたし、今も部分的には受け続けているように[1]」。

母なるアジア、揺りかごとしてのアジア、いにしえの族長たちの叡智と歌謡に満たされたアジア。同時に数々の珍奇で儲けの多い品々も手に入るアジア。まさに市民階級の夢である。種を明かせば、この文章は実はイスラーム圏について書かれたものではない。対象は日本である。一八六一年にドイツで出たペリー提督の『日本遠征期』のドイツ語への部分訳につけられた訳者前書きの冒頭である。しかし、日本に投影する夢のイメージの供給源は手近な中近東方面への夢だった。夢の内容は、実利とも結びついたロマン主義のお手本であるが、日本にまで援用されるほどに、日常意識に広く深くしみわたっていた証左である。

今ひとつ、今度は正真正銘のアジア、イスタンブールへの夢である。誰もが知っているデンマークの作家アンデルセンは一八四〇年イスタンブールへの旅に出た。コペンハーゲンからハンブルクに渡り、ドイツを縦断し、イタリアに出て、船でギリシアに渡り、という大旅行である。最初に泊まったハンブルクの高級ホテルでたまたまフランツ・リストのリサイタルを聴く。鍵盤の上に踊るリストの指から繰り出される楽の「福音」は、この童話作家には自分のこれからの旅路のさまざまな場面を告げているかのようである。「旅人の心には、——私は自分の経験で語っているのだが——音のイメージの中に、今見ているもの、これから見るであろうさまざまなものが浮かんできた。リストの音のひびきには、〔コペンハーゲンからの〕出発の序曲が聞こえてきた。故郷を離れるときの心臓の鼓動が、そして別れの悲しみに心が血を流しているさまが感じられた。海の波が告げるさよならが聞こえてきた。海の波には〔イタリアからギリシアへ渡るときの〕テラチーナまでは出会えないのだ。さらには、ドイツの古き伽藍のオルガンのひびきのような音色もあった。さらに進むとアルプスの氷河の流れのようでもあった。やがて、イタリアがカーニバルの衣裳を着て乱舞しながら、馬車の腰掛けが揺れていた。旅人の魂は、シーザーを思い、ホラチウスを思い、ラファエロを思う。ヴェスビアスとエトナの炎が輝き、古き神々が死んだギリシアの山々から最後のラッパの音が高鳴っていた。しかし、そこには私の知らない音色も混じっていた。私が言葉に表しようのない音色が、それはオリエントであった。ファンタジーの国、詩人の二つ目の祖国であるオリエントであった[2]」。

安っぽいイメージが展開されるキッチュな文章だが、それだけに、前の引用と相まってオリエントの夢がよく出ている。最後にあるように、「言葉に表しようのない」魅力を放つファンタジーの国。とはいえ、あくまで「詩人の二つ目の祖国」、つまりホメロスのギリシアには叶わないが、その次に位置する文化、というわけである。隊商とキャラバンサライと後宮が、イスタンブールの章では出てくる。実は、星の配置を、つまりコンステレーション（星座）から世界の謎を読みとろうとした砂漠の商人たちについて語るヴァルター・ベンヤミンの人類学すらこうしたイメージから、解放されているわけではなかった。

もちろん、奔放なオリエントの女性というイメージもそこから生まれてきた。情熱的で、ヨーロッパ社会の気位の高い女性から、「ものを書くフロイライン」（ニーチェ）からは期待できない淫猥で狂おしい渦に巻き込んでくれる東方の女たちというイメージ。このイメージは現在でも「褐色の肌」という慣用表現に生きているし、ドイツ語圏の男性作家たちの、日本も含めて「東洋」を舞台にした作品の多くに見られるから、彼らの脳髄に執拗に徘徊している妄想らしい。ニーチェの『ツァラトゥストラ』第四部の「砂漠の娘たち」ですら、こうしたイメージのなにがしかを宿している。そういえば、アンデルセンにも、「アジアの娘たち」という言い方がしきりと出てくる。

アンデルセンのこの旅は、ヨーロッパの平均的視野が飛躍的に広がった時期である。ちょうどこの頃、正確には一八四五年に日本や中国やインドも、そしてイスラーム圏も含めて研究対象とするドイツ東洋学協会が生まれた（今日も存在しており、活発な活動を行っている）。ドイツ観念論哲学の理想主義や、ヴィルヘルム・フォン・フンボルトやゲーテの新人文主義を背景に、新たに世界に開かれたユニヴァーサルな教養の志向の産物である。だが、一方での交易・商売、他方での遙かな文化への幻想——この両者が相互補完的な配置になっていた。各地の大学にオリエント学の講座が作られ始めたが、そこでの研究対象はもっぱら一二—三世紀の盛期までの、どちらかといえば昔のイスラーム文化が中心で、あたかも、その後の数百年のイスラーム圏の生活と文化は存在しないかのようであったところに、問題が読みとれる。

魅了と無視の弁証法

これはウォーラースティンが『脱=社会科学——一九世紀パラダイムの限界』（本多健吉・高橋章監訳、藤原書店、一九九三年）で展開した議論に相応している。つまり、当時のヨーロッパの学問の体系はいわば三重の同心円になっていた。一番中心の内側の円にギリシア・ローマ以来の文化史、そしてその正嫡の子孫を自認するドイツ、フランス、イギリスなどの、ヘーゲルが世界史的民族と呼んだ国々の芸術や哲学や文学の研究が、つまり自分たちの正当性を確認する儀式の圏があり、その外側の輪に中国やインドやイスラームにたいする深い敬意を持った研究が位置し、一番外側の輪に未開社会の研究がある、という図式である。「深い敬意」というのは、かつて存在したすばらしい文化への深い敬意である。だが、それらの文化は今では、停滞しているから、今のことは研究する必要がないという深い軽蔑と裏腹である。エスノセントリズムの三重同心円における内側の、自らのアイデンティティを調達する学問の代表であるゲルマニスティク（ドイツ語、ドイツ法、ドイツの詩文の研究学会）の専門学会ができたのも同じ時期であった（一八四六年）。

そこにはまた、そうした遠い国々の現在の人々には自分たちの文化の過去の偉大さが分かっていないし、それを学問的手続きで現在に残す方法も彼らは知らない、という一方的な断定が暗々裡にあった。ときあたかもドイツ歴史主義とそれを支える文献学的方法の隆盛期である。ヴォルフの古典文献学に発する歴史的批判的方法は、ドイツの学問の誇りであり、それこそが学問とされ、テクスト校注の技術への自信は絶対であった。したがってオリエント学の講座は、一二世紀までのテクストについての文献学がもっぱらであった。それは、一八世紀における聖書の歴史的批判以来の、宗教に対する啓蒙の勝利の延長と理解されていた。コーランの正本を作るのは、当該宗教の外にいる我々ドイツの文献学者であるとまで考えられ、本当にそうしたプロジェクトに何人かのイスラーム研究者が取りかかっていた――結局、二度の大戦で実現しなかったが。

ユニヴァーサルな教養の志向は、時には聞こえのよいひびきを持つ。遙かな異国の、遙かな昔の詩文や思想に触れることによって、自分の国の文化の限界を超えて、人類の豊かな文化に目覚め、視野を広げ、内面を深める――という、耳にたこができるほど聞かされてきた例の思想である。だが、たいていの場合は、こうした教養主義は現実のアクチュアリティから離れた香り高い気圏のなかでの自己満足に陥りがちであり、ドイツのイスラーム学も、膨大な知識の蓄積をしながら、例外ではなかった。戦後になってもイスラーム学者たちはこうした教養主義のお経を唱えていたそうである。もちろん、こうした傾向に学の内部からの批判もあった。すでに、自らオリエント学者でありながら、第一次大戦後にプロイセンの文部大臣を務めたベッカーは、文献学から脱出した現代オリエント研究の必要性を強く説いていた。だが、反応は薄く、途中の経緯は省略するが、「現代オリエント・センター」という国立の研究所がベルリンにできたのは、つい数年前のことである。

こうした歴史は実際の専門研究のテーマ選択にも現れているとサイードの影響下にオリエント学の歴史を批判的に検討するベルン大学のラインハルト・シュルツェは論じている。(3) 彼に言わせれば、初期イスラームへの偏りだけでなく、その枠の中でも、個人研究の対象となったのは哲学者アヴェロエス（イブン＝ルシュ／一一二六―一一九八）、文化史家ないし社会哲学者イブン＝ハルドゥーン（一三三二―一四〇六）、神秘主義的な反抗者アルハライ（九二二年処刑）などで、逆にアヴィセンナ（イブン＝シーナー／九八〇―一〇三七）、モラリストのアブ・ハミッド・アルガザリ（？―一〇三七）、神秘主義者のイブン＝アラビー（一一六五―一二四〇）などについてはあまり論文が書かれて来なかったそうである。アリストテレスの注釈が中世ヨーロッパに大きな影響を与えたアヴェロエスは当然のことだろうが、それ以外にはこうした選択について判断する知識も能力も私にはないが、特定の文化理解のバイアスが働いていたことはたしかであろう。

しかも、こういった特定の理解は、さまざまな回路を通じて日常意識にまで結構しみつくものである。回路の一つは教育である。バイエルン州の歴史教科書を精査した論文によれば、ギムナジウムの歴史教科書では、イスラームはほとんど紹介されない。トルコに関しては、一六世紀のウィーン包囲と一九世紀のオスマン帝国の没落（「ボスポロスの病める巨人」）、その後にアタチュルクによる政教分離が登場するだけである。また、トゥール・ポアティエの戦い、スペイン国土回復運動（レコンキスタ）以降は、アラビア世界が二〇世紀まで消えている。となると、現代のトルコ人労働者は、突然に無の中から現れたことになる。つまり、言うべき「文化」を持たない地域からドイツへ彼らはやって来たという暗黙の前提を――初期イスラーム文化への崇敬とともに――醸成することになる。魅了と無視の弁証法が一貫して続いていることになる。

残る認識論上の不均衡

それでは、現在はどうであろうか。停滞しているが過去においてはすばらしかった文化、夢と情熱のオリエント、珍奇な品々、ヨーロッパの歴史となんどか重大な時点で交差した文化圏――そして、リベラルな教養人なら、数学や医学や哲学が中世にアラビアからヨーロッパにもたらされたことを蘊蓄を傾けて説く。過去に由来するこういったメンタリティが基盤にあることは間違いないが、逆に一九世紀から二〇世紀前半の教養階級にあった多読による、アラビア、ペルシャの文学や思想の知識は、教養の時代の終焉とともに現在ではほとんど失われてしまっている。専門家の知識はずっと精密かつ正確になっているだろうが、一般読者には縁が無くなっている。

しかし、教養は死滅したが、一般の市民にあっては、現実の政治、経済上の接触が増え、当該地域についての情報の波に取り巻かれ、ドイツの同じ町や同じ通りに住み、同じ職場ではたらくイスラーム圏出身の人々とも浅いにせよコンタクトが増大している。当然ながらイスラーム表象は多様化し、細分化し、またたえず変動している。筆者の参加した哲学教育をめぐる学会では、「ドイツ人の高校生は、『私たちは何でも持っている。なんで哲学なんか必要なのか？』と教師をからかうだけだが、トルコ人二世の子供たちは本当によく勉強する、彼らこそドイツの希望だ」と語る、高校で哲学を教えるドイツ人教員すらいた。一般市民はイスラームが嫌いだ、といちがいには言えないようだ。トルコ人の子供たちのための教育ボランティアは三〇年前から存在している。当該市民の政治的立場、経済的位置、知的社会化の背景なども、そうした多様化、細分化の重要なパラメーターとなろう。大規模で精密な調査が必要であろうが、私の調べたかぎりそういったものは見あたらなかった。いずれにしても短絡や早計は禁物である。ドイツのイスラーム表象なるものをヨーロッパ中心主義の名で切って捨ててもほとんど意味はない。

ただやはり、過去における魅了と無視の弁証法と同じように、現在でも逃れがたい枠組みが別の形で存在することは間違いない。それはこういうことである。例えば、『現代におけるキリスト教世界』などというタイトルの本を出せば、ドイツ語圏の一定水準以上の読者層では笑いものになるだろう。かつてキリスト教が強かった地域の多くは、ときとして古い情念が噴き出すことがあるにせよ、ほぼ完全に世俗化されている。ボスニア戦争で多くのドイツ市民の同情を集めたのは、ボスニアのムスリムだった。宗教は無関係である。だが、それに対して、『イスラームと現代』はドイツではほとんど自明のタイトルである。昨年九月の事件とは無関係に、こうした種類の本はこの一〇年ほど数多く出ており、中には学会の総力を挙げたといってもいいほどの博学と理論性と説得力に裏打ちされた本もある。[4] こうしたタイトルにはほとんどの人が違和感を覚えない。ここにある不均衡こそ問題である。「不均衡」といってもなんらかの倫理的、道徳的、心情的な含みで言っているのではない。ある種の認識上の前提のことである。イスラーム圏というものがあり、そこでは外から見ても宗教の力が「今なお」強いと見る前提。それに当該地域の非常に多くの人々もそのように考えているとされ、したがって「イスラーム圏」と纏めて考えてよいとする前提。それに対して、キリスト教が生活のすみずみに圧倒的な力を持っているという意味での「キリスト教世界」ないし「キリスト教圏」は、あるとすれば、バチカンぐらいだろう、という前提——そうしたいくつかの前提が宿している不均衡である。ひょっとすると、この前提自身が「オリエンタリズム」かもしれないし、「宗教」概念自身に西側の「定義の力」も働いているかもしれず、自分たちの足元を見ていないことの証左かもしれないが、こうした暗黙の認識論的前提がほとんどすべての立場に共通しているようだ。そして、かつてのメルヘン的な東洋の神秘の表象をすっかり覆ってしまっているようだ。細分化し、多様化しているイスラーム表象ではあるが、それでも共通分母のようだ。

第一の立場——反イスラーム

こうした枠組みに即して見るならば、細分化・多様化のなかでも、代表的な議論をいくつかに分けて見ることは可能だ。

その第一は単純な反イスラーム感情である。だが、これもそう単純ではない。たしかに、「非合理」、「敬虔なる狂信」、「西洋産業社会の頚動脈に突き付けられた半月刀」、「アラーの帝国」などという大見出しが、湾岸戦争の時には、いわゆる赤新聞に踊っていた。[5] ドイツ語でStammtischgespräch（酒場の常連の本音）とかKneipengespräch（飲み屋の話）と言われる保守的な庶民の「本音」を赤新聞は代弁しているとされる。こういった気分が一部にあることはまちがいない。識者はこうしたイスラーム敵視を憂慮する。とはいえ、こうした大見出しから、一般的な敵視を結論づけるのは早計であろう。「代弁」説も、本当のところ相当に怪しい。よく見ると、イスラーム社会を敵と見る議論はこうした赤新聞の見出し以外には意外と少ない。政治家や有名知識人の演説や原稿にそのような公然たる反イスラームの議論はほとんどない。もちろん、隠された不快感、嫌悪感、あるいは違和感はあるかもしれない。しかし、それを「敵視」とまで言うのは、言葉の乱用であろう。多くの人々は、まったく興味がないか、無視というのが妥当なところだろう。もちろん、この「無視」がイスラーム圏出身者を傷つけるにはちがいないが、「敵視」とはやはり違う。多くの外国人労働者がいなければやっていけない経済、石油を中心とするエネルギー源をイスラーム圏に圧倒的に依存している社会、少なくとも法律上は憲法第一条の「人間の尊厳は犯すことができない」を守ろうとしている社会に「敵」は存在しない、と見る方が妥当かもしれない。「敵」とはのるかそるかの戦う相手のことだから。

第二の立場――反・反イスラーム

第二は、こうした反イスラーム感情なるものを憂慮し、偏見を戒め、敵視を批判する「良識派」の議論である。『シュピーゲル』誌、『ツァイト』誌、あるいは有名人の演説その他で一番声が大きく、数も多い。七〇年代以降のドイツの政治文化を領導してきたリベラル左派・コンセンサスのメインストリームである。ハンチントンの「文明の衝突」論以降、ドイツ知識人の議論は圧倒的に、そうした友=敵関係の構築を批判し、イスラームへの敵視をやめるようにとの説教調に染まっている。文明間の対話と共生への努力が説かれ、寛容の精神が大きな言葉で美しく述べられた記事がオピニオン・ペーパーに出ない週はほとんどない。こうした「良識派」はFeindbild（敵のイメージ）という今まではそれほど使われなかった（事実、小学館の『独話大辞典』にも載っていない）言葉を用いて批判する。「敵視はいけませんよ」と。こうした題の本も出されていて、中世のユダヤ人から共産主義を経て、現在はイスラームという「敵の像」がヨーロッパ社会には、特にドイツ市民社会には自己のアイデンティティのために常に必要であったという基本テーゼを立て、共産主義の崩壊後は、イスラームに「敵」が代わったのだ、と論じられている。[6]

だが、この良識派の議論には一抹の怪しげなところがある。なぜなら、そうした議論は時として自己循環的になっているからである。実際には「敵としてのイスラームのイメージ（Feindbild Islam）についての議論が、そのままイスラーム敵視が存在していることの証明になっている」[7]（S・コールハンマー）。つまり、「世間はイスラームがきらいだ、イスラームを敵視している、これは本当によくない。私は違う。私は対話を説き、ドイツ社会がかつてのナチスのようなメンタリティを復活させないように皆さんと努力しなければならない」という議論には、ありもしないイスラーム敵視があるかのように思いこみ、自分を「道徳の露出狂」（同）にしている面がある。自分で敵を作って、それに正義の戦いを挑むドン・キホーテ的な滑稽さがないとはいえない。彼らは「イスラーム主義への批判を聞いただけで、もうそれは、西欧がイスラームを敵視していることの証明になる」(同)と思っている。だが、重ねて言うが、無関心や偏見や嫌悪と「敵視」とは違う。我々は世界の多くの地域やテーマに無関心であったり、単純に好きでなかったり、嫌悪を感じるが、抹殺すべき敵とは思うことはずっと少ない。多くの人にとってはまったくないはずである。(8)

敵視を戒めるビジネスをしているかにも聞こえることのあるメインストリームの議論には、このように怪しげなところもあるものの、偏見や嫌悪の除去のためにも、実際に制度上のさまざまな努力もなされていることを付け加えないのはフェアではないだろう。例えば、ベルリン高等学術研究所では「イスラームとモダニティ」というプロジェクトがもうだいぶ前から進行しているし、先に触れた「現代オリエント・センター」というベルリンの国立研究所の設立もそれに属する。また、各地の公民館、青少年センター、学校などでは、近隣のイスラーム圏出身者とのさまざまな文化交流(料理、音楽、年中行事から始まって「世界観」をめぐる討論まで)が無数に行われている。それらの多くには何らかのかたちで当局のモラル・サポートや資金援助がついている。人口の一割近い七百万の在住外国人がいて、そのうちほぼ二〇〇万人がトルコ人であり、それ以外にもイスラーム圏出身の人々がたくさん在留許可を取って住んでいる以上、当然かもしれない。最近では一月にブレヒトの流れを汲むベルリナー・アンサンブルで、当代のもっとも政治的で優れた演出家クラウス・パイマンの演出による『賢者ナータン』の上演が行われたが、初日にはフィッシャー外務大臣、そしてヘルツォーク元大統領が観劇したそうである。融和に心を砕いているシグナルである。ちなみにドイツでは、イスラーム研究の専門課程に籍を置く学生は約一〇〇〇人、二〇〇〇年度の学年の卒業試験に合格した者は五九人。なにか事件があるたびに、学生数は増えるが、実際には、ほとんどはアラビア語の難しさに音を上げて転科するか退学してしまうそうである(『ツァイト』紙二〇〇二年二月二一日号)。

第三の立場――西洋批判からするイスラーム擁護

第三の議論がもっとも分析が難しいが、あえて簡単に言えば、西洋の横暴への批判にもとづくポストコロニアリズム的なイスラーム擁護である。これにももっともなところもあれば、若干怪しげなところもある。なぜなら、ときに西洋の自己批判と親イスラームの議論とが未分化に癒着し、文化本質主義への批判が異文化癖愛に転化しているからである。エッセンシャリズム(本質主義)批判がクセノセントリズム(他者中心主義)に逆転する傾向があると言ってもいい。心理的には判官贔屓かもしれない。イスラーム圏への単純な批判や嫌悪やときには「敵視」の発言に接すると、「イスラームといってもいろいろあり、多様だ」「イスラーム圏の現在の社会的状況と宗教としてのイスラームを単純に結びつけることはできない」「原理主義とイスラームの日常とは異なる」「だいたい『原理主義』という表現にしても西側が勝手に名付けたもので、名付けの暴力だ」という議論あたりが展開される。このような反発をする人々も、リベラルな良識派の多くと同じに、ドイツ社会にはイスラーム敵視（Feindbild Islam）があると信じ込み、そうしたイスラームを敵視する人々を、これまたほとんど「敵視」している。

さらには、ウォーラーステインや従属理論を背景にして、イスラーム圏の経済的停滞、社会的近代化の遅れを、西洋のコロニアリズム、そしてネオコロニアリズムの責任に帰する議論がある。これは多くの点でなるほどと思わせる議論である。富める国々が都合のいいところで自由貿易を唱えて第三世界の産業をつぶし、農産品その他都合の悪いところでは保護主義を取るかたちで進行してきた搾取についてチョムスキーは、国連の報告書を援用しながらこう書いている。「豊かな国々と貧しい国々のギャップは一九六〇年以降倍増したが、それは基本的には富める国々の保護主義のためである、と国連の開発報告は一九九二年に結論づけている。このやり方はウルグアイ・ラウンドを通じて一貫して続いている、と九四年の報告は述べ、結論としてこう記されている。『工業国家群による自由貿易の原則の違反は、発展途上の国々にとって総計でおよそ五〇兆ドルとなっている。これはこれまでの先進国から流れてきた開発援助資金のほぼ全額に相当する』――だがこの額の非常に多くは先進国の輸出援助として先進国に環流している[9]」。これにアメリカの手前勝手な対応が加われば、もっと明証性は高まる。

とはいいながら、専門家の間では、イスラーム圏の男性中心主義、識字率の低さ、そして経済的停滞が、コロニアリズム以前にすでに始まっていたという指摘もあり、本当のところ、一義的なことを言うのは難しいようだ。もちろん、西欧の早くからの経済的テイクオフも、様々なファクターと多くの偶然によっているのであって、西欧文化の「理性」のためであるとか、キリスト教に内在しているといった、ときにヨーロッパ知識人に見られる手前味噌や自己主張は批判されるべきであるが、それがそのままイスラーム贔屓になる必要はないであろう。西欧近代が様々なファクターの共演の結果であったという見方に応じて、イスラームの近代も、すべてを西欧の責任にするのでない、様々なファクターの働きあう場としてとらえる理論モデルが必要であろう。西欧責任論は多少の単純さのそしりを免れない。しかし、実際の議論では、イスラーム圏の個々の現象に対する批判の声を聞くと、たちどころに「強者の普遍主義」がもつ理性の声のうさんくさい響きへの嫌悪感が発動され、そうした批判を「理性の帝国主義による」批判と決めつける過剰反応が多い。あまり感心しない現象だが、ドイツの否定的知識人の言論にこの過剰反応は蔓延している。ここには、市民社会の夢を他者に自己投影するという一九世紀のロマン主義にあったプロセスの現代版が潜んでいるかもしれない。

とはいいながら、ドイツにもともと東への蔑視もしくは嫌悪が根強く、それが多くの不幸な議論の温床になっていることも事実である。もともと「東」（Osten）というドイツ語が持つネガティヴな響きがオリエントに転化されている面がある。モンゴルの昔の記憶、ポーランドから東の――チョムスキーが、おそらくはウォーラーステインを念頭に置いて言うところによれば、一五世紀以来、西欧の「サービス・エリア」におとしめられた[10]――スラブ圏への優越感。一九世紀後半からの「不潔な」東方ユダヤ人の大量流入。そういった集団的記憶を悪用して「野蛮な東の侵入」に対して「西の文明」を守るというのは、末期のナチスが使った論法でもある。「薄汚い東」(der lausige Osten) は、ドイツ語の定型句でもある。ナチスはこの「野蛮な東」をボルシェヴィズムと結びつけたが、それがそのまま戦後の反共精神に流れ込んだ。そして、冷戦崩壊後は、オリエントへと転化された――こういう系列は無視できない。ある研究によれば、もともとピョートル大帝以前の「遅れた」ロシアへの嫌悪や反感が、ピョートルの改革でロシアが「正常化」するとともに、ロシアの内部の、特にコーカサス地域のムスリムに転嫁され、「ずるい」「不潔」「混乱」など、ロシアに使われたのと同じ形容詞がこんどはムスリムに使われはじめたそうである。[11] 考えてみれば、一九世紀以来の魅力的なオリエント像も、それは、文明の秩序の彼方にある怖さが持つ魅力だったのであり、現実に接触してみれば、嫌悪しか残らず、理解などとてもできない、というものだったのかもしれない。東に魅力を感じるのは、汚いものへの拒絶の裏返しだったかもしれず、その点は現在まで連続しているのかもしれない。そこにはすでに、暴力の土壌が潜んでいよう。東南方向への帝政ロシアの暴力的拡大は長期にわたってドイツ語圏の知識人に支持されていた。

暴力の土壌という観点から見れば、先に書いたことと多少矛盾するが、敵視と嫌悪との微妙な差異はなかなか難しい問題をはらんでいる。これに関しては私にははっきりしたことは言えない。とはいえ、ドイツ社会にイスラームへの敵視があると過大に思いこみ、イスラームの個々の現実への批判をそらす議論もそのまま支持できるものではない。

たとえば、知識人向けの新聞で、イスラームでは動物や女性が虐待されていると書かれた。するとたちどころに、ドイツでの妻への家庭内暴力、そこから逃げるための女性の家の存在、また大学病院で毎日なされている動物実験のことなどをイスラームの人々がどう思うであろうか、とイスラーム・シンパから怒りの声があがる。多くのドイツ知識人が自分たちのところはいいところだと思いがちで、こうした視点の転換をしてみようとしないことは、もちろんそのとおりである。だからといって、手前勝手なイスラーム批判のゆえに、イスラーム圏の人権侵害を免罪することもできないだろう。ここにはきわめて厄介な問題がある。つまり、どんなに一見正しく見えることでも、その発言の背景に多少でもアシンメトリーが働いているなら、つまり力の不均衡があるなら、それは嘘や情報操作《マニプレーション》に優るとも劣らない破壊力を持つからである。一方で強者の普遍主義への傾斜、他方で貧困の中で屈辱にまみれる者たちへの身勝手な同一化との二つのあいだでは、議論は成立しにくい。ヴァルター・ベンヤミンはこのことをよく知っていたがゆえに「まちがった二項対立の中では、私は決定することができない」と書いていた。「普遍的なるものの分節化を可能にする文化的条件はいつも同じとはかぎらないのであって、普遍性という用語自身が、決して普遍的とは言えない条件によってまさにそのつどの意味を獲得するのである」とは、同じ事情をジュディス・バトラーがより反抗的に表現した文章である。[12]

かつて、西側の多くの知識人は、保守派と同一の路線にはまりたくないだけの理由で、現実の共産主義社会の歪みや人権侵害について、あるいは貧しさについて公式の批判を避けるところがあった。一九九四年にペーター・シュナイダーという日本でも紹介されてきた作家はそのことを批判した。しかし、シュナイダーはそうした批判の「棄権」もまさに、このベンヤミンやバトラーと同じ意識に由来する十分に理解できる選択であることを見ていない。同じことは、当面の問題にも言えるのであって、イスラーム社会の多くの地域における政治体制の問題性、人権侵害、女性の地位などへの批判は、不均衡な外部からの、力を背景とした批判となる危険があるかぎり、きわめてスタンスが難しい。

第四の立場——イスラームの積極的擁護

しかし、なかには、もっと過激に、イスラームこそ真の民主主義である、とか、女性のベールの背後には、彼らの真の自由が生きているのだ、といった擁護論も見られる——あえて言えば、これが第四の議論である。こうした議論がイスラーム知識人からなされるかぎりは、日本でもよくある自文化擁護論でしかない。スーフィズムの研究者である国際的に著名なアンネマリー・シンメル教授なども、時としてこうした擁護論を展開する。彼女が九五年秋に、ドイツでは知識人の最高の賞であるドイツ書籍協会賞を受賞し、大統領自らが賞賛演説をすることになったときに、左派知識人の側から反対運動がまきおこった。シンメル女史がラシュディー事件で「予言者を冒涜した以上仕方ない」と明らかにイラン側を擁護する発言をしたからである。彼女はまたイラン内部の体制批判者について「あんなやり方ではだめだ。彼らはライン川にでも投げ込んでしまえ」とも述べて、明白にイランの支配者側の擁護に回り、また、イスラーム圏に多い人権抑圧を否定した。ギュンター・グラスもこの受賞に反対したが、特に国際的に知られている哲学者のハーバーマスは、一方で、他者の多様性を認める重要性を説き、人文科学の中に明らかにあったヨーロッパ中心主義への反省を促しながら、他方で人権の普遍主義をはっきり主張し、それに反する行為に対しては距離を取るべきであるとシンメルにも反省を促した。イスラーム諸国の大使館でちやほやされると危ないよ、といった皮肉も込めて。だがこの態度は強者の普遍主義と紙一重であり、政治的文脈ではダブルスタンダードとして機能する危険がある。だが、シンメルが受賞した背景には、明らかにドイツの右傾化のコンテクストもあったことを考えると、この第四の議論に対しては比較的立場は取りやすいかもしれない。

最後にエピソード以上に重要なエピソードを一つ。本年一月にベルリンを訪れたサイードは、ラウ大統領にお茶に招待されていたが、直前になって大統領府からキャンセルされた。公式の理由とは別に、本当のところは、前の晩にサイードがベルリン市内で行った講演がパレスチナ寄りであったからだそうである。しかも、きわめて水準の低い保守系の新聞『ヴェルト』紙の報道を信じての反応だったとのこと。

　ラウ大統領の反応は論外であるが、『イスラームと現代』といった本のタイトルを可能にする枠組みが一定の機能を持ち、しかも前半に述べた、一九世紀以来の無視と魅了の、尊敬と軽蔑の弁証法が底流に今なお働いているかぎりは、「イスラームにおける人権侵害」といったテーマの立て方は非常な知的困難を伴うことを認めるとともに、イスラーム表象自身の多様化と細分化のなかで、一般的に「ヨーロッパ中心主義」について語ることも不可能なことを知る必要があろう。

注

（1）*Die Nipponfahrer oder das wiedererschlossene Japan.* In *Schilderungen der bekannten älteren und neueren Reisen insbesondere der amerikanischen Expedition unter Führung des Commodore M. G. Perry in den Jahren 1852 bis 1854*, bearbeitet von Friedrich Steger und Hermann Wagner, Leipzig 1861.

（2）Hans Christian Andersen, *Eines Dichters Basar. Reiseerlebnisse in Deutschland, Italien, Griechenland und dem Orient.* Hg. v. Gisela Perlet, Weimar (Gustav Kiepenheuer Verlag), Erscheinungsjahr nicht angegeben. S. 18.715.

（3）Reinhard Schulze, "Orientalistik und Orientalismus." In: Ende u. Steinbach (Hg.), *Der Islam in der Gegenwart*, München 1996, S. 714.

（4）例えば、Werner Ende u. Udo Steinbach (Hg.) *Der Islam in der Gegenwart.* Vierte, neubearbeitete und erweiterte Auflage. München 1996.

（5）Reinhard Schulze, "Alte und neue Feindbilder. Das Bild der arabischen Welt und des Islam im Westen." In: Georg Stein (Hersg.), *Nachdenken zum Golfkrieg.* Heidelberg 1991. S. 248.

（6）Franz Bosbach (Hersg.), *Feindbilder.* 1992.

（7）Siegfried Kohlhammer, "Die Feinde und die Freunde des Islam." In: *Merkur*, Sept. /Okt. 1995.

（8）この点は上記のコールハンマーの論文に多くを学んだ。

（9）Noam Chomsky, "Free Trade and Free Market." In: Frederic Jameson and Masao Miyoshi (ed.), *The Cultures of Globalization.* Durham and London (Duke University Press) 1998

（10）Noam Chomsky, *a. a. O.*, S. 359.

（11）Eva-Maria Auch, "Zum Muslimbild deutscher Kaukasusreisender im 19. Jahrhundert." In: Eva Maria Auch/Stig Förster (Hrsg.) *"Barbaren" und "Weiße Teufel"*, Paderborn 1997, S. 93.

（12）Judith Butler, "Universality in Culture." In: *For Love of Country. Debating the Limits of Patriotism*, ed. By Joshua Cohen, Becon Press, Boston 1996, S. 45.

Photo by Ichige Minoru

イスラームとは何か

イスラームとは何か

黒田壽郎

（くろだ・としお）　一九三三年生。慶應義塾大学文学部東洋史学科博士課程修了。国際大学教授。中東文化・社会論。地域文化学会理事長。著書に『イスラームの反体制』（未来社）『イスラーム辞典』（編著、東京堂出版）、訳書に『イスラームの国家・社会・法』（H・ガーバー著、藤原書店）などがある。

端的な問い

九・一一の同時多発テロ以降、人々の間では再びイスラームについての関心が高まっているようである。日本において初めてイスラームに注目が寄せられたのは二〇年前のイラン・イスラーム革命の折であり、その後の湾岸戦争、今回のテロ事件とほぼ十年毎に間歇的に示される関心の高まりが、すべて非日常的な事態を契機としている点は、正しいイスラーム理解にとって問題のあるところであろう。異常な状況についての解説、説明が、とかくこの主題についての異例な部分を強調し、そのもの本来の常態についての認識を曇らせがちなところが気がかりである。これまでさまざまな事件の枝葉末節に関する分析はなされても、そもそもその基本であるこの教えの拡がり、力強さの秘密についての指摘が殆んどなされていない恨みがあるのである。ところで先ず問題なのは、七世紀にサウディアラビアの一角に登場するや瞬く間に大帝国を創り上げ、その後千数百年を経た今もなお十数億の信者を擁しているこの教えの力の正体が、一体どこにあるのかということの解明であろう。

聖徳太子の頃に預言者ムハンマドに啓示され、その後さまざまな紆余曲折を経ながら各地に拡がり、現在では地球上の四人に一人が信奉しているこの教えの魅力、その底力について、その要点を余すところなく、僅かな紙数で語り尽くすことは確かに至難の業である。それ故イスラームについて論ずる先人たちは、一般的なイスラームではなく、その個別的な側面について分析することにのみ終始してきた。何時、何処のイスラームが問題であって、イスラームとは何かとは問い得ない、とするのがこれまでの研究者の一般的な態度だったのである。ただし今回筆者が編集部から指定された課題はいみじくも、標題に示されているような〈イスラームとは何か〉という端的な問いであった。もちろん広範囲に及び、連綿と続いたイスラームの伝統は、多岐にわたっている。一々の個別的な細部が示す多様性について配慮した場合、それらのすべてを包括するような説明は不可能に近い。しかし同時に同じ教えを信奉する者たちが織り成すこの伝統には、その多様性の中にそれらに通底する最大公約数ともいえるような、基本的な共通項も見出される筈である。それはムスリムたちをして、それ故にイスラームという教えに惹かれ、それを信じさせるに足るものと深く関わっている。そしてこのようなものについての認識なしには、われわれはイスラームの何たるかを最後まで知りえないであろう。木を見て森を見ずといったようなわれわれのイスラーム認識から脱却するためには、やはりイスラームとは何かといった端的な問いに、解答を与えるような努力を欠かすことができない。

預言者は、イスラームには九九もの分派が生ずるであろうと述べたといわれているが、数多くのヴァリエーションをもつこの教えの最大公約数的なものを求めるためには、やはりそのすべてに共通するものから説明を始める必要があるであろう。イスラームは信者のすべてに五つの基本的な義務を課している。その第一にあたるのは信仰告白（シャハーダ）であるが、それは「アッラー以外に神はなく、ムハンマドはアッラーの使者である」と証言することである。内容は読んで字のごとしであるが、それはまたアッラーから啓示されたクルアーンと、預言者ムハンマドのスンナ（聖なる言行）を受け入れ、それを生の導きとし、そこに範を求めるということを意味している。もちろん天啓の書クルアーンにせよ、伝承集に書き留められたスンナにせよ、それが文章である以上解釈にはさまざまなヴァリエーションが存在する。しかしこれを受け入れること自体が、すでに受け入れた者、信者にある種の生き方の枠組みを課すのである。

世界観としてのタウヒード

三大啓示宗教の神は、すべて世界を創造する神である。唯一なる創造者による世界の創造という点では、ユダヤ教、キリスト教、イスラームという三つの姉妹宗教の間に基本的な相違はない。ただしこの問題をめぐってそれぞれに差異が存在するが、それは創造者と被造物との関わり、その結果もたらされる被造物についての理解の流儀によるものである。

いま少し具体的にいうならば神と個別的なひと、ものとの関わりには三者の間に大きな相違はないが、そのさい被造物全体の認識の仕方により差異が生じてくるのである。啓示宗教の最終版であるイスラームは、この点に関して明確な特徴のある見解を提示しているが、それを明らかにするためには、この教えに固有の世界観であるタウヒードについて述べる必要があるであろう。イスラームはタウヒードの教えであるといわれるが、その要点は創造者と被造物との関係をめぐる解釈に、明確な一貫性を施したところにある。

タウヒードとは、アラビア語で〈一に化す〉、〈一を基本として解釈する〉ことを意味する言葉であるが、この原則を創造者に適用した場合、神は唯一であるという唯一神信仰の基礎が確定される。イスラームは先ずもって宗教であるため、信徒たちにとって絶対者をいかなるものと判断、規定するかということは、最も肝要な任務である。したがってこのアスペクトを重視した宗教的思想家たちは、タウヒードを〈神の唯一性〉と解釈し、もっぱらこれに即した解釈を展開させている。イスラーム世界では、時代が下るにつれてこの傾向が強まってくるが、このような解釈の偏向にこの教えの近、現代における閉塞性が認められるのである。タウヒードとは神の唯一性のみを明らかにする原則ではなく、それは同時に被造物の世界、つまり現実世界の解釈においても貫徹されねばならない原則なのである。イスラームの特殊性は、まさにタウヒードの原則を現実世界の理解に徹底させたところにあるのである。

イスラームの世界観であるタウヒードは、現実世界の認識に当たって独自の〈一化の原則〉を適用させるが、その全体像を簡単に把握するためには、それを構成している三つの準則に関して説明する必要がある。現実世界に適用されるタウヒードは、そこに存在するすべての個別的存在者について、以下のような性質を共有するものと解釈するところにその特殊性が存在する。それは万象の差異性、等位性、関係性であるが、この点についてはそれぞれいささかの説明が必要であろう。

万象の差異性

先ずは〈差異性〉の問題であるが、イスラームは大小を問わず、あらゆる存在者の差異性を強調する。それを論理的に立証しているのは、イスラームの原子論である。これについては初期のイスラーム神学者たちによって旺盛な論議が展開されているが、最も重要な点はこの世のすべての存在者が、その最小単位である原子からそれらの複合体である物体に至るまで、唯の一つも同じものが存在しないと認識するところにあるであろう。イスラームの現実解釈の基本となっているのは、その最小単位である原子の成り立ちについての説明にある。それを簡単に説明するならば、原子は実体（ジャウハル）と偶性（アラド）が結合したものであるが、実体それ自体は非現実的なものであり、それは偶性を伴って初めて具体的な存在となる。ただしその際に特徴的なことは、あらゆる実体は決して同じ偶性を取ることがないという条件である。原子そのものに同じものが一つとして存在しないのであるから、その合成体である物体についても同様なことがいわれうるのは当然であろう。つまりこの世界観によれば、宇宙はまさに差異性の萬華鏡に他ならないが、そこで最も優先されるのは個体の存在である。この考えは例えば一七世紀イランの思想家モッラー・サドラーにより、存在の優先性の哲学としてさらに厳密に体系化されることになるが、この傾向は登場当初から存在している。

ものの存在は、明々白々としている。しかしこれを定義するとなると、困難極まりない。あらゆる定義は、存在するもののたたえる深みを汲み尽くすことができず、したがってその存在にとって二次的なものにすぎない。一つの原子から、その複合体である物体に至るまで、あらゆる存在者は感覚的、知的認識を越えた秘密を宿しているのであり、それは単なる〈もの〉ではなく、秘密が開示される場（マズハル）としての存在である。個別の存在者は、世界の秘密を認知させる契機として存在しているのであり、したがってその有り様は徴（アーヤ）という表現が適切なような、現象学的なものなのである。この世の万象はすべて、秘密を顕現させる徴であり、そのようなものとしてなに一つ軽視されてはならないのである。

万象の等位性

このような個体の尊重は、イスラームのタウヒード論に特徴的な〈等位性〉の準則と密接な関わりを持っている。創造者と被造物の関わりについては、三つの姉妹啓示宗教がその大枠についてほぼ同じ論議を展開している。唯一なる神による世界の創造という行為は、単純明快であり、そこに多くのヴァリエーションが介入する余地は少ない。しかし差異が現れるのは、被造物の配分である。この点に関するイスラームの特徴は、神と被造物との関係、ないしはその間の距離をすべて等距離に置いているところにあるであろう。つまり万物は、その存在の価値が等しいものとして、すべて等位に置かれているのである。ユダヤ教の場合のように、選ばれた民の教えとして与えられたのではなく、キリスト教の場合のように精神的なものと物質的なものとを、上下に縦割りで配分することもなく、その存在の根拠を唯一の神によっていることから、万物をひとしなみに水平に配置しているところに、イスラームの存在論の際立った特徴が認められるのである。

万象の関係性

山川草木すべての存在の価値を等しくし、同時にものみなが隠された意味を宿しているとする世界観は、同時にその只中にある個別の存在者を、それぞれ他者から切り離された、完全に独立した存在として認識することを拒否する。そこで個は、直接的、間接的につねに他者との関わりにおいて、つまり世界内存在として有るのであり、部分としての個は世界との〈関係性〉を抜きにしては存在しえないのである。そしてこの関係の射程は、すでに指摘した差異性、等位性と相俟って、存在世界の地平に限りなく広がっていくのである。同じ創造者に存在の源を分かち合うもの同士の共存する場としての現実世界の中で、それぞれの個体は認識のレヴェルばかりではなく、存在のレヴェルにおいても互いに深い関わりを持っている。ここで問題になるのが、委託（アマーナ）の概念である。

神は万物を創造した。世界は、能力、資質を異にする存在者で満ち満ちている。創造に関してイスラームの神は、ある時点でそれを完成したのではなく、現在もなお毎瞬それを繰り返しているという特質を持ち合わせており、それが事態をさらに複雑にするが、ここではこの点は深入りしないことにする。ここで取り上げられねばならないのは、世界における人間の地位の問題である。神は基本的な創造をなし終えた後で、山や海、その他万物に向かって世界の調和ある維持、管理の任務を果たす仕事を要請した。しかしそのような大任を引き受けるものは、人間以外に誰一人もいなかった。タウヒードの準則である差異性が示しているように、この世の存在者にはそれぞれ異なった能力、資質が授けられている。人間は中でもとりわけ優れた能力、資質が与えられているが、それ自体は等位性の準則が示しているように、人間を他より上に位置付けるものではない。能力の優位はイスラームの場合、その所有者の優位ではなく、むしろ責任の重さに還元されるのである。

世界の調和ある運営の責任を引き受けた人間は、その責務ゆえに神の代理人（ハリーファ、カリフのこと）とされる。現し身を持つ人間はこの重責の委託ゆえに、例えばキリスト教の場合と異なり、清純なエーテルからできた天使より高い地位に立つことになるのである。この際に重要なのは、人間一般が神のカリフなのではなく、個体重視のイスラーム的見解の特殊性に則って、個々の人間一人一人がそれぞれ神のカリフであるという点であろう。

民主主義思想を先取りした存在論

以上イスラームの基本的な観法であるタウヒードの考えに従って、この教えが提示している世界認識の大枠について説明した。そこで示された差異性、等位性、関係性の三つの準則は、宇宙の万象を認識するさいの重要な原則であるばかりでなく、人間ないし人間社会の理解においても正確に適用される。人間はそれぞれ差異的な存在であるが、その価値は同等であり、生を営むに当たっては互いに他と協調することが求められる。七世紀に伝えられたこの教えは、ヨーロッパの近代が主張し、確立した自由、平等、博愛のすべての要素を、その形式こそ異なれ、すでに千年も以前から提示しているのである。差異性の準則に基づく人間の個の自覚は、「宗教に強制があってはならない」というクルアーンの章句に補われて、自由の概念の確立、強化に役立つものであろう。また万人の平等については数多くの典拠が挙げられるが、この点をなによりも明らかにしているのが、預言者ムハンマドの訣れの説教中の有名な一節である。「あらゆる人間は、土くれから創られたアダムの裔である。アラブが非アラブに優るとか、黒人が白人に、白人が黒人に優るということはない。優劣があるとすれば、それは敬神の念においてである。そして見よ、ひとが誇りに思うものは血筋、財産その他すべて廃棄された。」ここでは神を前にした、万人の平等宣言が高らかになされているのである。そして博愛の思想は、クルアーン中に実にしばしば繰り返される「ムスリムはみな兄弟、姉妹である」という表現に明らかであろう。このようにイスラームは、西欧世界が近代に達成し、確立した自由、平等、博愛といった民主主義思想を、人間的な次元に限られない、宇宙の万象の存在論的な大きな枠組みの中で提示しているのである。

イスラームとは、神への絶対的な帰依であるということは、しばしば指摘される。しかしこの帰依がその結果人間の生き方になにを要請、提示するものであるかについては、ほとんど語られることがない。その結果この教えについては、そのいわゆる精神宗教的傾向のみが突出して語られることになるが、これはタウヒード論の重要な側面、つまりその現実世界への適用のアスペクトが、無視されてきたことによるところが大きい。唯一の絶対者、創造者である神は、被造物のうちで最も多くの能力を授けた人間に、世界の調和ある維持、管理の責任を委託された。これを引き受けた現世における神の代理人としての個々の人間は、既に自分自身のためだけではなく、彼を取り巻く世界のすべてに関して大きな責任を課されているのである。しかし彼はいかにして、その任を果たしうるであろうか。

「水場に至る道」(シャリーア)

このような人間の生き方、生の実践をめぐる指針を指し示したものが、シャリーアである。シャリーアは一般にイスラーム法と訳されるが、これも正確な翻訳とはいえない。

それは先ずアラビア語の原義、〈水場に至る道〉の意味で理解されるべきものであろう。

砂漠の民にとり、水場の位置を弁えていることは、生死に関わる一大事であり、生活上最も肝要な知識であった。そしてシャリーアは、すべてのムスリムにとり、彼らが現実の生を営むに当たっての掛け替えのない道しるべなのである。シャリーアはこのように、先ずはムスリムが踏み従う道であり、これをイスラーム法とするのは狭義の解釈である。このことは、信徒たちに課されている五つの基本的宗教的義務の第一に当たる、信仰告白の内容から明らかである。既に指摘したが、アッラー以外に神はなく、ムハンマドはアッラーの御使いであると証言することは、同時に啓典クルアーンと、預言者のスンナを道しるべとして生きることの確認に他ならないのである。

ここで是非とも付言しておかなければならないのは、ムスリムにとっての第二の義務である礼拝(サラート)の本性である。礼拝といえば、日本人はとりわけ、精神を集中して祈りの対象に向け、それと親密な対話を行い、ときにはそこからある種の加護を請い願うといった行為を思い描くであろう。しかしイスラームの場合の礼拝は、いうならばより機能的で、神との信仰という契約の確認といった性格が強い。日に五回敬虔なムスリムは、その度ごとに神と交わした契約を確認しているわけであるが、その際に誓われている内容は、クルアーンとスンナの指示に従って生きるということに他ならないのである。礼拝とはこのように、実践的な事柄に関する契約の更新であり、その際の基礎となっているのがクルアーンとスンナなのである。ちなみにもちろんムスリムといえども、神との内的な対話、神への加護の請願といったことを行わないわけではないが、それらの行為は礼拝とは別枠の祈念(ドゥアー)においてなされる。

クルアーンとスンナの指示に従うとはいうものの、その内容は限定されており、生のすべての局面を網羅しているわけではない。したがって信徒たちは、これらの典拠に示されたさまざまな指示を羅針盤として、自らそれを解釈し、活用する必要に迫られている。シャリーアは彼らが織り成す生の縦糸のようなものであり、その際横糸の使用はすべて個々の信者の手に委ねられているのである。換言するならばそれは、個々の具体的な実践例についての対応策を講ずるための基本的原則であり、ゲーム理論でいうならば二次的な具体的なルール群を抽出するための、原則となる一次的ルール群といいうるものなのである。ここで重要なのは、すべての信者がこの一次的ルールを援用して日々の生活を営んでいるという事実である。この世の中にムスリムが一人でも存在する限り、この営みは続けられるわけであるが、この事実はイスラームの正しい理解のために極めて重要なのである。なぜならばこれまでのオリエンタリズムでは、シャリーアがある時期以来、イスラーム世界の歴史に貢献したことはないというのが定説であり、その結果この問題が真剣な研究の対象とされてこなかった歴史が存在するからである。登場以来現在に至るまで、すべてのムスリムが行ってきた営みが、この世界の文化、社会的伝統に影響を及ぼさない筈はないが、最も肝要な問題が切り捨てられる一つの原因は、シャリーアの本性の誤解にあることも否定しえないであろう。

広義の〈道〉としてのシャリーアは、過去も現在も、信者たちの一人一人の中で活用され続けている。それは彼らの意識の中心に関わり、そのパターンをも定める程なので、この部分は〈意識としてのシャリーア〉と名づけることもできるであろう。それは生のあらゆる領域に差し向けられ、その結果はさまざまな軌跡を残すことになる。しかし中でもその軌跡がとりわけ明確なかたちを取り、その体系化が計られたのが法の分野である。ただしこの法の分野にしても、その内容に関しては長い歴史的経過の中で大きな変化がある。現在イスラーム法として認められているのは、宗教儀礼に関する定めであるイバーダートと、実定法的な諸規定からなるムアーマラートを含むものであるが、後者は主として結婚、親権、遺産相続等の私的関係にまつわる問題が対象となっている。この狭義のシャリーアは、〈法としてのシャリーア〉とも名づけうるものであるが、この内容については研究も、多くの紹介もなされているので詳述はしない。しかしこの場合にも一次的法源はクルアーンとスンナであり、そこに規定が存在しない問題に関しては類推（キヤース）、合意（イジュマーゥ）といった二次的法源を活用することによって法的解釈（イジュティハード）が行われ、新たな事態に対処することが可能な、開かれた構造になっている点は見逃されてはなるまい。イスラーム法の伝統は、厳密な法解釈学を生み出し、この開かれた構造を精緻化しているのである。

シャリーアに関しては、その技術的な側面についての研究、解説は少なからず存在している。しかし圧倒的に欠けているのは、それが信者たちになにを実践するよう呼びかけているのかという、内容そのものの説明である。これについてはチャードルや四人妻、飲酒や利息の禁止等といった枝葉末節についての言及はあるものの、その根幹の部分に関する指摘はほとんどないことは読者も知る如くである。そのために重要なのは、それが既に指摘したタウヒード的な世界観の、具体的実践のための道しるべであるといった観点であろう。シャリーアが目指しているのは、近代の自由、平等、博愛の思想に通ずるような差異性、等位性、関係性の三極構造の意図するものを、いかに社会生活に反映させるかという問題であり、そのためにさまざまな水準の共同体における望ましい法的配慮が示されているのである。

イスラームにおける共同体

イスラームは人と神との関わりにおいては、独立した個人の自覚、意思を尊重する。個人と絶対者との間にはいかなる仲介者もなく、自らの信仰に関して責任を持つのはあくまでも個人であり、最後の審判においてはその行った芥子粒ほどの善行、悪行も厳密に審査の対象となる。しかし人と人との関わりにおいては徹底的に関係論的であり、したがって共同体の基礎単位は個人ではなく、夫婦である。共同体に関する論議としては、大別して二つの種類があり、一方は各個人そのものの存在、意思を強調し、他は関係性、つまり人と人を結ぶ連結手の意義を尊重する。イスラームはこの点で典型的な後者であり、それは〈意見を共にする者の協調〉を最も効率的な共同体のありようとする、スピノザの考えと軌を一にするものである。事実イスラーム登場当初の目覚しい発展は、タウヒードの世界観を分かち合う者たちの協調が生み出す巨大なエネルギーの、歴史的な実例であるといえよう。

ここで共同体の最小単位である夫婦が、どのような関係にあるかについて検討することは、その全体像を把握する上で極めて重要であろう。先ず夫と妻が、等位性の原則に基づいて同等である点については、クルアーンの随所に記されている事柄である。例えば人間の創造に関してクルアーンは、「アッラーは一人の人間を創り、次いでそれに配偶者を与えられた」と書くだけで、最初に創られたのが男か女かも明らかにしていない程なのである。ただし両者は、差異性の原則に従って同じ者とはしていない。男の男性性、女の女性性は尊重、保持されたまま、結婚により互いに結ばれることによって、一組の相補的な関係をもつ夫婦が誕生する。「男は女の着物、女は男の着物」といわれるように、互いに欠けるところを補い合ってこそ初めて、一段と格調の高い共同生活が期待されるのである。結婚後は生活費を稼ぎ出す義務をもつのは夫であり、その労苦故に夫婦の関係において、最終的には夫の方が〈一段〉だけ高いとされているのが、男女の相違について言及されている唯一の例である。この〈一段〉の解釈を巡っては、上代の注釈書によれば男性の家族扶養の義務という点だけが根拠として指摘されているが、時代が下がるにつれて差別的な論調が強まっているのが特徴的である。本来イスラームは女性を優遇しているが、聖徳太子の時代から彼女たちが財産権、相続権をもち、結婚後も夫婦別姓であった点などを考慮すれば、この点は明らかであろう。ちなみに遺産相続において男女の相続分は二対一であり、これを理由に女性の権利は男の半分といった議論がなされるが、この非は使用の観点から分析すれば自ずと明らかである。男性は家族の扶養のためにその大部分を支払うが、女性はそれを専ら自分のために用いるのだから。

この夫婦の相補的な関係は、家族にも同様に敷衍される。その成員は、独立した個人であると同時に息子、娘であり、父、母なのである。そしてそれぞれの資格で、全体を構成する相補的な関係の一部となるのであり、それ故に単位としての家族、ひいては親族関係を尊重する気風は固く守られ、先進諸国に見られるような家庭崩壊の現象が全く見うけられないのは、イスラーム世界の顕著な特徴である。そしてこの強い求心性をもつ有機的な関係は、血縁者たちからさらに隣人へと拡大されていく。どのような規模であれ、共同体のメンバーに対する協力、支援は、ムスリムの基本的な義務であり、そのような態度は同時に異教徒たちにも向けられる。「隣人に飢える者がいる場合、自ら食を急いではならない」といった趣旨の典拠は数多いが、ここでいう隣人とは四十軒四方を指すものであり、これは最小の地域共同体の単位に相当するであろう。相互扶助の輪は、このように家庭から小共同体へ、ひいては国の単位、それを越えたムスリム全体を対象とする大共同体にまで向けられていく。そしてシャリーアはそれぞれの段階で、差異性、等位性、関係性の三極構造の理念を実現させるための、具体的な指示を与えているのである。

イスラームの機能範囲の縮小

ところでシャリーアの全体像を正しく認識するためには、イスラーム世界が辿った歴史的経過について、その大枠を把握しておく必要があるであろう。イスラームは、登場当初の預言者と正統四代カリフの時代には、広大な版図を持つ強大な帝国を築き上げていた。そしてそれを治める立場にあるカリフは、民主的な手続きを経て任命され、教権と政権の長を兼ねるカリフの選任に当たっては、信仰、人格、見識において当代随一の人物を充てるという原理が貫かれていた。この時点では首長から民衆に至るまで、純度の高いイスラーム性が保たれ、それが帝国の一枚岩の求心性を保証していた。この時期には宗教の事柄も、大帝国の政治的運営も、すべてがイスラームのルールに則って処理されていたのである。しかしこのような事態は長く続かず、支配の中枢から世俗化が始まることになる。それを示す端的な実例は、ウマイヤ朝から始まったカリフの世襲制である。このようにして始められた支配の世俗化は、イスラーム世界に多くの分裂要因をもたらし、文化的に絶頂を極めたアッバース朝においても、この傾向は止まることはなかった。それによってもたらされた弱体化の隙を突いて、モンゴル勢はバグダードを攻略してアッバース朝を倒し、カリフをも殺害してしまうことになる。

それ以降イスラーム世界を統治したのは、スルターンと呼ばれる政治的権力者であり、ただし統治のための法として彼がシャリーアを受け入れることにより、その政体がイスラーム的と認められるという形式が定着することになった。イスラーム世界においてこの形式は、後に植民地支配に屈するまで長らく維持されることになる。為政者が世俗的であっても、統治のための法だけはイスラーム法を守らせるというムスリムの譲歩は、この教えの機能する象限がどこにあったたか、つまりそのエネルギーがどこに蓄えられていたかを証すものであろう。それは国政レヴェルへの発言力、影響力を次第に弱体化させ、この傾向は植民地支配以降公法が西欧化されると共に、さらに強められていく。これは端的にムスリムの信仰の非政治化、非社会化を意味するものであり、これは同時に現代の信者たちの、信仰のかたちのありようを告げている。かつては大帝国の政治的運営や、経済活動ばかりでなく、国際法までもが自前のイスラーム的なもので賄われていたものが、いまやイスラーム法に該当するものといえば、私的関係法のみといった衰退ぶりなのである。

草の根レヴェルのネットワーク

しかしこれはイスラームが機能する範囲の縮小を示すものであっても、この教えそのものの決定的な衰退を意味するものではない。イスラーム世界においては、公私にわたってイスラーム性が充実していた時期は、厳密にいって僅か一世紀に満たなかった。その後支配の中心から世俗化が進行していくが、それと反比例して底辺における民衆の信仰心はかえって強まる傾向が存在している。それはこの教えが個人、小共同体の自律性、有機的一体性を第一に尊重し、それによって草の根のレヴェルにおける生活の安定を計ることを、主眼としているからである。預言者は他界するさいに、イスラームの共同体がいかなる政治体制によって統治されるべきか、といった点については完全に口を閉ざしている。重要なのは体制のいかんではなく、差異性と等位性の原則が一人一人に確約され、それが保証される社会的環境を底辺から築き上げていくことにあるのである。歴史を通じて政権は移り変わり、さまざまな政治的経験を重ねる過程でイスラーム世界の人々は、最終的に自らの生活を精神的にも、物質的にも支え、保証してくれるものが、なんであったかを確認してきた。彼らは政権のいかんに関わりなく、表層を覆うその力の及ぶすぐ下に、それとは別の回路で、イスラームのルールに従いながら自律的なネットワークを張り巡らしてきたのである。ここでは詳細に論ずる暇はないが、この世界には国民国家の枠組みには簡単に編入されない、独自の社会的、経済的なインフォーマル・ネットワークが存在しているが、その持続性、それが保有する力にはまさに侮り難いものがあり、その理由は彼らが自らの経験に照らして、それこそなによりも確実なセーフティー・ネットを提供するものだったからである。

信仰の政治化という課題

現在世界に一三億から一六億存在するというムスリムは、そのほとんどが自らの信仰を、政治とは一線を画した象限に留めている。あるいは信仰の有効な社会化、政治化を果たしえないでいる。現代における政治と宗教の関わりは複雑であり、もつれた糸を解くためにはムスリムの側にも多くの課題が残されている。しかし多くの人々にとってアイデンティティーの根拠であり、自らの伝統の核心であるイスラームそのものは、その限りで決して衰えることはないであろう。差異性、等位性、関係性の三極構造が公私にわたって作り出すエネルギーは、近代の民主主義が導き出したエネルギーに匹敵する力強さを秘めており、それはさしあたり小共同体のレヴェルまでの活性の根拠たり続けているのである。ただし彼らの視線は、徐々に悪化の道を辿る政治的現状を前にして、自ずと社会的、政治的側面に注がれざるをえない。信仰を介して社会的、政治的不正を正し、改革を計るという態度は、むしろイスラーム本来の姿勢であり、それがいわゆる原理主義者を生み出すゆえんでもある。イスラームとは、タウヒードの精神に基づく平和と協調の教えであり、それ故にこそ不正を厳しく拒否するが、決して無差別テロを容認するものではない。則を越えてムスリムであることを失格した少数の過激派にたいする関心で、一〇数億のムスリムの実態についての認識を誤るようなことがあってはならない。

生きている聖典クルアーン

【その仕組みと律動】

小杉 泰

（こすぎ・やすし） 一九五三年生。エジプト国立アズハル大学イスラーム学部卒。法学博士（京都大学）。京都大学大学院アジア・アフリカ地域研究研究科教授。イスラーム学、中東地域研究、比較政治学。著書に『イスラームとは何か』（講談社）『イスラーム世界』（筑摩書房）『ムハンマド』（山川出版社）などがある。

日常生活のなかの聖典

「アッラーよ、どうか私たちにこの世でよきものを、そしてあの世においても、よきものをお授けくださ い」

というような祈りを、ムスリム（イスラーム教徒）たちはしきりと行なう。全能の神に祈ることは、信仰する者の「特権」であろう。困ったとき、苦しいとき、そして嬉しいときも、彼らは神に祈る。願い事のあとには、たいてい「ファーティハ」を口ずさむ。これは「開扉章」と訳されるが、イスラームの聖典クルアーン（コーラン）の最初の章であり、願い事を聞き届けてもらうに特別の効能があるとされている。

「開扉章」は、章といってもわずか七節しかない。小声で口ずさむとき、一五秒もあれば言い終わる。内容は、半分が唯一神アッラーを讃える言葉であり、残り半分が加護、導きを願う言葉である。

ムスリムの生活には、この「開扉章」が欠かせない。自由な祈りや願い事の最後にいうだけではない。信徒は日に五回、フォーマルな礼拝をすることになっているが、この礼拝の最中にも必ず「開扉章」を唱える。イスラームの礼拝は、直立、屈伸礼、平伏礼など至高神を讃えるいくつかの行為から構成されているが、「開扉章」を唱えることも欠くことのできない一部となっている。

その結果、毎日の礼拝をまじめにする信徒は、最低でも日に一七回「開扉章」を唱えることになる。義務以外の礼拝も、願い事のあとに唱える分も含めると、少なくとも日に三〇回というところであろうか。信心深くなく礼拝をしない場合でも、願い事だけはするものであるから、ムスリムたちは、日常生活のなかで何かしら聖典を唱えて暮らしている、と言ってもよい。

実のところ、冒頭にあげた願い事の言葉も、クルアーンのなかに登場する定型句である。それだけではない。ムスリムが約束事など今より先のことに言及するときに口にする「インシャーアッラー（もしアッラーがお望みならば）」も、クルアーンのなかにある。何かを始めるときに口にする「ビスミッラー（アッラーの御名によって）」も、事故などに出会わせて驚いたときに口にする「マーシャーアッラー（アッラーのなされたことよ！）」も、みなクルアーンに由来する。[1] 信徒の日常生活のなかには、あちこちに聖典が顔を出しているのである。

信仰の根幹をなすクルアーン

イスラームの根本的な教義は、信徒の基本義務である「信仰告白」に内包されている。信仰告白とは、「アッラーのほかに神なし」「ムハンマドはアッラーの使徒なり」と証言することである。「証言する」とは公の場で口にすることなので、「信仰告白」と訳される。唯一神アッラーが実在すること、その唯一神がムハンマドを「使徒」として遣わせた、というのが二つの文の字義である。

しかし、内容をよく吟味するならば、二つの文が語っているのはそれにとどまらない。「使徒」は英語では「メッセンジャー」と訳されているが、要は「メッセージ」を伝える人である。この場合のメッセージが神から来る啓示である以上、使徒はそれを人々に伝えなくてはならない。つまり、アッラーが実在することを認め、そのメッセージを伝えるムハンマドを「使徒」と認めることは、メッセージの真実性をテーマとすることなのである。

神から伝えられるメッセージとは、聖典クルアーンである。したがって、「アッラーが自らの言葉として、聖典クルアーンをムハンマドに下した」というのが、イスラームの根本教義ということになる。イスラームとはクルアーンを認めることだ、と断定しても間違いではない。

ムハンマドは「クルアーンをそのなかの一文字でも信じなければ不信仰となる」と述べたという。聖典は、それほどの重みを持っている。

現在私たちが目にするクルアーンは、書物の形をしている。イスラーム諸国に行けば、クルアーンは安価で手に入る。かなり美装のクルアーンでも、もともと普及を目的として刊行されているので、それほど値が張るわけではない。サウディアラビアには、ファハド国王クルアーン印刷所というものがあり、年間一千万冊の秀麗なクルアーンを印刷し、世界各地に無料で配布している。

しかし、クルアーンの本体は書物ではない。暗記され、朗誦されるのがクルアーンであり、公式の正典は専門的な暗唱家たちの心のなかにあるのである。このことは、外から見て奇妙なことに思える。正確な内容が書物として刊行されている以上、それが典拠ではないか、と私たちは思う。そうではないのである。

具体的には、こういうことになる。サウディアラビア版（ファハド国王版）のクルアーンは、現在流通しているなかでは、印刷の質から言って最良のクルアーンの一つであるが、この印刷に使った原版は何に照らして「間違いがない」とされたのであろうか。典拠となるクルアーンはいったいどこにあったのか。実は、元本はどこにもない。刊本のクルアーンは、二〇世紀に入ってエジプトで出されたフアード国王版（一九二三年）によって確立された。[2] しかし、サウディアラビア版は、このエジプト版に依拠しているわけではない。仮に、エジプト版に依拠していたのだとすれば、そのエジプト版は何に依拠していたのかを問わなくてはならないであろう。一九二三年のエジプト版によってクルアーンの印刷が確立したのであるから、その前に存在したのは写本である。もし、依拠した元本があるとすれば、写本のどれかに依拠したということになる。

実際には、エジプト版でもサウディアラビア版でも、ムクリウ（読誦学者）と呼ばれる専門家たちの委員会が、印刷用原版を、自分たちが記憶しているクルアーンに照らして正しいかどうか判断している。ムクリウ（読誦学者）たちは、クルアーンの読誦法に関する膨大な知識を有し、歩くデータベースのような存在である。ふつう、クルアーンの全巻を暗唱できる人をハーフィズ（記憶者）という。ハーフィズは一般信徒のあいだにも、たくさんいる。その上には、優れた発声力を持って読誦を専門とするカーリウ（職業的読誦者）がいる。ムクリウ（読誦学者）は、さらに彼らの上に位置する重鎮たちである。

「読め！」

イスラームの開祖ムハンマドは読み書きができなかったという。七世紀のアラビア半島では、読み書きのできる人の方がむしろ珍しかった。伝承によれば、ムハンマドは、マッカ（メッカ）近郊のヒラー山に籠もっているときに、突然に天使の訪問を受けた。天使は、啓示を運んできたが、それが啓示だとも言わずに、いきなり内容そのものを伝えた。

「読め！」と、天使ジブリール（ガブリエル）は言ったとされる。読み書きのできないムハンマドは、驚きつつ、「私は読む者ではありません」と答えた。天使は、「これは神からの啓示なのだ」とも言わず、いきなりムハンマドをとらえて、死ぬほど締め付けたという。そして、ムハンマドを放すと、再び「読め！」と言った。ムハンマドは再び「私は読む者ではありません」と答えたというが、このやりとりが三回あって、ついに、天使は「読め！」の続きを述べ、ムハンマドはそれを復唱した。

その内容は、こんなふうである。

読め！　「創造なされた汝の主の御名によって。
かれは、凝血から人間を創られた」
読め！　「汝の主はもっとも尊貴なお方、
かれは筆によってお教えになった方、
人間に未知なることをお教えになった」（凝血章一〜五節）

ここには、クルアーンの二つの基本的性格がよく現れている。第一は、「読む」という機能である。クルアーンとは「読まれるもの（誦まれるもの）」という意味であり、この啓典は、神の言葉を読むためにある。信徒たちは、それを覚えたり書きとめたりして、読み継いでいく。

ムハンマドも、啓示を受け取るたびに、自分で覚え、まわりの弟子たちに覚えさせた。書物の形に「結集《けつじゅう》」——経典の編纂を意味する仏教用語を用いるならば——がなされたのは、ムハンマドの死後二〇年ほどした頃であった。しかも、その書物は、あくまで読誦のガイドラインとして用いられたのであって、聖典の本体は人々が記憶し、朗誦するものであり続けた。現代のイスラーム世界でも信徒たちは、自分たちの聖典はムハンマド時代以来、連綿と読誦に読誦を重ねて一字一句変更せずに伝えてきたものであると、信じている。

付言していえば、クルアーンには異本や外典は存在せず、彼らが信じていることを否定すべき歴史的証拠は何もない。実際、一九世紀から二〇世紀にかけて、ヨーロッパの東洋学者の一部が異なるバージョンのクルアーンを探し出そうと試みたが、誰も成功しなかった。

もう一つの特徴は、啓典に対する外的な説明の欠如である。「読め！」に始まる五節は、九六番目の章である「凝血章」の前半分をなすが、これが何であるかの説明は章のどこにも書かれていない。「以下の節がヒラー山で最初に下された」と簡略に記されていることさえない。どの章にも、いつ、いかなる環境で下った章句か、説明は書かれていない。せいぜい、章題の脇に「マッカ啓示」「マディーナ啓示」と書かれている場合がある程度である。ムハンマドはマッカで布教を約一三年にわたっておこなったが、迫害にあって、マディーナに移住した。移住によって、イスラーム共同体が確立され、国家建設の道が開けたため、イスラーム暦ではこの移住の年を紀元としている。移住を「ヒジュラ」、この暦をヒジュラ暦という。移住以降のマディーナ時代はおよそ一〇年続いた。「マッカ啓示」「マディーナ啓示」とは移住の前か後かという識別である。しかし、これすらも、クルアーン学者による解釈を含むため、章題の脇に記載を許さない版もある。

物語性の薄い内容

イスラームを理解しようとする人が、その原点にある聖典を読めば、何かわかるのではないかと考えるのは、自然なことである。ところが、クルアーンを冒頭から通読していっても、何が問題にされているのか、なかなかわからない。

最初に書かれているのは、上で述べた「開扉章」である。しかし、開扉章の始まりは、「慈愛あまねく慈悲深きアッラーの御名によって」とあって、いきなり、「諸世界の主、アッラーに讃えあれ」となる。誰が述べたか、何が趣旨であるのかも、説明されていない。日本の読者は日本語訳で読むであろう。クルアーンの場合、翻訳は解釈の一種とみなされ、アラビア語の原典だけがクルアーンであるとされるが、日本語訳で読むから趣旨がわかりにくいのではない。原典のアラビア語で読んでも、説明がなされていない事実は変わらない。本文にはクルアーンとは何か、一切説明がなく、記述の順番がどうなっているかの指定もないのである。

神が唯一神・創造主であること、人間は神に帰依すべきこと、終末と来世があり、現世での行いにしたがって楽園と火獄が待っていることなどは、繰り返し述べられているが、物語性はきわめて薄く、読み進むのは容易ではない。

聖書はおおむね歴史的な順番で書かれているし、創世記の冒頭も「初めに、神は天地を創造された」と説明的である。聖書にしても記録者は明記されていないが、人間が記録したことは自明であるから、それ自体として読み進むのに問題が生じるわけではない。ところが、クルアーンの場合、神の言葉そのものとされているのであるから、そのことが何を意味するか了解していない読者が、いきなり頁を繰っても文脈が読みとれないのである。

クルアーンは、一一四章に分かれている。もっとも長い章は二八六節あり、短い章は三節にすぎない。したがって、「章」といっても、通常の本のような章立てが意図されているわけではない。章の名称も、不思議である。第二の章は「雌牛章」というが、雌牛の何が問題か、読者には全くわからない。この章はもっとも長く、全体の約一五分の一を占めているが、「雌牛」という言葉は一カ所にしか登場しない。章全体として見れば、雌牛とはほとんど何の関係もないのである。では、なぜ、雌牛章なのか。

それは、雌牛という語が、他のいずれの章にも登場しないからである。クルアーン全巻でただ一度だけ登場する「雌牛」(バカラ)の語がここにあるため、「雌牛章」と通称されるにいたった。おそらく、ごく初期には「雌牛が言及されている章」というふうに言われていたと考えられる。

おおむねの内容を反映している章題もあるが、識別上便利という理由で付けられた章題も多い(3)。意味がわかりにくいのは章名だけではない。章の配列は、章の長さを基準にして、長い章から短い章へと配列しているように見える。長い章は後期のマディーナ期のものが多く、短い章はマッカ期のものが多いため、時系列的には逆順である、と説明されることがあるが、これも「大雑把に言って」という程度のことにすぎない。章の内容が全く物語的ではないうえ、配列の基準が明示的でないため、読者が初めから順に読み進んでも、全体的な意図が理解できるわけではないのである。

いったい何のために、このような配列、構成となっているのか。いくつかの理由が考えられるであろう。章相互の主題的な関連をどうとらえるべきか、についてはイスラーム世界のなかでも、さまざまな議論がある。それらの議論は、専門的で技術的に細かな論証を含んでおり、外部（日本）の読者から見れば、クルアーン自体と同じように、わかりにくい。

以下では、もう少しマクロな視点からの私見を述べることにしよう。

「神の言葉」という装置

クルアーンとは「読まれるもの（誦まれるもの）」である。ここに第一のポイントがある。つまり、朗誦するときに信徒の心にどのようなイメージが次々と結ばれるか、というところにポイントがある。

次に、クルアーンはムハンマドに下った神の啓示を集めたものとされるから、全編が「神の言葉」そのものにあたる。解説の一つでも──たとえば冒頭に、「神は天使を通じて次のように述べた」とでも──書き加えれば、神の言葉がそうでないものと混ざったことになる。それを避けるために、一切他のことは書き加えられていない。このために、理解が容易でなくなることは上に述べた通りであるが、「全編が神の言葉」という特徴を確保することができるようになる。

この二つの点を合わせると、「神の言葉」を声に出して読み、それを聞くことができる、という特性があらわになってくる。おそらく、クルアーンとはそのようなことを実現しようとした「装置」なのである。

論理的に考えれば、絶対的で超越的な神と、私たちの住んでいる相対的で多様な世界は交わりようがない。哲学的に言っても、絶対存在と相対存在は、同じ地平に同時に併存することはできないであろう。しかし、その交わり得ない二つを結び合わせるのが、宗教の一つの機能である。絶対者が「言葉の啓示」によって相対世界に介入するというのは、セム的一神教の「装置」である。聖書には、その介入の出来事が記録されている。クルアーンはそれをさらに進めて、介入自体を永続化しようとした。

文字も書物も歴史時代の発明品である。自然言語の本来の姿は、音であり発話行為であろう。クルアーンは音としての啓典を基体とすることで、人間界の現実に存在する「永遠の神の言葉」を実現しようとした。

もちろん、神の実在を認めない立場、あるいは不可知論の立場から見れば、クルアーンが「神の言葉」とは考えられないであろう。しかし、「もし仮に、神の啓示が知覚可能な形で示されうるとしたら」と仮定した場合に、クルアーンがきわめて秀逸な形でそれを示す装置となっていることは、容易に認められるであろう。

クルアーンの構成は、日々それを読誦する信徒が、クルアーンが神の言葉であると実感し、いわば神が人間に何を求めているか、その発想を感知することを目的としているのではないだろうか。物語的な流れを読みとろうと思って、順に読んでもわかりにくいのは、そのためであろう。

おそらく、信徒がクルアーンを啓典として読むとき、そこには強いメッセージが感じられるようになっている――たとえば、神は自らを示そうと欲している。宇宙を創造し、人間を創造した主として、人間に対して認知を要求している。また、その認知と崇拝行為に対して、報賞を約束している。そこで読み手に求められているのは、主体的な行動である……。そのようなイメージが律動的にわきあがるような仕組みとなっているのではないだろうか。

生きている聖典

二〇世紀の後半になって、イスラーム世界の各地でイスラーム復興が顕在化した。そのとき、世界の多くの人々は、現代において宗教復興が起こったことにも驚いたし、政治・経済・社会に関わる改革運動が聖典の教えの実現をめざしていることに、強い衝撃を受けた。一言でいえば、現代においてクルアーンが生きていることに、激しく驚いたのである。

クルアーンが信徒に対して持つ影響には、二つの源泉がある。一つは、上に述べた「神の言葉を日常的に繰り返し聞く」という装置の力である。信徒は、礼拝のたびに、クルアーンを読む。彼らは、自らの口から発される「啓示の言葉」を聞きながら生きているのである。彼らは「開扉章」を読むたびに、「あなたをこそ私たちは崇拝し、あなたにこそ私たちは助けを求めます。どうか私たちを直き道にお導きください」（第四～五節）と発声する。彼らにとって、この願いの言葉は神によって授けられた最良の願い事であり、その発声において神と人との距離は限りなく近づく。

しかし、このような宗教的な装置の力だけでは、信仰心の継続は理解できても、イスラーム革命、イスラーム抵抗運動といった政治現象は説明できない。クルアーンが聖典として、長い歴史を生き延び、今も「生きている聖典」として機能するには、もう一つの源泉が必要である。それは、内容の解釈に関わる。

クルアーンの解釈は、時代ごとに革新されてきた。[4] 七世紀のアラビア半島で成立した聖典を、ただ教条的に「永遠の神の言葉」と信じるだけでは、時代の変化に対応しようがないであろう。実は、さまざまな章句が実際上何を意味するのか、時代ごとに大きな革新がなされてきた。解釈の革新者は、単に新しい解釈を示すだけでは、革新をなしえない。新奇であるが、人々の支持を受けない、それゆえ時とともに消えていく解釈も、歴史のなかには多々あった。

新しい解釈は、それによって章句の本来の意味がまた新たにくみ出された、と印象づけるようなインパクトを持つものである。それがあってこそ、正当な解釈として受容される。イスラームが二〇世紀に復興したのは、そのような解釈の革新があったからであり、それによってこそクルアーンが現代的な文脈において生きている。

実のところ、イスラーム世界でのクルアーン学および解釈の営為はイスラーム復興と連動し、二〇世紀末にいたって新たな活性化を示した。二一世紀に入ってからもその律動は続いているし、むしろ現代世界の急速な変化にともなって、解釈の革新がさまざまな面で強められている。

注

（1）目立った例外は「アッラーフ・アクバル（アッラーは偉大なり）」であろう。この言葉はイスラームを代表する定型句としてしばしば引用されるが、クルアーンではなく、開祖ムハンマドに由来する。

（2）イスラーム世界での活版印刷は世俗的分野から導入され、特に正確さを要求されるクルアーンについては長らく導入が遅れた。ファード版は、現代的なクルアーン印刷のスタンダードを確立した。一九五二年には、微細な修正を施した第二版が出された。

（3）クルアーンの章名の由来については、小杉泰「クルアーン」（大塚和夫ほか編『岩波イスラーム辞典』岩波書店、二〇〇二年所収）。

（4）クルアーン解釈学の歴史と類型については、小杉泰「イスラームにおける啓典解釈学の分類区分——タフスィール研究序説」（『東洋学報』七六巻一・二号、一九九四年所収）参照。クルアーン解釈に関する研究は近年欧米で盛んになりつつあるが、日本では未だほとんどなされていない。先駆的な例外として、加賀谷寛「近代イスラムのコーラン解釈」（『オリエント』七巻三・四号、一九六五年所収）、井筒俊彦『コーランを読む』（岩波書店、一九八三年）など。

Photo by Ichige Minoru

スーフィズムとは何か

【その構造と位置づけをめぐって】

東長 靖

（とうなが・やすし） 一九六〇年生。東京大学大学院人文科学研究科博士課程中退。京都大学大学院アジア・アフリカ地域研究研究科助教授。イスラーム学。著書に『イスラームのとらえ方』（山川出版社）、『イスラームを学ぶ人のために』（山内・大塚編、共著。世界思想社）などがある。

連日のようにイスラーム世界のできごと（たいていは暴動やテロ）が報道されるが、その中でスーフィズムという言葉に接することは多くない。原理主義という言葉が頻繁に用いられるのと、それは対蹠的である。

それでも、日本の知識人のあいだには、スーフィズムを知る人が少なくない。それはイスラーム神秘主義のことだと、通常説明される。白いゆったりした衣装を身にまとい、両手を差し上げて旋回する修行者たちと言えば、「知っている」と言う人の数はさらに増えるだろう。それは、真知を求める求道者というプラスイメージで受け取られることもあれば、非合理的で何やらあやしげだというマイナスイメージで受け止められることもある。いずれにしても、人々の日常生活とは縁遠いものと考えられることが多い。

本稿は、このスーフィズムとは何かを再考し、イスラームの中にどう位置づけるかを考察しようとするものである。[1]

スーフィズム再考

スーフィズムとは何か、という問いは一見簡単に見えて、実は非常に困難なものである。先ほど挙げた「イスラーム神秘主義のことである」という定義は、今でもイスラームの概説書などに散見されるが、少なくともスーフィズム自体を論じた最近の学術書で、このような定義を採るものは珍しいといってよい。むしろ、「イスラーム神秘主義」と訳すことがいかに誤解を生むかという指摘をするのが通常である[2]。

それでは、スーフィズムの定義は、なぜ困難なのだろうか。

第一に、スーフィズムを規範的術語として用いるか、記述的術語として用いるかが、論者により異なるという問題がある。たとえば、スーフィーたち自身は「スーフィズムとはかくあるべきだ」という立場でスーフィズムを論じる。論者にとってのスーフィズムの理想を語る場合、これを規範的術語と呼ぶことができよう[3]。この場合、目の前にスーフィズムを唱える者があっても、論者の意図にあわない主張をする場合には、それはスーフィズムではない、として捨象することがしばしばある。これに対して、イスラーム世界でスーフィズムもしくはスーフィーの名の下に語られている現象を、論者の価値判断によって選択せずに、スーフィズムの一部だと認める立場がある。このような立場でスーフィズムを語る際、それは記述的術語と呼びうる。実際の議論の場では、この二つの術語が混在して用いられることが多い。

この問題と関係するのが、スーフィズムの外延を示す境界線をどこに引くかという第二の問題点である。たとえば聖木崇拝や聖石崇拝などは、イスラーム世界においても広範に見られるが、それがスーフィズムの名の下に行われることが少なくない。思想研究がしばしば行ってきたように、形而上学的レベルでスーフィズムの規範的定義を行ってしまえば、これらはただの堕落形態ということになってしまうが、現実にこれをスーフィズムの実践の一部だと考えているフィールドの人々自身の意向を無視することになる。

第三に、通常スーフィー教団と訳されるタリーカ、および常にスーフィズムと結びつけて語られてきた聖者信仰と、スーフィズムとの微妙な関係が問題となる。実際には、スーフィズム以外の論理的基礎によって成立しているイスラーム聖者信仰を見ることができるし、タリーカをスーフィズムと直結して理解してよいのかもさらに精査を要する[4]。

スーフィズムが元来、スーフィー＋イズムであることを考えれば[5]、「スーフィズムとは何か」を正面から問題にするのでなく、「スーフィーとは誰か」を考察することにより、間接的にこの問いに答えようとすることも考えられるが、これも思ったほど容易ではない。

第一に、スーフィーと自称していた人をスーフィーとする、としてみよう。ところが、スーフィズムの神秘哲学的側面を代表するイブン・アラビー（一二四〇年没）が、スーフィーとは自称していなかったという報告がある[6]。イブン・アラビーを説明できないスーフィズム理解にも、規範的説明としての意味はあるかもしれないが、こうして得られたスーフィズム像で多くの人を納得させるのは、おそらく不可能だろう。

自称でスーフィーを考えるのでなく、周りの人がスーフィーだと認める人をスーフィーだとする、というのが第二の立場である。しかしこれは、「周りの人」とは誰なのか、という問いにつながり、結局はスーフィズムの定義の困難さにおける第一および第二の問題点にもどっていくことになる。

第三に、そもそも我々の考えているスーフィズムの担い手は、本当にスーフィーと称した（もしくは呼ばれた）人々なのかという根元的な問いが存在する。スーフィーに類する呼称としては、ファキール（清貧なる者）、シャイフ（師）、ハキーム（智者）などさまざまなものがある。(7) 実際にスーフィーという呼称が用いられていたのかどうかをいちいち検証することなく、これらを我々はスーフィーと総称しているのである。

このように考えてくると、スーフィズムを定義するというのは、無謀な営みに思えてくる。(8)

スーフィズムの三層構造

ここまで私は、スーフィズムがいかに定義しがたいかということを縷々述べてきた。「イスラーム神秘主義」という従来用いられていた訳語は、スーフィズムの持つ多様な側面の一つを表しはするが、それ以外の側面を捨象してしまう、ということも、長年主張してきた。こうして従前のスーフィズム像を解体した以上、研究者の責務として次には新たなスーフィズム像を提示しなければならないだろう。

筆者がここに提案するのは、スーフィズムを三層構造をなすものとして理解しようという分析枠組みである。

最上層として、神秘体験に根ざした「神秘主義」の層を考える。日常生活を超えた（もしくはその奥にある）神秘的なるものを求める要素が、スーフィズムに存在することは間違いない。

第二層として、「倫理」の層を考える。スーフィズムの書を実際に繙いたことのある人は、そこに書かれていることの多くが、ムスリムとしての日常的な道徳や戒律に関わるものであることを知っているだろう。それは、超常的な体験を説き募るものではなく、よきムスリムとしての生き方を淡々と主張する。ここでは、よきスーフィーとよきムスリム、スーフィズムの理想とイスラームの理想の間に懸隔はない。

最下層として、「民間信仰」の層を考える。スーフィズムと結びつき、あるいはスーフィズムの名を借りて行われる、民衆の間の宗教実践のレベルである。この層には、他のムスリムから、非イスラーム的もしくは反イスラーム的だと非難されるふるまいが、時に含まれる。

従来の思想研究（とくにイスラーム神秘主義研究）は、最上層のみを対象としてきたと言えよう。これに対して、人類学が主たるターゲットとしてきたのは、最下層である。第二層には、スーフィズムの前段階として存在していたと言われるズフド（禁欲主義）や、今日でも多くのマドラサ（イスラーム学院）で「倫理学」の名の下に教えられているスーフィー理論書を入れることができる。

冒頭にあげた旋舞教団（メヴレヴィー教団）に代表されるイスラーム神秘主義のイメージも、この構造を用いて説明できる。一方の、知を求める求道者というプラスイメージは、最上層のスーフィズムに相当する。これに対して、非合理的で何やらあやしげだというマイナスイメージは、最下層に相当する。ここで抜け落ちた日常性が第二層であり、この脱落こそが、「イスラーム神秘主義」という訳語がミスリーディングであることの証左となる。[9]

このように三層構造を考えることのメリットは、研究者・研究対象を問わず、論者がどのレベルのスーフィズム像を頭に描きながら論じているかを自覚的に確認できることにある。思想研究者・歴史家・人類学者・文学研究者・政治学者など、異なるディシプリンを持つイスラーム世界研究者がスーフィズムについて語る際、しばしばずれが生じるのは、このように多層構造をなしている対象を、スーフィズムという一つの用語でお互いが語り、しかも相手の論じているスーフィズム像と自分の論じているスーフィズム像の異同を、自覚的に検討しようとしなかったからである。

イスラームの中のスーフィズム

冒頭に述べたように、イスラームに関して世間で語られる場合、スーフィズムの占める比重は非常に軽いといえる。これはただ単にスーフィズムに関する無知に起因するのでは必ずしもない。一九世紀以降、ムスリムたちの一部が、スーフィズムは元来イスラームとは異質な存在である、という主張を繰り返してきたことに、原因の一端はある。彼らは、スーフィズムはイスラームのビドア（逸脱・異端）であり、正しいイスラームの一部ではない、という立場をとった。[10]この言説が、ムスリムの間でも、非ムスリムの間でも、現在に至るまで非常に強い影響力を持っていることが、スーフィズムに対する扱いの軽さの主たる要因であろう。

しかし、そもそもイスラームとスーフィズムを分ける、という発想自体が、一八世紀以前のイスラーム世界にはきわめてめずらしいものであったことに注意する必要がある。[11]

イスラームは、アッラーの超越性と親近性（内在性）を共に有する。また、イスラームは行（外目に見える宗教実践）と信（内面的信仰）を共に重視する。伝統的に、超越性と行の側面を代表してきたのが、法（シャリーア）と法学（フィクフ）であったのに対し、親近性と信の側面を代表してきたのが、スーフィズムであった。統一性と多様性を象徴しているとも言えるこの二つは、相互補完的に機能してきたと考えるべきである。スーフィズムは、イスラームを担う二つの核の一つであったと言える。

歴史的にいえば、イスラーム学の中には、遅くとも一二世紀頃にスーフィズムが取り入れられ、法学が担うイスラーム（実践）、神学が担うイーマーン（信仰）に命を吹き込み、確かなものとする役割を担った。[12]イスラーム社会の中では、スーフィズムと深い関わりを持ったタリーカ[13]が、師を中心とした共同体を築いていた。これを、ムハンマドを中心とした原始共同体ウンマの現前だと理解することは、さほど正鵠を失していまい。このタリーカは、地域共同体や国家の中で大きな影響力を持つと同時に、しばしば国家領域をも越えるネットワークを築いていた。また、スーフィー聖者の名の下に、イスラームへの改宗が起こった事例は、一九世紀のサハラ以南のアフリカをはじめ、数多く見られる。(14)

このように、過去においてイスラームの中核に位置し、イスラーム社会のあり方にも、イスラーム世界の拡大にも大きな力を持っていたスーフィズムであるが、最近では、いわゆる「原理主義」の陰に隠れてしまっている感は否めない。「原理主義」は、かつての法・法学の担っていた超越性・行の側面をより強調する形で、昨今脚光を浴びている。これに対して、スーフィズムは過去の遺物となってしまったのだろうか。

私は、必ずしもそうは思わない。

たとえば、中央アジア諸国でイスラーム復興がめざましいのは、よく知られており、その中心勢力は「イスラム原理主義」だと説明されることが多い。しかしその担い手は、ナクシュバンディー教団やカーディリー教団といったタリーカである。ここで彼らが「原理主義」だとされるのは、報道する側の無知によるばかりでなく、彼らの説くスーフィズム像が、三層構造の第二層を中心としているからだと考える。上述したように、このレベルでは、スーフィズムはムスリムの日常倫理を説いているのであり、それは戒律を遵守するという「原理主義」の主張と、なんら背馳するものではない。

また、アメリカのイスラーム学者カール・エルンストは、スーフィズムに関する概説書の冒頭で、ワシントンで講演をした時の体験を語っている。出席者の中のイラン人やアフガニスタン人が、講演後に立ち上がり、「イスラームとスーフィズムは無関係だ」と口々に語ったという。「原理主義」的な本国から排除されたと感じているこれらの人々にとって、イスラームは権威主義的な抑圧のシンボルであり、これに対してスーフィズムこそが、自由と普遍性への道と受け止められている、というのである。(15) ナショナリズム没落後のオルターナティブがイスラーム主義であったように、スーフィズムが新たなオルターナティブの一つとなる可能性までも、我々は考えるべき段階に来ているのではないだろうか。

注

(1) 本稿は、平成九―一三年度文部科学省科学研究費（創成的基礎研究費）「現代イスラーム世界の動態的研究」プロジェクトの成果の一部をなすものである。このプロジェクトにおいて継続的に行ってきた「聖者信仰・スーフィズム・タリーカをめぐる研究会」（コーディネーター／堀川徹、赤堀雅幸、東長靖）は、学問分野や対象地域を異にする研究者がそれぞれの知見を元に議論をたたかわせる場であった。そこでは、単に豊富な情報が交換できたばかりでなく、どのような場合に議論のずれが起こるのかを実体験し、それを克服するにはどうすればよいのかを、ねばり強く考える機会を得た。

(2) たとえば W. C. Chittick, *Sufism: A Short Introduction*, Oxford and Boston: Oneworld, 2000, p. 1; A. Schimmel, *Mystical Dimensions of Islam*, Chapel Hill: The University of North Carolina Press, 1975, p. 3などを見よ。

(3) 一見奇妙に思われるかもしれないが、スーフィズムを批判する論者たちの言説も、規範的である。そこでは逆に、「スーフィズムとは、正しいイスラームと反するかくかくのものである」という形で、論者の理解するスーフィズム像が描かれる。すなわち、賞揚するにせよ、批判するにせよ、実際にイスラーム世界で眼にする可能性のあるスーフィズムの内から、自らの理念・信念に基づいて一部を捨象することによって、規範的理解がもたらされる。

（4）スーフィズムに基づかない聖者信仰の例として、エジプトのシャーフィイー廟に対する参詣・信仰があげられる（シャーフィイーはスンナ派四法学派の一つシャーフィイー学派の学祖）。タリーカとスーフィズムを結びつけることに対する疑念は、たとえば最も有名なタリーカであるカーディリー教団の名祖、アブドゥルカーディル・ジーラーニーがスーフィーではなかったという有力な説があり、いまだに決着がついていないことなどに見ることができる。「ジーラーニー非スーフィー説」をめぐる論争を簡便にまとめたものに、A. Knysh, *Islamic Mysticism: A Short History*, Leiden, Boston and Köln: Brill, 2000, p. 183がある。ただし、Knyshはこの説が謬説であることがすでに論証されたと考えているようであるが、筆者はそれに賛同しない。

（5）アラビア語でも、スーフィズムに相当することばtaṣawwufは、元来「スーフィーであること」といった意味合いを持つにすぎない。

（6）W. C. Chittick, s. v. “Taṣawwuf,” in *The Encyclopaedia of Islam*, New Edition, vol. 10, Leiden: Brill, 2000, p. 317.

（7）Ernst, *op. cit.*, pp. 27-29はスーフィーに対して実際に用いられたものとして、四〇以上の呼称をあげている。

（8）実際、ほとんどのスーフィズムの概説書は、この困難さを語っている。たとえば、Schimmel, *op. cit.*, p. 3; Ernst, *op. cit.*, p. xvii; Chittick, *Sufism*, pp. 1-2.

（9）私は宗教学の立場に立つので、神秘主義という用語を、自分の分析枠組みの中では、神秘的合一体験を核とする営み（最上層のみに相当）と考えている。しかし、神秘主義という語に対する一般的印象は、非合理的であやしげなものをも含むようである。したがって、最上層と最下層の両者を指す用語として、「イスラーム神秘主義」という概念がこれまで機能してきたのではないかと考えた。

（10）スーフィズムは元来イスラームとは異質な存在である、という主張は、一部のムスリムのみならず、オリエンタリストたちの一部によっても、ほぼ同時期になされた。前者が、スーフィズムはイスラームのビドア（逸脱・異端）であり、正しいイスラームの一部ではない、という立場をとったのに対して、初期の一部のオリエンタリストたちがとった態度は、スーフィズムこそは正しい普遍的真理の一形態であり、それはたまたまイスラーム世界という土壌に育ったが、イスラームに固有なものではない（したがってキリスト教と通底する）、というものであった。スーフィズムとイスラームのいずれを評価するかは正反対でありながら、皮肉にも彼らの主張は軌を一にしていたのである。

（11）Ernst, *op. cit.*, pp. xi-xv.

（12）Chittick, *Sufism*, p. 21. イスラーム、イーマーンに対して、スーフィズムはイフサーン（奥義としての善）を担うとされる。この三分法は、伝統的なものである。

（13）上述したように、タリーカとスーフィズムの関係はさらにくわしく検討されなければならない。しかし、部分的にスーフィズムと重ならないタリーカが存在するとしても、大半のタリーカはスーフィズムと何らかの関わりを持っていたと考える方が、現時点では妥当であろう。注（4）で述べたカーディリー教団にしても、名祖ジーラーニーがスーフィーでなかったからといって、後のカーディリー教団までもが、スーフィズムと関わりを持たなかったということはできない。

（14）聖者信仰が必ずしもスーフィズムとのみ結びつくわけではないことはすでに述べたが、一九世紀という段階では、サハラ以南のアフリカでタリーカの形をとったジハード運動は、スーフィー聖者の名の下に行われたと考えるべきであろう。

（15）Ernst, *op. cit.*, p. xvi.

ムスリムの信仰にみる多層性

【アルジェリア調査ノートから】

鷹木恵子

（たかき・けいこ）　一九五四年生。立教大学大学院文学研究科博士課程中退。文学博士。桜美林大学国際学部教授。文化人類学。著書に『北アフリカのイスラーム聖者信仰』（刀水書房）『チュニジアのナツメヤシ・オアシス社会の変容と基層文化』（東京外国語大学アジア・アフリカ言語文化研究所）などがある。

イスラーム主義的色彩の強い国？

今年三月、マグリブの女性労働状況の人類学調査の一環として、アルジェリアに三週間ほど滞在した。アルジェリアは、ここ十年ほど、イスラーム過激派武装勢力と国軍との対立抗争、テロの横行などで、暗い時期をくぐり抜けてきた。一九九九年四月にブーテフリカ大統領の就任後は、国民和解法の成立などもあり、テロ活動は沈静化へと向かいつつあり、厳重警備体制の都市部では、現在ではほぼ平常通りの生活が戻ってきている。しかし一部の地方では未だ散発的にテロが起きており、また滞在中三月十八日にはアルジェ市中心部の中央郵便局でも爆弾テロがあり、死傷者十数名をだすという惨事があった。

二〇〇〇年の夏、一九九一年以来、九年ぶりにアルジェを訪問した折、アルジェリアではイスラーム主義勢力の台頭が著しいということから、真夏ではあったが一応長袖の服などを用意して出かけた。しかし実際にアルジェに到着してみると、ベール姿の女性が、確かにチュニジア・モロッコよりも多いように思われたが、ジーンズ姿やミニスカートの女性、さらには夏ということもあってタンクトップ姿で肌をあらわにしている若い女性なども見かけ

写真１　市場通りを行く人々　（著者撮影）

（ロングドレスにスカーフ姿の女性もいるが、その後ろには、皮のジャケットにスラックスという洋装スタイルの女性も見られる。）

られ、メディア報道などから自ら抱いていたアルジェリアのイメージと現状が大きく異なることを知り、やや戸惑いを覚えたことを思い出す。

今年三月の訪問時にも、想像していたことと、アルジェリアでの現状とにズレがあったと再認識させられたことが幾つかあった。

まずそのひとつが、九・一一同時多発テロ事件とその後のアフガニスタン戦争に関するアルジェリアの一般市民の感想・反応である。アルジェリアにはイスラーム主義者が比較的多いとの考えから、筆者は、アメリカによるアフガニスタン空爆などの戦争行為に対して、アルジェリアでも、政府レベルの見解は別としても、一般民衆のあいだでは少なからず反米意識の高まりや反戦デモなどがあったのではないかと漠然と考えていた。

ところが、現地へ行って多くの人々と話をしてみると、アルジェリアでは大半の人々が、今回のアメリカによるアフガニスタン攻撃をむしろ歓迎して受け留め、国民の多くがアメリカ支持に回っていたという。すなわち、アルジェリアでは、ここ十年にも及んだ過激派イスラーム主義者たちによるテロ行為に今や国民の多くがすっかり疲れ果て辟易しており、しかもその最も残虐・非道なテロリストの多くが、アルカーイダの軍事基地で特殊訓練を受けてきたアフガン帰りの者たちという認識から、アメリカのアフガニスタン攻撃を、むしろ自国の無差別テロ撲滅にも繋がるとして好意的に受け留め、これでアルジェリアでのテロもすっかり下火になるものと安堵感すら覚えて、米国のテロ撲滅作戦を支持していたという。マグリブ三国のなかでは、アルジェリアは最もイスラーム主義的色彩の強い国、すなわち反米的な傾向が強いとされるが、それが状況いかんでいかに変わり得るかを再認識させられることとなったのである。

アルジェにしばらく滞在していて、イスラーム主義ということで一般化しているイメージの危うさについても、さまざまな場面で再考させられた。首都のアルジェでは、アルコールの販売などがかなり自由になされており、外国人はおろか、アルジェリア人のあいだでもおおらかにそうした自由が享受されている。またディスコなども各所にあって、そうしたバーやディスコは、この十年のあいだも現在同様に存続していたという。イスラーム主義勢力の強い国=禁酒・服装や娯楽などの規制という認識もまた短絡過ぎることになる。アルジェリアのイスラーム教徒たちの生活は、その意味では、ターリバーン政権下のアフガニスタンのイスラーム教徒などとは比較にならないのはもちろんのこと、イスラーム国家のイランやワッハーブ派のサウジアラビアのイスラーム教徒の生活などとも大きく異なり、はるかに自由度の高いものとして認識する必要がある。

写真2　ユースホステルの受付

（洋装の女性とイスラーム服の女性）

（著者撮影）

生活のなかに息づく多様な信仰

アルジェリアは、独立（一九六二年）以降、確かにチュニジアやモロッコと比較して、国家によるイスラーム統制政策がはるかに厳しくなされてきた。特にイスラーム宗教伝統のなかでも、神秘主義的（スーフィズム）信仰実践は、近代化に反するとして、宗教寄進財産（ハブス）制度廃止やスーフィー教団の集会所閉鎖など、政策的にも排除する方針が採られてきた。したがって、スーフィー教団の活動や聖者廟参詣、聖者の祭礼などは、都市中心部などでは現在ではほとんど見る影もないという印象がある。しかし、アルジェリアのなかでも地方や南部などではまだそうした伝統が残っているとされ、また都会でも人々と接触しつつ、しばらく時を共に過ごしていると、日々の生活のなかで今も息づき実践されている、厳格なイスラーム主義者からはビドア（逸脱した信仰）として批判されかねないような、多くの信仰が存在している様子が見えてくる。

アンナバの町を歩いていた時のこと。ある男性が、大声で道行く人々に話しかけており、女子大生などが笑いながらその場を通り過ぎていった。その男性の言葉を筆者はよく聞き取れなかったので、近くの人に尋ねてみたところ、その男性は「私はムラービト（マグリブではイスラームの聖者、スーフィーなどの意）だ。だから私に施しをすれば、あなたたちの願いは叶い、きっと試験に合格するよ」と通りがかりの学生たちに話しかけ、物乞いをしているとのことであった。その男性が本当にスーフィー修行者なのか、聖者なのかは別として、そうした言説がこのアルジェリアでいまなお生活のなかで生きている事実にやや驚きを感じないではなかった。

同じくアンナバで、テロで夫を亡くした寡婦や女性の経済的自立支援の活動をしているNGOで調査をしていた時のこと。そのメンバーでアンナバ大学二年生の経済学専攻のライラに、調査のアシスタントをしてもらっていた。ライラは、とてもまじめな性格で敬虔なイスラーム教徒でもあり、ラマダーン月の断食などは当然のこと、日々の五回の礼拝も欠かさないとのことであった。しかしライラはベールを着用していなかった。それだけでなく彼女は、ベールに関しては、その着用が必ずしも敬虔で良いムスリマであることを示すものではないとし、現在のアルジェリアではベールとロングドレスのコーディネートがいわばひとつの流行ファッションとなっており、それは特に敬虔な女性であることを装い、それを異性にアピールする手段とすらなっているとして、そうしたファッションの安易な着用には実に批判的でもあったのである。またライラは、一般的に知識人がそうであるように、聖者信仰や迷信などにも批判的で、そうしたことは信じないとも明言していた。しかしそんなライラが、別れ際に、ブルーの花のペンダントを、私にプレゼントとしてくれた。しかもそれは、彼女の説明によると、花はジャスミンを象ったもので、青い色は邪視除けの効果がある、すなわちお護りであるという。邪視除けのモチーフとしては、チュニジアなどでは、「ファーティマの手」という手の形や魚、角などが一般的で、ジャスミンの花は一度も見たこともなかったので、同じく邪視除けのモチーフでも地域によりさまざまであることをあらためて考えさせられた。そして何よりも聡明で敬虔なライラが、邪視を信じていることは理解できても、こうしたお護りなどにも執心していることにやはり興味深いものがあるように思われた。

アルジェ、アンナバ、オランなどの町でもやや気に留めて観察していると、邪視除けや厄除けのモチーフなどが生活のなかに今も生きていることが随所で確認できる。特に小さな子供の胸元には、何らかのお護りが付されていることが多い。またオランやアンナバの町はずれには、現在でも聖者廟がやはり残っており、少ないながらも参詣者も訪れていた（**写真3**）。また俗信的なこととしては、アルジェリアの日刊紙には、硬派の新聞などにも、毎日星占いが掲載されている。書店のカウンターなどにも、手頃な占星術の月刊本などが積まれていることが多い。さらに調査が終わ

写真３　オランの町はずれにある聖者廟　（著者撮影）

（参詣者のなかには、ノースリーブの若い女性などもみられた。）

りに近づいた頃、アルジェリアの南部で、思いがけないことであったが、カビリー出身の、アルジェリア系フランス人で、現在ジュネーヴ大学で社会学の講師をしているという女性研究者に出会った。その彼女がまた自らジンとしばしば交信するという、シャーマン的能力をもつという人物で、幾つかの体験談を話して聞かせてくれた時には、今回は特に宗教信仰の調査のために来たのではなかったのだが、いつもの習慣からつい急いでカセットテープを取り出して彼女の話を録音してしまったほどであった。

パラ・イスラミック

以前、拙著のなかで、イスラーム教徒たちの信仰の重層性について記したことがあった。少なくとも人類学的な観点から、イスラーム教徒たちの信仰生活の実態にアプローチしようとすると、イスラームの入門書などで解説されている教義や思想などから大きく逸脱しているような、さまざまな信仰や慣行の類のものに遭遇する。

「イスラーム主義勢力が強い地域」といっても、そこに生きているイスラーム教徒の信仰生活の実態は、それぞれの地域的特性や政治状況とも絡んで実に多様であり得る。人類学的にイスラーム教徒の宗教生活の実態により近づこうとするならば、彼らの信仰にみられるこうした多層性をも理解する必要があるように思われる。そして一般のイスラーム教徒の多くが是認している「公約数

Photo by Ichige Minoru

的なイスラーム」から逸脱しているような信仰や伝統的習俗については、これまで多くの場合「プレ・イスラミック（pré-islamique イスラーム以前の）」なものと捉えられがちであった。しかしチュニジアの女性人類学者S・フェルシューが『マグリブの複数のイスラーム』と題した著書で述べているように、過去の遺物の残存として理解するよりも、それが現存し、イスラーム教徒の生活のなかに生きている以上、むしろ「パラ・イスラミック（para-islamique）」なもの、すなわち「イスラーム」として大半のイスラーム教徒に是認されている信仰にいわば「付随」し、時にはイスラーム的な言説で説明され、またイスラームの基本的教義に「寄生」しているようにも捉えられる信仰・習俗として、それぞれのコンテクストのなかで解釈・理解する姿勢が、人類学者には求められているように思われる。そしてこの「パラ・イスラミック」という概念は、一般のイスラーム教徒が賛同し得ないような狂信的で過激なイスラーム思想の把握などにも、ある程度有効なのではないかとも考えている。

イスラームの社会構造

文化としてのイスラーム伝統経済

黒田美代子

（くろだ・みよこ）一九三四年生。慶應義塾大学文学部仏文学科卒。駒沢女子大学教授。イスラーム文化・社会論、中東現代史。著書に『商人たちの共和国——世界最古のスーク、アレッポ』（藤原書店）、論文に「イスラームの自己組織性——社会的諸集団と国家」（『地域研究』二〇〇〇年四号所収）などがある。

なぜ今イスラーム経済か

　これまでイスラームは、もっぱら宗教的な側面から論議され、分析されてきた。もちろんそれは先ず宗教であり、したがってその解明のためには、その宗教的な教えの検討が優先されねばならないことはいうまでもない。しかし聖俗を分かたぬこの教えが、長い歴史の中で固有な社会的伝統の形成に与ることが大きかった点は、同時に忘れられてはならない事柄であろう。他の多くの宗教と異なり、イスラームは独自の法を持っている。そしてそこには経済活動に関する諸規定も含まれているのである。それらは相寄って、〈イスラーム経済〉と呼ばれるにふさわしいシステムを形成しているが、それらは具体的にイスラーム社会の中で歴史的にさまざまな機能を果たし、特殊な経済的体制、制度、慣習を作り上げてきた。この点に関しては残念ながら未だに研究が遅れている分野であるが、それは後に指摘するような際立った特質を持つものであり、イスラーム世界の本性の認識ばかりでなく、その強い持続性の秘密を明かすものとして、大いに検討に値するものといえよう。

　イスラーム経済という問題は、それ自体かなり大きな主題であり、僅かな紙数で語り尽くされるものではない。ただしイスラーム世界で機能し続けてきたこの経済システムの本性を予め一言で要約するならば、それは長い歴史を通じて人々に、自律的な生活のサステナビリティーを保障してきた体制である、ということができるであろう。それは現在世界的規模でみられるような資本主義的発展には、障害となる要素をさまざま含んでおり、したがって資本主義化にとってはマイナス要因が大きいといいうるが、それは同時に現時点で、われわれが再検討すべきポジティヴな要素を数多く宿してもいるのである。

〈ひと〉の優位

　現在世界は強大なグローバリゼーションの波に席巻されており、金融資本主義化が地球的規模で進行しつつある。米ソ冷戦体制の崩壊後、これまでの経済構造は大きな転換を余儀なくされ、衆目の前に貨幣経済の異常な肥大化、それに伴う経済活動の質的変化が、明らかな兆候として現れつつある。資本の集中により体力を増強させた大企業は、膨大な資本力を持つ多国籍企業として、高度に発達した情報、通信技術を駆使して世界中にその活動を展開し、富の集中をさらに強力に推し進めている。資本の効率的活用という貨幣の連鎖により、財の寡占に成功した多国籍企業は、世界的規模で確立され、実質的資本の数十倍に上る資金の活用を通じて、具体的な生産活動に従事することなく、莫大な利潤を稼ぎ出すシステムを世界的規模で築き上げている。このような状況がもたらしている決定的な兆候は、突出した〈かね〉の優位性による〈ひと〉の自律性、ひいてはサステナビリティーの侵害である。

　経済行為にはそもそも、〈ひと〉、〈もの〉、〈かね〉の三者が関わっている。交易が人類史上初めて成立して以来、会計計算によらないそれまでの贈与経済から、物と物の交換というバーターを基礎とする交換経済へと移行し、その後初めて交換の媒体としての貨幣が登場することになる。貨幣は〈価値の指標〉として、商品交換の可能性を飛躍的に拡大させることに貢献した。しかしその役割はすぐに富の蓄積手段と化し、この段階から貧富の格差が生まれることになる。蓄積された財は、一方で資本として新たな経済活動を促すが、その後資本は二つの道筋を辿ることになる。それは一方では〈生産の効用〉を促進させる役割を果たすと同時に、他方では人々を専ら〈利潤のための利潤追求〉へと駆り立てていく。〈ひと〉〈もの〉〈かね〉のかかわりにより為される経済行為において、少なくとも資本の蓄積が準備され、それが生産活動に投資されてその効率を高める段階までは、〈ひと〉の優位は未だに保たれている。しかし資本が利潤のための利潤追求の段階に入るや否や、その優位性は著しく劣化し、〈もの〉、〈かね〉、とりわけ後者に従属させられることになる。ここを起点としてそれ以後の経済を自由市場経済と呼ぶならば、それまで人類が辿ってきた諸段階においては、経済活動における〈ひと〉の優位は顕著に脅かされないままでいた。そしてこのような西欧の覇権以前の経済的特質を、最も組織的に守り続けているのがイスラーム経済なのである。

所有の原因としての労働

イスラーム経済は、あらゆる利得の根源を〈ひと〉、つまり個人の労働に置いている。個人は自ら直接労働する限りにおいて、その成果を自分のものと為しうるのである。つまり利潤の基礎はあくまでも個人の労働なのである。このシステムにおいて労働に関する第一原則は、「労働は所有の原因」なのである。これはとりわけ特筆するまでもない原則のように思われるかもしれないが、それはさらに次のような補足的細則と結びつくことによって、この経済の特殊な側面を明らかにする。つまり個人の労働の主はあくまでも彼、ないし彼女自身であり、したがってなんぴとも他人の労働を時間で売買することは認められない。個人の労働を、最後まで個人のものたらしめる配慮を徹底させているのが、この経済の基本的な特質なのである。それが他人の労働の成果、他人の所有を侵害することを許していないことは当然である。

ひとの労働とその成果は、あくまでもそのひと個人に帰属する。ところで看過されてはならないのは、個人が決してそれらの最終的な所有者ではない点である。神の創造によるこの世の万物は、すべて神の所有に帰する。個人の労働の成果は、神との契約により、神から委託されているにすぎない。ひとの存在それ自体を含めて、すべては神の所有に帰するものであり、ひとの生存を始めとして、その労働、その成果としての財はすべて、神との契約上の責務として、当の個人にその管理が任されているものにすぎないのである。しかし委託（アマーナ）によって神から委ねられた管理責任は、個人のものだけに限られるものではない。自らを取り巻く世界全体の調和ある維持を巡って、ひとはそれぞれ他と責任を分かち合っているが、部分としての個である個人がいつでも全体と、とりわけその調和の維持と深く関わっていることは、イスラームにおける最も重要な特色なのである。

このような観点から、イスラーム経済においては三つの所有の形態が存在する。つまり先ずは私的所有と公的所有の二種類が存在し、後者はさらに国有と公有の二つに分けられる。イスラームの所有権に関しては、私有を前提とする資本主義と、公有を前提とする社会主義、共産主義の中間を行く、折衷型のシステムであるといった説明がなされるが、この種の議論はことの本性を決して明らかにするものではない。私有についてもそれが絶対的な所有権でなく、仮初めの占有権であり、国有、公有の区別にしてもこの経済に固有なものである点からしても、このような分肢はそれ自体の論理に従って理解される必要がある。

上述のような大枠の中で、個人の労働はイスラーム経済の基本単位として堅く守られており、そこではひとが自らの労働の奴隷とならないための、さまざまな手段が工夫され、随所に配置されている。「労働は所有の原因」であるという原則は、端的に〈ひと〉の優位を個人の側から擁護しているが、イスラームは経済活動のさまざまな次元においてこの原則を実現させるために、より広範な立場から種々の規定を設けているのである。イスラーム経済の基本的な主張としては、例えば利子の取得、投機、退蔵を厳しく戒めている点が挙げられる。これらの禁忌は、経済活動を一つの総体として考える観点から抽出される性質のものである。全体の調和ある活動は、それを構成する部分の健全さによっている。個人の労働を活性の基礎とする経済活動において、一部の異常は総体の健全さを損なうものであり、そのために不労所得の原因となるものは徹底的に排除されねばならない。利子、投機、退蔵の禁止は、すべてこのような全体的な観点から、所有の原因としての労働の地位を確立させるためにとられる措置なのである。

上述したように、経済行為がつねに〈ひと〉の優位のもとに行われ、それが脅かされることを回避するために、イスラーム経済は経済活動のそれぞれの部分で、さまざまな配慮を行っている。それがとりわけ腐心しているのは、〈かね〉の無制限な増殖にたいする防衛策であるが、この点に関して簡単に全般的な検討を行なってみることにしよう。

財の集中の排除と個人の参画の可能性

イスラームの経済活動は、以下のような循環システムによって説明される。それは生産に先行する部分と、生産に後行する部分の二つに区分されるが、前者に該当するのは例えば土地、水、鉱物等の天然資源で、これらは生産に先行しており、それゆえに原則として公有であり、なんぴともこれらを個人の所有とすることは許されない。ただしこれら生産に先行するものは、有効利用することによって個人のものとすることが可能である。例えば未使用の土地は死地であり、それを開墾して活用した場合、それに生命を与えた行為の結果、その土地の有効利用権を個人に帰すことができる。ただしこれは絶対的な所有ではなく、あくまでも占有でしかない点は特に留意されるべきであろう。もしも所有者が耕作を中止したり、その土地を放置した場合には、この土地の使用権は消失するのである。この例からも明らかなように、個人は「自分が使用しうる限り」で、占有権を享受しうるのである。

生産に先行するものとしては、さらに遺産が挙げられる。これは個人の労働とは直接関わりがないため、利得獲得の大前提と矛盾するように思われるが、ここにはむしろイスラーム経済の特色が最も良く示されているであろう。個人の生産活動は、私ばかりでなく公的社会の存続のための最も基本的な要因である。それと同時に個人と親族の絆は、ひとの生産意欲を駆り立てる最も強い要因に他ならない。個人の労働の成果である遺産を、公私を結ぶ関係の重要な結節点として認めることは、基本的な二つの要因を活性化するために有効な手段なのである。ただし遺産相続に当たっては、財は一定の規則に従って権利保有者たちに配分されることになっている。そこでは長子相続のように、財を一箇所に集中させることはなく、それをいかに公平に分散させるかに関心が注がれているのである。

生産に後行するものとしては企業、商業活動を始めとして、財の蓄積、その使用法等の問題が関連してくる。これらのすべてを論ずることは不可能であるが、われわれの主題との関連で簡単に指摘を行うことにしよう。企業において特徴的なのは、複数で事業を行うさいの協力の方式である。事業における協力の形態は、資本提供者と企業家で行われるムダーラバ、あるいは共同出資、共同参加によって営まれるムシャーラカといった制度があるが、特に興味深いのは前者である。その特徴は企業がプロジェクト・ベースで行われ、資本家も企業家も、等しくその成果のいかんに応じて利得の配分に預かる点にある。つまり両者は企業そのものの成果を、直接に自分たちの間で配分しあうのである。要するに企業が利益を上げれば両者はそれを等しく享受し、同時に損失を招いた場合にもその損害を両者で分け合うという、損得を共に引き受けるプロフィット・アンド・ロス・シェアリングの方式である。ここでも明らかなのは資本主義経済の場合と異なり、〈かね〉の所有者が、それを所有しているというだけで、企業そのものの成果いかんに拘わらず、利子の受け取りというかたちで利潤を得ることが禁じられている点である。個人が自ら直接手を下しうる限りにおいて、あらゆる仕事に従事することを認めるイスラーム経済は、資本の自己増殖の道を絶つことによって、それだけ潤沢に個人としての〈ひと〉が、経済活動に参画する可能性を提供し続けるのである。これは大資本に経済的な条里化を許さず、利得の総量を可能な限り多くの参加者に配分することを心がけると同時に、経済分野ばかりでなく社会的領域においても、幅広く人々に共生・共存を促すシステムなのである。

イスラーム経済の円環の一方にあたる生産に後行する要素としては、さらに商業活動、財の保有の形態、その配分等の問題が挙げられる。商業活動については後に言及するとして、蓄積された財の保有について見てみよう。個人が獲得した財は個人の許に留め置かれず、社会に還流されねばならない。個人にとっては自分自身と家族、近親者の生活のたつきを稼ぎ出すことがこの世における第一の義務であるが、その余の部分は奢侈にわたらず生活を享受するために支出することが許される。それ以上の財に関しては投資が奨励され、また一定期間手元に留め置かれた財については、その総額に対する特定パーセントが宗教的喜捨（ザカート）として義務づけられる。宗教的な義務である喜捨以外にも、富める者からの貧しい者にたいする施し（サダカ）は大いに奨励されるが、とりわけ豊かな者には自らの富を宗教的寄進財（ワクフ）として、神のものというかたちで寄付することも可能である。この種の財からの利潤は、学校、病院の経営、貧困、困窮者にたいする社会的福祉を実現するために用いられるのである。財の集中を排除し、それを社会に還流させるための措置は、このように経済活動の至るところに埋め込まれており、そのすべてが相寄って〈ひと〉の優位を確かなものにしているのである。

商取引の独自性——一物多価の交渉方式

イスラーム経済の円環について一応の説明を行った後で、いよいよイスラームの市場における商行為の独自性について検討を加えることにしよう。現在の資本主義的市場において、基本となっている通商形態は、〈もの〉つまり商品、ないしは擬制商品の計算可能性を前提とした、等価交換を基盤とする定価方式である。この定価システムの基礎となっているのは、同一律を前提とする等価交換の原則である。つまり商品は同一である限りにおいて、同じ価値、即ち同一価格で取引されることになる。この方式は、その計算可能性によって取引の可能性、量を飛躍的に拡大させた。簡単にいうならば、資本主義をこれまで拡大、強化させてきたものは、この同一律の効果的な活用である。ただし現時点で考察に値するのは、この同一律への過大な依存が、既に指摘したような大きな矛盾をもたらしてはいないかという点である。それはあらゆる分野に商品化を促し、本来〈かね〉では計算、譲渡しえないものの領分を大幅に侵略、侵害しつつあるのである。それは俗にいわれるコマーシャリズムとして、自律的で有機的な〈ひと〉の領分を侵食し、そこに無機的な〈かね〉の論理を暴力的に挿入させるのである。同一律による定価方式は、究極的には自動販売機の方式に還元されるであろう。そこでは画一化された〈もの〉、商品と、差異を消去された〈ひと〉の欲望が、同一の価格で結び付けられる。確かにこれは大量の生産、通商にかなった方式であり、さらにグローバリゼーションにもきわめて有効な方式である。ただし看過されてはならないのは、ここで等価交換の名のもとに価値そのものを、〈かね〉が支配的な役割を演ずる価格と同列に置く傾向が助長され、〈ひと〉や〈もの〉の差異性が払拭されている点である。現在〈かね〉の優位が日に日に顕著となり、それが〈ひと〉の自律性を犯しつつある兆候は誰の目にも疑いのないところであろう。

イスラーム経済における通商形態は、資本主義の場合のような一物一価の定価を原則とする、等価交換のシステムとは異なる原理に基づいている。それはすべての取引が差異的であるということを前提とする、交渉による取引を基礎に行われる。つまりそこでは一物一価ではなく、一物多価の認識が大前提として存在しているのである。一物多価の交渉方式の最大の特徴は、〈ひと〉と〈もの〉の個体性の尊重である。個体重視のイスラーム的観点からすれば、いかなる商品もそれ自体先ず差異的であり、それと同時に差異的な買い手の欲望との関連においても独自である。このように商品の差異性と、買い手の欲望の差異性が通商の基本的要素として考量された場合、当然のことながら定価の同一律は忌避されざるをえない。そして限りなく差異的な商品と、同じく差異的な買い手の要求との交点を見出すためには、有能なひと、つまり商人の存在が不可欠なのである。差異の番人である商人は、商行為の有機性を保つ者として、単純な同一律でしか対応しえない自動販売機では決して望みえない重要な役割を果たしているのである。

商品の差異、買い手の差異を基本的に尊重する交渉方式は、さらに個々の売買の一回限りの完結性を強調する。これは先物取引等の投機を封じ込めるために有効であるが、売買は一回限りで完結し、それが行われる場で〈かね〉の支払いと現物の提示が同時に行われることが、原則となっているのである。これらすべての規定の背後にあるのは、〈ひと〉、〈もの〉それぞれの差異性の肯定であろう。個物、個体の差異性の強調は、通商の規模の拡大にはいたって不便であることはいうまでもない。しかしこのシステムは、商売の規模の安易な拡大の可能性をなげうって、個的なもの、とりわけ〈ひと〉の優位の確立、維持に奉仕しているのである。交渉による取引は、経済力、欲望、感性等〈ひと〉の側の差異と、それぞれに異なる等級、品質等を備え持つ〈もの〉の側の差異を、一つに纏めるために行われる。このような差異性に関する強い自覚は、その保有者である〈ひと〉の位置の尊重と密接につながっているのである。交渉経済は、商人を必要とする経済であり、それは最終的にひとの相対的優位を脅かさない特質を備えているのである。

個物、個人の差異性を尊重するということは、自らの自律性ばかりでなく、差異的な他者のそれをも積極的に尊重することを意味するものである。上述したようなイスラームの経済システムは、これまでスークを中心とする伝統経済の中で実践され、長い歴史的過程で着実に根付いてきたが、それは近代化の流れに洗い流されるどころか、今なお力強く存続しつづけているのである。伝統的市場スークにおいて特徴的なことは、大資本が弱小資本を合併、吸収するといった事例が殆んど皆無であり、個々の参加者すべてが、資本の多寡に拘わらず、同じビジネス・チャンスを限りなく等分に分け合うという、経済活動の水平的な配分である。スークという市場は、全体としてあらゆる商品が売買されるスーパー・マーケットであるといってよい。ただしスーパーと異なっているのは、その所有者、経営者が大企業でなく、そこに参加しているすべての人間であるという点である。商業の常として、商売の成否には商人の商才、運不運が付き纏う。しかしこの市場は、富の独占、集中の機会が排除されているために、いつでも新しい参入者に商売の可能なニッチを提供し続けているのである。限られた利益を、可能な限り多くの参加者の間で分かち合うように構成された市場は、人々に経済活動の持続性を保障すると同時に、彼らの生活のセーフティー・ネットとなってきたのである。

既に述べたようにイスラーム経済は、あらゆる利得の根源を個人の労働に置き、さらに個人の労働を時間で売買することを戒めている。個人は自ら直接に労働する限りにおいて、あらゆる仕事に従事することが可能であり、それを超える場合にも利子の取得、あるいは株式等による投機は認められないが、個人の財を投資として運用することは許されている。このシステムは個人に積極的な経済活動への参加を促すが、同時にその活動は厳密な規制によって、大幅な抑制を強いられることになる。ただしこの抑制の目的は、経済活動に参加する多くの個人に、自由な活動のニッチを提供することなのである。実体経済にしっかりと根を張り、〈ひと〉の優位をあくまでも守り抜くように構成されたこのシステムは、経済の分野ばかりでなく社会的な側面においても、それぞれの地域の人々に特殊な共生の場を創りだし、社会の調和の維持を促す役割を果たしているのである。

イスラーム経済が示唆するもの

定価方式の市場経済において、大資本の系列化によりさらなる資本集中が行なわれるという事態が進行する中で、少ないビジネス・チャンスしか与えられていない中小企業は、一旦不況に陥るや倒産の憂き目に遭うことになる。自由競争を標榜する資本主義体制下では、より多くのビジネス・チャンスをもつ大資本が、より少ない者よりも優位に立ち、結局は生き残ることになる。資本の独占は、とりもなおさずビジネス・チャンスの独占に他ならず、このようにして競争を勝ち抜いてきた大資本は、現在では想像を絶する巨額の富を独占的に保有し、さらなる富の増殖の可能性を捜し求めている。このような富の過度の集中、偏在は、既に述べたような〈かね〉と〈ひと〉の関係に、著しい不均衡をもたらしている。このような趨勢に立ち向かうために、今求められているのはさまざまな伝統的経済システムの見直しであろう。近代化の試みが余りにも足早に通り過ぎてしまったため見落し軽視してきたが、過去の文明は、現代の問題を解決するために必要な注目すべき示唆を多々含んでいるのである。イスラームの経済システムがわれわれに示唆してくれるものは、安易な同一律の受け入れを拒み、個体、個人の差異性を積極的に尊重する態度であろう。それはこれ以上の大資本の系列化を許さず、企業の水平的分散の仕組みを強化し、〈ひと〉の行為の成果を〈ひと〉の手に取り戻すことにつながっている。

現今の貨幣機能の増大は、これまでにも人間的生活に不可欠な、会計計算では収まりきれない有機的な領域を狭めてきたが、使用価値の生産を無視した〈貨幣の連鎖〉の肥大化は、さらに組織的にその部分を枯渇させ、干からびさせている。国際的に世界の経済、産業を支配する寡占集団が依拠する基本原理は、利得の最大化、つまり利潤獲得のための資本の最も効率的な活用である。この貨幣の連鎖により、生の体系は組織的に侵略され、攻撃に曝され続けている。それによって脅かされるのは先ず、私的、公的生活のサステナビリティーである。後者に関しては、環境破壊といった側面で危機の深刻さは既に自覚されているが、より重要な問題は前者、即ち私的生活、つまり個人の生が見舞われている危機である。そのセーフティー・ネットである福祉についていうならば、それは本来〈ひと〉自らが守るものとして始められ、それが社会全体に行き亘るといった性質のものであろう。しかし現在では福祉も行政的に公の部門で中央集権化され、上から単に網をかぶせ

られているだけというのが実態である。真の意味でのセーフティー・ネットは公的部門ではなく、私的部門に基礎を置き、そこから始められるべきものである。各人がそれぞれの差異を主張し、それぞれの異なったニーズを享受しながら他と共存するといった状況を成立させ、維持することが、〈ひと〉にとっての真のセーフティー・ネットに他ならないが、そのために先ず必要とされるのは〈ひと〉の一義性、その優位の保持なのである。

イスラーム社会は、国家的レヴェルでは大きな問題を抱えているにも拘わらず、私、家庭、隣人、小共同体のレヴェルでは、〈ひと〉の優位に基づく有機的な共同体を歴史的に運営してきた。この長い伝統的な経験が、宗教としてのイスラーム以外に、人々をこの教えに固執させている今一つの大きな要因であることは、看過されてはなるまい。

「イスラーム的」共存構造

【マイノリティ研究の視点から】

田村愛理

（たむら・あいり）一九四九年生。学習院大学博士課程単位取得退学。東京国際大学商学部教授。イスラーム地域研究、著書に『世界史の中のマイノリティ』（山川出版社）などがある。

国民国家というパラドックス

本原稿を書いている現在（四月九日）もパレスチナにおいては、イスラエルという国民国家の存続をかけてという名目の元に、国家そのものが暴力装置と化して、パレスチナ在住のアラブ人に対して歯止めのない攻撃をむき出しにしている。これによってイスラエルの安全は保障されるどころか、アラブ対ユダヤという神話化されてしまった民族間の憎悪の連鎖はさらに強化されてしまうだろう。迫害され続けてきたユダヤ人が自らの安全を保障するために設立したイスラエルという国家が、現在では最も大量のイスラエル市民の命を危険にさらしている装置となってしまっている。このように今日の世界は、地域統合やＮＧＯ（非国家組織）間の紐帯の重要性が盛んに言われているにもかかわらず、民族問題や宗教問題にもとづく人間集団間の反目が悲劇的にまで高まっているという逆説の最中にある。

一七世紀以来今日に至るまで世界の主流であるヨーロッパが生み出した近代世界システムは、政治における国民国家システムと経済における資本主義システムの両輪からなり、これを動かすのが国民＝市民であり、その母胎は民族である、とされてきた。個人の信条、私的所有、移動・職業選択の自由、といった基本的人権を次第に拡大し、これを享受できる市民層が拡大されて行くという形で近代国民国家が形成されてきた。しかし、近代国家の最大の弱点は、基本的人権の保障が領域内に限られるということである。国家を持たない、あるいは領域内の異文化集団に対しては、近代国民国家というシステムは非常に冷淡である。平等な市民からなる国民国家は、規定の領域の中に一元的な国民を創設するために、同一の文化に属さない異集団に不平等を課す（極端な場合にはイスラエルのように暴力的に排除する）構造を持っている。異文化集団は、最終的にその国家を形成する主流民族の文化の枠内に同化されるか排除される、あるいは絶滅動物並みの保護を受ける対象であり続けているのが現状であろう。その結果、今日では様々のエスニック紛争が噴出している。このような現状から必然的に社会科学諸学問の課題として、いかにして国民国家のパラドックスを超え、限られた地球環境の中での異なる文化的背景を背負った人間諸集団の共存システムを構築するのかという問題が重要性を持ちつつある。近代化以前の「イスラーム的」共存構造や多元社会システムの解明もその一環として注目されよう。

ズィンミー制度

近代以前のイスラーム社会においては、人々の統合の基準が今日のように民族にではなく、宗教におかれていた。イスラーム教徒は優越してはいるが、非イスラーム教徒のユダヤ教徒やキリスト教徒諸派、ゾロアスター教徒や、インドではヒンドゥー教徒達も、ズィンミー（保護民）として社会の中に組み込まれていた。ズィンミーとは、安全を保障される人々という意味でありジズヤ（人頭税）を払う、という条件で、彼ら独自の宗教、法、生活習慣、言語等を保ち、同化を強制されず自治を許された。

この制度の由来は、ムハンマドがメッカからメディナに移って後、メディナの住民と結んだ憲章にあり、武力ではなく平和裏に征服した地域に関しては、住民の自治と生命、財産の安全を保障したのがその始まりである。その後次第に、この取り扱いを異教徒の処遇の基礎とするイスラーム法解釈が定着するようになった。

いずれにしても重要なことは、ズィンミー、即ち宗教という文化的紐帯をムスリムとは異にするマイノリティ集団が、イスラーム法の中でイスラーム共同体の正式なメンバーとして位置付けられているということである。イスラーム法で運営される人類の共同体=ウンマの中で、ズィンミーがその正式な構成員として位置付けられているということは、異宗教／異文化集団がウンマから排除、阻害される、あるいは同化しなければならない存在として把握されてはいないということで、注目に値する。

それでは、ズィンミーの存在様式は国民国家システムの中のマイノリティ集団とどの様に異なるのだろうか。ユダヤ教徒共同体の事例を取り上げ、今日のイスラエル国家と対比してみよう。

ユダヤ教徒共同体

例えば、一〇～一四世紀のユダヤ教徒共同体のあり方に関しては、一九世紀末に発見されたカイロのシナゴーグのゲニザ文書の分析から、今日その詳細な様相が分かっている。この研究をしたゴイテインによれば、当時のカイロでは活発な香料貿易活動が行われていた。ユダヤ教徒も勿論その貿易活動に参加したが、彼等はユダヤ教徒仲間だけで商売していたのではなく、共同出資者はユダヤ教徒の場合も、イスラーム教徒の場合もあるいはキリスト教徒の場合もあった。また商売面だけでなく、知識人なども盛んにスペインやその他のイスラーム世界から移動し、遠隔地間の情報交換も盛んであった。ゴイテインはこのようなイスラーム世界の様相を、「自由貿易社会」と表現している。ゲニザ文書から現れる当時のユダヤ教徒は、ズィンミーとして一定の場所に囲い込まれて不自由な生活をしていた可哀想なマイノリティ集団ではなく、なんら行動の制約を受けることなく、非常にダイナミックにイスラーム圏の中で商人として、知識人として、時には官僚としても活躍していた人々なのである。

過去のユダヤ人だけでなく、現代のイスラーム世界のユダヤ人教徒コミュニティの事にも触れてみよう。チュニジアのリビアとの国境近いガーベス湾に浮かぶジェルバ島という島がある。この島の特徴は、起伏がほとんどなく、河川湖沼もなく水資源が限られているにも関わらず、アフリカ熱帯性気候と地中海性気候が丁度重なる複雑な気候のために、豊かな生態系が狭い地に展開されていることである。小さい島だが、様々な作物が採れ、しかも特定の産物が採れる地域が限られている。また、各地域に棲む住民も、村が数キロ離れていると民族衣装が異なるほどの独自性を維持している。

この島の中心都市ホウム・スークに、世界最古と自称する人口八〇〇人程のユダヤ人ディアスポラ・コミュニティがある。彼等は、観光客相手の商売をしている一方で、外国人にたいして大変な警戒心を持っている。宗教上の理由から異教徒と共食することはまずない。しかし興味深いことに、コミュニティの指導的立場にある主席ラビ（律法学者）は、子供達にパリで教育を受けさせ、店も経営させている。世界で最も古いユダヤ人コミュニティの主席ラビという大変保守的な地位にありながら、パリにスーパーマーケットを持つことも矛盾なくしているのである。国際的に活躍しているのみならず、この島のユダヤ人商人達は、様々な品物を仲介する役割を市場で担い、島の物産を取引する定期市は島内の町を順に巡っていくが、そこには、ムスリムの商人達も、ユダヤ教徒商人達も出入りして商売をしている。

このような状況を観察してみると、従来のように、イスラーム世界のマイノリティの人々は、限られた居住区に住まわされ、生業的にも分業化された個々に孤立したモザイクの一片であり、そのためマジョリティとの接触が少なく、紛争も少なかったとする

「イスラーム世界モザイク説」は実態に適合していないと言わざるを得ない。ジェルバ島のユダヤ教徒コミュニティのようなマイノリティ・グループが長い間に同化せず、自分達の特徴を維持してきたということは、孤立の結果ではなく、逆に自分たち以外のグループとの不断の接触が前提になって始めて可能になることである。孤立したままで、定点に留まっている限り、集団は消滅する可能性が高い。特に、生態系が分割し、環境が制限されているので、他集団と接触し生産物を交換しなければ、ユダヤ教徒コミュニティに限らず島内のどんな集団も生存できないというジェルバ島の状況を考えてみると、「差異は孤立の結果ではなく、諸関係の結果である」という言葉が良く理解できる。その意味で、ジェルバ島は、イスラーム世界のミクロ・コスモスであると言える。

バランサーとしての「イスラーム的」共存構造

広く乾燥・ステップ地帯に広がるイスラーム文明圏においては、孤立的な自給自足体制が成立し得ない。そのため、流通・交易活動を社会構造の前提として組み込み、幾つかの異なる生態系を包含する広大な文化経済圏を、都市を結節点として繋ぐネットワーク構造に編成し形成してきた。本質的に多元的であるこの構造は、非常にバランスの崩れやすいこの地域の自然環境を前提に形成されたものである。このようにこの社会の特色を捉えると、「イスラーム的」共存構造とは、イスラームの特殊な宗教的寛容性に起因する孤立したモザイク社会の集合体ではなく、異なる生態系を繋ぐ諸社会集団の内部／外部間で多層的に形成された多種多様な関係性の構築の仕方そのものではないかと考えられる。多元的な関係性を構築し、維持する役割を、ズインミー制度を始めとして異集団に比較的寛容なイスラームの諸制度が広く果たしてきたと言えるであろう。その意味ではトランス・ナショナルなシステムとしてのイスラームは、マイノリティ問題に限ってみても、社会内部での異集団同士間の全面衝突を起こさせない、バランサーの役割を果たしていたとは言えるであろう。

例えば、イスラーム法で諸宗教マイノリティの自治は保障されているので、権力は多くの場合マイノリティ集団内部には干渉しなかった。干渉は、例えばユダヤ人コミュニティ内部での争いがユダヤ教徒の法で解決できなかった時に行われ、イスラーム法廷に上訴するという形をとった。これに対して、イスラーム法に則った解決策が提示された。その提示に対して、コミュニティ内部の各集団はまた受け入れを巡って議論をした。このように、ある時期イスラームが持っていたシステムは、普遍的なイスラーム法とローカルな各集団の慣習法の組み合わせと使い分けによって、各集団間の調停的な役割を果たしていたと考えられる。異文化集団であるズインミーがそれぞれの慣習法を保障されながらも、普遍的理念としてのイスラーム法に包含されていたことは、近代国家システムの中で起きているようなジェノサイド（民族抹殺）にまで至る迫害に一定の歯止めをかけていたのだと、少なくとも近代以前においては言えよう。

　しかし、イスラーム世界は一九世紀の「東方問題」を経て、広域帝国体制から領域国家へと変質していった。統合の基準を宗教においていたオスマン帝国で民族が希求されるようになると、言語や宗教が違う人々を排除の対象とすることが頻繁に起きてくる。第一次、第二次世界大戦を経て、一定の領域と結びついた国民国家体制が中東地域においても実現されたが、領域内の諸集団を統合する国民形成が急務である今日の中東諸国家体制下では、開発独裁体制が多くの国の政治構造の中心を占めるようになった。冷戦終結後、ロシアは勿論アメリカからも資金を十分に引き出せない状況の中で、各国の現政権は何にもまして国家の経済的自立を果たさなければならないのである。開発はそのために必要不可欠な経済政策であるが、この政策が進めば進むほど、現状では国民の間での貧富の差が拡大している。さらに大規模開発のために元来非常に脆弱な乾燥地帯であるこの地域の自然環境は急速に悪化している。また、都市と農村との経済格差の拡大による、都市への人口流入問題も深刻化している。このような現況下で、今まさにイスラーム原理主義が現状改革の政治活動として台頭してきているのである。しかし、この運動は、異文化集団に排他的であるという点ではナショナリズム運動との同質性を持っている。

　では、イスラーム世界の経験はどのように現代に生かされる可能性があるのだろうか。筆者は、「イスラーム的」共存構造の特徴を多様な生態系を基盤に形成されてきた固有な諸社会集団間の多元的な関係を保障してきた複合体であると捉えている。この意味で、このシステムは、国民国家のパラドックスを超えるためには自然環境と人間諸社会の間の多元的な関係性を保障する固有性と普遍性を併せ持つトランス・ナショナルなシステムの構築が必要であることを示唆するものとして今日も意義深い。

＊　＊　＊

イスラームにおける女性

桜井啓子

（さくらい・けいこ）一九五九年生。上智大学外国語学研究科国際関係論専攻博士課程修了。学習院女子大学国際文化交流学部教授。博士（国際関係論）。イラン地域研究。著書に『革命イランの教科書メディア』『現代イラン・神の国の変貌』（岩波書店）などがある。

「イスラーム女性？」

世界人口の五分の一にあたる約一三億人が、イスラーム教徒だといわれている。彼らは、主に中東、北アフリカ、南アジア、中央アジア、東南アジアに暮らしているが、最近では、これらの地域から北米、ヨーロッパへ移住する人たちも少なくない。これら一三億の人々は、人種的にも民族的にも多様であり、それぞれに異なった社会経済政治的条件の下で暮らしている。だが、そうした相異にもかかわらず西洋世界の人々は、とくに人口の半数を占める女性たちにある特定のイメージをもってきた。それは、これらの女性たちが、イスラームの聖典であるコーランを最終的な拠り所とする社会に暮らしており、そのコーランには、西洋が批判してやまない「四人妻」や「ヴェール」についての記述があるからである。

コーランの第四章三節には「もし汝ら（自分だけでは）孤児に公正にしてやれそうもないと思ったら、誰か気に入った女をめとるがよい、二人なり、三人なり、四人なり。だがもし（妻が多くては）公平にできないようならば一人だけにしておくか、さもなくばお前たちの右手が所有しているもの（女奴隷を指す）だけで我慢しておけ。その方が片手落ちになる心配が少くてすむ。」[1]と記されている。

一夫多妻を認めるこの記述ゆえにイスラームは、西洋世界の好奇や批判の対象となってきた。こうした批判に対してイスラームの側からは、コーランは重婚を奨励しているわけではないことや一夫多妻はイスラームの啓示が下った七世紀のアラビア半島における戦死者の寡婦に対する救済策であったといった説明がなされているが、男女平等を理想とする西洋世界からみれば、いかなる理由にせよ一夫多妻は受け入れがたいものであろう。

イスラームが男尊女卑の宗教であるとの西洋世界の認識をさらに強化しているのが、例えばコーランの次のようなことばである。「アッラーはもともと男と(女)との間には優劣をおつけになったのだし、また(生活に必要な)金は男が出すのだから、この点で男の方が女の上に立つべきもの[2]」(第四章三八節)といったものや、あるいはまた、「女というものは汝らの耕作地。だから、どうでも好きなように自分の畑に手をつけるがよい。[3]」(第二章二二三節)である。

女性にヴェールの着用を求めるコーランの第二四章三一節もまた、「イスラーム女性」という型にはまったイメージを作り出してきた。いわく、「それから女の信仰者にも言っておやり、慎しみぶかく目を下げて、陰部は大切に守っておき、外部に出ている部分はしかたがないが、そのほかの美しいところは人にみせぬよう。胸には蔽いをかぶせるよう。自分の夫、親、舅、自分の息子、夫の息子、自分の兄弟、兄弟の息子、姉妹の息子、自分の(身の廻りの)女達、自分の右手の所有にかかるもの(奴隷)、性欲を持たぬ供廻りの男、女の恥部というものについてまだわけのわからぬ幼児、以上の者以外には決して自分の身の飾り(身体そのものはいうまでもない)を見せたりしないよう。うっかり地団太ふんだりして、隠していた飾りを気づかれたりしないよう。[4]」

ここでは、どの部分を、どのような方法で、どの程度隠すのかについて具体的には明らかにされていないが、この言葉が、イスラーム社会に暮らす女性たちの服装に影響を与えてきたことは否めない。

イスラーム教徒にとってコーランは神の言葉そのものであるが、彼らの生活規範となるイスラーム法は、コーランだけでなく預言者の言行を記録したハディースをも法源としており、そこから導き出される法の細部は、法学派[5]ごとに異なっている。さらに、啓示が降りた七世紀と現代社会とでは、社会環境が著しく異なることから、コーランやハディースに記されているものを「文字通り」受け止めることについては、イスラーム教徒の間からも異論が唱えられている。何よりも女性たちを取り巻く環境は驚くほど多様であり、その実態は、イスラーム法から導き出される女性像に還元できるものではない。

結婚・離婚

すでに述べたようにコーランによれば、男性信徒は同時に最大四人まで妻を娶ることが許されている。だが実際には、彼らの多くが複数の妻を持つことは家庭内に紛争をもたらすだけだと考えている。残念ながら重婚に関する統計はないが、実態は国や地域によって様々である。その一例として国境を接するイランとパキスタンを比べてみることにしたい。両国は、ともに人口の大多数をイスラーム教徒が占めるイスラーム国であるが、[6]女性の置かれている状況は異なっている。現在イランで、複数の妻をもつ男性に出会うことは稀で、国の指導者から庶民にいたるまで、多くは一夫一妻である。イランでは、一九七五年の家族保護法改正によって、夫は最初の妻の承諾なしに二人目の妻を娶ることができなくなったが、一九七九年の革命で成立したイスラーム政権がイスラーム法の厳格な適用を目指し、この家族保護法を廃止してしまったことから、法的に女性が夫の重婚に異議を挟むことができなくなった。

それだけでなく家族保護法は、結婚最低年齢を女性十八歳、男性二十歳とし、家族保護法廷の許可がある場合にかぎり十五歳以上の女性に結婚を許可すると規定していたが、同法の廃止にともない女性の結婚最低年齢が九歳にまでさがってしまった。しかしイスラーム法への回帰によって重婚が容易になり、結婚年齢が下げられたからといって、必ずしも一夫多妻や少女の結婚が増えるわけではない。イラン女性の平均初婚年齢は、一九六六年から九六年の三〇年間に、都市では十九歳から二二・五歳に、農村では一七・九歳から二二・三歳に上昇している。[7]

一方パキスタンでは、重婚は珍しくない。富裕層だけでなく、さほど豊かとは思われないような男性でも複数の妻を娶る場合がある。とくに最初の妻との間に子どもができない、あるいは男子が誕生しない場合に二人目の妻を娶る男性が多い。そのために妻たちの多くが、夫が新しい妻を迎えるのではないかという不安を抱いている。なぜならばコーランは、妻たちを公平に扱うことを重婚の条件としているものの、実際に妻たちが平等に扱われることは少ないからである。パキスタンでは結婚年齢も低く、農村部では十五~六歳にもなれば結婚するのが一般的である。イランとパキスタンの間にみられるこうした相異は、それぞれの社会における家父長制の強度、経済発展の度合い、女性の教育水準などと密接な関係があり、イスラームにのみ帰することはできない。

重婚の承認以外にも、コーランは婚姻における男性優位を認めている。それは特殊な場合を除き、離婚を宣言する権利が男性側にのみ与えられているからである。コーランの第二章二二九節には次のように記されている。「女を離縁(してまた復縁できる)のは二回まで。すなわち(二回までは)、正統な手続きをふんでまた自分のもとに戻すか、さもなければねんごろにいたわって自由の身にしてやることができる。以前に与えた物は、一つだに取り上げたりしてはならない。」[8]

イスラームでは結婚を契約とみなしていることから、契約解消としての離婚もまた認められているが、決して奨励されているわけではない。結婚と同様に離婚もまたイスラーム法の定めるところにあるが、近代化にともなう社会変化の影響で、現状に即した解釈への要求が高まっている。革命後のイランでは、イスラーム法が厳格に適用されるようになったことから、女性側からの離婚請求が極めて困難になった。しかし女性たちの強い働きかけによって、現在では、結婚契約書に一二項目の付帯条項があらかじめ記されるようになり、新郎新婦の双方が署名した項目については法的拘束力が発する。その中には、夫が最初の妻の承諾なしに二人目の妻を娶ることを拒否する項目や女性の側からの離婚請求を可能にする項目などが含まれている。

ヴェール

コーランに従えば、女性は親族以外の男性にその美を見せてはならない。そのための最善の方法は、女性が私的空間つまり家庭の外に出ないことである。しかし、やむなく公的空間に出るときには、その美を隠すためにヴェールを被らなければならない。つまりヴェールは、親族関係にない男女を隔離するためのカーテンなのである。

ではなぜ、男女の隔離が必要なのであろうか。その点をイランの教科書は次のように説明する。「家族の尊厳と安定、社会の平和のために、イスラームは、男性と女性、青年と少女に見知らぬ者を不当に見つめてはならないと命じています。というのも、そうした視線は、情欲をおこさせ、災難と堕落をもたらすからです」(9)

男女の出会いに対する過剰なまでの警戒は、そうした出会いが婚姻に対する親たちの統制を弱め、あるいはすでにある家族を破壊する可能性があるからである。

そうはいうもののコーランには、何が女性の美なのかについての具体的な記述はない。そのせいか女性が被るヴェールは、地域によって形も、隠す範囲も異なっている。ターリバーンの登場で世界的に有名になったアフガニスタンのブルカのように外側から個人の判別が不可能なものもあるが、頭髪をゆったりと蔽うだけで顔全体は露出させているもの、マスクのようなもので口元を隠すもの、目元まで隠すものなど、形状も色も被り方もさまざまである。隠す対象は顔だけでなく身体も含まれる。革命直後のイランでは、素足は厳しい取締りの対象となっていたが、南アジアでは男女ともに素足が一般的である。また、ウエスト・ラインなどの体の線も「美」に含まれる。ゆったりとした上着が好まれるのはそのためである。しかし、服装は、気候や風土、イスラーム到来以前の衣服の影響を受けているために、女性信者は必ず隠しているというわけではない。バングラデシュの既婚女性はサリーを着ていることが多く、その場合にお腹や腕を隠しているわけではない。

だがヴェールが隠しているのは、女性の美だけではない。庶民にとってヴェールは貧しい身なりを隠すための必需品でもある。また、隠すことで匿名性が保てるという気楽さもある。さらに男性の視線を回避するための、いわばセクハラ対策としても利用価値がある。こうした点からヴェールは、「隠す権利」、「見られない権利」を保障する装置でもあることがわかる。「見せる自由」を獲得してきた西洋の女性が、時に「見られる窮屈さ」にも耐えなければならないのとは対照的である。

ヴェールはまた、政治的なシンボルとしても使われている。エジプトやトルコでは、イスラームを軽視する政府に対する抗議の印としてヴェールを被る女性が増えている。あるいはまた欧米文化の過剰な影響、特に女性の商品化に対する反発から、敢えてヴェールを被ることで、自らのアイデンティティを維持しようとする女性も少なくない。ヨーロッパで生まれ育ったムスリム系移民の二世たちに見られるヴェール回帰現象などは、その例である。

このようにヴェールには様々な役割があるが、いつ、どのようなヴェールを着用するかについて女性の側にいつも決定権があるわけではない。イスラーム法の厳格な適用を目指すサウジアラビア、革命後のイラン、ターリバーン支配下のアフガニスタンなど、政府がヴェール着用を義務化している国では、ヴェールなしで外出することは違法であり、懲罰の対象となる。サウジアラビアやイランでは、パスポートの写真もヴェール姿で撮影する。

政府が着用を義務付けていない国でも、地方都市や農村では、家族や地域社会の圧力でヴェールを被る女性が少なくない。その一方で、村全体が親族によって構成されている場合などは、村内にいる限り緩やかであることも多い。一方、大都会では、ヴェールをしない女性が主流となっている。

教育・就労

ヴェールの着用は、必ずしも女性の社会参加を阻害するわけではない。その点で政府がヴェール着用を義務化しているイランと個人の選択に任されているパキスタンは好対照をなしている。両国の女性の非識字率（十五歳以上、九七年度）を比較するとパキスタンは六七％、イランは、三四％と差がある。この差は両国の初等教育就学率の差によるところが大きい。パキスタンにおける初等教育総就学率（九七年度）は男子九五％、女子六六・六％で、二八・四％の男女格差がある。一方イランの初等教育総就学率（九六年度）は男子一〇二％、[10]女子九五％で男女格差は、パキスタンよりも少ないことがわかる。しかし、八五年の時点では、初等教育総就学率の男女格差は、パキスタンが二六％、イランが二二％であり、両国の間に現在ほどの開きがない。このことから、イランでは、八〇年代後半から女子就学率が急増したことがわかる。[11]

それではなぜ、イランにこうした変化が起きたのだろうか。実は、イスラーム革命以後に実施されたヴェール着用義務化と教育現場における男女別学、同性教員の派遣が、そうした変化の一因だと考えられている。イランの地方や農村など男女隔離の習慣が強い地域では、一定の年齢に達した娘が、親族以外の男性の視線に晒されることを嫌う傾向にあり、そうした理由から娘の就学を望まない親も少なくない。男女別学、同性教員の配置、ヴェールの義務化などの男女隔離政策は、こうした人々の不安を軽減し、女子の就学率を増大させた。さらにまた、革命後の教科書改訂で、イスラームに関する学習内容が大幅に増えたことも、地方の信心深い人々に歓迎されたといわれている。

また男女別学の推進は、女性の雇用機会の拡大にも寄与した。女性教師の需要が急増したからである。[12]同様の傾向は、医療分野にもみられ、医療保健関係学部へ進学する女性が増えた。ちなみに一九九九年度は、全政府系大学医療保健関係学部の学生の実に七〇%を女子学生が占めるに至った(13)。

また、ヴェール着用義務化の徹底で、男性親族が娘や妻の就労に寛大になったともいわれている。その背後には、経済状況の悪化により女性の収入に依存する世帯が増えているといった現実もある。大都市を中心にヴェール着用義務化に反発する女性は少なくないが、イラン全体としてはヴェールが女性の社会進出の後押しをしたといえる。

西洋世界の人々が思い描く「イスラーム女性」は、宗教的伝統の重圧に苦しむ気の毒な存在であるが、さまざまな事例が、そうした解釈が一方的に過ぎることを教えてくれる。西洋世界からみれば、女性差別と後進性のシンボルに過ぎないヴェールもまた、公的空間は男性の、私的空間は女性の支配するものであるという強固な社会通念が支配するイスラーム社会においては、女性が公的空間に入るための武器となる。社会参加を望む女性が、むしろ積極的にヴェールを利用するのはそのためである。

イスラーム世界に生きる女性たちは、イスラームを最終的な拠り所とする社会に生きているという点で、あるいはまた家父長制的伝統の強固な社会に生きているという点で共通した状況に置かれているものの、彼女たちの意志や意見が反映される程度や彼女たちに与えられている選択権などは、各国の社会・経済状況、教育状況、さらにはそうした問題にイスラームがどのように関わっているのかによって大きく異なっている。こうした相異ゆえに、彼女たちの抱える課題も、それを解決するための方法や取り組みも、国や地域さらには階層によっても一様ではありえない。それにもかかわらず、彼女たちのそうした多様な姿が私たちに見えないのは、西洋世界が、彼女たちに一方的で、画一的なイメージを押し付けることで満足してきたからに他ならない。

注

(1) 井筒俊彦訳『コーラン』(上)岩波書店、一九八六年、一〇八―九頁。

(2) 同上、一一五頁。

(3) 同上、五四頁。

(4) 同上、(中)一九四―一九五頁。

(5) イスラームの多数派であるスンナ派において支配的な法学派は、ハナフィー、マーリク、シャーフィイー、ハンバルの四学派であるが、シーア派は、独自の法学派に属する。

(6) イランは、全人口の九七%がイスラーム教徒で、そのうちの九〇%がシーア派。パキスタンは、全人口の九七%がイスラーム教徒で、そのうちの七割強がスンナ派で、残りはシーア派。

(7) 拙書『現代イラン』岩波書店、二〇〇一年、一五三頁。

(8) 井筒俊彦訳、前掲書(上)、五五頁、一五〇―一五五頁。

(9) *Farhang-e Eslāmī va Ta'līmāt-e Dīnī, Sāl-e Sevvom, Doure-ye Rāhnamā'ī-ye Tahsīlī 1374*(中学三年『宗教』一九九五年度)p. 85-86.

(10) 再履修者や就学年齢以上ないし以下の就学者も含まれる。

(11) The World Bank, *Gender Disaggregated Education Profiles*, World Bank Client Countries, 2001 edition.(CD―ROM版)、イランとパキスタンの項目。

(12) 一九九六年度のイランの国勢調査によると女性(十歳以上)就業人口のうちの三二%が専門職についており、そのうちの八三%は教育関係の職で最も多く、ついで医療関係が八%となっている。

(13) *Markaz-e Āmārī-ye Īrān, Sālnāmeh-ye Āmārī-ye Keshvar 1378*, Tehran, 2001, pp. 660-661.

〈エッセイ〉

クルドの家庭に生まれて

【記憶の悦び】

ファワーズ・フサイン

訳＝黒田美代子

(Fawaz Hussain) シリア北東部のクルドの家庭に生まれる。スウェーデン著作家連合、国際ペンクラブ、フランス文学者協会の会員。パリ在住。パリ市とクルド研究所の専門学校でフランス語の教授を務める。著書に『川の流れ』『北極の年代記』(いずれも小説)などがある。

カトー神父

私が六歳か七歳のころのある日、父は市場から色違いの三つの手提げ鞄を買って戻ってきた。私は一番年下だったので、父は私に最初に選ばせてくれた。母違いの二人の兄弟は、彼らの母親と一緒に我々の故郷の村に住んでいた。彼らはそれ以来ずっと、我々と一緒にメソポタミアの胸のほくろと称されるアムーダの町に住み着いたのである。

父はわれわれに、自分についてくるよう命じた。町の二つの地域を結ぶ橋の手前には、イスタンブールの宮廷を思わせるような、われわれの運命が委ねられている官庁街があった。われわれは二つの憲兵隊駐屯所と監獄の前を通り過ぎた。そして仰々しい市庁舎や豪華な地域の長官官舎の前では、ただ口を開けて立ち尽くすばかりであった。二つの建物を取りまく庭は、さながら誠実なわれわれムスリムに約束された楽園のような美しさであった。クルドの子供たちがみなそうであるように、私は憲兵や巡査たちが怖かったが、父の存在が私を落ち着かせてくれた。

父は行く先を知っていた。彼はある門の前で立ち止まり、戸を叩いた。すると黒い髪、黒い顎鬚、黒装束をし、黒い靴を履いた一人の紳士が、両の手を大きく広げてわれわれを受け入れてくれた。彼は胸元に大きな金の十字架を垂らしていた。彼はポケットから三つの菓子を取り出し、われわれに与えた。父と彼は、われわれがじぶんたちの地域でお互いに使うのとは違った言葉で話していた。それは憲兵や、大都市や首都から病人の治療のためにやってくる医者たちが使う言葉であるアラビア語だった。それはあるキリスト教徒たちが、アルメニア語やシリア語を使わない場合に話す言葉でもあった。

父はわれわれに、勿論クルド語で、カトー神父がわれわれの面倒を見てくれ、数え切れぬほどの人生に役立つ事柄を教えてくれるだろうといった。そして彼を〈神父〉と呼び、彼の言いつけに従うよう命じた。カトー神父は私の頭に手を置いたが、私が一番年下だったのでこれは当然のことだった。彼は庭の南側の、丁度彼が胸に垂らしている十字架さながらの十字架を頭に高く頂いた巨大な建物を指差した。それは彼の教会だった。そしてそれが私の学校生活の第一日であった。

アラビア語・フランス語とクルド語

われわれをキリスト教系の私学に送ろうという考えは、母の発案であった。古代のギリシャ人がメソポタミアと名づけた艶やかな婦人の右胸の美しいほくろとみなされているアムーダでは、キリスト教徒は極めて良い評判をかち取っていた。彼らは食料品、靴、宝石を扱う店や、タバコや飲料の小売店を所有していた。要するにわれわれは読み書きも知らぬ百姓に過ぎず、持ち合わせているのは自分たちの無知だけだったのである。われわれは彼らから、大いに学ぶべきものを持っていたのである。

父が出口に向かったとき、私もついて行った。私は帰ろうと思ったのである。もうこれで十分だ。しかしカトー神父は私の手にもう一つ菓子を握らせた。彼は教会の鐘楼を案内し、さらに私の気を惹くために、一本の綱を引くように薦めた。すると鐘が一斉に鳴り始めた。これはそれなりに特異な経験だった。鐘を鳴らし終ると、父の姿は既になかった。二人の義理の兄弟はといえば、すでに娯楽室で他の男の子や女の子たちと遊びに興じていた。

その時はまだ私は、自分の人生や、職業の選択に関して、カトー神父の果たす役割がこれほど重要で、決定的なものとなるであろうなどということは、想像だにしえなかった。

授業は二つの言語で、つまり殆どがアラビア語で、時たまフランス語が用いられるといった流儀で行われた。家の中では、宿題をするのに誰も手助けはしてくれなかった。誰一人読み書きができる者はいなかったのである。クルド語の言葉をアラビア語やフランス語といった他の言葉で置き換えるのが、どれほど難しかったか今でも思い返すほどである。学校で私は、猫を猫と呼ぶことすらできなかった。そして私がフランス語で十まで数えることができた時のカトー神父の喜びようは、大変なものだった。彼は私が、勉学でかなりな程度成功を収めるであろうと確信したのである。アン、ドゥー、トロワ、カトル、サンク、シス、セット、ユイ、ヌフ、ディス。私のやり遂げたことは、立派な手柄だったのである。カトー神父はそれ以上、自分の眼も、耳も信用しなかった。彼にとっては、右胸に美しいほくろを持つ艶やかな婦人、メソポタミアが一人の天才を生んだことは、疑いのないことだったのである。

〈休暇〉という言葉は、われわれとはまったく無縁なものだった。村では子供たちは、畑に働きに行った。町にはコーラン学校があった。それは大変重要なことであった。なぜならばもしもアラブないしはキリスト教徒が政治的、経済的地位を占める場合、コーランは楽園の鍵の役割を果たすからである。われわれの先生は、モッラー・アフマドといった。彼はわれわれを、自分の七人の子供たちと同様、いやおそらくそれ以上に可愛がってくれた。何度も彼は私の頭を木靴で殴った。そして何度も私の家にやってきた。彼は私を腕で抱きしめ、自分がどれほど私を愛しているか、また深く愛する者こそよく罰するものだといった。彼にとっては、全能のアッラーの聖なる言葉を教えるさいの、教育方法の改善などは思いもよらぬことであった。それは普遍的な方法であり、クルディスターンではすべての教師が用いている方法なのである。

私の村では誰一人、クルド語が〈真面目な〉言葉であるなどと思ってはいなかった。学校ではアラビア語、フランス語、アルメニア語、さらにもしもそのようなものがあるとしたならば火星語を習得することができる。しかしクルド語だけは学ぶことができない。人はそれを知っているか、いないかのいずれかである。それは〈内輪の〉言葉であり、われわれに互いの意思を疎通させ、喧嘩したり、仲直りをさせる言葉なのである。

ただし冬の夜長には、この〈自家特製〉の言葉は威風堂々と振る舞い、信じられぬほどの様相を示すことになる。それは預言者モーセの蛇のように、他のすべての蛇どもを呑みつくし、われわれの格言が伝えているように、他のすべての言葉をその一番小さなポケットにしまい込んでしまうのである。シェフムース伯父さんと私が呼んでいる、一族の中の吟遊詩人が暖炉の脇に陣取って、終わりのない物語を語り始めると、われわれは一際高い世界へと誘われる。彼の口から繰り出されるさまざまなイメージは、われわれを魅了してやまないのである。それらは学校で習得することのできる地上のあらゆる言葉が紡ぎ出す、どんなイメージをも羨むことがないほどのものなのである。

それにも拘わらず古代のギリシャ人がメソポタミアと呼んだ、艶やかな婦人の右胸の美しい、小さなほくろに当たるアムーダでは、私の母国語、私の兄弟、姉妹の言葉は、他のあらゆる言葉の前で身を卑しめざるをえないでいるのである。

「ちびのクルド」

われわれが小学校を離れて世俗の公立学校に通うことになった

際に、カトー神父は最後に一度だけ私と会うことを望んだ。彼は私の両の瞳をじっと見つめたが、それは重要な機会だったからである。彼は私に菓子をくれるようなことはしなかった。もはやそんな年齢ではなかったのである。代わりに彼は私に、一つの使命を課した。彼はいつもそう呼ぶのを慣わしとしていたが、ちびのクルドである私はフランス語に対する愛をさらに突き詰める必要があった。彼によれば私は、初級の学校を離れてソルボンヌに赴き、パリでアムーダを光り輝く町とする務めがあったのである。

カトー神父は、フランス語が私の感情、野心を包み込むために創られていると信じ込んでいたのである。

私がバカロレアを手にすると、母は医者になることを望んだ。医師たちは稼ぎや暮らし向きが非常に良かったが、それだけではなかった。国中の名門で高貴な家庭の選りすぐった美しい娘たちが、彼らとの結婚を望んでいるのである。しかし母の意見には耳を貸さず、私はカトー神父の忠告に従った。アレッポ大学で私は、フランス語とフランス文明を専攻した。それから四年後片手に卒業証書を、もう片方にパスポートを携えて欲望の翼に乗り、ロワシーに着地した。それは一九七八年八月二八日のことである。今を去ること遠い、二三年の昔である。

パリのソルボンヌでは、カトー神父が望んだように勉学に明け暮れた。私はフランス語とその文学に狂おしいほどの愛着を持った。私がかの古代ギリシャ人がメソポタミアと呼んだ艶やかな婦人の右胸のほくろに再び立ち戻った時、カトー神父の教会は依然としてそこにあった。しかし鐘を鳴らす者は、誰一人いなかった。キリスト教徒達は皆アムーダの町を離れてレバノンやカナダ、あるいはアメリカのより大きな、発展した町に移住してしまったのである。

四〇年後に私は、自分の小学校の門前に佇んでいた。私は黒い髪、黒い顎鬚をして黒装束をまとい、黒い靴を履いた紳士に会いたいと望んでいた。大きな金の十字架を胸に垂らし、ポケットに菓子をいっぱい詰め、あふれるほどの愛情を心に秘めたかの紳士に。私は彼に向かってこういいたかった。「カトー神父。私ですよ。ちびのクルドですよ。私は千までも、いやそれ以上も数えることができます。快楽も、逆境も、勝利も、敗北も学びました。あなたが与えて下さった、生きることへの情熱に感謝します。カトー神父よ、大切な贈り物を有難う。」

故郷に帰ってきた時、私の小学校の門は開け放たれてはいなかった。それは子供たちの叫び声、鐘の音をうけつけず閉ざされたままだった。カトー神父も父も、既にこの世には存在しない。私は過去の悦び、記憶の楽園に向かって開かれている二つの扉の前で長々と佇んだ。

Photo by Ichige Minoru

イスラームと西欧近代

イスラーム原理主義とは何か

【近代性への過渡期のイデオロギー】

エマニュエル・トッド

訳＝石崎晴己

Emmanuel TODD　一九五一年生。パリ政治学院卒。国立人口統計研究学院資料局長。人口学・人類学。家族制度から社会制度を読み解く全く新しい「人類学的手法」を確立。著書に『新ヨーロッパ大全』『経済幻想』『移民の運命』『世界像革命』(藤原書店)などがある。

反テロリズム計画の前提にある誤った認識

アメリカ合衆国は「テロリズム」に対する闘いの中に全世界を巻き込もうとしている。この場合「テロリズム」という言葉がイスラーム原理主義のテロリズムを意味するのは言うまでもない。この闘いがなぜ必要か、というその前提は、イスラーム原理主義の勢力拡大と、それが原因で引き起こされると通常みなすことになっている暴力現象の存在である。私は本稿において、単純化した人類学的かつ歴史的モデルから出発して、この反テロリズム計画がどれほど世界の歴史の動向の中で時宜を得ないものか、それゆえそれはどの程度まで瞞着であるのかを、示したいと思う。現代イスラーム圏の専門家、ジル・クペルが『ジハード――イスラーム主義の盛衰』(*Djihad : Expansion et déclin de l'Islamisme*, Éditions Gallimard, 2000) で見事に示したように、急進的イスラーム主義は現在、全世界的には下降局面にある。現世の社会生活にイスラーム教の原則を適用しようと主張する政治勢力の圧倒的多数は、至る所で挫折に挫折を重ねている。イラン革命は終った。イランの政体は、革新と保守、左派と右派を有する、複数政党的民主主義に変貌しつつある。アルジェリアの原理主義のテロリズムは、いまや気息奄々の状態にある。トルコのイスラーム教勢力は、トルコ共和国の非宗教的共和制に吸収されつつある。中央アジアの旧ソ連諸共和国へのイスラームのインパクトは、結局は最小限に留まったということになりそうである。マレーシアでのイスラーム勢力の伸張は、世界でも有数の目覚ましいものの一つであったが、いまや行き詰っている、等々。

では一体、何がどうなっているのだろうか？　どうして先進諸国は、ビン・ラーデン現象、タリバン現象、チェチェン現象が、現代のイスラーム世界の現実を代表していると思い込むのであろうか？　思うにそれは、イスラーム原理主義の伸張というものが歴史の中で何を意味するのかの現実的な分析がなされていないためである。イスラーム原理主義の伸張は、あまりにもしばしば、宗教的退行現象で、不可知論的・非宗教的近代性の拒否であると受け止められ、従ってこれに罹った国はいつ終るとも知れぬ前近代型の蒙昧主義に引き戻されてしまうと考えられて来た。しかし実際はイスラーム原理主義とは、近代性への過渡期の危機であり、一時的な心理的混乱の表現であって、一度それが過ぎ去ってしまえば、沈静化に席を譲るものであり、場合によってはイランやトルコで感じることができるように、イスラーム系諸国での民主主義の出現に席を譲るものなのである。

出産率が示すイスラーム諸国の近代化

イスラーム原理主義は、大衆識字化が急速に進展する諸国で出現している。大衆識字化は人々の意識の安定性を覆し、行動様式を変容させる。すでに大分前から分かっていたことだが、イスラーム主義運動の尖兵は理工系の学生だった。イスラーム主義に支配されたか、その恐れのあったイスラーム諸国が、どのくらいプラスの文化的変動を蒙っているか、その規模を把握するための最も単純な手段は、人口統計学的変遷、とりわけ女性の出産率の変遷を追跡してみることである。識字化が進展すれば、その後には家族的・経済的行動様式の合理化が起こり、夫婦は子供の数を減少させるようになる。この動きはどこでも例外なく見られる。人口統計学的転換は大革命の時にフランスで始まり、その後全世界に拡大した。今日その波に襲われているのがイスラーム圏であり、文化圏としてはブラック・アフリカを最後として、イスラーム圏は後ろから二番目ということになる。

二〇〇一年における出産率の分布（**表**）を見ると、イスラーム世界が近代性へ向かっているさまがうかがえる。イランのようないくつかの「原理主義」国はほとんど転換を完了しているのである。実はこの表を公表した後に、イランの女性一人当りの出産率は2・1に落ちており、したがってアメリカ合衆国のそれとほぼ等しくなっている。これはなかなか理解して貰えないことなのだ

表　各国の出産率(2001年)

国名	出産率（2001 年）	国名	出産率（2001 年）
ロシア	1.2	インド	3.2
日本	1.3	バングラデッシュ	3.3
ドイツ	1.3	モロッコ	3.4
中国	1.8	アラブ首長国連邦	3.5
フランス	1.9	エジプト	3.5
アゼルバイジャン	2.0	ヨルダン	3.6
アメリカ合衆国	2.1	カタール	3.9
トルクメニスタン	2.2	リビア	3.9
チュニジア	2.3	シリア	4.1
タジキスタン	2.4	クウェート	4.2
キルギス	2.4	スーダン	4.9
ブラジル	2.4	イラク	5.3
レバノン	2.5	パキスタン	5.6
トルコ	2.5	サウジアラビア	5.7
イラン	2.6	セネガル	5.7
ウズベキスタン	2.7	ナイジェリア	5.8
インドネシア	2.7	アフガニスタン	6.0
バーレーン	2.8	オーマン	6.1
アルバニア	2.8	マリ	7.0
アルジェリア	3.1	イェーメン	7.2
マレーシア	3.2	ニジェール	7.5

が、文化的・人工統計学的進歩は、当初は単に技術的・経済的効率性を生み出し、それ故に生活水準の改善を生み出すというだけではない。心性の次元における甚大な混乱、不安定化をも生み出すのである。識字化、性的慣習の変更、こうしたものは何時いかなる場所でも個人主義の伸張を招来するが、それは出発点における人類学的システムが個人主義的でなければないほど、苦痛を伴うのである。伝統的文化システムとの決裂はそれゆえイデオロギー的もしくは宗教的危機を伴うことになる。そうした危機は、場所によってさまざまの形態を取るが、それ自体は後退ではない。過渡期なのである。フランスは一八世紀末に革命を成し遂げた。ドイツとロシアの危機は、もっとずっと遅くにやって来て、ナチズムとコミュニズムの形を取った。そのどの場合にも、イデオロギー的危機と出産率の急激な低下を関連づけることができる。この規則はアジアにも当てはまり、いくつもの山場を経て中国革命が終着点に達した時、中国は人口統計学的には近代社会となっていた。日本では、第二次世界大戦に先立つ民族主義と軍国主義の伸張は、女性一人当りの出産率が、一九二〇年の5から一九四〇年には3・5という風に低下し始めた時に起こっている。

過渡期のイデオロギー

過渡期のイデオロギーは実に様々な形態を取るわけだが、伝統的家族構造についての知識を持つなら、それらの形態を理解することが可能になるだろう。フランスでは伝統的家族は親子関係においては自由主義的で、兄弟間の関係においては平等主義的である。そこで過渡期イデオロギーとしては、自由と人間の平等を主張するイデオロギーが確立した。ロシアと中国では伝統的家族は権威主義的にして平等主義的であり、そこでは権威主義的にして平等主義的なものである共産主義が確立した。ドイツと日本では親子関係の権威と兄弟間の不平等を組み合わせた直系家族が支配するが、そこでは社会階級間ならびに諸民族間の関係に序列の観念を組み込んだ過渡期イデオロギーが出現した。

アングロ・サクソン諸国では本来の伝統的家族がとりたてて個人主義的であったが、ここでも過渡期の危機は、暴力的な形を取らず、あまり目につかなかったとはいえ、存在することは存在した。ただ過渡期イデオロギーが、個人主義革命を引き受けたのである。そのイデオロギーはフランスにおけるのと同様に個人主義的であったが、平等の観念が強く打ち出されることはなかった。

危機が過ぎると、それらの国は平穏を取り戻す。苦痛の度合いは異なるとしても、どの国も個人主義の伸張を経験した。しかし危機の後でも、各国はそれぞれ異なっている。平穏を取り戻したそれぞれの近代社会は、それぞれ自分の旧来の価値の痕跡を色濃く留めている。ドイツと日本の社会は、相変わらずアングロ・サクソン諸国の社会より統合され連帯的である。共産主義後のロシアは、他所にあまり例を見ない共同体的形態を保持し続けるだろう。

アラブ・イスラーム社会——つまりアラブ社会か、アラブではないが、アラブの家族形態を採用した社会——の場合は、おそらく出発点における家族形態が反個人主義の極限的なタイプであるというケースに他ならない。伝統的アラブ家族は、ロシアないし中国型の共同体家族形態に、いとこ同士の結婚という婚姻規則を組み合わせたもので、これだとシステムはすっぽりと閉ざされてしまい、その結果、この家族形態は個人にはとりたてて安全を保証し、女性にとっては全体主義的である閉鎖的な環境を形成することになる。まさにこのシステムとの決別が、イスラーム主義イデオロギーの勃興に対応するのである。そしてもちろんこの過渡期の間に表現されるイデオロギー的価値は、イギリス、フランス、ドイツ、ロシア、中国、日本の過渡期において表現されたイデオロギー的価値と同じものではない。しかし過渡期が終れば沈静化に至るという点は同じである。

過渡期の終わっていない地域

イスラーム圏の過渡期は終っていない。イスラーム諸国の出産率は、女性一人当り子供2から7である。しかし多くの国において過渡期はほぼ過ぎ去ろうとしている。ただサウジ・アラビア、パキスタン、アフガニスタン、イエーメン、そしてある意味ではイラクが非常に遅れている。これらの国は過渡期の危機の前夜にあるのであり、例えば九月一一日の同時多発テロのテロリストの

Photo by Ichige Minoru

大部分の出身国であるサウジ・アラビアを揺さぶり始めている政治的興奮の兆しを解釈するには、このような人口統計学的・人類学的状況を考慮に入れなければならないのである。人類学的状況と戦略的立場は次のように整理できる。サウジ・アラビアとパキスタンは、この文化圏内でのアメリカの二大同盟国であるが、過渡期の危機の瀬戸際にある。アメリカ合衆国政府は、イラン革命に類似した政治的危機がサウジ・アラビアに起こる危険がある——ただしシーア派の革命的伝統はアラビアには存在しないが——と考えているが、それは全く正しい。

しかし世界を脅かしているイスラーム主義テロリズムの激発は、最終段階にすぎないのである。アメリカ人にとっては、この激発によって己の戦略システムが不安定化するのは嘆かわしいことだが、この激発が全世界に拡大すると想定しなければならない理由は一つもない。ヨーロッパ人、ロシア人、中国人、日本人は、イランの沈静化、トルコの民主主義の安定化、アルジェリアと中央アジアのイスラーム主義者の挫折を注意深く見守る必要があろう。全世界に拡散するテロリズムという神話は、アメリカの外交の利益に役立つかも知れないが、いかなる歴史的現実にも対応しないのである。

（いしざき・はるみ／一九四〇年生。フランス文学。青山学院大学教授）

「イスラーム過激派」に対する偏見

【元はNGO的相互扶助組織だった】

宮田　律

（みやた・おさむ）一九五五年生。カリフォルニア大学ロスアンゼルス校（UCLA）大学院歴史学科修士課程修了。静岡県立大学国際関係学部助教授。現代イスラーム地域研究、国際関係論。著書に『イスラム過激派』をどう見るか』（岩波書店）『現代イスラムの潮流』（集英社新書）などがある。

ヒズブッラー、ハマスを「テロリスト」と呼ぶムスリムはいない

同時多発テロ事件後、「イスラーム過激派」のことを「イスラームのテロリスト」「イスラームのテロ集団」などと表現するメディアも現れるようになった。しかし、同時多発テロに見られた反米テロはともかく、ムスリムの土地であるパレスチナを占領するイスラエルに軍事攻撃を行うレバノンのヒズブッラーや、パレスチナのハマースを「イスラームのテロリスト」と呼ぶムスリムはほとんどいないだろう。しかし、米国やイスラエルはこれらの組織を一括して「テロ集団」と形容し、「テロとの戦い」の主要な標的にするようになった。

米国など西側諸国が「イスラーム過激派」と呼ぶ組織は、民意とつながりながら人々の支持を得て、勢力を拡大してきた。「過激派」と呼ばれるのは、暴力行為までもその活動の視野に入れるメンバーがいるからであるが、本来これらの組織は、イスラームの理念である「平等」や「正義」に訴えながら、権威主義体制や独裁制の多いイスラーム諸国の政府よりもはるかに人々の生活状態や日々の願望を理解してきた。すなわち、暴力そのものが「イスラーム過激派」の目的ではなく、ムスリムをとり巻く政治や社会状態の改善が、その元々の目標であったことは間違いない。

「イスラーム過激派」がテロを含む急進的な活動を行う背景には、欧米のイスラーム世界への武力干渉、またイスラーム諸国政府が民意を吸収しないこと、さらにイスラーム世界の絶望的な貧困などの要因がある。反米テロは、湾岸戦争で見られたように、米国が圧倒的な軍事力で、イスラーム世界の秩序をその意のままに変えようとするためである。その米国の軍事力に対抗するためには、テロしか選択肢がないと一部のイスラーム運動家たちは判断している。また、イスラーム世界の国々では、政府が民意を考慮しなかったり、それを力で封じたりするために、いきおい暴力でもって自らの主張を訴えざるをえない背景も備わっている。

貧困層救済をめざすＮＧＯ的組織

しかし、「イスラーム過激派」を含むイスラーム組織がその活動の中で最も考慮に入れているのは、貧困層の救済である。世界人口の最高所得者二〇％が全世界の所得の八三％を受け取る一方で、世界の最低所得者の二〇％が世界の全所得の一％余りしか得ていない。また、世界の為替市場は、一日に一兆ドル相当の資金が回転するものの、途上国全体の一兆ドルを越える累積債務は返済が全く困難な状態で、そのために貧困がさらに深刻になるという著しい不均衡が世界には存在する。この不均等な経済構造が改善されない限り、経済的不公正の改善を唱えるイスラーム組織の活動は成長を続けるだろう。暴力行為をも行う「イスラーム過激派」は、困窮する人々を救うイスラーム世界のＮＧＯのような組織から出発し、それが彼らの活動の原点であった。

たとえば、レバノンのヒズブッラーは、イラン革命に影響を受けて一九八二年に設立されたシーア派のイスラーム政治運動組織で、レバノンからのイスラエル軍の駆逐を唱えるが、当初はレバノン社会におけるシーア派住民の権利拡大のための運動を行っていた。ヒズブッラーは、イスラームの「喜捨」などを活用しながら、学校や病院の経営を行ったり、また貧困層に安く物資を売るスーパーマーケットを経営したりしてきた。

また、パレスチナのハマースは、一九四五年にパレスチナで設立されたムスリム同胞団の支部を母体にして、一九八〇年代後半のインティファーダ（蜂起）が激化していく過程で成立したイスラーム政治運動組織であるが、イスラエル占領当局がパレスチナ人の教育や福祉に熱心でない状況の中で、医療など社会サービスを人々に提供することによって、パレスチナ人の間で急速に支持を拡大していった。また、ハマースは、一九九三年のオスロ協定成立後、パレスチナ自治政府による腐敗や非民主的な方策が明らかになる中で、貧困層の支援を積極的に行うなど真摯な活動でパレスチナ住民の共感を得ることに成功した。

エジプトの絶望的貧困と「過激派」の社会福祉事業

「イスラーム過激派」などイスラームによって方向づけられた組

織が社会福祉事業に乗り出す一つの契機となったのは、一九七〇年代とは異なり、八〇年代以降、政府が次第に「福祉」から撤退していったことにもよる。これは、中東イスラーム諸国における経済の構造改革の開始と時期を同じくするものであった。世界銀行やＩＭＦなど国際援助機関による政府の補助金削減の要請は、次第に福祉事業からの政府の撤退をもたらし、イスラーム組織など民間の、草の根レベルの運動にその活動の場が与えられることになった。

エジプトでは、イスラーム的に方向づけられた慈善団体は、一九七〇年代初頭には六〇〇余りであったが、八〇年代中期にはおよそ二、〇〇〇にまで増加した。こうしたイスラーム的慈善団体の活動は、同様に増加する民間のモスクとの連携の下に行われた。増加するイスラーム組織や私的なモスクの活動に対して政府は、監視体制の強化などを行ったが、それでもイスラーム的慈善団体の活動を抑制することができなかった。

エジプトの「イスラーム過激派」には、こうした慈善団体を母体にしながら、発展を遂げたものもあり、八〇年代と九〇年代、カイロなどでイスラームに基づく政治や社会の変革を訴えるようになった。こうした訴えは、政府による欧米化政策がエジプトの社会・経済的混迷をいっそう深刻なものにし、なおかつそれらの問題に対して政府が無策であったことを背景にしていた。特に青年層にとってエジプト経済の混迷は、大きな不満として感じられていた。

エジプトでは、「イスラーム過激派」がある種の救いや連帯意識を人々に与えていたことは明らかである。「過激派」は教育や社会福祉事業を通じて次第にエジプト社会に根を張っていった。「過激派」が運営するコーランを学習する組織やサークルが、貧困層に食や衣服を提供し、また住居の獲得を手伝うようになる。さらに、「過激派」の大学組織は、学生たちに無料でテキストを配布したり、また学生のために住まいの斡旋を行ったりした。

エジプトは、国民の一人当たり年間平均所得が中東イスラーム世界の中で最も貧しい国に属し、産油国のＵＡＥ（アラブ首長国連邦）の五〇分の一という見積もりすらあるほどだ。エジプトの絶望的な貧困が、社会的不公平の是正を求める「イスラーム過激派」台頭の背景になっていることは間違いない。また、エジプトでは急激な都市化も深刻な問題になっている。一九〇〇年には、エジプトの全人口はおよそ一、〇〇〇万人で、そのうち八〇％以上が農村人口であったが、二〇〇〇年には全人口六五〇〇万のうち半数以上が都市居住者で、また全人口の四分の一がカイロに住むことになった。大都市における「イスラーム過激派」の成長は、こうした都市化の問題に政府が極めて不十分にしか対処していないことの表れでもある。

政府による弾圧と組織の秘密組織化

一九九〇年代に、エジプトのムバラク政権の脅威となったイスラーム過激派は、「ガマア・イスラーミーヤ（イスラーム集団）」と「ジハード団」である。「イスラーム集団」は、サダート時代は都市型の運動で、学生を支持基盤にする組織であったが、九〇年代に入ると、急速に秘密組織化し、高校生程度の年齢の活動家も増え、大都市だけでなく、その周辺の小さな村落や町なども活動基盤としていく。

これらのイスラーム組織が秘密組織化し、またその活動を過激化していったのは、エジプト政府によるイスラーム過激派に対する容赦ない弾圧姿勢があったからである。一九八九年だけでも一万人余りのイスラーム過激派の活動家たちが逮捕された。また、九〇年代には、イスラーム過激派と警察・軍双方が「聖戦」を宣言したといわれるほど、両者の暴力的対立は一段とエスカレートし、結局一部の突出したメンバーによって、九七年一一月にルクソールで外国人観光客襲撃事件が起こされた。このルクソール事件によって、外国人観光客が激減し、「テロ」に対して多くの一般市民の反発を招いた。この事件を契機にテロや暴力に対して辟易とするムードがエジプトで強まった結果、「ジハード」の元メンバーの中にも国政選挙に参加しようとする者も現れるなど、穏健な方策が模索されるようになった。

民意を反映する「イスラーム過激派」

二〇〇一年九月の同時多発テロ事件で、暴力的側面が強調されるようになった「イスラーム過激派」であるが、本来はイスラーム世界内部の貧困問題を背景にして、困窮する人々を救済する組織であったことを国際社会は忘れてならない。イスラーム世界をとり巻く矛盾を背景にして、「イスラーム過激派」の主張や活動に共鳴するムスリムは少なからずいる。二〇〇一年になって、パレスチナのハマースの自爆テロに八五％のパレスチナ人が支持するという世論調査の結果が出たように、何らかの契機によって、「イスラーム過激派」に対する支持が一挙に高まる土壌が、イスラーム世界には十分ある。

また、同時多発テロ事件の実行犯一九人のうち、一五人を輩出したサウジアラビアでは、未発達な公教育をイスラーム組織が補う役割を演じている。そのため、サウジアラビアでは、イスラーム復興の傾向が強く、およそ七〇％の人々が厳格なイスラームに強く傾倒しているという見積もりもあるほどである。さらに、サウジアラビアでは、二十五歳から四十一歳の教育ある階層の九五％がウッサーマ・ビンラーディンの訴えに共鳴しているという世論調査の結果も出た。こうした結果が出るのも「ビンラーディン」のような「イスラーム過激派」が民意をとらえているからである。

これまで見てきたように、「イスラーム過激派」は、困窮する人々の救済を行いながら、また世論や政治・社会の動向に応じて、その活動方針を柔軟に決めながら、人々の間の支持の拡大に努めていくに違いない。

イラン革命とは何であったか

鈴木 均

（すずき・ひとし） 一九五八年生。東京大学大学院総合文化研究科修士課程修了。アジア経済研究所研究員。イラン地域研究。『中東における中央権力と地域性』（共編著、アジア経済研究所）『イラン革命と日本人』（編著、中東調査会）などがある。

社会革命としての革命評価

冷戦構造が未だ揺るぎなかった時代の末期、一九七八年一月にホメイニー誹謗記事への反対デモから発した反国王闘争はそれまで磐石と思われていたパフラヴィー朝の支配体制を瞬く間に揺るがした。一九七九年一月一六日にイラン国王モハンマドレザー・シャーは祖国イランを永遠に離れ、二月一日にはアーヤトッラー・ホメイニーがパリからの特別機でテヘランに入る。二月一一日にはバーザルガーンが暫定内閣首班に就任、四月一日に国民の圧倒的多数の支持を得てイスラーム共和国が成立する。

あの劇的な政変から二三年を経た現在、イラン革命があたかも歴史的な事件として確定しているかのような印象を与えるが、事実は決してそうではない。まずイラン革命はイラン人にとっていかなる意味で革命であったのだろうか。ここでは革命に否応もなく巻き込まれ、日常生活の隅々にいたるまで時代的な変化を共通に経験した現在のイランの一般大衆なるものを想定し、これをあくまでも認識の出発点にしたい。そしてそこから見渡される革命の論理が日本人を含む世界の一般大衆（そのようなものが想定できるとすれば）にどれだけ深く届くものか、その深度を計測してみたいのである。

イデオロギー分析とその限界

イラン革命が「イスラーム的な」「イスラーム主義的な」あるいは「イスラーム復興主義的な」イデオロギーによって主導され、近代史上初めて「成功」した政治革命であったという議論は、これまでにも繰り返しなされ、定説として一定の定着をみてきた。そしてこの問題設定のもと、ホメイニーやアリー・シャリーアティーやモタッハリーの思想研究が日本でも積み重ねられてきたのである。

だが革命から二三年を経て、私たちのイラン革命に対する本質的な問いかけは「そもそも何を目指していたのか」から「これまで何が成し遂げられたのか」という社会的な達成の側面に移行しなければならない筈である。なぜなら革命は政治的な位相ではすでに決着してしまったのであり、権力を掌握した革命政権はその瞬間からイラン国民に対して責任を負っているからである。

その場合、現実の革命政権によって実現しなかった（できなかった）革命イデオロギーの可能性を原典に遡って明らかにするという作業も研究の方向性としてはあり得よう。だがその場合それは必然的に革命政権の達成についての現実的な認識を不可欠の前提とする。すでに歴史的に起こってしまった革命の議論をする場合、その現実の社会的な側面を認識する手続きを怠ってその構想（デッサン）のみのイデオロギー分析に終始しても実践的な意味は殆ど無いからである。

革命後のイラン社会の変容を適切に捉えられなければ、どんなに原典を精緻に読みこんだイデオロギー研究であってもそれだけではイラン革命論とはならない。そしてイデオロギー研究がそれ自体として成立するためには、その対象が日本の思想状況を一変させるほどの衝撃力を孕んだものでなければならないと思うのである。改めて言うまでもなく、アリー・シャリーアティーやホメイニーの思想が日本の文脈でレーニンや毛沢東ほどの影響力を持つことはなかったし、それはこれからもあり得ないだろう。

革命から初めての国民戦争へ

イランは中東地域のなかでは大国であるが、世界全体のなかでは言うまでもなく第三世界の小国に過ぎない。その小国の国民が一九七九年にアメリカの国際的支配に対して反旗を翻して「イスラーム革命」を起こしかつ成就させた。それは確かにある種の衝撃的な達成であったし、イスラーム世界を多く含む第三世界の人々にも爽快感をもって受け止められたことは事実である。だが同時にそれはその後のイラン社会に余りに大きな損失を強いるものでもあった。それを反映して特に私たちの耳に日常的に届く都市部のイラン国民の声は「革命とは何だったのか」「革命なんて起きなければ良かったのに」「革命は誤りだった」というものが大部分であった。だがこのような「一般市民」の嘆きの声をそのまま受け止めただけの革命イランの社会像にもまたどこか欺瞞があるのではないか。

革命を経験した大方のイラン人にとって、革命後のイランは理想的な社会から程遠いものであり続けた。とりわけ一九八〇年から八年間にわたったイラクとの戦争は、イラン国民に重い負担を強いた。数十万人という戦死者（イランでは彼らを「殉教者」と呼ぶ）が出るなかで、革命に積極的に参加した若い世代も数多く前線に駆り出され、筆舌に尽くしがたい辛酸をなめたのである。現在イラン全国のどんなに遠隔の農村に行っても「殉教者」の墓がある。それらは戦死という重い社会的事実を未だに明示し続けているとと同時に、戦争の悲惨な体験を国民の統合に向けて動員するという重要な役割を負わされてきた。イランの戦死者は死後も安らかに眠る暇すらないと言うべきであろう。

革命後のイラン社会を考察するに際し、この戦争がイラン人に対して持った意味の重さを軽視するべきではない。それは先の大戦が日本人に対して未だに持っている呪縛の大きさにも匹敵する。全体として見れば、日本は一九四五年八月一五日の敗戦後に天皇制をめぐる価値観の大転換を経験したのに対し、イランは一九七九年二月一一日に「イスラーム革命」による価値観の大転換があった後に近代史上初めての国民戦争を経験し、戦争遂行のイデオロギーはその後も公式には否定されることなく連続した。だが同時にホメイニーによって「革命を延命させるために」始められたイラクとの戦争は、結果として革命の意味を大きく変質させ、イランという国を「普通の国民国家」により近づけることになったのである。

革命と農村社会の変容

筆者は今回一九九九年から二年間イランに滞在し、革命前後からのイラン農村部における小都市（ルースターシャフル）の形成についてフィールドワーク調査を行なった。そして二年間のフィールドワークを終えた現在、月並のようだが改めて「イラン革命はやはり疑いもなく革命であった」という実感を確認している。そしてイラン革命は何よりもまず「社会革命」であったと言わなければならない。この革命において最もその果実を享受し、大きく変容したのは地方社会であったのだ。

イランでは革命前後から農村部を含めて人口が急増した。革命政権はそれに対応するように農村建設隊（ジャハード・サーザンデギー）という組織を作り、地方の遠隔部からアスファルト道路を引き、井戸を掘り、保健所を建てるといった活動を二〇年間余り営々と進めてきた。その結果全国の農村部において人口二、〇〇〇から二〇、〇〇〇までの小都市（いわゆる町）が急増し、地方社会の小中心が新たに形成されつつあるのが現在の姿である。

このような変化はこの二十数年間で農村部の生活を一変させた。以前は一般的だった閉鎖的なガルエ（居住区の周囲に外壁を巡らした村落の住居形態）での伝統的な村落社会は現在ではほとんど消滅し、イラン国内のどこへ行っても似たような景観の「田舎町」が広がっている。そして農民の生活水準は、どこでも一様に革命の前後から比べると劇的に向上している。それゆえ革命の成果の主要な受益者であった地方の農村社会は、当然ながらイラン社会において革命政権の最大の支持層を形成しているのであるが、同時に地方社会は大量の若年失業層を抱え込んでおり、これが潜在的にはイランの現体制を揺るがす最大の社会問題となっているのである。

近代的国民国家への道

イランは極めて皮肉なことではあるが「イスラーム革命」を経てようやく近代的な国民国家への道を歩み始めたと言えるのではないか。だがそれは現代世界の大部分を覆っているグローバリゼーションに抗した内発的発展の壮大な試みの成果であり、中東地域における極めて興味深い社会発展のモデルを提供している。現在ハータミー大統領が主導する民主化への試みも、この文脈においてのみ正当に評価し得るものと思われるのである。

　イラン革命がイランの一般大衆に対してもった意味は、このようなものであった。革命はイラン社会を「イスラーム復興主義的な」理念によって再編成することにはついに成功しなかった。イラン革命が国際政治の文脈で「イスラーム革命」の最初の成功例としてどのように語られ、またいかなる影響を与えたにせよ、それはイランの一般大衆にとっては与り知らぬことであった。だがそれにも関わらず、革命がイラン人にとって現在でも重大な意味を持っているとすれば、それはこの革命が（より正確に言えば革命とその後の戦争が）イラン社会の構造を近代的な市民社会の方向に向けて大きく前進させたという一事によるであろう。それはハータミー大統領がイランにおける「イスラーム的な市民社会」の実現を主張する場合の前提条件であり、それが西欧的な基準からいかに不完全で未成熟な市民社会に見えたとしても、イラン国民が米国主導の近代化論線に反逆して自立的な発展を追求した結果の貴重な果実であることは否定しようもないのである。

＊　＊　＊

スンナ派の近現代イスラーム思想史概観

飯塚正人

（いいづか・まさと）一九六〇年生。東京大学大学院人文科学研究科博士課程中退。東京外国語大学アジア・アフリカ言語文化研究所助教授。イスラーム学。著書に『イスラーム世界がよくわかるQ＆A』（共編著、亜紀書房）『「対テロ戦争」とイスラム世界』（共著、岩波新書）などがある。

イスラーム思想の「近代」――常に西洋を意識して

イスラーム世界の「近代」をどのように定義するか、また、いつから始まったと考えるかは、歴史家によって異なる。加藤博が指摘するとおり、通説的な歴史叙述では、「「西洋の衝撃」、つまりヨーロッパを中心とした世界政治経済システムに投げ込まれる契機となった西欧列強との本格的な接触をもって」、イスラーム世界における「近代」が始まったとされるが、こうした議論には批判も多い。オスマン帝国史家永田雄三による批判は、形式上中東に限定されたものとはいえ、その代表と見ていいだろう。加藤は永田による批判を以下のようにまとめている。すなわち、「この通説によれば、中東の歴史は前近代と近代とに二分される。そのため、この通説をとることによって、中東の歴史を一貫した連続性のもとに考察しようという視角が希薄になる。（中略）そしてまた、この通説はなによりも、歴史を自らの手でつくりだした中東の人びとの主体性を無視したものである」（加藤博『イスラーム世界の危機と変革』、山川出版社世界史リブレット三七、一九九七年、二〇～二四ページ）。

こうした批判は、近現代イスラーム思想史の研究者にも広く共有されてきた。いやそれどころか、正確に言えば、この分野の研究は思想史を「一貫した連続性のもとに考察しようという視角」が強すぎるあまり、イスラーム思想の「近代」とその開幕に関する「通説」そのものを欠いてきたのである。だいたいイスラーム思想研究を志す者は、まず聖典『コーラン』、次いでその解釈から生じたイスラーム法学、神学、スーフィズムなどの伝統思想を学ぶところから始めなくてはならない。こうしたプロセスを経て近代イスラーム思想史を専攻するに至った人間が、前近代との連続性やムスリムの主体性を何より重視するのは当然であろう。加えて、近代におけるイスラーム思想史を語る場合には、相変わらず強力な近代以前からの思想潮流（しばしば「伝統派」と呼ばれる）や、「西洋の衝撃」以前に生まれながら、今日なお各地のイスラーム運動に大きな影響を与え続けているサウディアラビアのワッハーブ派――ターリバーンの思想はこの派の初期思想そのものに見える――などの動向にも目配りせざるを得ない。言いかえれば、イスラーム世界にあっては、「西洋の衝撃」以後も新たな思想潮流と以前からのそれとが長く拮抗してきたため、「近代思想」だけを取り上げても思想史の記述としては十分でない、という特殊事情もまた存在するのである。結果として、これまでの近代イスラーム思想史研究は「近代」におけるさまざまな思想を産み出した政治・経済・社会的な背景説明から記述を始めることで満足してしまい、思想そのものの相違に依拠して前近代と近代とを区分する作業にさほど熱心ではなかった。

むろん、わずかながら例外はある。わが国で言えば、人類学者大塚和夫の仕事が注目に値しよう。彼は、同じ人類学者アーネスト・ゲルナーの議論を援用し、一八世紀以降のイスラーム復興のあり方を「P的イスラーム」、それ以前のイスラームのあり方を「C的イスラーム」とする形で、イスラームのあり方そのものから「近代的イスラーム」を探ろうと試みた（井上順孝・大塚和夫編『ファンダメンタリズムとは何か――世俗主義への挑戦』、新曜社、一九九四年、七八～八一ページ）。しかし、この議論に則ってイスラーム思想の通史を描くことにはいかにも無理がある。近代以前のイスラーム思想は大塚＝ゲルナーが提示する「C特性群」の特徴（現世・来世の双方における階層化への志向、神と人間との媒介的な存在の活動が活発にみられることなど）を確かに持つものの、イスラーム思想史全体で見た場合、大塚が「近代」の特徴と考える「P特性群」の諸要素（厳格な一神論の強調、ピューリタニズム的厳格主義など、七つがあげられている）は預言者ムハンマド時代のイスラームそのものと見なすことも可能だからである。七世紀のイスラームがいわゆる「近代」の諸要素を先取りしていたことは事実だとしても、最初期のイスラーム思想と共通する諸要素を「近代」の指標としたのでは、イスラーム思想の「近代」が七世紀と一八世紀以降の二度に渡って出現したことになってしまう。世界史全体における「近代」について考察するのであれば、大塚の議論は刺激的かつ有効であるに違いなく、大塚自身の関心も「今日さまざまな誤解にさらされがちのイスラーム・ファンダメンタリズムを理解」することにあるので、彼の目的に照らしてこの試みが成功していることは疑いないが、イスラーム思想史全体の中で「近代」を定義する作業は別の形で行われなくてはならない。では、思想史に限定してイスラームの「近代」を語る場合、その指標はどこに求められるべきなのか。

現実にイスラーム思想史の中で前近代と近代とを分ける指標があるとすれば、それは近代思想が常に西洋を意識し、良くも悪くも西洋近代文明との関わりの中でしか思索できずにきたという一点に尽きるように、筆者は思う。ナポレオン・ボナパルトのエジプト占領（一七九八年）を境に、圧倒的な政治力・経済力・軍事力をともなってイスラーム世界全域に立ち現れた西洋近代文明は、それまで疑う余地のない真理とされてきた「イスラームの絶対性・唯一性」という理念そのものに、あからさまな挑戦状を叩きつけた。小杉泰の言を借りれば、「価値観そのものが危機に晒されたという意味において、新しい時代の危機は、イスラーム史上かつてないもの」（小杉泰『イスラームとは何か』、講談社現代新書、一九九四年、二六四〜五ページ）だったのである。当然、この危機に直面して生まれた新たな思想潮流もまた、以前とは大きく違ったものとならざるを得なかった。もっとも、この状況の中で思想家たちが立てた最初の問いは、徹底的にイスラームの思想伝統に則った形をとる。ムスリムともあろうものが、なぜキリスト教徒の西洋などに後れを取ってしまったのか。彼らはそう問うたのである。

イスラームは元来ユダヤ教・キリスト教の誤りを正す完璧な宗教として自己規定しており、神はムスリムにこそ栄光をもたらすと信じられてきた。神の命令に服従（イスラーム）した報酬は、来世で天国に迎えられるという個人のレベルだけでなく、現世におけるウンマの繁栄という形でも約束されているはずだったのである。しかるにいま、ムスリムが西洋近代文明に圧倒されているのはなぜか。どうしてウンマがこのような「異常事態」に陥ってしまったのか。

原因の究明は当然ながら、ウンマが本来享受するはずの繁栄を取り戻す処方箋の提示に直結する。だが、ここでも思想家たちは「イスラーム的」と言うよりほかはない枠組みの中で答を得ようとした。すなわち彼らは、ウンマが神の命令にきちんと服従していないから神の怒りをかった、没落という「現状」はいわば「天罰」だ、と考えたのである。

聖典『コーラン』自身がイスラームを「完成された宗教」と明言している以上、イスラーム自体に非はなく、イスラームそのものの改革もあり得ない。非があるとすれば、それはウンマ、ひいてはそれを構成するムスリム個々の側にある。もっとも、神の命令に逆らうという状況には論理的に見てふたつの可能性がある。命令を正確に理解しているにもかかわらずあえて服従しないケースと、命令そのものを誤解しているがゆえに意図せずして不服従となってしまうケースである。結果として、ここからウンマの「復興」を目指すふたつの方向が生まれた。ひとつは、怠惰や意志の弱さゆえに神の命令に従わずにきたウンマの現状を変革する試み、もうひとつは、「神のことば」である『コーラン』に立ち帰ることで、「真のイスラーム」を定義し直し、伝統的な解釈の「誤り」を正そうとする試みである。前者が思想よりも運動の形をとることは言うまでもない。板垣雄三の言う「イスラムを現実におしつけていこうとするファンダメンタリストの立場」(『歴史の現在と地域学——現代中東への視角』、岩波書店、二四八ページ)がこれにあたる。もっとも、「ファンダメンタリスト」はしばしば「真のイスラーム」を追求する思想家を兼ねていた。一方、後者の営みはまさに近代イスラーム思想史を形成する原動力となる。それは一貫して西洋近代文明を意識し、最初は科学技術や政治制度とイスラームの両立を模索する形で、後には政教分離や反政府活動をも正当化する手段として、すこぶる多様な展開を見せることになった。

西洋近代思想との出会い、そして「復興」への模索

オスマン帝国やエジプトで西洋近代科学の本格的な導入が始まったのは、一八二〇年代以降である。科学技術の後には、近代西洋の法体系や教育・行政制度の導入が続き、西洋式の教育を受けた新たな知識人も生まれた。彼らは当然、西洋近代の思想とも出会うことになる。ここに、近代イスラーム思想が生まれる条件は整った。

この条件下で最初に大胆な提言を行ったのは、エジプトのひと、リファーア・アッタフターウィー(一八七三年没)である。エジプト民族主義の創出者として知られるこの思想家は、一八二六年から三一年にかけてフランスに留学したのをきっかけに、西洋近代思想の洗礼を受け、また西洋の政治と社会制度における「正義」の実践に驚き、伝統的なイスラーム思想を独創的に読みかえようとした。彼にとって最大の関心は、後の多くの思想家同様、シャリーアに従う政治の実践にあったが、この時期の政治体制は支配者の専制でしかない。この状況をいかにして改善するか。

アッタフターウィーはイスラーム思想の伝統に則って、法とウラマーを尊敬するよう支配者に説きもした。だが、お題目を唱えるだけでは説得力がない。シャリーアよりも西洋近代文明に魅かれている独裁者を納得させるためには、法もウラマーも変わっていく必要があるし、それが時代の要請でもあるだろう。こうして彼は、シャリーアを新たな環境に適応させる必要を説くとともに、伝統的なウラマーもまた西洋近代科学の知識を得る必要があると訴えた。さらに、西洋の科学技術を導入することに疑念を抱くウラマー層に対し、科学は本来イスラーム世界から西洋に輸出されたもので、再輸入は可とも主張している。

カフカース出身のマムルーク(奴隷軍人)で、チュニジア・フセイン朝のベイに登用されたハイルッディーン(一八八九年没)もまた、権力が専制君主の手にある時、公正な権力行使はいかに保証され得るか、という問いから出発した。彼は西欧諸国の繁栄の秘密を探り、責任内閣制と議会こそ正義と自由に基づく政治制度であることを確信する。同時に彼は、本来の「イスラーム国家」と

はそうした制度に基づくものであったとも信じるに至った。加えて彼は、ウンマが力を取り戻すためには西洋の力の根底にあるものを採用する必要もあると主張して、持論を補強する。だが問題は、西洋近代流の政治制度の採用がシャリーアと矛盾しないか、という点にあった。この問いに答える過程で、ハイルッディーンはシャリーアの概念を抜本的に見直し、近現代イスラームの主流となる思想を構築することになる。すなわち彼は、人々が合意した内容がシャリーアに反さなければ、それはシャリーアと見なし得る、とのテーゼを提出したのである。このテーゼはやがて、議会制をイスラーム的に正当化する論理として広く採用されていく。

ところで、右のような専制批判や、西洋近代文明の所産をイスラーム起源と見る発想は、オスマン帝国本土にあって立憲制の確立と議会の開設を追求したナームク・ケマル（一八八八年没）らにも共通していた。だが同時にそこでは、列強の進出に圧倒される中で、新たな思想も姿を見せ始める。民族や王朝の枠を超え、ムスリム全体の連帯を説くパン・イスラミズムである。もっとも、この思想をイスラーム世界の隅々まで広めた功績はひとりの革命家に帰せられなくてはならない。イラン生まれのジャマールッディーン・アルアフガーニー（一八九七年没）である。彼はイスラーム世界全体が「帝国主義」という怪物によって脅かされていることをいち早く見抜き、訪れた各地でこの脅威に対抗するための団結を説いて回った。スンナ派であれシーア派であれ、ムスリムは連帯して列強と戦わなくてはならない。信仰に基づくムスリムの絆は本来最も強固なものであって、これさえ取戻せば帝国主義に勝利することができるのである。アルアフガーニーはこのように主張するとともに、闘争の前提条件として、ムスリムが自らの責任で招いたウンマの衰退を急速に打破しなくてはならないとも説いた。外への抵抗と防衛のためにこそ、内なる改革、すなわちイジュティハード（法判断の際、原典まで戻って検討を加えること。伝統的な法学派はある時期からこれを禁じ、判例のみで事足れりとする立場をとった）の再開や近代科学の摂取、専制の打破が求められたのである。彼の思想は一八八四年にパリで刊行された雑誌『固き絆』を通じてイスラーム世界各地に広まり、強烈な思想的影響をまき散らしていく。

一方、アルアフガーニーのもとで『固き絆』の主筆を務めた弟子ムハンマド・アブドゥフ（一九〇五年没）は、さらにイスラーム再解釈の課題そのものを追求した。彼によれば、イスラームにおいて克服されるべきものは、本来の精神と信仰を誤らせる外来の要素（哲学者やシーア派やスーフィズムの偏った立場）と慣行墨守（イジュティハードの禁止）とである。この両者こそ本来のイスラームの精神と信仰を具現していた初期のウンマを衰退させた原因と考えられた。真のイスラームは理性と啓示の調和にあり、イスラームは理性の所産すべてを受容し得るものでなければならない。ムスリムが知的堕落に落ちている間に、ヨーロッパはイスラームから学び、理性を働かせて文明を発展させた。ムスリムはかつての偉業を再び成し遂げるべきであり、それにはまず、法を再解釈し

「現代」の課題に適合させることである。

このようなアブドゥフの思想は、彼自身が晩年エジプト最高ムフティー（イスラーム法判断者）にまで昇りつめたこと、また弟子ラシード・リダー（一九三五年没）の発刊した『マナール』誌の影響力により、各地に広まっていく。一九世紀、「伝統派」から多くの反発を受けた「シャリーア解釈の革新」という思想が、二〇世紀に入って徐々に一般化した要因のひとつに、彼と『マナール』派の強い影響を見ないわけにはいかない。

カリフ制の終焉と新たな政治論

第一次世界大戦にオスマン帝国が敗れると、アナトリアは戦勝国の占領下に置かれ、分割の危機に直面した。これに対し、ムスタファ・ケマル（一九三八年没）は一九二〇年、アンカラに「トルコ大国民議会」政府を樹立。連合国の側に回ったオスマン朝カリフ政府に対して公然たる武力反乱を開始する。やがて祖国解放運動に勝利したアンカラ政府は、一九二二年、オスマン朝スルタン・カリフ制をスルタン制とカリフ制に分離し、スルタン制を廃止した。いわゆる「精神的カリフ制」の成立である。

このようなカリフ制の危機に対する反応は、まずインドでヒラーファト運動となって現れた。けれども、思想史的により重要なのは『マナール』誌の主筆であったラシード・リダーが展開した議論である。彼はまず、カリフ制がシャリーアによる宗教的義務であることを強調する。カリフはウンマに唯ひとりの存在で、「解き結ぶ者（ウンマの指導者層）」によって選任されなくてはならない。また、カリフは聖典に明文規定のないすべての事項に関して「解き結ぶ者」と協議（シューラー）する義務がある。シューラーは、公共の福利を確保するためにシャリーアが定めた原則であるにもかかわらず、ウマイヤ朝以降無視されてきたためにウンマの危機を招来した主因とされた。

このように協議を重視するリダーにとって、「解き結ぶ者」こそはウンマの主権の代行者であり、ウンマ復興の主体と考えられた。したがって、この集団の再編成こそ彼の改革の目標となる。もっとも、リダーの考えるところ、今日「解き結ぶ者」となり得る存在は自ら唱導する「イスラーム改革派」以外にはあり得なかった。アブドゥフの衣鉢を継ぎ、伝統法学の墨守者とヨーロッパの模倣者の中間に位置するこの集団こそ、ウンマ指導者層の根幹を形成しなくてはならない。イジュティハードのために必要な知識一つとってみても、現代ではシャリーアの知識のみならず、国際法、諸国間の条約、諸国の政治傾向、国力などに関する知識が不可欠であり、この条件を満たし得るのは、「真のイスラーム」と西洋近代文明の双方に通じた「改革派」のみと考えられたのである。

以上のようなリダーの議論は、ウンマ復興に不可欠と信じられたシャリーアの再解釈と、統一の象徴たる唯一無二のカリフの再生とを課題として、この両者を結合させたものと見ることができる。それは、国家がイスラームに基盤を置いて成立すること自体の是非が問われるようになった時代における、またその時代に対する、一つの明確な解答であった。そしてそれ故にこの新たな政治論は、後の大衆イスラーム運動の出発点となったのである。

とはいえ、リダーの議論によってカリフ制の危機が解消されることはなかった。カリフ擁護論の高まりは皮肉なことに、元来西欧的な「世俗主義」国民国家を志向していたケマルをかえって刺激し、カリフ制そのものの廃止を決意させてしまうことになる。一九二四年三月、「トルコ大国民議会」はカリフ制の廃止を可決。声明では、カリフ制は本来啓示とは無縁の単なる便宜的制度であったとされ、すでにカリフ制が使命を終えた以上、政治体制の選択はムスリムの自由との宣言がなされた。ここにトルコ共和国は政教分離への不退転の決意を示し、やがてシャリーアの廃止にまで突き進むことになる。ただしそれは、イスラームそのものの否定ではなく、政教分離こそ「真のイスラーム」と考える独自解釈の形をとった。政教分離すら、伝統的な解釈の「誤り」を正す試みの成果として主張せざるを得ないところに、近代イスラーム思想のひとつの特徴を見出すこともできよう。

もっとも、政教分離こそ「真のイスラーム」とするトルコ型の解釈は他の地域ではさしたる議論も経ぬまま事実上否定されてしまった。きっかけは、一九二五年にアブドゥフの弟子のひとりで、シャリーア法廷判事の職にあったアリー・アブドッラーズィク（一九六六年没）を襲った筆禍事件である。アブドッラーズィクは同年出版された著書の中で、カリフ制はシャリーアによって命じられた制度ではないと主張し、それを証明するため、預言者ムハンマド時代の政治状況を分析した。その結果、ムハンマドは真理を人々に伝えるという預言者的機能しか持たず、シャリーアを人々に科す使命は持っていなかったと断定したのである。よって、シャリーアを国家の法とするか否かはムスリムの自由となる。

この主張は伝統墨守派を激怒させた。アブドッラーズィクによる預言者の機能分析が政教分離を正当化し得るものだったからである。エジプトの法学者たちは、アブドッラーズィクを裁判にかけ、その裁判官としての資格を剥奪する。かくて政教分離はイデオロギー的にはほぼ否定されたが、現実の国家の法は、トルコにあってもエジプトにあってもいよいよ西洋法となっていくのであった。カリフ制とシャリーアの復興を目指して、組織化された大衆が動き始めるのは、この筆禍事件から間もなくのことである。

大衆イスラーム運動の思想

アブドゥフやリダーの法学者レベルでの改革運動は、一九二九年にエジプトで結成されたムスリム同胞団において大衆組織・運動化された。初代団長となったハサン・アルバンナー（一九四九年没）の言葉を借りれば、同胞団誕生の契機は、第一次大戦後のエジプトを襲った世俗化および自由主義の傾向とケマリストに代表される「イスラーム攻撃」とに対する強烈な危機感だったという。

この運動の目標は『コーラン』を憲法とする「イスラーム国家」

の実現にあり、まず個人の内面改革、次いで家庭、社会と段階を追って「イスラーム化」を進めることにより、必然的に「イスラーム国家」が生まれるという発想を採った。このため、同胞団は現代生活におけるイスラームの貫徹を目指して社会生活のあらゆる分野に意欲的に進出していく。そこでは、憲法、ラジオ、スポーツクラブなどの近代文明の所産が肯定的にとらえられたうえで、その「イスラーム化」が図られた。

ところで、一九四九年に秘密警察によってバンナーが暗殺されて以後、同胞団指導部では分裂が進んだが、このことは逆に組織内部に理論的統一を希求する空気を醸成した。中でも重要な思想家はムハンマド・アルガザーリー（一九九六年没）である。彼は、社会正義と喜捨（ザカート）の理念を基礎として、階級を否定し機会の均等を保障する「イスラーム社会主義」を唱えた。これを国是とする「イスラーム国家」は、シャリーアを施行し、イスラームを外敵と不信仰者から守り、喜捨の徴収と分配を行うほか、自給自足経済を確立して完全雇用を実現しなくてはならない。ここに至って、イスラーム思想は社会主義思想という新たな西洋近代の所産とも格闘を始めることになったのである。

さて、ムスリム同胞団と同様の傾向と機能を持つ団体は、同胞団成立以降ムスリムが居住するさまざまな地域で誕生したが、パキスタンのジャマーアテ・イスラーミーはその広汎な影響力において特に注目される。一九四一年にこの団体を創設したアブー・アーラー・アルマウドゥーディー（一九八〇年没）の展開した思想はまた、現在までの大衆イスラーム運動の中で最も包括的な議論でもある。

アルマウドゥーディーは、多数は真理の基準ではないとして、西洋から輸入された政治体制としての「民主主義」に反対した。「イスラーム国家」はムスリム男女の意志に基づくものであり、シャリーアを施行する元首および彼を補佐するシューラーは国民の選挙によって選ばれなくてはならない。しかし、元首にもシューラーにもシャリーア解釈以上の権限はない。「イスラーム国家」の真の主権者は神以外あり得ないからである。この信条に基づき、彼は人間を主権者と見る民族主義、資本主義、社会主義などの西洋思想のすべてを「ジャーヒリーヤ（預言者ムハンマド以前の多神教時代を指す）」として否定した。

以上のようなアルマウドゥーディーの議論はやがて、一九五二年革命による世俗的国民国家の成立がもたらしたイスラームの完全な失墜状態に対して対応を迫られていたエジプト・ムスリム同胞団の一思想家に多大な影響を与えることになる。一九六六年、ナーセル政権によって処刑されたサイイド・クトゥブである。クトゥブはアルマウドゥーディーが提起した「ジャーヒリーヤ」の概念を、自身の属するエジプト社会に対しても適用した。彼の認識では、イスラームは常に破壊の陰謀にさらされてきた理論体系であり、陰謀の結果、現在では地上から消滅してしまったという。それゆえ現状は、神以外の者に主権を認めたジャーヒリーヤ時代と何ら変わらない。

このような状況にあって緊急の課題は、まずタウヒードの信仰を復興し、精神と物質の両面を完全にイスラームに捧げる「前衛」を産み出すことである。「前衛」は政治権力の獲得を究極目標とし、「ジャーヒリーヤ社会」に対する宣戦布告を行う。また、権力者がシャリーアを無視した場合には、武装して戦い、権力者を倒すことが彼らの任務とされた。ここで、「前衛」という用語ひとつとってみても、クトゥブ思想がマルクス主義の組織論に多くを負っていることは明らかであろう。一九七〇年代半ば以降イスラーム世界各地で一気に顕在化した反政府武装闘争集団の多くは、クトゥブの呼びかけに従い、イスラームの「前衛」を自任した。さらにそこでは、シャリーアに代えて他の法を定める権力者を「背教者」(=異教徒の侵略者)と断じることで、権力者の暗殺や政府に対する武装闘争を正当化するいわゆる「革命のジハード」論が精緻な発展を見せている。

一九七〇年代以降の展開

一九六七年の第三次中東戦争におけるアラブの敗北と、それにともなう聖地エルサレムの喪失は、全世界のムスリムに深刻な打撃を与え、あらためて自らの「現状」に厳しい反省のまなざしを向けさせることになった。人々の間には、「イスラーム的」な生活を取り戻そうとする空気が充満し、多くの国で事実上政治と切り離されてきたイスラームを再度政治原理として見直そうとする雰囲気すら生まれてくる。こうした空気の中では、政権の側もイスラームに支配の正統性を求めざるを得ない。シャリーアを正しく施行する「イスラーム国家」の建設を目指すイスラーム運動の復活はもはや時間の問題であった。

もっとも、注目すべきことに一九七〇年代以降運動の主役となったのは、欧米流の教育を受けた学生や青年教師たちであった。そこでは、科学技術の価値がかなり広範に認められる一方、イスラームの価値観と有機的につながることなく導入されてきた人文・社会科学の価値、また婚姻や女性の地位といった問題に象徴される社会制度の価値が厳しく批判された。言ってみれば、西洋近代文明を支える価値の総体が拒否されたのである。このような態度は、クトゥブ以降イスラーム運動の中で一般化した新たな歴史認識——西洋化と同義の「近代化」こそウンマを危機に陥れた——の反映と言えるだろう。

一方、知識人の中からは、欧米に移住したムスリムを中心に、普遍的「近代性」と西洋史に限定された擬似「近代性」とを区別する動きも生じてきた。むろんこれは、西洋に存在しないものこそ「イスラーム的」と考えがちなイスラーム主義に対する厳しい批判でもある。だが、ムハンマド・アルクーンやファズルル・ラフマーン(一九八八年没)に代表されるこれらの思想家たちは、同時に、これまでのイスラーム解釈そのものをも現実の歴史によって限定され歪曲されてきたものと見なし、「脱構築」を図ろうと試みた。たとえばラフマーンは、シャリーアの法源である預言者のスンナ（言行）も法学者のイジュマー（合意）もすべては歴史の中で歪曲されてきたという。そうである以上、ムスリムにとって従うべきものは『コーラン』しかない。しかし『コーラン』は本質的に道徳の書であって、法の詳細を定めてはいない。となれば、神の命令の解釈であるべき「立法」に必要なのは、『コーラン』に示された世界観の把握だけということになろう。そしてそれを把握した時、ムスリムはそこに普遍的な「近代性」の輝きを見出し、同時に正確な意味での「シャリーア」に従う国家と社会を築くことができるに違いない。このようにしてラフマーンはイスラームの中の「近代性」に着目し、「近代化」そのものの意味を問い直したのであった。こうした問い自体は、実はアブドゥフらによって百年も前に提起されている。だが、見ようによっては、ことここに至って、近代イスラーム思想史はひとつの転機を迎えたと言えるのかもしれない。それは西洋近代文明に振り回されてきた歴史に終止符を打ち、西洋近代文明とはまったく無関係に、『コーラン』そのものから普遍的「近代性」を検討する段階に入ったからである。

とはいえ、この新たな思想潮流は、イスラーム世界全体としては、いまだ指導的なものとはなり得ていない。その一因は、外部からの「攻撃」があまりに激しすぎるために、人々の関心がたとえばジハード論の方向に向かってしまうという現実にもあるだろう。古典的なシャリーアの規定におけるジハードは、「イスラームの家（支配地）」を拡大しようとするいわば「拡大ジハード」と、「イスラームの家」に対する侵略者を撃退する「防衛ジハード」に大別される。だが、拡大ジハードは理論上カリフの命令を必要とするため、カリフ制が廃止されて久しい今日の文脈ではまったく問題にならない。一方、防衛ジハードはカリフの在不在に関係なく、すべての成人ムスリム男子の義務とされる。武装した異教徒が「イスラームの家」に現れた場合、すべての成人男子は侵略者を撃退すべく、生命・財産・言論などを捧げて抵抗しなくてはならない。冷戦末期から戦後にかけて、ムスリムが各地で繰り広げてきた独立闘争はイスラーム主義の高揚とあいまって、この防衛ジハード論によって正当化されてきた。それは人々のムスリム同胞としての意識を強化する一方、パレスチナのハマースや唯一の国際イスラーム主義組織であるイスラーム解放党、さらには防衛ジハードに特化した義勇兵組織アル＝カーイダまで産み出す契機となっているのである。

＊　＊　＊

変容する文明間の「対話」

【イスラームの挑戦】

モジュタバ・サドリア
訳＝竹内雅俊

（Modjtaba Sadria）　イラン・テヘラン生。ケベック・モントリオール大学国際関係学博士。中央大学総合政策学部教授。国際交流論・国際関係論。著書に『検証　現実主義』（中央大学出版部）"From the Formation of a Culture to the belief in a cult"（『政策文化総合研究所年報』六号、二〇〇二年）などがある。

「文明の衝突論」の認識論的前提

アメリカの国益と「イスラーム文明」、「儒教文明」が衝突することを予想した「文明の衝突」をサミュエル・ハンチントンが発表してから一〇年がたった。日々流れるニュースは一見このテーゼの正しさを伝えているようにも思える。その発言と行動によってブッシュ大統領とオサマ・ビン・ラディンの両者は、それぞれ単一的に定義されたアメリカの国益と本質主義的なイスラーム・アイデンティティとその熱望の象徴となってしまった。ハンチントンの理論を単純化し、利用し、暴力と衝突が避けられないものであると主張する者も多い。この意味でハンチントン流の「文化の差異」理解はいまや政治的なイデオロギーであるとさえいえるだろう。それほど戦争と衝突の市場は、現在とても熱気にあふれたものになっている。ここで問題として問うべきは、現代世界において敵対関係を明確にし、ことさらにそれを助長することが、各国と人類全体にとってどれだけ有益なのかということ、あるいは自民族中心主義でもなく排除主義でもない文明論とはいかなるものかということであろう。単純な二元論を流行らせる一方で、これらのような倫理的な問いに私達を向かわせる「文明の衝突論」

は、覇権的な地位を獲得するに至ったのである。前提について考えるならば「衝突」論を可能とするのは、文明を静的で本質的に不変な性質を有しているという主張である。この視点からみるならばイスラーム文明の内容は過去、現在、未来と変容することはないことになる。欧米、中国文明も同様であろう。しかしながら、現実の文化・文明は本来、動的で活気のあるものである。故に、「衝突論」の認識論的な前提とは反対に、文明とは変容するものなのである。にもかかわらず、「衝突論」という比較的単純な視座は現代社会を説明するうえで圧倒的な支持を受けつつある。このことはイスラーム社会を理解するうえで障害となっている。本稿はこの立場とは異なる認識、すなわち文化・文明の変容を重視するアプローチを支持するものである。

文明・文化の変容を視野に入れたアプローチ

文化の根本的な変容をも視野におさめるようなアプローチを検討するためには何が必要だろうか。一つの可能性は「近代性（modernity）」の理論を再び見直すことだろう。後述するように、近代の重要な構成要素として、自己を問い・批判するという姿勢が挙げられる。この批判能力は思想、社会、また技術の分野において、イノベーションが可能となるような客観的なコンテクストを創り出した。この批判機能は同時にヨーロッパ、そして後に西洋全体を覇権的な立場へと押し上げていった。この①覇権的な近代（hegemonic modernity）、②そのなかにある批判的な近代（critical modernity within hegemonic modernity）のほかに、③覇権的な近代に批判的なその他の近代性（counter modernity）も存在する。このように近代を捉えなおすならば、「近代の多元性」とも形容すべき状況が徐々に発達しつつある、またはその条件が整いつつあることが見えてくる。つまり、このような「近代」の再解釈は、西洋型近代を受容した諸地域におけるローカルな近代文明の構築をも可能にするのである。換言するならば、この百年から二百年にかけて起こってきたことは、各文化・文明と「近代性」の独自な混合であるとみることができる。すなわちこの観点に立てば不変のイスラーム文明があるのではなく、「イスラーム的な近代文明」の誕生へと向かうダイナミックなプロセスがある。このイスラーム的な近代性はヨーロッパにおける近代性の誕生よりも流血に満ちたものである必要性はない。他の形態の「近代文明」との対話も可能であるとも考えられるだろう。このような意味での文明間の対話を模索することは、次の二つのプロセスをみることになる。一つは西洋型近代の継続的な覇権とこれに対する挑戦であり、いま一つは様々な文化・文明による独自の近代性を生成する試みであろう。九月一一日の事件、この数ヶ月におきた一連の出来事、そしてこれから起こるであろう出来事は世界的な文化変容の特性を変えることはない。せいぜいそれは各近代文明の対話の方法に影響するものに過ぎない。本稿は近代文明群の変容性が対話と近代の多元性（plurality of modernity）にあることを検証する。

近代化プロセスの多様性

まず、近代性に関する議論の再検討から始めることにする。

特筆すべきは近代性の伝播は過去の世界宗教や帝国の拡張とは異なり、新しい文明を結実したことであろう。この文明が常に経済的、政治的、そしてイデオロギー的な側面と長期的な影響力を有していたことから、諸社会は激的な変容にさらされた。

この伝播は歴史のなかではそれまでにない傾向を生み出した。つまり欧州に生まれた文明は世界へと広まるなかで、国際的な制度、象徴的なフレームワークやシステムの発達を促したのである。だが、実際のところはどうであろう？　経済、政治、そして思想の擬似世界的システムは実際には多極的であり、その内容は同質でもない。これらはそれぞれのダイナミクスを持ち、互いに影響しあい、自身も変容してきた。

これら近代性の影響を受けた社会の相互関係が、「静的」や「不変」だったことは一度もない。またこれらが構成する国際的なフレームワークは絶えず社会に変容を促してきた。西洋に誕生した近代性が伝播することで、それを受容した社会は新しい選択肢や可能性を得ることが出来たといえるのである。換言するならば諸社会は近代性、そして互いとの対話によって、共通性とともに差異をも明確化することができたのである。

欧州に生まれた最初の「近代性」はいくつかの異なる社会の側面を接合した。一つは社会構造に関するものである。第二次世界大戦以降、階級化、都市化、工業化、情報化などは初期の近代化理論の対象であった。二つ目は制度に関する側面である。国民国家や資本主義的な政治経済が生み出した新しい制度の形成も、近代性によって説明される。最後の側面は社会的生活の主要な場を設けるうえでの具体的な方法に関するものである。

マルクスやデュルケームのような社会学的分析、または一九五〇年代に繰り広げられた古典的な近代化論はこれらの異なる側面を暗に、そして明示的に融合したものであった。彼らの研究は分析的には異なる次元のものであっても、時の経過とともに分かち難いものになるとの仮定の上に成り立っていた。さらに四〇年代、五〇年代の近代化論や古典的社会学は、ヨーロッパ型近代によって一つになった制度的指針と近代の文化的企図 (cultural project) が、「自然に」すべての近代化途上の社会において支配的になるであろうと (暗にであっても) 仮定していた。すなわち、これらの理論は西洋型近代の覇権が欧米において継続し、近代性の伝播とともに世界中のいたる所で覇権的になるであろうという前提の上に成り立っていたのである。もう一つ、暗に前提とされていることは、制度面での統合に伴う状況が、どの近代社会においても似たようなものになるであろうという考えである。

しかしながら、現実はあまりにもこの前提と異なった。実際の状況は、多くの社会の様々な制度 (政治、経済、そして家族) のアリーナが相対的に自律していることを示していた。これらの制度は社会やその時勢によって合流し交わり合うのである。そして、交わり方も一様ではない。諸社会の発展はこの合流(convergence)の前提を一概に支持することはせず、近代社会における大きな多様性を示した。欧米や日本のような工業化社会の例がしばしば引合いに出される経済発展においてもこの議論は妥当する。ゾンバルトがかつて問うた「なぜ米国には社会主義がないのか?」という問いはこの状況を鑑みて二〇世紀初頭に出されたものである。このような文化の変容可能性は、西洋型近代文明を生み出したヨーロッパの中で、またそれが覇権的文明となったあとの西洋世界のなかで、あるいはヨーロッパとアメリカの間で、合衆国やラテンアメリカ、さらにはラテンアメリカ諸国の間でも見られる。

この議論は近代性の文化的・構造的側面を考えた場合、より妥当性が高いといえよう。なぜなら近代化論の大きな前提が、近代化の文化的側面(西洋型近代の文化的前提と言い換えてもよい)が固有のものであり、構造的側面と深く関係していると考えられているからである。だが、この前提は今や疑問にさらされている。西洋型近代の企図は世界中の様々な社会の発展にとって出発点であり、発展のための継続的なリファレンスでもあるが、これらの社会の発展自体は出発点としての西洋型近代の覇権的な側面を乗り越え、多元的である。

結論として近代性は世界の隅々まで広まったといえよう。しかし、これは一つの文明を形成したわけではなく、同種のイデオロギー的・制度的ダイナミクスの中からであっても、それぞれ多元的な近代文明を発展させてきたのである。単一の近代という前提を乗り越え、「対話」を通じて、文化的変容は起こっているのである。そしてそれは西洋社会についても例外ではない。

近代の内部にある批判的要素

「近代性」という文化は西洋において誕生したその時から矛盾や二律背反を内に含み、絶えずディレンマにとらわれてきた。これらの矛盾は近代のなかに批判的な言説《ディスコース》を形成し、近代の諸制度とその前提を批判してきた。「近代性」と批判的言説《ディスコース》の緊張関係の重要性はトクヴィルやマルクス、ウェーバー、デュルケームなど社会学の古典のなかですでに理解され、三〇年代になって主にファシズムに注目していたフランクフルト学派といわゆる批判社会学によって再び取り上げられるようになった。その後の第二次大戦以降の近代化論では一時、忘れかけられていた。しかし、最近の近代性の分析では再び注目を浴びつつある。

西洋型近代の前提のなかに含まれる緊張や矛盾は、まずこの企図の主要な概念の解釈にみられる。すなわち人間や社会の理性、自然状態に関して一元的な解釈を取るか、より多元的な解釈をするかという対立である。この他にも、社会において根本的な概念である「自然」「社会」の積極的な社会構築(social construction)やこれに対する再帰的な議論(reflexivity)、歴史認識に関わる様々な議論や立場の対立、または社会における「秩序」と「自由」の対立に関する議論などがある。

政治的な側面においてこの緊張は、例えば、①社会の継続的な再構築を重視する社会構成主義と合理理論の論争、②自由と平等に関する論争、③自由と解放をめぐる対立などにあらわれている。さらにはジャコバン派のような過激な政治ともっと多元的なアプローチ、ブルース・エイカーマンのいう普通政治（normal politics）と革命政治（revolutionary politics）の間の緊張と対立も「近代性」の矛盾の現れであるといえよう。

これら政治領域のなかの対立は政治体制の正当化と深く関わっている。つまり、ある政策を正当化するうえで手続き的なプロセスを踏むことによってそれを行うか、それとも他の正当化手段を援用するかという問題に対応する。社会学者エドワード・シルズはこれを、近代政治企図の「神聖」、宗教的、世俗イデオロギー的要素と呼んだ。

近代性の批判的言説《ディスコース》はこのような対立のなかで生まれたといえる。最もラディカルな「外」からの近代性批判(counter modernity)は、社会の基盤の存在そのものを否定し、また近代の文化的企図の基礎、特に個人の自立性と理性の優位をも否定し、これらの前提が超越的観点に立脚していることを指摘し、これらの前提と近代の制度的発展が、人類の創造性の象徴であるという議論に疑問を投げかけた。これらの批判は、近代の前提と制度的発達は人類の創造性の象徴というよりもむしろ、歴史を平坦なものにし、道徳秩序の破錠を招くものであったと主張している。覇権的な近代内の批判的要素(critical modernity within the hegemonic modernity)の議論は、多くが「外」からの批判と似通った部分も多いが、近代の文化的・政治的企図の理想とともに、この企図に含まれる矛盾や対立の観点の双方から、近代社会の制度の発達を評価している。ここで留意されるべきは、自由と自律性とともに規律を求める強い傾向による、企図内の多面的で継続的な変容の構図であろう。

重要な役割をもつ西洋近代以外の要素

ヨーロッパの近代体制が制度化する黎明期から、批判的要素の起源である二律背反と緊張は形成していた。古典理論においてもすでに指摘されていたことだが、これらの緊張関係は様々な諸近代性のなかで制度的指針やダイナミクスを生み出していった。西洋からその他の地域へ近代文明が拡張していったことと、絶えず変容する国際フレームワークが存在していることによって、近代社会のなかでいくつかの要素が、近代社会の設立にとって中心な役割を持つようになった。

この文脈で特別な位置を占めているのが西洋とは異なる政治、経済、イデオロギーシステムを持つ非西洋社会（イスラーム社会も潜在的にはここに含まれる）の存在である。つまり西洋の諸社会のみがこの新しい文明の起源ではないのある。これらのシステムの国際的な拡張（植民地化、帝国主義のなかでの拡張ではあったが）によって西洋的制度が現在の覇権的地位を占めることとなった。しかし、同時にこれら国際システムの性質が、覇権に対して政治的・イデオロギー的な挑戦をも生み出したのである。

しかし、政治や経済、軍事、イデオロギーといった近代の文化のみがこのプロセスで重要だったわけではない。負けず劣らず重要であるのは、この拡張が西洋型近代と非西洋型近代の文化的・制度的前提の継続的な対立であることにある。このなかに日本やイスラーム社会のいくつかが含まれることはいうまでもない。これらの社会のなかで一見、西洋型近代は受容されたかのようにみえる。しかし対話と同時に新しい変容、挑戦が形成され、新しいテーマも提起されるのである。

これらの新しいテーマの魅力は、非ヨーロッパ諸国のエリートや知識人が新しく構築されつつある近代性に参加し、その内容を取捨選択することができるということにあろう。つまり、対話とその産物である新しいテーマは、集団的アイデンティティを構築するうえで、非西洋諸国の市民に近代性のなかから好ましいものを輸入しつつ、宗教など伝統的な要素も残す可能性を与えたのである。このプロセスは現在トルコ、イラン、マレーシアそしてチュニジアのなかで顕著である。

非西洋諸国にとって、政治的な領域において新しいテーマ群が登場することは、従来の西洋的な解釈枠組に加えてもう一つ別の枠組みの登場を意味することになる。それは具体的には、国内の問題をヒエラルキーと平等を巡る国際的な文脈のなかへ置き換えること (transposition) である。このような置き換えは、制度の整備や社会運動によって西ヨーロッパから中央、東ヨーロッパそしてイスラーム諸国へと広まり、支持されている。

このような置き換えは国際ヒエラルキーにおける優位、すなわち西洋によってのみ形成されたわけではない。非西洋文明群が、普遍的な性質を有していると目された新しい近代文明の評価によって劣位に置かれたことも大きく影響しているのである。

つまり中央、東ヨーロッパとアジア、アフリカ諸国の様々な集団は、西洋型近代内 (critical modernity)、そして西洋型近代外 (counter modernity) の両方の批判的伝統と、文明を形成する伝統を利用することができるのである。このことから彼らは新しい状況のもとに社会を再構築することが可能となる。このプロセスは特にイスラーム諸国のなかで強固なアイデンティティを構築することに成功した。この観点からするならば、このようなテーマの伝播と非西洋諸国による受容の最も重要な側面は、これらの諸国が自身の基準によって新しい近代文明と対話することができるということであろう。

近代文明の複数性

前述したように非西洋社会による西洋型近代性の受容は、丸ごと飲み込むという形では行なわれなかった。むしろ、受容国による選択や再解釈そして再構成が絶えず媒介し､常に新しい文化的・

制度的近代性のパターンが誕生するのである。すなわち受容国の近代性は、西洋型近代とは異なる独特の形の近代性なのである。受容国でのこのような近代文明の構築の過程において、象徴や集団的アイデンティティの構成が行われ、自己と他者の定義や、近代性と一般的に近代性と同一視される西洋世界についての姿勢を決定付けていくのである。この意味で世界には一つの近代（modernity）が存在するのではなく、無数の近代群（modernities）が存在するのである(1)。

しかし、オリジナルの西洋型近代を超越したのは、何もアジアやラテン諸国といった非西洋諸国だけであるとはかぎらない。なぜなら西洋諸国内でも常に新しい文化的企図や近代性が生まれているからである。このことは例えば、社会的、文化的近代性の違いにみることができるだろう。社会的近代性（social modernity）によって社会構造の諸側面（諸制度や国家形成に必要な諸構造）は合流する。文化的近代性（cultural modernity）は、この合流を自分のものとすることによって文化的近代性の内容（認識、エトス、集団的記憶、国家個人関係の再定義など）を決定することができる。この場合、社会的近代性は、現代思想でいう目的合理性（Zweckrationalität）に、文化的近代性は価値合理性（Wertrationalität）にそれぞれ対応する。思想のなかでは、一つではなく、様々な価値合理性が存在する可能性、すなわち多元性を認めるまでに至った。科学主義の成果としての認識的理性や自然の探究および制覇という思想も、そのかつての覇権的位置から転落したといえる。

近代文明の変動性

これまでみてきたように近代の文化的・制度的企図は、初期近代化論の主張してきたような発展の仕方をしてこなかったといえる。つまり、一様な近代化のパターンを「自然」の導くままに発展してきたのではなく、様々な要素を組み合わせてきた結果である。一般的な言い方をするならばこれらの発展の仕方は、各社会の今までの歴史的経験と近代性の受容に伴う取捨選択にかかわっている。

より正確な説明をするならば、これらの企図はいくつかの変動的な要素によって形成されているといえよう。この要素間の組み合わせ方によって文化・文明は変動性を得るわけだが、このことは特に社会の集団的アイデンティティの境界を設定するうえで非常に重要となっている。ナショナリズムやエスニシティ、議論によっては市民社会や公共圏、そして近代政治経済の概念などもこの中に含まれる。

このような自己確定のプロセスの主要な主体は、世論と連動した社会運動家や知識人であった。彼らは近代性の文化的企図の構成要素やシンボルを再解釈するなかで、自らを社会の中の批判勢力として定義した。このことにより、多くの近代社会において社会運動は、近代政治体制の設立に伴う諸問題や集団的アイデンティティの問題、資本主義の拡大にともなう新たな経済的階級構造の発生などに焦点を当てていった。近代性の批判的な潮流はこのような社会運動によって担われ、その存在により新しい近代性の文化が発達してきたのである。

ここまでの近代性の中の二潮流は、歴史のなかで全体主義的ないし秩序化の傾向と多元性を求める傾向に置き換えることができるかもしれない。この二つは絶えずせめぎあっているが、近代政治のなかでどちらかが一方的に勝利したことはない。このせめぎあいがバランスを欠くことは近代性そのものの危機や倒壊の可能性を示している。

「反近代」も近代文明を構成する重要な要素

つまり、すべての近代社会において近代性の解釈と矛盾に関して新しい論題が常に発生することになり、各社会のなかで様々な文化的アジェンダが設定されつづけることとなった。

これらはすべて近代性の解釈や理解の多様性に根ざしている。五〇年代の近代化論では考えられなかったほど、諸社会のエリート達が設定する文化的アジェンダは多様化しつつある。無論、これらのアジェンダの出発点となったのが西洋発信の西洋型近代であることは述べるまでもないが、近年みられる文化的・社会的な秩序化のプロセスは、原点の近代性の特徴である単一化に向かわず、むしろ多元化している。

このようにこの十数年の間に元々の意味での近代性の議論は批判にさらされてきた。この説を採る論者は近代が終焉し、ポスト近代が到来したと主張してきた。しかし、ポスト近代派自体もユルゲン・ハーバーマスがしたように[2]批判にさらされることになった。いや、それどころかポスト近代派の近代性のラディカルな再解釈自体、近代文明的な要素を含んでいるのである。

本稿を通じてみてきたように、反啓蒙を旨とし、伝統をそのイデオロギーの中核とする公共宗教（communal-religion）、特に原理主義的な運動のようにもっともラディカルな反近代的な運動にも、この議論は当てはまる。彼らの認識、世界観の構造は一見矛盾にみちていながらそれでもモダンなのである。同じことは一九二〇、一九三〇年代の全体主義にもいえるだろう。これらは過激な要素のなかにユートピアニズムの種を含んでいる。そして、そのようなユートピアニズムは、状況によっては近代性のなかの対立と二律背反のなかで開花する可能性も持っているのである。

これらについての歴史的判断がどのようなものになるかはともかく、反近代運動ですら近代性を内包していることは、近代的文明群の存在を明らかにしたことには疑いがないだろう。例え、これらの多くが元来の意味での近代性の前提とその産物たる制度的、社会的秩序を批判することになっても、この議論は妥当性を持つと考えられるのである。

「近代」の再解釈と「文明間の対話」のための三つのポイント

ここまで繰り返し述べてきた議論のまとめとして、①文化・文明が「衝突論」の前提とは異なり、対話を通して絶えず変容していること、②近代性の観念が西洋を出発点としながら非西洋社会にも受容され、変容しつつあり、イスラーム的近代性、儒教的近代性という観念も可能となりつつあること、③近代とは一見反対にあるような批判勢力も実は近代の枠組みのなかで捉えることが可能であり、この対話のプロセスの中で役割を有していることの三点が挙げられる。

様々な文明との対話によって近代社会の輪郭を描くという歴史的経験は、ハンチントン流の文明の前提となっているような閉鎖的なものではない。また、ハンチントン自身も示しているように、近代化は自動的に西洋化を意味するものではない。ここで留意されるべき点は、互いに対話する近代文明群が結実しつつあり、このなかで近代性の様々な対立や矛盾が明確化し、それぞれが取捨選択によって自身の個別性を維持しつつ、新しい独自の近代性を構築しているということだろう。しかし、多元的な近代社会群についてさらに特筆すべき点は、これらが常に変動し、新しい問題意識やアジェンダ、そして近代の前提に関して再解釈を促しているということである。これらはすべて近代の理解と理想が一九五〇年代の時のそれよりも多元化しつつあることを示している。新しい国家主義や公共運動や原理主義は、近代性の矛盾を明確にするという文脈でこの運動の一翼を担っていると考えることも可能である。

このような運動は近代、特に西洋型近代にとって、対決姿勢をとることになるかもしれない。しかし、変容する近代性の議論や文化的企図のなかで、影響を及ぼしていく可能性も有しているのである。

この多元性が既存の覇権を覆す一方で、(矛盾するようにもみえるが) 新しい近代性の議論の共通項やネットワーク、すなわち文化に関するネットワークのグローバル化や従来よりも優れた通信技術の類を登場させた。

同時に近代的な文化と生活様式は既存制度の境界(特に国民国家のそれ) を超越するように再解釈され、変容した。アルジュン・アペンデュライ、ウルフ・ハネツそしてロナルド・ロバートソン等が研究しているグローバリゼーションの多様なあり方はこのことを示している。

近代性のなかの継続的な再解釈と複数のグローバルな潮流は現代の大きな特徴となっているのであろう。

結語に代えて

もしも近代の多元性が、文化的多様性を論じるうえで最も重要な側面の一つとなりつつあり、各国間の権力関係も維持されるな

らば、イスラーム的近代のようなローカルな近代文明が文明間の対話に参加することは、国際関係においてひとつの潮流を生み出す可能性をもっていると考えることもできるだろう。しかし、このような独自のイスラーム的近代が形成されるためには、二つのプロセスが必要であろう。まず覇権的な文化の要求への抵抗を維持しつつ、多様な近代の形態の存在を認めたうえで、対話を受け入れる生活態度(modus vivendi)を設けることが挙げられる。次に、他の近代文明をあるがままに理解し、イスラーム文明がこれらと対話するため必要な道理に適った方法、概念、道具、すなわち知識生産(knowledge production)を推進することが必要となるであろう。対話とは自身の設けた基準において自身と話すことでは決してない。自らと異なる基準を持つ他者と話し、聞くことなのである。対話においては自己を瀬戸際まで追いこむことが必要なのである。

注

(1) この近代の多元性の主張は、様々な社会においてみられる様々な社会の構造(例えば職業や産業の構造のような制度の構造や教育や都市などの政治的構造)の合流(convergence)を否定するものではない。合流は様々な問題を生み出したが、同時にこれらと向かい合うための方法をも生み出した。

(2) 彼はポスト近代論の行き着く先は、①発生当初から存在する批判を繰り返すか、②再び近代性の議論の探究を表明するかのどちらかでしかないと主張する。

(たけうち・まさとし/一九七五年生。国際関係論、国際法。中央大学大学院法学研究科博士後期課程在学)

多様なイスラーム世界

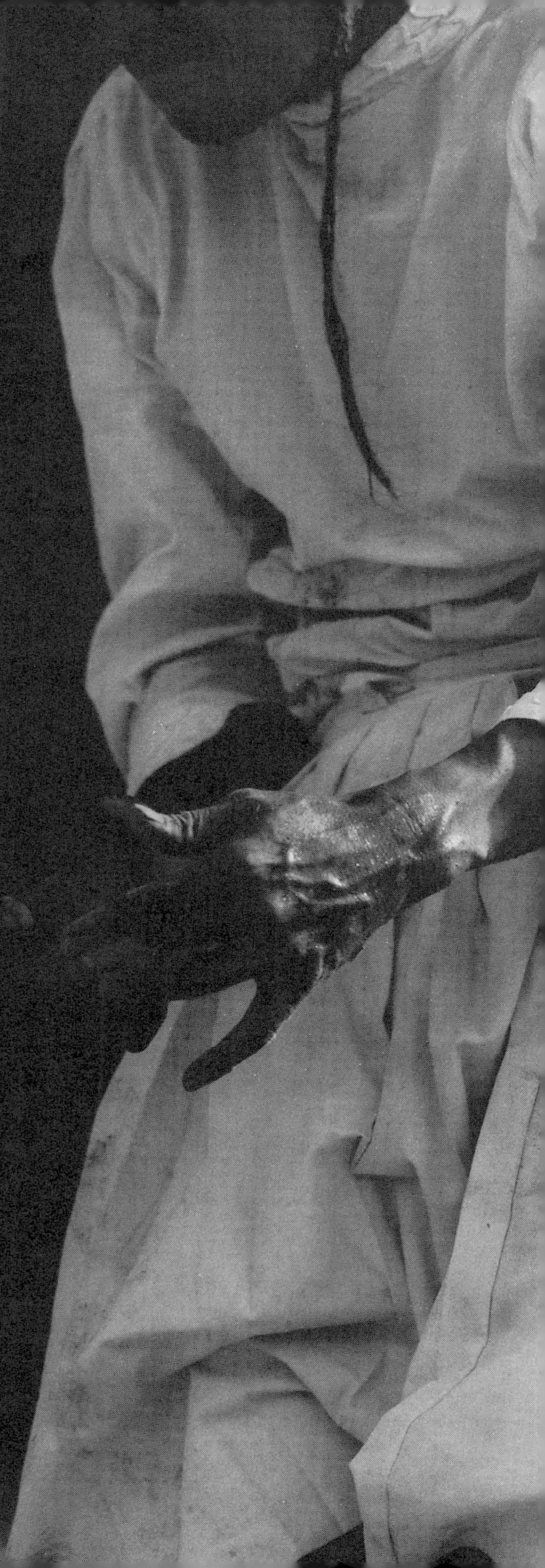

Photo by Ichige Minoru

イスラーム化と遊牧

松原正毅

（まつばら・まさたけ）　一九四二年生。京都大学文学部卒業。国立民族学博物館教授。遊牧社会論、社会人類学。著書に『遊牧の世界』（中公文庫）『遊牧民の肖像』（角川選書）『トルコの人びと――語り継ぐ歴史のなかで』（ＮＨＫブックス）などがある。

イスラームと遊牧の親和性

イスラーム暦の第九月にあたる断食月（ラマダーン）は、年々ことなった季節にうつってゆく。イスラーム暦では三五四日が一年になっているので、太陽暦にくらべて一一日みじかいためである。そのため、年によって、地域によって、断食月が苛酷な時期にめぐりあわせることになる。わたし自身がトルコ系遊牧民ユルックと居をともにした一九七九年から一九八〇年にかけては、かれらにとってもっとも苛酷なめぐりあわせとなった。

一九七九年と一九八〇年の断食月は、七月から八月にかけての酷暑期にあたっていた。この時期は、遊牧民ユルックが夜間放牧をおこなう期間とかさなっている。夜間放牧は、ヒツジやヤギの群れを夕ぐれからあけ方まで放牧につれだす作業である。真夜中すぎにみじかい仮眠をとりはするが、ヒツジやヤギの群れについて夜中じゅう放牧の仕事に従事した人びとは、あけ方前後にテントにたどりついた途端たおれこむようにしてねむりこけてしまう。ふつうであれば、昼すぎにおきだして食事をとり、夕方からの夜間放牧にそなえる。ところが、断食月が夜間放牧の期間とかさなると、これができないのである。日の出から日没までのあいだ、断食をしなければならないからだ。
夜間放牧で体力を消耗したうえ、暑さで睡眠もじゅうぶんにとれない、日中に食事もとれないとなると、放牧に従事する人にとってたいへん苛酷な事態となる。一九七九年の夏は、格別に暑かった。遊牧民ユルックの人たちは、このつらい時期を弱音もはかずになんとかやりすごした。こうしためぐりあわせの断食月は、三十数年ごとにまわってくるわけである。この面だけをみても、遊牧の生活サイクルとイスラーム信仰の実践がかならずしも完全な親和性をもっているとはいえないだろう。それでも、遊牧民ユルックの人たちは、こうした苛酷な条件のもとでの断食月をすごしたあと、格別な充足感をおぼえるようである。イスラームの信仰の強さであろうか。あるいは、宗教のもつ力のゆえであろうか。

歴史的にみた場合、イスラームと遊牧社会のあいだに、特別な親和性が存在するわけではない。じっさいに、すべての遊牧社会がイスラーム化の道をたどってはいないのだ。世界帝国をきずいたモンゴル社会では、仏教がひろくうけいれられた。トルコ系の民族のひとつであるトゥバ人のあいだでも、仏教が信仰されている。トゥバ人を主要な構成民族とするトゥバ共和国は、モンゴル国の西北部に接する位置にあり、ロシア連邦の一部をしめる。これらの仏教は、チベットを経由した大乗仏教に属する。一〇世紀ころには、カスピ海北岸に本拠をおいたトルコ系のハザル人はユダヤ教を信奉した。現在、黒海北岸に居住するトルコ系のガガウズ人は、キリスト教徒となっている。

遊牧を基盤にユーラシア大陸中央部にひろく展開したトルコ系諸民族を中心にみた場合、うえにのべたようにすべてがイスラーム化したわけではない。それでも、トルコ系諸民族を全体的にみると、その大部分がイスラーム化したことは事実といえる。ウイグル、カザフ、ウズベク、キルギス、トルクメン、アゼルバイジャン、タタール、トルコなど、トルコ系諸民族のほとんどがイスラーム化しているわけである。もちろん、これらの諸民族のイスラーム化の時期は均一ではない。さらに、イスラーム化にいたる歴史的背景も同一とはいえない。

はたして、トルコ系諸民族がイスラーム化してゆくきめ手はなにであったのか。これまで、トルコ系諸民族のなかでの天(テングリ)信仰などをふくむシャーマニズムの宗教形態が、イスラーム化をうけいれやすい基盤となったとよくいわれてきた。しかし、シャーマニズム世界がすべてイスラーム化したわけではない点をみれば、両者が直結した関係にあるといえないことはあきらかであろう。現時点で、歴史的にイスラーム化のきめ手を特定することは困難である。すくなくとも、シャーマニズムの基盤になにかの要素が付加されるとき、イスラーム化の道の選択の確率がたかまっているとはいえそうだ。付加される要素としては、商業や都市化の比重がたかいといえる。

トルコ系諸民族の歴史のなかで、集団的にイスラーム化のさきがけをはたしたのはカラハン朝といわれている。カラハン朝は、九世紀から一三世紀にかけてカシュガルからフェルガナまでのあたりを中心に勢威をふるった。九二〇年ころ、カラハン朝の支配者サトゥク・ブグラ・ハンがイスラームの信仰をうけいれたとされている。このカラハン朝が勢力の基盤をおいた地域には、これより以前にすでにイスラーム勢力が足跡をのこしていた。七五一年、タラスの戦いでアラブ軍と唐軍があいまみえているのである。タラスは、カラハン朝の勢力域の中心部に位置している。イスラームの信仰を背景にしたアラブ軍の侵入から二〇〇年ちかく、なぜイスラーム化のひろがりがこの地域でみられなかったのであろうか。

八世紀前半には、チベットにイスラーム商人が足をのばしていることが明確になっている。ふしぎなことに、チベットではイスラーム化のひろがりはほとんどおこっていない。後世においても、チベット高原にはついにイスラームの信仰はひろがることはなかった。結果的には、仏教の障壁をうちやぶれなかったわけである。この事例をみても、遊牧とイスラームとのむすびつきが絶対的なものでないことは明白といえる。

中央アジアから北アジアにかけての状況も、チベットに準じるものであったといえる。これらの地域ではマニ教や仏教が人びとのあいだに根をおろしていたため、イスラーム教をうけいれる素地ができるまでにある程度の時間が必要だったのである。

イスラームの都市性と遊牧

イスラームは、もともと都市とかかわりのふかい宗教であった。都市を中心とした商業主義のなかではぐくまれ、そこに主要な支持基盤をもっていた。やがて、イスラームは支持基盤をひろげ、さまざまな社会層のなかに信者を獲得してゆく。そうした信者の一部としてベドウィン（アラブ遊牧民）勢力がくわわるとともに、イスラームの教勢は徐々に強さをましてゆく。ベドウィンの参加は、イスラームの対外的なひろがりを飛躍的にすすめる起爆剤のひとつの役割をはたした。イスラームへの敵対勢力であったものが、将棋のこまが裏がえるように支持勢力となったためである。

イスラームは、もともと何重もの意味で都市性を基盤に成立した宗教である。イスラームの成立するジャーヒリーヤ時代（無明時代）にアラビア半島でみられた倫理基準は、多神教的、部族主義的、拝金主義的なかたよりに基盤をおくものであった。唯一神のまえの個人の平等性、個の尊重に立脚するイスラームのおしえの根幹は、都市性にもとづいた人間の生きかたの集約点として析出してきている。これは、当時の多神教的、部族主義的かたよりにたつ倫理基準をつきぬけるものであった。一方、拝金主義は、当時さかんになった東西の中継貿易から巨利をえた商人たちのものうけ主義に極度にかたむいた欲望から派生していた。この拝金主義は、都市性の負の一側面をあらわしているともいえる。イスラームのおしえは、この負の側面を否定し、高度で普遍的な人間の倫理を提示した。これらのすべてをあわせてみれば、イスラームのおしえが、個の単位で生きることを原則とする都市性の結晶点を起点に組みたてられているのはあきらかといえるだろう。

都市性というものを究極的な側面でとらえた場合、光、音、重力の三つの属性から構成されているとかんがえられうる。ここでいう光は、じっさいのひかりやあかりをふくめて、あらゆる意味の光源をもたらす存在そのものをさしている。音も、さまざまな物理的な音から構成される重奏者をふくむ、外部への発信媒体を意味するものである。イスラームに関連していえば、都市性の音の要素が圧倒的なかたちで顕在化してくるのは礼拝をよびかけるエザン（アザーン）のながれでる瞬間である。一日五回、都市の各所のジャーミー（モスク）から微妙なずれをもちながらほぼ同時的にわきあがるエザンの音声は、都市全体をつつむ巨大な音の塊となる。この瞬間にこそ、イスラーム都市の存在を感覚のなかで実感できるといえるだろう。最後にあげた属性としての重力は、文字どおりすべてのものを都市へと吸引する強大な力そのものをさしている。

光、音、重力の三つの属性をそなえた都市は、ひとつの恒星にたとえることができるであろう。この比喩を延長すれば、家畜群をともなって移動する遊牧民の隊列のうごきは惑星の軌道に比するることが可能である。移動の隊列は、恒星にひきよせられるかのように近接しながら、その重力圏を脱し遠ざかり楕円軌道にのってゆく。

遊牧民と都市との関係は、この近接と隔絶とのベクトルのあいだを微妙にゆれうごいているわけである。遊牧とイスラームとの関係は、この遊牧民と都市との関係の近似値といえる。このバランスのありかたは、とうぜんながら時代により地域によって多様な変化をみせるわけである。

トルコ系遊牧民のなかでのイスラーム化が時代的にすこしおくれる背景には、うえのような事情があったとかんがえられる。遊牧のもつ属性は、都市性の属性と対極的な内実をそなえているからである。もちろん、まったく反対の極にあるというわけではない。都市性の属性との比較の視点でいえば、遊牧の属性は無光、無音、無重力または非光、非音、非重力と表現することが可能であろう。

遊牧が都市に、遊牧がイスラームに完全に包摂されないで、恒星のまわりの楕円軌道をうごいているかぎり、遊牧の属性は持続する。これが、一度包摂関係のなかにくみこまれると、恒星のなかで両者の属性が接触してあらたな爆発がおこる。その結果、本来そなわっていた光、音、重力の属性がいっそう強化され、力が倍化されるわけである。遊牧民が都市とかかわりをもち、遊牧民がイスラーム化する現象は、こうした文脈のうえで解釈する必要がある。

ベドウィンのイスラーム化、カラハン朝のイスラーム化は、歴史上におこった爆発現象の一例にすぎない。元の大都（北京）建設も、こうした爆発現象の一例にくわえることが可能であろう。オスマン朝の成立は、一連の爆発現象の最大規模の事例のひとつとかんがえられる。

イスラームの展開と辺縁の場

オスマン朝は一二九九年に成立した。よくしられているように、オスマン朝建設の中核をになったのは、ガジ（イスラーム戦士）の役割をもつトルコ系遊牧集団であった。トルコ系遊牧集団には、カラハン朝だけでなく、セルジュク朝でもイスラーム化の波がかぶさってゆく。この波が、オスマン朝にもひきつがれていったわけである。

オスマン朝は、多面的な性格をそなえた統治体制であった。遊牧的要素を包含する一方で、地中海文明の継承、オリエント文明の継承をおこない、イスラーム文明の集大成の役割をはたした。とくに、イスラーム文明の集大成者としてのオスマン朝の役割はおおきかったといえる。イスラーム文明の集大成の部分的な事例のひとつは、スルタン・カリフ制の確立であった。世俗的王権としてのスルタン制と宗教的宗主権としてのカリフ制を、オスマン朝の統治のなかではじめて統合したのである。これを、遊牧とイスラームの融合による成果のひとつとみることが可能であろう。

スルタン・カリフ制は、一九二二年のオスマン朝の崩壊後、ふたたび構築されることはなかった。その意味では、オスマン朝においてみられたイスラーム文明の到達点は空前絶後のものといってもよいだろう。遊牧のエネルギーが消尽されたかにみえる現在、オスマン朝でみられたようなかたちでのイスラーム文明の展開の再現の可能性はちいさくなっているといえる。

歴史的にみた場合、イスラーム自体さまざまな意味であらたな展開を持続的にとげてきている。けっして、ひとところにとどまったり、復古の枠におさまりきっているわけではない。どういう契機からはじまったにしろ、イスラームの本質をうしなうことなく、時代に対応した変化をくりかえしてきたわけである。現在でも教勢を拡大しているイスラームの活力の源は、まさにここにあるといってよいだろう。

イスラームのあらたな展開にあたって、いろいろな力がかかわっていることは確実である。遊牧の力も、そのひとつといえる。こうした力は、よくみると、いろいろな意味で辺縁とでもよぶべき場でわきおこってきている。辺縁とよぶ場は、さまざまな力がせめぎあっている場である。ある時代の中核部分が空洞化してゆくと同時に、辺縁の場の力がひろがってくる運動が反復されているともいえる。

オスマン朝の興隆は、イスラーム勢力の中核部であるバグダッドやカイロではなく、ビザンツの領域とでもいうべきアナトリア（小アジア）の一部からはじまったわけである。オスマン朝の興隆は、あきらかにイスラームの教勢の強化をもたらした。歴史をながい波長でとらえた場合、サウジアラビアのワッハーブ運動やイランのイスラーム革命が、中核を形成したオスマン朝の辺縁でおこったことは当然といってもよいかもしれない。

現在、世界のいろいろな場でおこっているイスラームのあたらしいながれは、地殻変動をともなった激動の時代に対応したうごきであることはたしかであろう。今後、イスラームのながれが、どの場で、どの方向にむかってゆくのか、冷静にみきわめる努力が必要になってくる。その場合、イスラームをいたずらに敵対的な位置においたり、極端に差異化したあつかいをする姿勢をとるべきではない。素直にむかいあえば、イスラームからまなぶことはおおいからである。

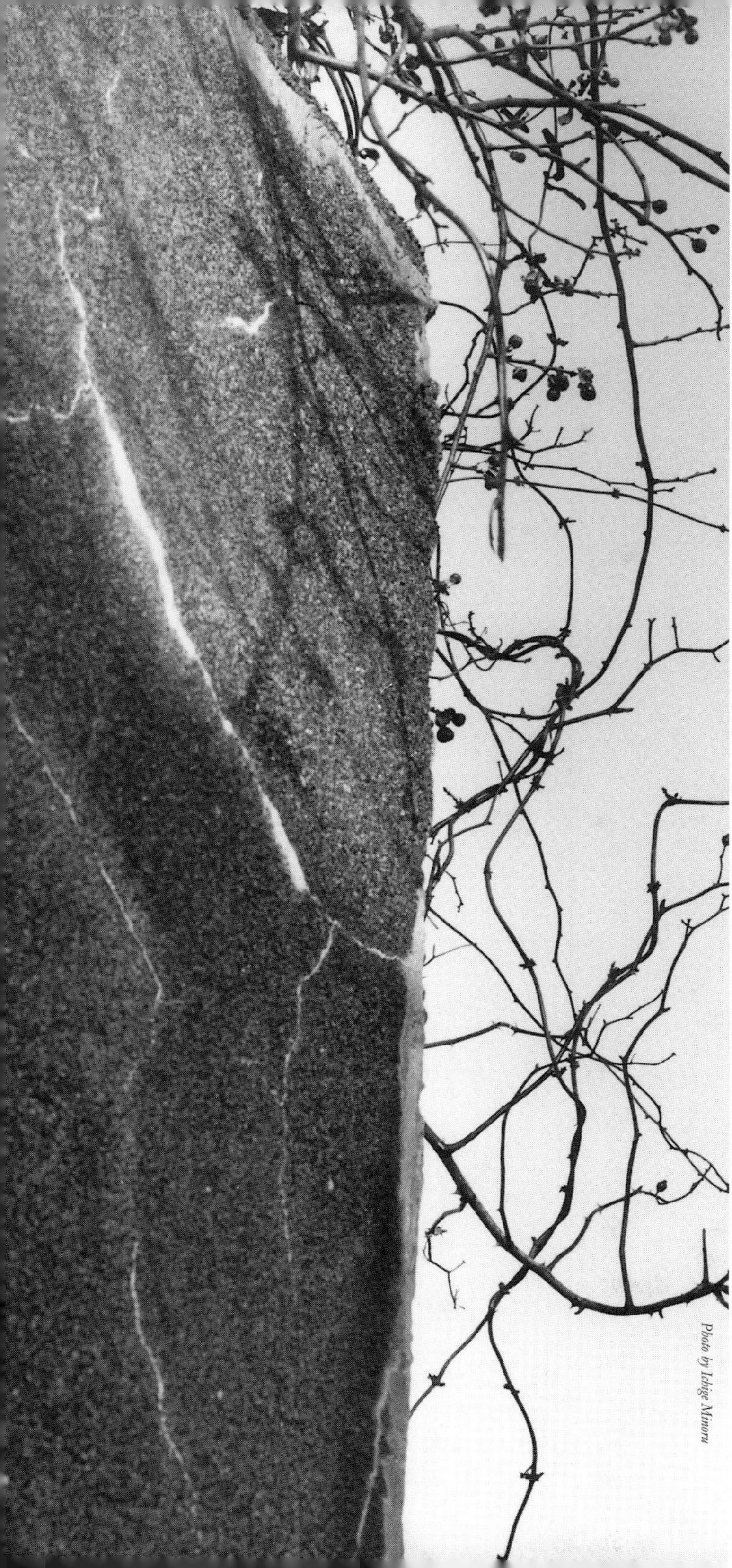

Photo by Ichige Minoru

中国イスラームの過去と現在

梅村 坦

（うめむら・ひろし） 一九四六年生。東京教育大学大学院文学研究科博士課程東洋史学専攻単位取得退学。中央大学総合政策学部教授。内陸アジア史。著書に『内陸アジア史の展開』（山川出版社）『宋と中央ユーラシア』（共著、中央公論社）などがある。

問題の所在——新疆

米英その他の軍隊によるアフガニスタン攻撃は、中央アジア諸国をはじめ周辺国家の複雑な利害の調整のもとにおこなわれた。中国政府は自分の背後に米国のプレゼンスを許すことに反対であったが、いわゆるイスラーム原理（復興）主義、いってみれば「元気」で活動的なイスラームが拡大するのを警戒し、結局は米国の行動を黙認する形をとった。いうまでもなく、国境を接するパキスタン・カザフスタン・アフガニスタン・クルグズそしてウズベキスタンなどから、そうした勢力の影響が新疆《しんきょう》ウイグル自治区に及ぶことに、かねてから神経をとがらせていたという事情が背景にあった。

新疆ウイグル自治区の住民の半数以上がイスラームの習慣の中で生きている。総人口一八〇〇万人弱（一九九九年、以下同じ）のうち、最大多数をしめるウイグル（八二五万）・カザフ（一二八万）・クルグズ（一六万）・ウズベク（一・三万）・タタル（五千）はトルコ系、タジク（四万）がイラン系、そして八一万の回族はすべて国境をまたぐ存在であり、ムスリムである。ただ、地域や生業あるいは年齢層によってイスラーム意識の濃淡に差はあり、個人差も大きい。その理由として、新疆の場合には漢族の流入増大がおおきく影響していることが指摘できよう。とりわけ一九七九年からの改革開放政策、二〇〇〇年からの西部大開発という国家的経済発展戦略の波が、とくに大都市部においては伝統的社会の変革をもたらしている。たとえば漢語教育は少数民族を中華民族として包摂していこうとする国家統合戦略として浸透しつつあると同時に、実際の生活のなかで漢語をあやつれなければ社会的・経済的な上昇の流れにのれなくなったという少数民族にとっての現実がそれを支える。その反面、漢族の増加は「民族自意識」の危機感をかもしだす傾向もある。

漢族増加がまだあまり著しくない農村や地方小都市の事情はやや異なる。ことに住民の九〇％以上をウイグル人がしめる新疆西南部・南部のオアシスでは、自分たちこそが地元の主人公であるという意識が高く、場合によっては新疆北部やウルムチなどの地域にたいして「われらは漢化していない」という対抗意識すら潜在する。地方においてはイスラーム的生活環境も色濃く、イスラーム聖者廟（マザール）への参詣者は今も絶えることはない。しかし、鉄道がコルラからカシュガルまで通じ、タクラマカン沙漠を周回ないし縦断する道路が整備され、光ファイバー通信施設がオアシスをつなぎつつある現在、一方ではメスジト（モスク）や宗教人士などに次第に政府管理がおよび、歴史的伝統にもとづくイマームやアホンの存在も世俗化し、モスクやマザールの維持も住民の喜捨だのみという細々とした状況におちいりはじめているなど、ムスリムとしての生活に圧迫感が増している。

圧倒的大多数（九二％）を漢族がしめる中国である。新疆のムスリムにとって、中国に属している以上、こうした東方からの圧力の逃がし場所はない。しかし新疆は中央アジアに接している。こうしてみれば、政府が西方隣接地域から「元気な」イスラームの息吹が流入するのを警戒する動機は、中国という国家枠組み自体の中に胚胎するものであるといえよう。

中国のムスリム——歴史的観点から

現在の中国は多民族国家を標榜して、少数民族の自治の権利を憲法は保障している。信教の自由も、不信仰の自由とともに保障している。西欧風の人権論理からみれば、そこには自ずから限界がある。中国イスラームの形成と展開の過程について、民族と宗教をある程度相応関係にあるものとして振り返る必要があろう。

イスラームの東方伝播と拡大に沿っていえば、新疆を構成する住民については、中央アジア諸「民族」に共通した歴史にかさねてほぼそのエスニシティを論ずることができる。一〇世紀ころから根づき始める中央アジア地域のイスラーム化、トルコ諸族のイスラーム化という歴史のなかで、現在の中央アジアの「民族」形成がなされてきた。上に述べた新疆内部のトルコ系、イラン系のムスリム民族は、その文脈にのった存在であり、一八世紀半ばの清朝以来の中国領域に、たまたまかれらが存在していたのである。換言すれば、かれらムスリムの住地を清朝が征服し、その領土を現在の中国が継承しているのである。

他方、新疆にも居住する回族が、中国イスラームを語る際に中心にとりあげられる場合が多い。いわば最も中国的なムスリム集団だからであろうが、そのエスニシティは規定しにくい。しばしば「大分散・小集中」と表現されるように、約九〇〇万の人口をもつ回族は、ほぼ全土に分散している一方、居住地域として都市や町ではモスク（清真寺）の近隣に居住区（教坊）をつくっているのがふつうである。白い帽子をかぶったり、女性の場合も簡単な頭巾のような被り物を身につけていないかぎり、かれらのほとんどは外見上、漢族と見分けがつかず、独自の言語・文字もなく漢語を使う。

回族の遠い祖先をたどると、唐・宋・元という時代に中国内地に到来したアラブ・中央アジアのトルコ・ペルシア系などのムスリムで、次第に中国の地に定着し、文化的にも血縁的にも漢化をすすめた人々と考えられている。かれらの祖先の中には改宗した漢族も混じっているはずである。そうしたムスリムだから、現代の回族の、民族集団としての源をたどるのはあまり意味がないのである。この漢化したムスリム集団のアイデンティティは、ふつういわれているような民族の要素、つまり血縁・地縁の関係、言語文化の一体性や祖先伝承などに基づくのではなくて、イスラームにあるというべきである。

ではなぜ回族というのか。「回」の淵源は、一〇世紀ころに西域にいたウイグル＝uigur＞huigu＝回鶻《かいこつ》（回紇）にあり、この回紇がその西にあったカラハン朝方面のムスリムたちを呼ぶのにも用いられたことが始まりだとされている。こうしてムスリムやイスラームのことを回回と呼んだ宋―元代の用語が明代には定着し、「元のとき、回回は天下に遍《あまね》し」といわれ、やがてムスリムを回民と呼ぶようになった。清朝期の一七世紀には、伝統的なハナフィー派イスラームにくわえて、あらたに中央アジアのスーフィー教学（神秘主義と呼ばれることが多い）が甘粛《かんしゅく》地方に伝えられて多くの教団（門宦）がつくられ、貧しい民衆にも根をおろしていった。一七八一年、甘粛ではスーフィー教団どうしの内部抗争の中で清朝に弾圧されたジャフリーヤは、八四年まで徹底抗戦をくりひろげ、乾隆帝の心胆を寒からしめた。その殉教精神は一九世紀にも引き継がれた。

一九世紀後半は、中国ムスリムの反乱期であり、受難期であった。一八五六年に雲南で漢族との利権衝突からはじまったムスリム反乱は、大理に政権をうちたてるに至ったが、七四年に鎮圧された。陝西《せんせい》でも六二年やはり漢族との経済利害対立に端を発したムスリムの反清武装反乱は、上述のジャフリーヤを含む甘粛のスーフィー教団をまきこみ、さらには新疆にも及ぶ大反乱（七三年鎮圧）となった。新疆では土着のトルコ系ムスリムがやはり反清の旗色を鮮明にし、中央アジアのコーカンド出身のヤークーブ・ベグがそれに乗じて新疆を一時的に支配する（七七年終息）にいたり、トルコ系ムスリムの精神的支柱であったオスマン朝、そして当時中央アジアで覇権を争っていたロシアとイギリスも、この政権の側にたった。

中国とムスリムの立場

このように、アヘン戦争でおいつめられた清朝は一九世紀半ば、まさしく存亡の危機に直面していたのである。太平天国、捻軍などを加えてみれば、すでに清朝の中国実質統治は終結したといってもよい。なおかつ辛亥革命以後も、中国の統合は完全には達成されない。近代中国史について、対外関係においては中国が侵略を受けつづけ、恥辱にまみれたものとして時代区分するのもうなづける。その一方で、上に触れたように清朝末期以降において内外諸勢力がいかに統一中国の理念に水をさし翻弄したかは、現在の中国にとってきわめて重大な教訓になっているはずである。

中華民国期には、回民はムスリムになった漢族だとの認識であったが、中華人民共和国になってから民族と規定され、回族という名称が定着した。やがてすべての少数民族は漢族と平等に中華民族を形成する、という概念が成立した。ウイグルなど新疆のムスリム諸民族も中華民族としての扱いは同様であるが、トルコ系ムスリムは一九三〇年代と四〇年代にそれぞれ短期ながら「東トルキスタン共和国」を生みだすという過去をもった。あきらかに中国からの独立をめざしたものであった。以上のような歴史は今にどのように反映しているだろうか。

現在、「分裂主義」「地方民族主義」の台頭は断固として許されない。政府はその芽を早めに摘み取ろうとする。外部勢力との連携を極度に警戒する。それらのレッテルは、過去の経緯に照らしてみるとムスリムに貼られやすい。「大漢民族主義」も同列に否定されてはいるが、それは国家統治の面からいえば政治課題にはなりにくいレッテルであろう。現実の中国統治は中華＝漢文明にささえられているからである。

中国イスラームは他の宗教と同様に、基本的に政府によって管理されている。その実施策に民族区別があるわけではない。すべて一様のはずである。しかし中国のムスリムは一様ではない。民族・文化の違いがあり、地域風土の差もある。新疆のトルコ系ムスリムと甘粛の回族をくらべてみてもそれは明かである。

トルコ系民族、回族という二つに大別できる中国ムスリムたちの日常生活は、ごく表面的にみれば概して穏やかに経過している。つねに政府と対立関係をつくるわけではない。しかし、ここにみてきたような歴史は、双方にとって忘却されないものである。そのような過去を思い起こさせる国際的環境になりかねない最近の状況は、中国にとっては迷惑であろうし、中国ムスリムにとっても規制強化がすすみ、心のなかの緊張感は高まる一方であるため、けっして歓迎されず、かえってパレスティナへの連帯感さえ生まれてくる。中国はイスラームを抱え込み、一般ムスリムは怯えている。

参考文献

梅村坦『内陸アジア史の展開』世界史リブレット11、山川出版社、一九九七年。
梅村坦「中国イスラーム歴史紀行」一、二（『歴史と地理』五四一、五四四、山川出版社、二〇〇一年所収）。
新免康「エスニシティ——中国の場合」（『イスラームを学ぶ人のために』世界思想社、一九九三年所収）。
新免康「新疆ウイグルと中国の将来」（『「対テロ戦争」とイスラム世界』岩波新書、二〇〇二年所収）。
新免康・真田安・王建新『新疆ウイグルのバザールとマザール』（Studia Culturae Islamicae 七〇）、東京外国語大学アジア・アフリカ言語文化研究所、二〇〇二年）。

インドネシアのイスラーム

【体制転換への展望】

中村光男

（なかむら・みつお）一九三三年生。コーネル大学大学院博士課程修了。中央大学大学院客員教授、千葉大学名誉教授。文化人類学、東南アジアのイスラーム。著書に「文明の人類学再考——イスラーム文明の場合」（伊藤亜人ほか編『現代の社会人類学』第三巻、東京大学出版会、一九八七年）などがある。

世界最大のムスリム人口と異教徒の存在

インドネシアは日本から南に五〇〇〇キロ、赤道をはさんで東西五〇〇〇キロにわたって広がる世界最大の島嶼国家である。インドネシアの総人口は二〇〇一年現在で二億一六〇〇万人、そのうちの八八%がムスリムであり、世界最大のムスリム人口を擁する国となっている。他方、キリスト教カトリック、同プロテスタント、ヒンドゥー教、仏教などイスラーム以外の宗教の信者もかなりの数にのぼるが、かれらは、全国で均等に分布しているのではなく、歴史的経緯で特定の地域に集中している。プロテスタントはスマトラのバタック地方、北スラウェシのミナハサ地方、モルッカ諸島、イリアン・ジャヤ（パプア）などに集中し、カトリックは西カリマンタン、フローレス島に多い。ヒンドゥー教徒はバリ島人口の九〇%を占めている。一九四五年八月、日本の敗戦直後に、インドネシアの民族主義指導者たちが、旧オランダ領東インド（蘭印）全土を領土とする独立国家の樹立を宣言しようとした時、国家原則の問題で対立が起こった。独立準備を進めた多数派はムスリムで、イスラーム法遵守の義務をムスリムに課する条項（「ジャカルタ憲章」）を憲法前文に含むと決めた。しかし、東イ

西ジャワ・バンテン州都セラン市郊外のバンテン・ラーマ大モスク（木造）

16世紀後半に、バンテン王国王都の中央モスクとして建立された。レンガ建てのマナーラ（塔）は、改宗オランダ人の作と伝えられている。
（筆者撮影）

ンドネシアのキリスト教地域の代表はこれを拒否し、協議の末に、「唯一至高神への帰依」を第一原則とする建国五原則（パンチャシラ）を国家原理とする合意が成立し、共和国は単一国家として発足した。この合意は現在まで続いている。

　インドネシアのイスラームでは教義上、スンニー派のシャフィイー法学派が主流である。シャフィイー派は世俗的権威への服従と社会的安寧の維持、公共の福祉の増進をムスリムの義務として強調し、ムスリムの利益が著しく侵害された場合を除いては抵抗を控えるよう勧奨している。また、インドネシアのイスラームは神秘主義（スーフィズム）の影響が強い。これは、なによりも伝統的なモスクの建築様式によく表現されている。各地に現存する伝統的なモスク建築は、木造三層の屋根とその上に宝塔を戴く様式に従っている**（写真参照）**。三層の屋根は三段階の信仰の到達点を指すという[1]。最下層の屋根はシャリーア（イスラーム法）を表し、外面的な儀礼と倫理的規範の禁止、許可、勧奨の体系を指す。中層の屋根はタリーカ（道）を表し、導師と弟子の師弟関係を通した神秘主義の内面的な段階的修行と人格的向上を指す。最上層の屋根はハキーカ（真理）を表し、シャリーアとタリーカの実践を通した神の本質への開眼の段階を指す。宝塔（ムステイカ）は最後で最高の段階である神智を指す。神智は神人一致の段階、西欧の神秘主義のグノーシス（gnosis）に対応する。この段階に達した人物はワリー（神の友人＝聖人）と見なされる。

　社会の安寧と公共の福祉を強調するシャフィイー法学派の教義

と内面的な人格の向上に力点をおく神秘主義を共通の基盤として、インドネシアのイスラームは他宗教やイスラーム教義上の差違に寛容である。先述のパンチャシラの第一原則＝「唯一至高神への帰依」に関しても、インドネシアのイスラーム学者（ウラマー）の大半は、これをイスラーム教義の根本にある「タウヒード」（神の一元性）の信条を保証するものとして受け入れ、他の宗教もこの原則に基づいてイスラームと同等の位置をインドネシア国家の枠内で保証されるべきものと考えている。(2)

国家とイスラームの関係

したがって、インドネシア国家はイスラームを国教とするものではなく、国民の信仰する諸宗教を保護、育成、援助する基本的立場をとる。この点では、インドネシアは一種の宗教国家であり、国家行事を含めて、公的場面における宗教の役割は大きい。この方針に従って、政府には宗教省が設置されており、社会教育と学校教育における宗教教育の実施、宗教学校の設立運営と援助、モスク・教会・寺院などの宗教施設の建設と維持、宗教団体の活動支援のために、国家予算を割り当て、公務員をもって指導・援助している。とくにムスリムに関しては、マッカ巡礼の管理、郡レベルの宗教事務所における結婚復縁登録、遺産相続、寄進の管理、宗教税の徴収、県レベルのイスラーム法宗教裁判所における離婚調停、離婚登録など身分法上の紛争の処理など、きわめて広範囲な国家の関与が見られる。宗教省の職員の数は、内務省、国民教育省に次いで多い。(3)

宗教生活に関する国家関与にもかかわらず、ムスリム自身の自発的な宗教活動もきわめて活発である。全国の農村や都市のカンプン（集落）、職場や学校には全部で約六二万カ所にモスクや礼拝所がある（一九九九年政府統計）。このモスクや礼拝所では、金曜の集団礼拝における説教の他に、宗教講話の会（プンガジアン）が不断に行われており、これらを基礎的単位にして、ムスリム共同体では内部のコミュニケーションが絶えず行なわれている。説教師や講師となる人々は、多くの場合、ナフダトゥル・ウラマー（NU）やムハマディヤーといったイスラーム社会団体に属するウラマー（イスラーム学者）や宗教教師（グル・アガマ）である。NU（「ウラマーの覚醒」の意）はインドネシアにおける伝統主義的なイスラーム教育の主流をなし、ジャワ島を中心に全国の農村部に散在する一万カ所のプサントレン（イスラーム寄宿塾）を拠点としている。ムハマディヤーは都市部の近代的な学校網が拠点で、これも全国一万カ所以上で幼稚園から大学までを経営している。ムハマディヤーはまた診療所、病院、産院、養老院の建設と経営などに優れ、NUは孤児中心のプサントレン経営などに従事しており、社会福祉の分野におけるこれらのイスラーム社会団体の貢献は顕著である。一九七〇年代から、政府の開発政策が国民生活の様々な領域に大きな影響を与えるようになって来る中で、NUやムハマディヤーの活動家たちは、農業生産の技術向上、中小企業振興、女性・青年の職業訓練、環境保護など、草の根レベルでNGOを作り、活動して来た。これらのNGOの多くは、特定の目的達成のために多宗教の活動家とクライアントが宗教の区別を越えて集う場となっている。

一九九八年半ば、三二年間におよぶスハルト大統領の開発独裁体制は全面的な政治経済危機の中で倒壊した。スハルト統治に終止符を打つ直接的な衝撃は全国的な学生運動と大規模な都市暴動がもたらした。他方、スハルト体制下では野党が無力化していたので、反政府・民主化運動の展開には、先述のイスラーム社会団体の指導者たち、とくにムハマディヤー議長のアミン・ライスとNU議長のアブドゥルラフマン・ワヒド（グス・ドゥル）などが指導的な役割を果たした。一九九八年五月から翌年の一〇月までは、スハルト辞任で副大統領から昇格したハビビ大統領が改革政策を進めた。この初期段階における改革の最大の眼目は政治的自由の保障であった。言論・集会・結社と表現・出版の自由を制約する様々な規制が全廃され、最大限の自由が確保された。一九九九年六月の総選挙は、この環境の中で施行され、一九五五年の共和国最初の総選挙以来四四年ぶりの自由で公正な総選挙と評価された。

総選挙までに一八〇以上の政党が登録、そのうち四八政党が総選挙参加の資格を得た。そのうち二〇の政党が様々なイスラーム色を示した。投票の結果は、ナショナリズムで宗教的に中立な闘争民主党が第一党（得票率三三・七三%、国会議席数一五三）となり、同じくナショナリズムで宗教的に中立な旧与党ゴルカル党が第二位（同二二・四六%、同一二〇）となった。つまり、世俗的ナショナリズムの反スハルト派とスハルト体制維持派が合計で五六%と過半数を制した。他方、二〇のイスラーム政党の得票は全部合わせても、三七・五〇%に止まった。そのうち、スハルト時代の野党の開発統一党は得票率で四位（一〇・七二%）、国会議席数で三位（五八）となった。NUを基盤とした民族覚醒党は得票率三位（一二・六六%）、議席数で四位（五一）、ムハマディヤーを基盤とした国民信託党は得票率五位（七・一二%）、議席数でも五位（三四）に終わった。(4)

一九九九年総選挙の結果はインドネシア国民の基本的な政治志向、また国家とイスラームの関係について、次のことを示した。第一に、スハルト時代の常勝与党のゴルカルを一位の位置から降ろしたことである。第二に、一九五五年の初回の総選挙結果と同様に、圧倒的多数がムスリムであるにもかかわらず、選挙民の大半は世俗的で宗教的に中立な政党を選んだことである。第三は、イスラーム政党の多様化である。一方で、既存の野党＝開発統一党はカーバ神殿を党のシンボルとしイスラーム色を再び鮮明にして選挙民にアピールし、新党の月星党（PBB）や正義党（PK）もイスラーム主義をかざしてこれに倣った。他方、新党の民族覚醒党はNUが基盤であるにもかかわらず、パンチャシラを綱領に入れて、開かれた国民政党の性格をアピールした。同じように国民信託党（PAN）もムハマディヤーを基盤としたにもかかわらず、綱領ではイスラームに言及せず、パンチャシラを原則とする国民政党の性格を強調した。つまり、イスラーム主義の政治勢力はムスリム選挙民の内部ですら多数派を形成できなかった。

他方、総選挙の結果成立した国権の最高機関＝国民協議会による大統領選挙は意外な結末となった。得票率一位の闘争民主党党首メガワティではなく、得票率第三位議席数第四位の民族覚醒党創立者のグス・ドゥルが大統領に選出され、メガワティは副大統領となったのである。ともあれ、この正副大統領の組み合わせでナショナリズムとイスラームの連携が実現した。グス・ドゥルはその後、不正資金疑惑などで、国会と対立し、ついに二〇〇一年七月、国民協議会の決議によって罷免された。次いで、メガワティが大統領に昇格し、副大統領には開発統一党党首のハムザー・ハズが選出された。正副の組み合わせは変わったが、ナショナリズムとイスラームの連携は現在まで継続している。

一九九八年スハルト退陣後の改革過程によって、少なくとも次のような体制的変化が生じた。第一に大統領独裁制の終焉である。三選禁止など憲法改正によって大統領の権限が大幅に制限された。反面、他の国家機関、とくに立法府の権限が大幅に強化され、司法府も独立性を高めた。第二は、国軍の政治関与からの撤退と国防への専心、プロフェッショナリズムの確立、警察の分離と治安維持能力の向上などの改革だが、この領域の目標達成には程遠い。官僚制の慣性と国家財政の能力不足が障害となっている。第三に、中央集権から地方分権への改革である。この領域では地方のイニシアチブで改革が著しく進んで、行き過ぎまで見られる。また、地方分権化と共に顕在化したエスニック・ナショナリズムと宗教的コミューナリズムの克服が新たな課題となっており、多元主義的国民国家の再統合の方策が模索されている。第四に、KKN（汚職、癒着、ネポチズム）の排除である。これには、司法の浄化が先決だが、未だに、確固たる方向性は見られない。

以上の概観のように、メガワティ政権のもとで、改革は一進一退である。

体制転換に向けてのイスラームの役割

この状況の中で、イスラームはどのような役割を果たしているか。

一見して明白なことは、イスラームが一枚岩ではないことである。主な論争点に関して、イスラーム勢力内部で深刻な対立が見られる。「イスラームには既成の国家論は無い」という議論が説得性を帯びてくる。[5] 主な論争点は以下の通りである。

第一に、国家原理の問題で、「イスラーム国家」志向の動きが復活した。とくに、改革の成果である言論と結社の自由に守られて、イスラーム主義急進派の言論組織活動が活発になり、マス・メディアを通して実態以上に誇張して報道されている。しかし、これらの急進派に国民的支持がないことは明白である。むしろ、より根本的な問題は、多元的状況が生み出す混乱や対立を市民性(civility)の向上によって、如何に克服・解消するかという課題である。パンチャシラは多宗教の共存を容認する最低の世俗的紳士協定であった。今後、パンチャシラを単一国民国家存続の基礎として再確立するためには、各宗教共同体が単独に、かつ共同して、パンチャシラに世俗的紳士協定以上の原理として、より積極的な道徳的倫理的意味付けをする必要があるという。(6)

第二に、民主主義とイスラームの関係に関しては、イスラーム政治勢力の実利的な議会制度利用の正当化に止まらず、主権在民の原則、国民の政治参加の権利の保証という根本的な問題がイスラーム思想の立場から論議されなければならない。そこで当然、起こってくる問題は国民的合意の形成における国軍・警察会派の特権的地位の問題である。二〇〇四年にはかれらの国会議席が解消されるという。だが、政治から全面撤退の保証はあるのか。

第三に、基本的人権とイスラームの問題である。これに関しては、これまで、主としてエスニック・マイノリティーと宗教的少数派の権利擁護、ジェンダーの問題が扱われて来たが、もう一歩踏み込んで、信教の自由、不信仰・無宗教の自由、改宗の自由の問題について、深刻な論議が必要になってくるだろう。

インドネシアは体制転換の直中にある。もし、近い将来に世界最大のムスリム人口を擁するインドネシアが民主化に成功し、多元主義的な国家再統合を成し遂げ、国民経済の再建を達成するならば、それ自体が世界史的出来事になるだろう。混乱と流血はまだ続いている、だが、新たな動きも見られる。二〇〇〇年のクリスマス・イヴには、全国二四のキリスト教会で仕掛けられた爆弾が爆発し、多数の死傷者が出た。二〇〇一年のクリスマス・イヴには、一発の不発手榴弾が見つかっただけで、全国の教会におけるミサは平穏に行われた。二〇〇〇年と二〇〇一年のクリスマス・イヴの違いは、二〇〇一年には全国でNUとムハマディヤーの青年たち数万人が警察と協力して、ミサを防衛したことである。二月後のムスリムの巡礼・犠牲の大祭では、あちこちで、キリスト教青年によるお返しの警護が見られたという。(7) 二〇〇〇年の流血のクリスマス・イヴは外国のメデイアが広く報道した。二〇〇一年の平穏なクリスマス・イヴを報道する外国メデイアはどこにもなかったという。(8)

注

（1） Aboebakar, *Sedjarah Mesdjid*, [Djakarta 1955].
（2） Achmad Siddiq, *Islam, Pancasila dan Ukhuwah Islamiyah*, Jakarta: PBNU, 1985.
（3） Departemen Agama, *Kedudukan, Tugas, Fungsi, Kewenangan, Susunan Organisasi dan Tata Kerja Departemen Agama*, Jakarta 2001.
（4） Leo Suryadinata, *Elections and Politics in Indonesia*, Singapore: ISEAS, 2002.
（5） Munawir Sjadzali, *Islam dan Tata Negara*, Jakarta: UI Press, 1990.
（6） グス・ドゥルとの対談、二〇〇二年四月二日、伊東にて。
（7） ムハマディヤー支部指導者とのインタビュー、二〇〇二年三月九日、北スラウェシ・マナドにて。
（8） *The Jakarta Post*, December 26, 2001.

タイにおけるイスラーム

西井涼子

（にしい・りょうこ）　一九五九年生。京都大学大学院文学研究科博士後期課程単位取得退学。東京外国語大学アジア・アフリカ言語文化研究所助教授。人類学。著書に『死をめぐる実践宗教――南タイのムスリム・仏教徒関係へのパースペクティヴ』（世界思想社）などがある。

はじめに

一九九四年一一月のある日、インタビューにいった私の前で、仏教徒の妻との通婚で仏教徒になっている元ムスリムのバーオ（仮名）が、自分の死に際しての埋葬の方法について妻と話していた。

妻「誰が先に死ぬのかわからないのだから、酔っ払ってないときに（死んだときどのように埋葬するか）はっきりさせておくと安心だ。」

バーオ「死んだらイスラーム式だ。どちらで死ぬのかを選ぶ（イスラームか仏教のどちらで埋葬するかを選ぶ）。」

妻「戻ってムスリムとして死んだって罪は重い。もともとムスリムだったのが仏教徒になったのだから。」

バーオ「死を考えたときにイスラームに戻ると犯した罪（バープ）はなくなるという。死ぬときには戻れる。それはすっかり清算するということだ。ちゃんとコーランを読んで埋葬してくれる。」

バーオは当時四十三歳で、二十五歳を先頭に三男四女の七人の子供がいる。最近彼は、酒に酔っては、死んだらイスラーム式にやってくれと言うようになったという。[1]バーオの娘の一人はムスリムと結婚して改宗し、現在はムスリムになっている。バーオのように自らの死に際して葬式のやり方を言い残すことを「カム・ピー（死者の遺言）」といい、それは人生で最後の改宗の機会である。また、カム・ピーは通常は改宗を罪と感じるムスリムが、それによって罪を清算する最後の機会であると捉えられている。[2]しかし、そのためには少なくとも子供の一人がムスリムである必要がある。もし、親族が死者の遺言を尊重しないと、病気になったり、不運なことが続いたりと何をしても成功しないと言われている。

バーオのように改宗、再改宗を繰り返すことは、ここ南タイの西海岸ではそれほど稀有な例ではない。ムスリムと仏教徒の通婚にあたっては、夫婦は同じ宗教でなければならないとされているので、どちらかが改宗することになる。ここでのムスリムと仏教徒の通婚の特色は、その頻度の多さもさることながら、[3]改宗の方向が双方向であることにある。つまり、仏教徒の側がイスラームに改宗するケースと、ムスリムが仏教徒になるケースがほぼ同数となっている。

タイにおけるムスリムの概況

このように通婚によって改宗が頻繁に行われている状況は、タイにおいてもこの南タイ西海岸地域に特有のことである。仏教徒が九四パーセントを占めるタイにおいて、ムスリムは政府発表によると約四パーセント（約二三五万人）である。[4]

タイにおけるムスリムは大きく次の四つのタイプに分けることができよう。

（1）北タイを中心とした陸路により中国の雲南からきたホーと呼ばれる人々の一部であるムスリム
（2）バンコクを中心とした中部タイのムスリム
（3）南タイの東海岸を中心としたマレー語を話すムスリム
（4）南タイの西海岸を中心としたタイ語を話すムスリム

このうち（3）と（4）の南タイのムスリムが、全国のムスリム人口の約四分の三を占め、その人口の規模と特定地域における集住という特徴によって政治的にも重要なタイ国最大のマイノリティとなっている。特にマレーシアとの国境近くに位置する「南部国境県」と呼ばれる四つの県では、県人口の六〇―八〇パーセントを占めるため、この地域の政治的統合は「南部国境県問題」としてタイ国内でも重大な政治的課題となってきた。[5]しかし、この四つの県のうち東海岸のマレー語を話すパタニ、ナラティワート、ヤラーの三つの県のムスリムが一九六〇年代末からムスリムの分離独立運動の中心となってきたのに対し、西海岸のタイ語を話すムスリムが大部分を占めるサトゥーン県のムスリムは、政治的に問題のない模範的なイスラームを信仰するタイ国民であった。

現在のタイとマレーシアの国境は一九〇九年のタイ=英条約によって設定された境界線が踏襲されているが、もともとは東海岸はタイとは朝貢関係をもつパタニを中心とするマレー系王国及び、現在はマレーシア側であるクランタン、トレンガヌという同じくマレー系小国の一部であった。一方西海岸は現在のマレーシア西海岸のケダー州に位置するケダーの王国の一部であった。シャム(一九三九年まで用いられていた現タイ国の旧称)との朝貢関係において、東海岸の諸国とケダーの対応には、現在の東海岸と西海岸のムスリムと仏教徒の関係の差異にまで通じるような異なった特徴が見られる。東海岸においては、シャムとの関係はマレー民族とイスラームの両者の存続のために対抗すべき権威の押し付けであるとみなされたのに対し、ケダーでは王族がシャムの貴族とさかんに通婚を繰り返し、親密な血縁関係をうちたてようとした。[6]また、東海岸のパタニがかつては東南アジアのイスラームのゆりかごと言われたほど繁栄し、イスラーム教育の中心となってきた王国であったのに対し、西海岸の現在の国境県であるサトゥーンは、ケダー王国の権威とバンコク王朝の権力のちょうど境界にあたり、二〇世紀初頭に至るまで、警察の統制もままならない、盗賊のはびこる無法地帯であった。そこでは東海岸におけるほどイスラームは正当性をもたず、また仏教を奉ずるバンコク王朝の権威も十分には浸透していなかったと思われる。そうした既存の国家権力の空白地帯において、ムスリムと仏教徒が互いの慣習を混合して独特の文化を作りあげた顕著な例として「サムサム」と呼ばれる人々の存在があげられる。サムサムは一九世紀初頭以来のイギリス人植民地官僚等の記録に「タイ語を話すムスリム」として登場し、マレー語を話すムスリムであるマレー人とタイ語を話す仏教徒であるタイ人が混ざり合った存在として記述されている。彼らは結婚、葬式、農耕儀礼など様々な儀礼において、マレー的な慣習とタイ的慣習を混合し、儀礼の言葉もイスラームと仏教の両方から取り入れたものがあるという。[7]現在の南タイ西海岸のムスリムにもこうしたサムサム的特徴をみることができる。

ムスリムと仏教徒の通婚の実態

実際に通婚者はどのような日常生活を送っているのだろうか。まず、ムスリムと仏教徒が通婚した場合、どのようにその夫婦がムスリムもしくは仏教徒とみなされるのかをみてみたい。それは一言でいうと、夫婦の仏教徒の側が信仰告白を行ってイスラームに改宗する儀礼を行ったときにはムスリムとみなされ、何もしないと仏教徒とみなされるのである。イスラームへの改宗者が男性の場合は割礼も必要とされる。結婚式を執り行なう場合には、通常こうした儀礼的手続きは結婚式の前に行われる。[8]いずれにしても、イスラームの側にのみ改宗を明確にする機会があるのである。仏教徒になる場合にはこうした機会がないことから、その改宗の区切りというのは明確には示されない。極端な場合には、完全に

▲ムスリム—仏教徒婚のニッカ(イスラームの宗教上の婚姻)。
元仏教徒の花嫁がイスラームに改宗後ニッカが行われる。
左から2番目の人物が新郎。

▼結婚式の祝宴のご馳走のための牛の屠殺。

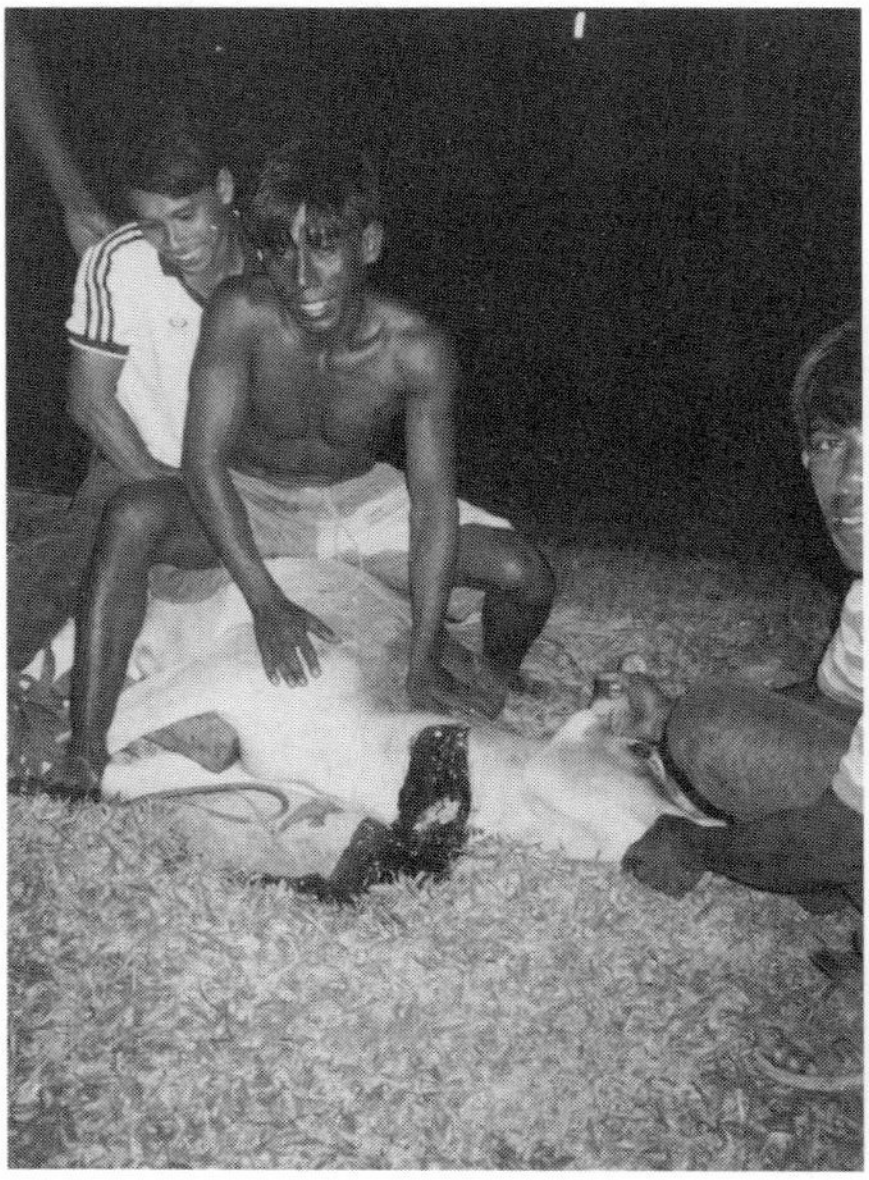

ニッカの翌日の結婚式。
新郎(ムスリム)と新婦(元仏教徒)。▼

仏教徒になるまでに二〇年以上かかった例もある。これは、ムスリムの妻が仏教徒の夫と通婚後、当初仏教徒の親と同居したため周囲からは仏教徒であるとみなされたが、本人はモスクへ行きたいと思っても仏教徒の親と同居しているため行くことができず、他県に住む自らの親族の前ではムスリムのふりをして迷い続けていたというケースである。結局彼女は、長男が成人した後仏教徒の嫁を連れてきて「母さん、僕は寺へ行くからね」と宣言したことで、彼女自身も寺へ行く決心をしたという。一般に、モスクへ行くのがムスリムで寺へ行くのが仏教徒であると捉えられているのである。[9]

先に「夫婦は同じ宗教でなければならない」とされていると述べたが、同居の家族も同じ宗教でなければならない。結婚した夫婦はまずどちらかの親と同居した後、子供ができると別棟をたてて親の近所に住むことが多いが、ムスリム—仏教徒婚の場合は、選択した宗教の側の親と同居することが普通で、宗教の異なる親と同居することはまずない。これは、豚肉を禁忌とするムスリムとそれを好んで食べる仏教徒の食習慣の違いからいっても、もっともな選択であろう。ただし、食習慣についていえば、ムスリムが仏教徒になった場合、抵抗なく豚肉を食べるようになった人もいれば、決して豚には手を触れないと元の食習慣を生涯にわたりかたくなに守り通す場合もある。そうした場合は、他の家族はその改宗者を除いて豚肉を（改宗者が妻の場合、夫などが）料理して食べることになる。しかし、宗教の異なる親とも日常的な行き来は頻繁で、通婚で仏教徒になった娘が、同じ村に住むムスリムである親の家に子供を預けたり、そこで食事をすることも当たり前に行われている。また宗教的祭祀の際には、親とは宗教が異なってしまった子供は、儀礼に直接参加するかわりに親に金銭や菓子の材料などを援助する。

しかし、改宗を罪とはしない仏教徒の場合はともかくとして、カム・ピーにも見るように改宗することを罪として死の間際にまでその清算をしようとするムスリムが、なぜ宗教を変えてでも夫婦の宗教を同じくすることに拘泥するのであろうか。それは、食習慣を変えない元ムスリムの例があることからも、日常的便宜のみで説明はつかないであろう。そこで、彼らがその宗教実践の最も重要な動機であるとする宗教的観念をみていく必要がある。

ムスリムと仏教徒の宗教的観念

村において一般に宗教と翻訳することのできる言葉はサーサナーという。サーサナーとは「ブン（功徳）とバープ（罪）を知ること」であり、「人間ならばみな宗教（サーサナー）をもつ」という。ブンはパーリ語のプンニャからきたタイ語で「宗教上の教えにそった善行」「福徳、善行、功徳」と訳される。その反対がバープで、宗教で教えまた禁じていることに反する行為であり、「悪行」「罪」と訳される。[10] サーサナーは「心の拠り所」であり、イスラームでも仏教でも同じであるとする。ムスリムも自らの宗教的な行為を「善い行いをすれば善い報いがあり、悪い行いをすれば悪い報いがある」と仏教徒と同じような因果応報の観念で説明する。イスラームと仏教ではただ方法が異なるだけであるという。この宗教による方法の違いは「パサー」という通常の現代タイ語では「言語」と訳される言葉で説明する。パサーとは慣習(prapheni)であり、行為(kan patibat)であるといい、ムスリムの宗教実践をさして「パサー・ケーク」、仏教徒の宗教実践をさして「パサー・タイ」と用いるのが最もよく耳にするパサーの使い方である。「(イスラームと仏教は)別々のパサーだ。しかし、サーサナーであるのは同じ。人間であるのは同じ。」これは、仏教からイスラームに改宗したある男性の言葉であるが、同様のことはムスリムからも仏教徒からもきかれる。

▲モスク内でのムスリムの礼拝。

元ムスリムである仏教徒女性の朝の僧への布施。▼

ムスリムと仏教徒に共通する宗教的な中心的観念の「ブン」と「バープ」は、来世観にかかわるとともに、現世における宗教的行為の動機づけの説明としても用いられる。ブンを積むことが死後のよりよき運命のために最も重要な宗教的行為であり、それは生きている間に自らが行う以外にも、死後に親族などから転送してもらうことも可能である。ムスリムも仏教徒も「父母のためにブンを積むこと」を最も重要な宗教的行為の動機としてよく口にする。例えば、あるムスリム女性の場合、一日五回の礼拝の度にすでに亡くなった両親にブンを積むことを祈念し、またある仏教徒女性は毎朝の僧への布施の度に両親にブン送ることを最初に念頭においているという。こうしたことから、子供から親へという関係がブンを積むという中心的な宗教的実践の最も重要な回路となっているといえよう。しかし、このブンの転送は死者の宗教と同じ方法(パサー)でやらなければならない。そこで子供の宗教が問題となってくる。つまり、自らの宗教と同じパサーである子供がいなければブンも送ってもらうことができないのである。ここで、「夫婦の宗教を同じにする」理由が説明可能となる。つまり、夫婦の宗教を同じにするということは、子供の宗教を親と同一にすることにつながり、自らの死後

▲モスクの後ろに聳える岩山の洞窟の中に寺がある。

洞窟内の寺。▼

のブンを転送してもらう回路を確保することになるといえるのである。[11] 先に述べたカム・ピーのおいても少なくとも子供の一人がムスリムであることが、死に際しての改宗の必要条件であると述べたが、この場合もこの回路の確保が前提条件となるということであろう。

終わりに——自己の中の他者

一方、ブンを送ってもらう回路さえ確保すれば、改宗することは誰にとっても可能であるということでもある。ムスリムとして生きる、仏教徒として生きるという選択の可能性は、特に通婚者の子供の場合には極大となる。通婚によって親族関係が断絶することのない状況では、通婚者の子供達は父方と母方の異なる宗教の親族の間で、イスラームと仏教の両方の宗教的慣習、パサーに親しみ、違和感をもつことがない。ムスリム側が仏教徒になっているある通婚者の子供の場合、寺のお祭りにも行くし、モスクのお祭りにも行って菓子をもらってくる。一般に、ムスリムの大人も夕涼みに出かける寺へは他のムスリムの子供も遊びに行くことがあるが、仏教徒の両親をもつ子供はモスクへ行くことは躊躇する。モスクへは仏教徒の大人も足を踏み入れることはない。しかし、通婚者の子供にとってはどちらも親族が集う場所である。また、通婚者の子供はたとえ現在親が選択している宗教とは異なる宗教の配偶者を連れてきても反対されることは少ない。もっとも、ここでの融通無碍の改宗と見えるものも、その関係性によっている。親がどちらかの宗教に属することをはっきりと決意している場合にはむしろ、子供は親の選んだ宗教のパサーにより親しむことになる。親の片方が仏教からイスラームに改宗し、熱心にイスラーム実践を行っている場合には、その子供達も他のムスリムの子供達と同様の行動をする（しかし、成長した後にはもちろん他のムスリムの場合も同様であるが、通婚によって自らが仏教徒になることもある）。このように、ここではムスリムである、仏教徒であるということは、自己のとりもつ関係性の中で柔軟に選択され、その宗教実践のあり方は日常生活の中で関係性にあわせて調整され、適応化がなされていると見ることができる。[12] ここではムスリムと仏教徒の境界は、固定されたものではなく常にプロセスの中で形成され続けているのである。パサー・ケークとパサー・タイと対比される他者と自己の関係も、いつまた他者の立場に自己が立つことになるかもしれないという意味で、常に自己の中に他者性を内包したものとしてある。ここでのサムサム的なムスリムの仏教徒との柔軟な関係も、こうした潜在的入れ替わりの可能性のうえに打ち立てられているのかもしれない。

注

（1） 調査地でのムスリムは仏教徒よりも酒をよく飲むともっぱらの評判であったが、二〇〇〇年には若者を中心にイスラーム復興運動の影響をうけ、飲酒するムスリムは減っている。

（2） 仏教徒は改宗を罪とは考えないので、こうした理由でカム・ピーを行う人はいない。

(3) 調査地域におけるムスリム―仏教徒婚は、一九九四年時点で全婚姻数の約二〇パーセントである。

(4) この数字は、政治的駆け引きの焦点ともなっており、タイ国イスラーム委員会作成の資料では、その二倍以上の五二〇万人とされている。多くの研究者は五―八パーセントの間の数値をとっているようである。

(5) これについては Surin Pitsuwan, *Islam and Malay Nationalism: A Case Study of the Malay-Muslims of Southern Thailand*, Bangkok: Thai Khadi Research Institute, Thammasat University, 1985；Chaiwat Satha-Anand, *Islam and Violence: A Case Study of Violent Events in the Four Southern Provinces, Thailand 1976-1981*, USF Monographs in Religion and Public Polity, 1987；橋本卓「タイ南部国境県問題とマレー・ムスリム統合政策」(『東南アジア研究』二五(2)、二二三―二五三頁、一九八七年)などがある。ちなみにバンコクには、人口の約六パーセント、三〇万人以上のムスリムが居住している。その七〇パーセント以上が市の東部に集中しているが、市の中心部にも古くからのムスリム・コミュニティがある。バンコクにおけるムスリム・コミュニティの特色はマレー系のみならず、インド系、アラブ系、イラン系、チャム系などとその出自の多様さにあり、異なる出自のムスリム同士の通婚もさかんである。

(6) Kobkua Suwannathat-Pian *Thai-Malay Relations: Traditional Intra-Regional Relations from the Seventeenth to the Early Twentieth Centuries*, Singapore: Oxford University Press, 1988, p. 213.

(7) サムサムについての最初の民族誌的報告は、Archaimbault, C. 1957 (1956 BEFEO) "A Preliminary Investigation of the Sam Sam of Kedah and Perlis", B. A. V. Peacock, trans., *Journal of Malayan Branch of the Royal Asiatic Society* 30 (1) に見られる。Chah Boon Kheng, *The Peasant Robbers of Kedah 1900-1929*, Singapore: Oxford University Press, 1988. は口承伝承の主役として、牛泥棒であり強盗であったサムサムをとりあげている。西井涼子「周縁における権力とエスニシティ——タイ・マレーシア国境のサムサム」(『民族学研究』57(3)、一九九二年)は、権力の空白地帯において二つの異なる世界(文化)の媒介者として活動したサムサムの地方リーダーの姿を描写した。

(8) しかし、駆け落ちをして一緒になった場合には、すでに同居した後に、時には子供ができた後で行うこともある。ムスリムと仏教徒の通婚においては、駆け落ちをして夫婦となったケースは四割にのぼり、これはムスリム―ムスリム婚や仏教徒―仏教徒婚においては数パーセントであるのに比べて圧倒的に多い。このことはムスリムと仏教徒の通婚が頻繁であるとはいえ、通婚に際してはやはり障壁が存在していることを示しているといえよう。

(9) ムスリムの宗教的行為は、一日五回の礼拝や断食などをあげることができるが、仏教徒との対比で強調されるのは、むしろ仏像を拝めない、僧に布施できないといったムスリムにとっては禁止された行為の方である。仏教徒は月二回の寺での儀礼への参加や朝の托鉢する僧への布施などを重要な宗教的行為としてあげる人が多い。西井涼子『死をめぐる実践宗教——南タイのムスリム・仏教徒関係へのパースペクティヴ』(アジア・アフリカ言語文化叢書37、世界思想社、二〇〇一年)参照。

(10) 石井米雄『タイ仏教入門』めこん、一九九一年、一一五頁。

(11) 改宗者の場合、親とはパサーが異なってしまうので、自ら親のためにブンを積むことはできない。そこで、親と同じパサーである親族に金銭や物をたくしてかわりにやってもらうという方法をとる。子供から親へのブンを送る回路の確保とは、もっぱら親の立場からの自己の死後のブンの確保を意味する。

(12) 例えば、仏教徒の夫との通婚により改宗した元ムスリムの妻は離婚によりムスリムにもどり、再婚により再び仏教徒となったといったケースや、極端な場合には元ムスリムの妻は夫と喧嘩をする度毎に、ムスリムに戻ると宣言していた(夫の死後は仏教徒でとおしている)というケースがある。

南アジアにおけるイスラーム

加賀谷寛

（かがや・ひろし）　一九三〇年生。東京大学人文科学研究科宗教学宗教史学修士課程修了。大阪外国語大学名誉教授。現代イスラム。主著に『イスラム思想』（大阪書籍）『南アジア現代史Ⅱ』（共著、山川出版社）などがある。

世界のイスラーム教徒数の分布を地域的にみるとき、パキスタン、インド、バングラデシュの三国のある南アジア地域が最多数を占め、東南アジア地域がこれに次ぐと一般に言われている。なお国別ではインドネシアが最多数に位置している。小論では多様性に富む南アジアのイスラームについて、その特色と考えられるもののいくつかを試論的に取りあげてみたい。

異教徒も参詣する聖者廟

はじめに南アジアにおけるイスラームの特色の一つに、イスラーム教徒（Musalmān）だけでなく、ヒンドゥー教徒（Hindū）やスイク教徒（Sikh）、さらにキリスト教徒までも含めて広く参詣する「イスラーム」聖者廟崇拝がある。

著者は二〇〇一年末、インドのウッタル・プラデーシュ（Uttar Pradesh. ＵＰと略）の東北部の地方都市、バハラーイチ（Bahrā'ich）に在るこのような「イスラーム」聖者廟（dargāh）を訪れた。

この聖者は、ガズナ朝のガーズィー（ghāzī／異教徒の土地へghazva、「征戦」を行なった戦士）で、この地の暴逆なヒンドゥーの王と戦って「殉教」（shahādat）を遂げた人物と伝えられる。その歴史的事実は別として、ムガル朝のころまでには、すでに有名な聖者廟となって多くの参詣人（zāʼirīn）を集めていた。これが今日もなお、インドの主要な聖地の一つに数えられている。

一般に、聖者廟にはスーフィー系聖者（pīr）の墓が多いのに対して、これがスーフィー聖者でなく、上記のようにガーズィーの殉教者である点に先ず注目しておきたい。

またその霊験は現世利益的で、とくにハンセン病、精神病、盲目の癒し、子授けなどに重点がおかれ、これらの病いを患う人々が多数宿泊して治癒を願っている風景がみられる。

この聖者廟では年祭が四回、行なわれ、一つは聖者の命日のウルス（ʻurs）で、第二は聖者の生誕祭（jashn-e tavallud）で、これら二度の祭りは、ヒジュラ暦に従って、コーラン読誦式、イスラームのウラマーの講話などイスラームの儀式が行なわれて、主としてイスラーム教徒参詣者がこれに参加する。

このようなイスラームの儀礼を行なう年祭のほかに、同聖者廟には「バサント祭」（Basant Melā／一月の春祭）と最大の祝祭の「ジェーシュト祭」（Jesht Melā／五月の夏祭）がある。

これら二回の行事はイスラームのヒジュラ暦ではなく、ヒンドゥー暦に従って営まれ、後者では収穫をおわって僅かな収入を得たヒンドゥー教徒の農民が近郷近在はいうに及ばず遠隔地から参詣し、イスラームの正規の儀式抜きのこの祭礼に参加する慣行がある。彼ら参詣者はこの聖者廟の周囲の野原一面を埋めつくして、一キロ四方に野営し、祭りの期間中、その数五〇万人に達すると称されている。

このようにみるとき、後者の二祭礼では、この聖者廟が宣伝するように、まさに「宗教・宗派の相違を越えて」、宗教間の融和と調和を実現していると言うことができる。本来はイスラームの宗教施設でありながら、異教徒にも門戸を開放し、ヒンドゥー教徒の現世利益的な祈願にも応えてきた伝統がそこにある。

実はインド政府の宗教政策にとっては、独立以前からの、いわゆるヒンドゥー対イスラーム教徒のコミュナリズムの宗教対立の遺制ではなく、宗教間の共存を示してきたこのような聖者廟の伝統的な在り方こそが、望ましい方向となってきたと言うことができよう。

実は「イスラーム」聖者廟では多くのスーフィー聖者廟を含めて、このような異宗教との共存と融和が行なわれてきた。とくに南アジアにおける代表的なスーフィズムのチシュチー教団（Chishtīya）に属するラージャスターンのアジメールに在るシャイク・ムイーヌッディーン（Shaykh Muʻīnud-dīn／一二三五年没）やデリーに在るニザームッディーン・アウリヤー（Shaykh Nizāmud-din Awliyā／一三二五年没）の聖者廟においても同様のことがみられ（図1）、非イスラーム教徒の参詣者の姿も混在している姿がある。

このように聖者崇拝が南アジアでもイスラーム教徒にとっても非イスラーム教徒にとっても、庶民レヴェルの信仰であり、個人的な現世利益的な祈願や祭礼の折には宗教の違いを越えて、共通の民衆宗教の形態となってきた文化的伝統が生き続けている。

しかし「イスラーム」聖者廟にみられるような宗教的共存とは

図1　南アジアのチシュティー教団の初期の聖者の廟

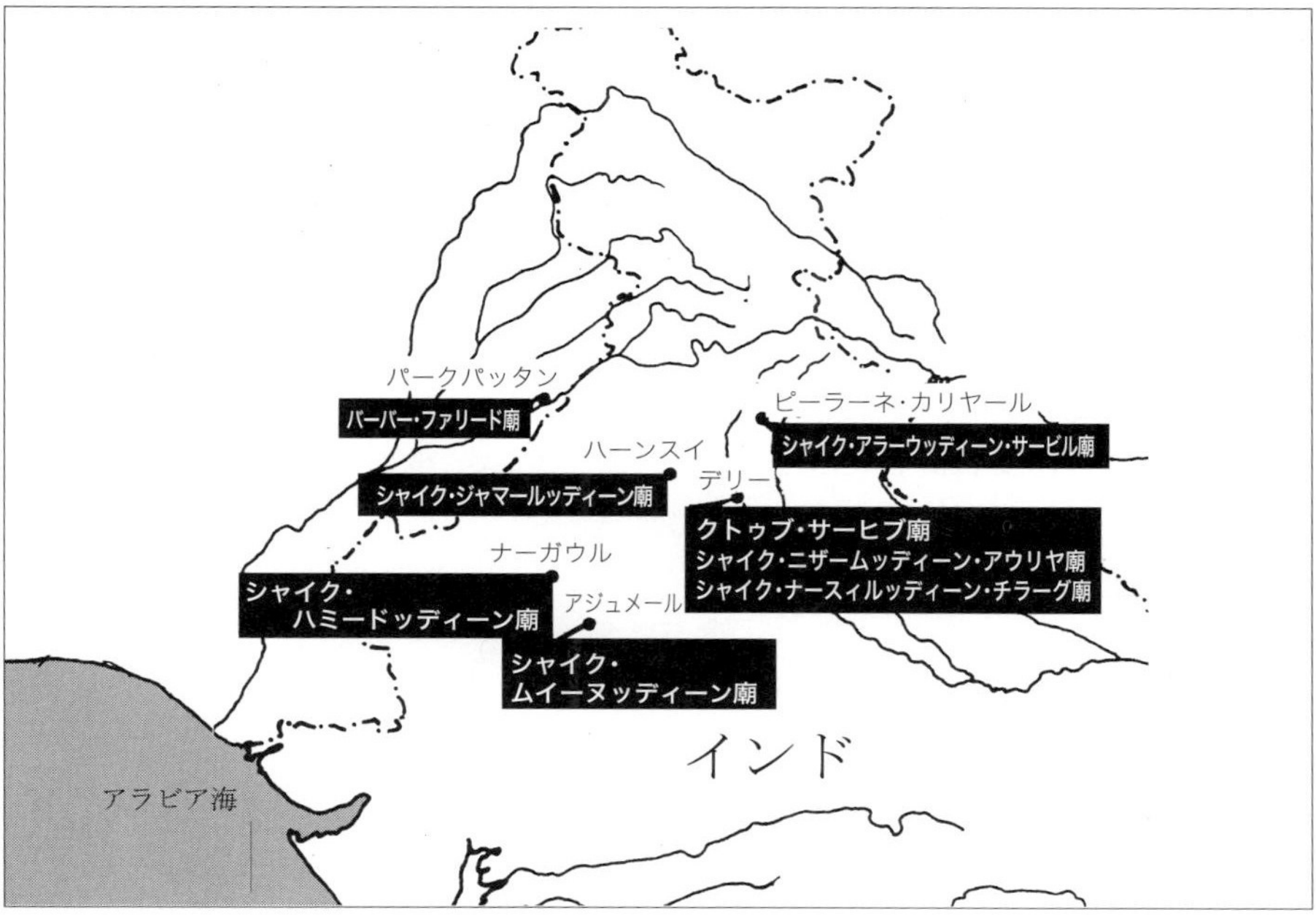

逆の方向も独立後のインド国内政治に現われ、ヒンドゥー教徒側からイスラーム排除の動きの象徴として、ヒンドゥー原理主義が一九九〇年代に台頭し、ヒンドゥーの叙事詩『ラーマーヤナ』の主人公、ラーマの生誕地のアヨーディヤ（Ayodhyā）に建っている歴史的なイスラームのモスクであるバーブリー・マスジッド（Bābarī Masjid）の撤去・取り壊し問題が生じた。また新しくは二〇〇二年春にグジャラート州で発生した両教徒間の衝突事件が伝えられている。

イスラーム征服王朝とウルドゥー語の発達

南アジアにおけるイスラームの特色の第二として、イスラーム征服王朝の軍営都市とウルドゥー語の発達を次に取りあげたい。「ウルドゥー」（Urdū）とは、トルコ語で「軍営」を意味するが、一三世紀以降、デリーとガンジス河中流域のヒンドゥスターン平原に、中央アジアからのトルコ系イスラーム征服王朝（デリー・サルタナト）がつぎつぎに支配権を確立すると、それぞれ軍営地を設けた。

そもそも軍営地は、イスラーム初期から、征服地のアラビア語化とイスラーム伝播の中心であったと考えることができる。アラブ軍営地がイラン東北部のホラーサーンや中央アジアに設けられると、ペルシア語系方言を話す地元住民や商人との交流が進んで、近代ペルシア語（fārsī）がホラーサーン地方に生まれた。

それと同様にして、デリーに進出したトルコ系イスラーム征服王朝もまたその軍営地を拠点に、ペルシア語とスンナ派イスラームをもたらし、ヒンディー方言を話した地元住民との接触・交流を通じてウルドゥー語を生みだした。しかし宮廷の言語・文学はムガル朝末期まで依然としてペルシア語・文学であり、書かれたウルドゥー語と形式の整ったウルドゥー文学にはその出番のなかった状態がながく続いた。

この状況を打破してペルシア文学の模倣に代わって、ミール（Mīr Taqī Mīr／一八一〇年没）やガーリブ（Mīrzā Ghālib／一八六九年没）のような優れた古典詩人が現われた。ウルドゥー文学には二つの中心があり、一つは衰退したデリーであり、他の一つは東方のアワド侯国のあったラクナウ（Lakhnau）であった。

過日、著者は、インドの元外交官と国際結婚したある日本人夫人とインド航空の機上で偶然話を交わす機会があったが、パンジャーブ出身というその元外交官は教養としてそれらウルドゥー古典詩を愛する一方、道徳・倫理はヒンドゥー的で、『バガヴァド・ギーター』の教えを尊重しており、それが北インドの現代ヒンドゥー教徒の教養のスタイルであると教えて下さった。ミールもガーリブもイスラーム教徒の詩人であったが、イスラーム教徒にもヒンドゥー教徒にも、宗教の枠を越えて愛されて続けてきた文化的伝統が南アジアには存在する。しかし新しい世代の間ではウルドゥー古典詩の教養が失なわれていく傾向も指摘しておかなければならないのは淋しい。

シャー・ワリーウッラーの独創的思想

上述したウルドゥー文学の発展がムガル朝衰退期に現われたように、南アジアにおけるイスラーム思想史の面でも、ムガル朝衰退期のなかから輝かしい学問復興の動きが現われた点は注目に価する。

一般的には南アジアについては歴史的に、イスラーム神学・法学・哲学などの諸学がその形成期を経たのちに導入され、したがってそれらイスラームの諸学問に対する南アジアからの貢献は乏しいと考えられてきたが、一八世紀の南アジアは、インド洋航海の発展、アラビア語による著作の増大、そして預言者言行録のハディース学の発展など知的停滞を打ち破る新しい動向が現われた時代でもあった。

このように暗黒の時代の一隅を照らした独創的学者が、デリーの人、シャー・ワリーウッラー（Shāh Walī'ullāh／一七六二年没）であった。

彼はスーフィズムとイスラームの諸学を綜合した中世の偉大な思想家、ガザーリー（Ghazālī／一一一一年没）と比較されるように、一八世紀に、ハディースの再興と人間本性論との綜合を大胆に試みた。その主著はアラビア語で書かれた『フッジャトッラー・アル・バーリガ』（Hujjatullāh al-Bāligha）で、著者は同書を偶然、カイロで入手したが、このことはそれがエジプトの神学校で現在も学ばれていることを推察させる。

同書は人間の本性と自然界の法則性（sunnatu'llāh）を基礎に、「社会組織」（irtifāqāt）が単純な共同体の形態から、より発達した都市社会（madīna）へ、さらに都市連合体（mudun）の統一王朝へ、さらに世界的なイスラーム教徒共同体のウンマ（umma）や世界帝国の高度のレヴェルまで重層化する構想を提起している。

またハディースの本来の意図を、一般的な人間の基本的欲求とその充足の仕方の複雑化、人間の備える功利主義、社会の公益論、さらに美的洗練の志向まで含んで論じており、普遍的立論から同書はイスラーム世界が生みだした古典に数えることができるであろう。

同書はイスラームの諸学が「停滞」して久しく、また近代西欧思想という外部からの刺激や影響なしに、幅広い構想力に溢れた綜合的な理論体系を樹立した類い希な書であろう。

なお近代直前の彼のイスラーム思想はエリート宛てで、理論レヴェルにとどまったが、この門下から、これを南アジアにおける民衆レヴェルの実践的なイスラーム改革運動に転化させたのが、ガンジス河中流域出身のサイヤド・アフマド・バレールヴィー（Sayyad Ahmad Barelvī／一八三一年没）であった。

彼はベンガルからデリーまで多くの入門者を集めたスーフィーの導師でもあったが、イスラーム改革運動を巡回説教し、スーフィーの聖者崇拝を批判し、またヒンドゥー教からイスラームへの影響を排し、イスラームの義務の履行を説いた。後代のイスラームに始まる非イスラーム的要素（bid'āt）を排した点では、これはイスラーム内部の純化を志向したアラビア半島内部のワッハーブ運動（Wahhābīya）と発想方法が類似している。

彼は集団を率いてイスラームの義務であるメッカ巡礼の義務を果たしたのち、最後にスィク王国と戦って「殉教」した。この運動もインド大反乱（一八五七年）直前に現われた南アジアのイスラーム改革運動であり、大きな内部的活力を示すものであった。

二つの未来志向――イクバールとアーザード

次に取りあげておかなければならない現代南アジアのイスラーム教徒の思想家に、まずパキスタンで「詩人・哲学者」と仰がれているイクバール（Muḥammad Iqbāl／一九三八年没）がある。

青年時代には彼はインドへの祖国愛を詠んだが、ヨーロッパ留学後、イスラーム世界と自分との一体感に目覚め、狭いナショナリズムの限界を超えようとした。

彼が強調した「自我」（khudī）論とは、これまで近代西欧文明に隷属してきたイスラーム教徒が一旦、自我のもつイスラーム的活力の秘密に気付くときには、「超人」となって現われ、近代ヨーロッパ物質文明に打ち克つという強い信念である。

さらにそのような「超人」が没入する理想的共同体がイスラームの未来の共同体（milla）であると構想した。この自我論と理想的なイスラーム共同体論を彼はペルシア詩とウルドゥー詩とで表現した。

彼はパキスタン実現をみることなく没した。しかしイスラームの活力を鼓舞したその思想は、パキスタンではイスラーム教徒知識人をたち上らせる預言者的詩人に位置づけられている。その思想はイスラームが静的諦観の教えとは無縁で、活動（'amal）にこそイスラームの精神があることを再発見したもので、二〇世紀を通じて南アジアのイスラーム教徒知識人の精神に多くの刺激を与えた。

一九四七年にインドから分離独立したパキスタンは、現実には矛盾の多い「イスラーム国家」を掲げながら、イクバールの夢みたイスラームの理想的共同体の実現には、はるかに及ばなかった。この精神の理想と自分たちの現実の落差が、パキスタンの知識人の良心に苦悩を与えてきたと考えられないだろうか。

他方でイクバールとほぼ同時代のもう一人の南アジアのイスラーム教徒の代表的人物に、アブル・カラーム・アーザード（Abū'l-Kalām Āzād／一九五八没）があった。

彼は前者のような思索する詩人哲学者のタイプと異なって、実践的なインド国民会議派の政治指導者であった。このためインドでは高い評価が与えられてきたが、反対にパキスタンでは無視されるか、裏切者扱いされた。

彼は第一次世界大戦直後に、オスマン帝国のカリフ制擁護を掲げて、反英の自覚をイスラーム教徒に与え、ガンディーが指導したインド民族運動に合流した。その論調は、帝国主義時代にイスラーム世界の連帯を説いたアフガーニー（Jamāluddin al-Afghānī／一八九七年没）の『アル・ウルワト・ル・ウスカー』（al- 'Urwat al-Wuthqā）誌の調子を想わせるものがあり、激しいイスラームの説教者調であったが、その後のインド民族運動の発展のなかで、イスラームを世界の他宗教とならぶ、人類共通の価値を目指す一宗教として相対的に位置づけて、ヒンドゥー教など南アジアの諸宗教との共存を構想した。

独立獲得時に宗教対立の傷をうけたインド国民に、国内で約一割を占めるイスラーム教徒同胞の存在をどうにかして同じ国民として尊重させることができたのは、彼の宗教共存の思想に負うところが大きかったと考えることができよう。このように彼には、はじめの大衆煽動の説教から宗教間の和解と相互理解を説く方向へ脱皮することができた現代のイスラーム教徒思想家という評価が与えられるであろう。

イスラームから出た新宗教

イスラームにも、ユダヤ・キリスト教のメシア思想に相当するマフディー（Mahdī）待望の信仰がある。シーア派教義ではイマームの血統をひくマフディー再臨が待望され、一九世紀イランでは、バーブやバハーイーがマフディーを称して、バーブ教やバハーイー教の教祖となった。スンナ派の世界でも、マフディーを称するものが歴史上登場し、一九世紀のスーダンのマフディー国家がその例である。

南アジアでは一九世紀にパンジャーブで生まれたアフマディー教団（Ahmadīya）が近代マフディー教団の代表例である。

この教祖ミルザー・グラーム・アフマド（Mirzā Ghulām Ahmad／一九〇八年没）は一八三七年にパンジャーブのカーディヤーン（Qādiyān）に生まれ、一八九一年にキリスト教のメシアでイスラームのマフディーであると宣言した。この宣言に対して、直ちにイスラームのウラマー側から彼を異端とする教令が発せられた。彼がさらに預言者の地位（nubuwwat）を自称したといわれたため、イスラーム教徒は激昂し、イスラームの教義の基本に反する者として非難を浴びせた。なぜならばイスラームの教義によれば、預言者ムハンマドをもって預言者が封印されて、新預言者は偽預言者となるからである。

イスラームのウラマーからだけでなく、キリスト教神学者もメシアを称した彼を否認した。さらにヒンドゥー教側から、クリシュナの化身（avatār）も宣した彼に攻撃が加えられ、彼の主張は三宗教との論争を巻き起こした。

教祖の没後、この教団は二派に分裂し、一派は教祖をマフディーと認めるカーディヤーン派（Qādiyānī）で、他の一派は教祖を新世紀の「革新者」のムジャッディド（mujaddid）と認める穏健な解釈をとるラホール派であるが、前者が多数派となった。

パキスタン分離独立に当たってパンジャーブもインド側とパキスタン側に二分され、カーディヤーン派はパキスタン側のラホール郊外のラブワ（Rabwa）に本部を移した。

この教団はパキスタンでは教徒の教育程度が高く、団結心が高く、また経済的にも恵まれた少数派となり、周囲のイスラーム教徒から嫉まれた。一九五三年ラホール暴動は、「反イスラーム的」なこの教団の存在をパキスタンでは許さないというイスラーム教徒デモの圧力の大きさを示した。この対処に当たって、パキスタン政府はイスラームの宗教勢力の圧力に屈したという印象を与えることになった。のちに、パキスタンでは、この教団の信徒は公式には「イスラーム教徒」と認められないことになり、現在も彼らはこの差別的地位におかれている。

教団本部もまたパキスタンのラブワから、宗教的自由を求めてイギリスのロンドンに移っている。イスラームから近代に生じた異端的な新宗教団体が遭遇する困難さがそこに見られる。

イスラーム神学校

最後に、南インドにあるイスラームの神学校（dāru'l-'ulūm）を取りあげておきたい。

南アジアには、主要なイスラーム神学校に、デーオバンド系とバレールヴィー系があり、前者のデーオバンド神学校（Dāru'l-'Ulūm Deoband）は、一八五七年インド大反乱の挫折後に生まれた神学校で、デリーの北、西部ＵＰに位置する。ここに有力なウラマーが集まり、神学生の数も増大し、地元のＵＰ、ベンガル、パンジャーブ、国境州などから神学生が集まり寄宿舎に入って伝統的なイスラーム諸学を修得した。その影響力は二〇世紀に入って急速に拡大し、各地にその分校がつくられて、南アジア全土に、パ

Photo by Ichige Minoru

キスタンを含めてネットワークを拡大した。国際的にも、アフガニスタン、ミャンマー、中央アジアなど近隣諸国からの留学生も多い。とくにアフガニスタンに関しては、ターリバーン（tālibān）が国際ニュースの焦点になっているが、アフガニスタンの神学生であるターリバーンは、このデーオバンド神学校系である。

南アジアにおける最近の動向として、これらの神学校数が急増しているのが注目される。パキスタンでは、とくにアイユーブ・ハーン大統領の積極的なイスラーム化推進の時代に、地方都市にこれら神学校が急増した。これらがパキスタンでの「過激な」イスラーム運動の基盤ともなっていると考えられる。政治制度とイスラームが分離するインドでも近年、イスラーム神学校数が急増する勢いにあると言われている。これは、産油国への出稼ぎが地元に送金した一部が流れて、神学校の建設にまわることになるからである。これらの動きが、やがて守勢的なイスラーム教徒の不満を表現する反体制運動に結びつくこともあり得ることでなかろうか、考えておかなければならない。

以上に断片的に諸問題を取りあげたが、南アジアにおける多様なイスラームの全体像とまで行かなくとも、その部分像を提示できたとすれば幸いである。また大胆な「試論」にもならず、「私論」になってしまったようである。

フランスのイスラーム教徒

宮治美江子

（みやじ・みえこ）　一九三八年生。東京大学大学院社会学研究科博士課程修了。東京国際大学人間社会学部教授。文化人類学。著書に『ヨーロッパとイスラム』（共著、有信堂）『イスラーム教徒の社会と文化』（共著、栄光文化教育研究所）『民族の生成と論理』（共著、「岩波文化人類学講座第五巻」）などがある。

シラクとジダンの国フランス

ジャック・シラク大統領と並んで、いま最も有名なフランス人といわれているジネディン・ジダン（ザイダーン）は、一九九八年のサッカーのワールドカップで優勝したフランスの代表チームの司令塔として活躍し、世界に強烈な印象を残した。彼はマルセーユの貧しい移民の集住地区で育ったアルジェリア移民の子であり、当然イスラーム教徒である。

フランスのイスラーム教徒の数は、一九九〇年代始めに三〇〇万人近いといわれていたが、今や五〇〇万人近いとさえいわれる。一九九九年のフランスの国勢調査による全人口数が、五八五二万人だから、確かにその人口に占める比率は高い。パリ地域やマルセーユ、リヨンといった一世紀以上にわたって多くのイスラーム教徒が暮らしてきたところでは、当然その比率は相当高い。さらにこうした地域でも、例えばパリの低家賃公共住宅が集中する郊外地区などには、イスラーム教徒が多数集住する地区がある。こうした多数のイスラーム教徒のほとんどは穏健な人々である。一説によれば、五〇〇万人中、礼拝や断食などを積極的にやる信心深い人たちは、約一〇〇万人、「原理主義者」とされる人々は約五万人、その内の「過激派」は二〇〇〇人だという。こうした数字の信憑性はともかく、若い世代では、フランス人イスラーム教徒として、一層の「世俗化」と「個人化」が進んでいるとされる。つまり礼拝、断食といったイスラーム教徒の義務行為とされる宗教的慣習には従わず、イスラームは個人のアイデンティティと文化的な背景のよりどころとされる。

しかしながらフランスでも、九月一一日以降、周囲のフランス人たちの目が非常に厳しくなってきたと感じているイスラーム教徒は多い。この三月末には、モロッコ出身の両親を持つフランス人ザカリアス・ムーッサウイがアメリカで、アル・カイダに繋がりを持つテロリストとして初めて死刑を求刑された人物となった。本人はテロとの関わりを否定し、彼の母親もアメリカは犠牲の山羊として彼を利用しているだけだと強く抗議している。

フランスでは今回の米国におけるような大規模でショッキングなテロこそこれまでなかったが、一般市民を多数巻き込むイスラーム「過激派」のテロは行われてきたし（最近では一九九〇年代のアルジェリア国内の政治的混乱が、フランスに持ち込まれた形での一九九五年のリールの一連のテロ事件など）、それと同時にイスラーム教徒を狙う極右のフランス人のテロ活動も繰り返されてきた。

イスラームの顕在化

フランスにおいてイスラームがカソリックに次ぐ第二の宗教として注目を集め、問題視されるようになったのは、そう古いことではない。これも日本で報道され、日本の社会学者たちによっても報告されてきたから、ご存じの方も多いだろうが、イスラームの「隆盛」ないしは「可視化現象」は、フランスのパリ近郊のクレイユ市で起きた有名な「スカーフ事件」（モロッコ系移民の三人の女子中学生が学校に女性イスラーム教徒の象徴たるスカーフすなわち〝ヒジャーブ〟を被って登校したことを、校長がフランスの公教育における非宗教性《ライシテ》の原則に反するとスカーフを着用しての登校禁止を命じたことから全国民を論争に巻き込む事件に発展した）の起きた、一九八九年から九一年あたりを一つのピークとして、盛んに論じられた。その後もイスラーム教徒人口の急激な増加とともに、問題の焦点や性格が年月とともに変化しつつも、イスラームを巡る問題は持続している。

ところでフランスのイスラーム教徒人口の大半は、ジダンのように、旧フランス植民地であったマグレブ（西アラブ地域すなわちアルジェリア、チュニジア、モロッコなどの北アフリカ）出身者あるいはその子孫である。彼らがフランスに定着するに至った経緯については、私もさんざん書いてきたが、フランスによる一九世紀以来の北アフリカに対する植民地支配（とくにアルジェリアは一八三〇年から一九六二年までの一三二年間）の結果であることは論を待たない。フランスは、一九世紀の後半から、すでに始まっていた出生率の低下と人口の老齢化現象から、近隣ヨーロッパ諸国からの移住労働者を受け入れていたが、とりわけ第一次、第二次の両大戦で大きく失われた労働人口を補い、戦後の復興とその後の経済発展を計るために、一九七〇年代の石油ショックに至るまで、積極的な移民労働者導入策をとってきた。近隣ヨーロッパ諸国からの移民労働者には、フランス人とほぼ同等の権利を与えて帰化を促し、北アフリカを中心とする植民地からの労働者には制限を加えて、二十代～四十代の若い単身労働者の短期の出稼ぎ循環型の移入を計るという明確な二分策をとってきた。

移民の数が最も多いアルジェリアからフランスへの出稼ぎは、一八八〇年代末にはすでに始まっていた。筆者がもう三〇年近く前に調査したアルジェリアの北部山岳地帯テル・アトラスのカビリー地方（ジダンの両親の出身地域でもある）の出稼ぎ村の老人たちは、パリのエッフェル塔が建てられた、一八八九年の万博の時にその二年前から建設労働者として徴用されたのが始めだったと語っていた。パリ観光の名所たるエッフェル塔を建てた労働者の多くはイスラーム教徒だったのである。

長い間、フランスへの労働移動は出稼ぎ型で、年寄りたちは退職後は故郷に立派な家を建て、フランスから年金をもらって安らかに暮らすことを夢見、若い人たちは、フランスで習得した技術力を生かして、工業化を成し遂げた祖国にUターンすることを考えていた。しかし一九八〇年代後半の石油価格の急激な下落による累積債務による経済発展の失速後のアルジェリアには帰りたくても職がない。それと同時に急速にアラビア語化を推進する祖国の文化政策もフランス暮らしの長い、あるいはフランス生まれの移民二世・三世たちにとっては帰国の大きな障害になっていた。こうして移民たちの定着傾向が強まっていったのである。

もちろんフランス政府もこうした傾向を歓迎したわけではない。とりわけ一九七〇年代後半以降、当時のジスカール＝デスタン大統領率いる保守政権は、一九七四年以降ＥＵ諸国以外からの新規移民の受け入れを差し止め、長期滞在者には帰国奨励金を出す一方で、半年以上の失業者は強制送還するなどして、移民の追い出しにつとめた。そこで一時は移民の数も大分減ったが、ミッテラン大統領の社会党政権になってから、新規移民は受け入れないが、一八八一年一月に非合法移民を合法化したり、移民の家族の渡航を認めたこと、移民の待遇改善に努めたことなどから、移民の数がまた増えだした。とくに一九九〇年代に入ってアルジェリア国内の政治情勢がイスラーム政党たるＦＩＳ（イスラーム救国戦線）の急成長で緊迫し、ついには軍事クーデタで、内戦状態になったことの影響も大きい。この頃から、移民のさらなる定着傾向と、若い世代のフランス国籍の取得と帰化に拍車がかかった。彼らのフランス国籍の取得をめぐる法律も、彼らの意志を認める方向へと転換していった。社会党政権下では、移民排斥、とりわけマグレブ出身者への嫌がらせや職場などでの差別、時にはテロ行為をも辞さない非寛容な扱いを取り締まるとともに、彼らのイスラーム教徒としての日常生活を保証するようになった。

同化から統合へ

フランスのイスラーム教徒として生きることを選択した移民第

二、第三世代の「異なることへの権利」の主張は、一九八〇年代のミッテラン政権下で、大きく高揚したが、彼らの主張の中でも、アラビア語など母国語の教育やイスラームの実践、とくに礼拝所の設置やモスクの建設には、地域によって違いはあるものの、かなり認められるようになった。現在一〇〇〇人以上を収容できるモスクは、一九二六年以来の歴史を誇るパリ五区のモスクを初め、パリ、リヨン、エヴリ、リール、マルセーユなど一〇カ所あり、五〇〇人規模のものは、三〇から四〇、移民労働者が多数働くルノーやシトロエンなどの自動車工場の礼拝所などの職場の礼拝所なども含め、小規模な礼拝所は、一〇〇〇カ所以上といわれている。しかしキリスト教会やユダヤ教徒のシナゴーグに比べて、人口比ではまだはるかに少ない。かつてパリのカスバと呼ばれた、一八区のグッドール通りでは、路上で集団で礼拝するイスラーム教徒の姿がテレビで放映されていた。

移民に関しては一貫して同化主義を通してきたフランスが、八〇年代には一時その同化主義を緩和し、多文化主義に近づいたかに見えたが、九〇年代に入ると、移民問題がイスラームを巡る文化摩擦の様相を呈してきたことから、ロカール内閣は、九〇年三月、統合問題高等審議会を発足させ、定着的移民の「統合」政策に向かって行く。高等審議会は、移民の動向の現状の把握に努めると同時に、住宅、雇用、教育、言語、女性の地位などに関する問題点の指摘を行っている。問題点の中でも、宗教の違いを巡る問題は大きいが、統合政策の一環として、フランス政府が打ち出したのは、イスラーム教徒からの要求が強い、モスクの建設を認める代わりに、パリの大モスクを中心にキリスト教の教会制度のように、モスクの制度化と序列化を行ってフランスの内務省の管轄下に置こうとする政策である。フランス国家は、政治と宗教の分離を標榜し、宗教的組織には関わらないはずだが、九二年フランス内務大臣のシャルル・パスクアは、パリの大モスクの院長であるダリル・ブーバクールをフランスの全イスラーム教徒の公式の代表と認めた。そして例えば犠牲祭用の羊や牛の犠牲請負人の公式資格の授与の権限を彼に与えたりしている。こうした動きの中で、UOIF（フランスのイスラーム組織連盟）もできたが、一九九四年一一月に行われたその連盟の年次大会の主要議題が、「誰がフランスのイスラーム教徒を代表するのか？」であったことに象徴されるように、こうした政府の介入に不満な組織や、そもそもこうした連盟自体を認めない集団や個人も多い。フランスのイスラーム教徒の出身も多様であり、職業や経済階層も多様化している。

今年行われる大統領選挙の主要候補である、シラク大統領や社会党政権のリオネル・ジョスパン首相は、二人とも、選挙権を持つ一五〇万人のイスラーム教徒に対して、彼らに対する差別への対応が不十分だと認めており、彼らの積極的政治参加を呼びかけてはいる。彼らの動向が無視できない程の影響を与えだしていることは事実だが、「フランスのイスラーム」とは一体何かの共通の認識は、いまだどこにもない。

アフリカにおけるイスラーム

日野舜也

（ひの・しゅんや）一九三三年生。北海道大学大学院文学研究科博士課程修了。京都文教大学人間学部教授。アフリカ都市人類学。著書に『アフリカの小さな町から』（筑摩書房）『アフリカの社会と文化』（勁草書房）などがある。

はじめに

サハラ以南のいわゆる黒人アフリカは、現在もなお急速にイスラーム化がすすんでいる地域である。新しく、信頼できる資料はないが、一九八一年の推計によれば、黒人アフリカ全土でムスリム（イスラーム教徒）が一億五千万人、キリスト教徒（全宗派）が一億三千万人といわれ、イスラーム教徒は全人口の三五％をしめる。単純な計算では、現在のムスリム人口は、優に二億人を超えていると推定される。**図1**にみられるように、西アフリカのサハラ以南のサバンナ地帯、スーダン中央部、東アフリカ沿岸部などでは、ムスリムが大半をしめるし、いまも、西アフリカギニア湾沿岸部や、東アフリカ内陸部では、都市部を中心にイスラーム化が進んでいる。ラゴス、アビジャン、ナイロビ等の近代植民地都市の都心部にも立派なモスクがみられ、ムスリム集住の地区が必ずみられる。とくに、近年、アラブ産油国からの経済援助やイスラーム復興運動の展開などで、新しいモスクの建設、信者組織の活性化がすすみ、空路によるメッカ巡礼者の数も激増している。また、イスラーム原理主義の影響も、おおくの国々でつよくあらわれている。そのようなイスラーム運動の活発化は、形成過程にある基礎構造の脆弱なアフリカ国家の統合に大きな影をなげかけている。

黒人アフリカ世界のイスラーム化は、歴史的に見て大きく三つのルートが考えられる。一つは、地中海沿岸部（マグリブ）地方からサハラ砂漠の交易ルートに沿って南下し西アフリカへ、つぎは、ナイル川に沿って南下してスーダン、エチオピアに、第三はアラビア半島からインド洋を経て東アフリカ沿岸部へのルートである。類型的にとらえれば、西アフリカでは王国の領土という広い面に、交易ネットワーク、国家統治組織の網の目がめぐらされた平面的な展開であり、いっぽう、東アフリカではイスラーム化の拠点が、沿岸部に線状に並んだ交易都市の連なりという線的な展開であったということができよう。また、西欧諸国による植民地化との関連でいえば、西アフリカでは、サハラ砂漠を通じての北方からのイスラーム化と、ギニア湾沿岸部からの南方からの植民地化とは反対の方向を示すが、東アフリカでは、ともにインド洋沿岸部からの浸透で、同じ方向をとっていることが指摘できる。それは、後述するように、東西アフリカそれぞれのイスラーム社会と他の諸社会の関係のありかたに投影されている。

西アフリカのイスラーム化

西アフリカのイスラーム化の展開については、イギリスの人類学者Ｈ・Ｊ・フィッシャーが、それを、隔離、混合、改革の三つのステージに分けている。隔離は、ムスリムであるアラブ商人や伝道者の集団と、非ムスリムの伝統的王を中心にするアフリカ人集団が分離して、住み分けている段階である。たとえば、一一世紀半ばのアラブの旅行者、エルベクリの記録によれば、当時のガーナ古王国の首都クンビサレーは、北のサバンナにあるムスリム商人などが集まる市場のある町と、南の森林地帯にある王や家臣たち、伝統的宗教の神官などが住む王宮の町から成っていた。ついで、アフリカ人社会のイスラーム化がおこる。おなじエルベクリによれば、一一世紀勃興期のマリ古王国で、王が旱魃に際しての雨乞い儀礼に失敗して苦況に立ったときに、モロッコのモラヴィド派の修道士が王の改宗と引き替えの条件で雨を降らせ、これによってマリ王が家臣たちとともにイスラームに改宗したといわれる。モラヴィド派の修道士は、西アフリカ各地において布教をつづけ、イスラーム化を展開させた。一四世紀には、マリの王マンサ・ムーサが、おおくの従者とともに、財宝を携えてメッカ巡礼をはたし（一三二四―二五）、カイロやマグリブから多くのイスラーム神学者を連れ帰った。ニジェール川沿岸のトンブクトゥが西アフリカのイスラーム文化の中心として発達し、正統イスラーム興隆の基礎となった。このルートに沿って、スーフィズム、カーディリーヤ、ティジャニーヤ等の新セクト、またマフディズム（終末思想）などが西アフリカに紹介された。しかし、いっぽうでは、マンサ・ムーサがメッカから帰ったときに、旅の安全を感謝して、マンディンゴ（マリ）の祖霊をまつる伝統的儀式をおこなったと

図1　アフリカにおけるイスラームの分布

いう故事にしめされるように、ムスリムとなった統治者は、国の統治上、伝統的な非ムスリム的な価値志向も無視できないと言うアンビバレントな役割をも担うことになった。その結果、イスラームと伝統的宗教のシンクレティズム（習合）は避けられなかった。そして、このような妥協的なイスラームに対して、「純粋なイスラームに帰れ」という何回ものイスラーム改革運動が繰り返された。一九世紀、西アフリカ各地におこったイスラームのジハード（聖戦）は、このような習合したイスラーム体制を主な攻撃対象として展開した。これが、改革のステージである。ナイジェリア北部のフルベ族出身の神学者ウスマン・ダン・フォーディオによるフルベ王国、ニジェール川大湾曲部でのアフマドゥ・ロボによるマシーナ王国、セネガルにおけるエル・ハジ・ウマールによるトゥクロール王国などの神聖イスラーム国家が建設され、地域のイスラーム化をすすめ、ヨーロッパ植民地勢力に対しても、最終的に敗れたといえ強い抵抗をみせた。また、マフディズムの思想はスーダンにおけるムハンマドゥ・アハマドゥのマフディ（救世主）宣言と反乱、二〇年にわたる教団国家支配というかたちで結実した。多くの西アフリカからのムスリム移民たちが参加し、アンサール（マフディ支持者）の中核となった。植民地時代の初期、植民地政府にやとわれた通訳、案内人、集税請負人などとして、また商人として、かれらは、ギニア湾沿岸部にイスラームをひろめていき、いまも、都市部でのイスラーム化がすすんでいる。そのような動きはアフリカ諸国独立達成後の国民社会においても進行している。

東アフリカのイスラーム化

いっぽう、東アフリカでは、環インド洋交易の一端として発達した、アラブ側からは沿岸部を意味するスワヒリの土地とよばれた、沿岸部の諸都市において、土着のバントゥ文化と、アラブやペルシャ文化との接触のうえに、七世紀にはイスラーム教がはいり、ここにアフロ・アジア的なスワヒリ都市文化が発達した。一五—一七世紀、ポルトガルの沿岸部支配によって、イスラーム中核地帯との恒常的な文化接触の路が絶たれた沿岸都市は、必然的に後背地のバントゥ社会との接触がすすんで、スワヒリ文化は、アフリカ的要素を強めることになった。その結果、西アフリカでは繰り返された不純なイスラームに対してのジハードといった政治的場面に遭遇することがなかった。一八—一九世紀、モンバサのマズルイ家、オマーンのブサイディ家などが、しだいにポルトガル勢力を南へ駆逐して、一八四〇年ころには、ブサイディ家のサイッド・サイドがザンジバルを首都とし沿岸部を支配するイスラーム首長国を成立させた。一九世紀中期には、アラブ・スワヒリ商人による内陸交易がはじまり、そのルートに沿って住民のイスラーム化がおこった。交易ルートに沿った集落に集まってきた多くの内陸部の人々にとっては、イスラーム文化は、まさに都市文明であり、それへの改宗は自分自身が文明人、都市民になることであった。多くの改宗者が、「われわれはスワヒリになった」と

図2　アフリカ人の信仰体系

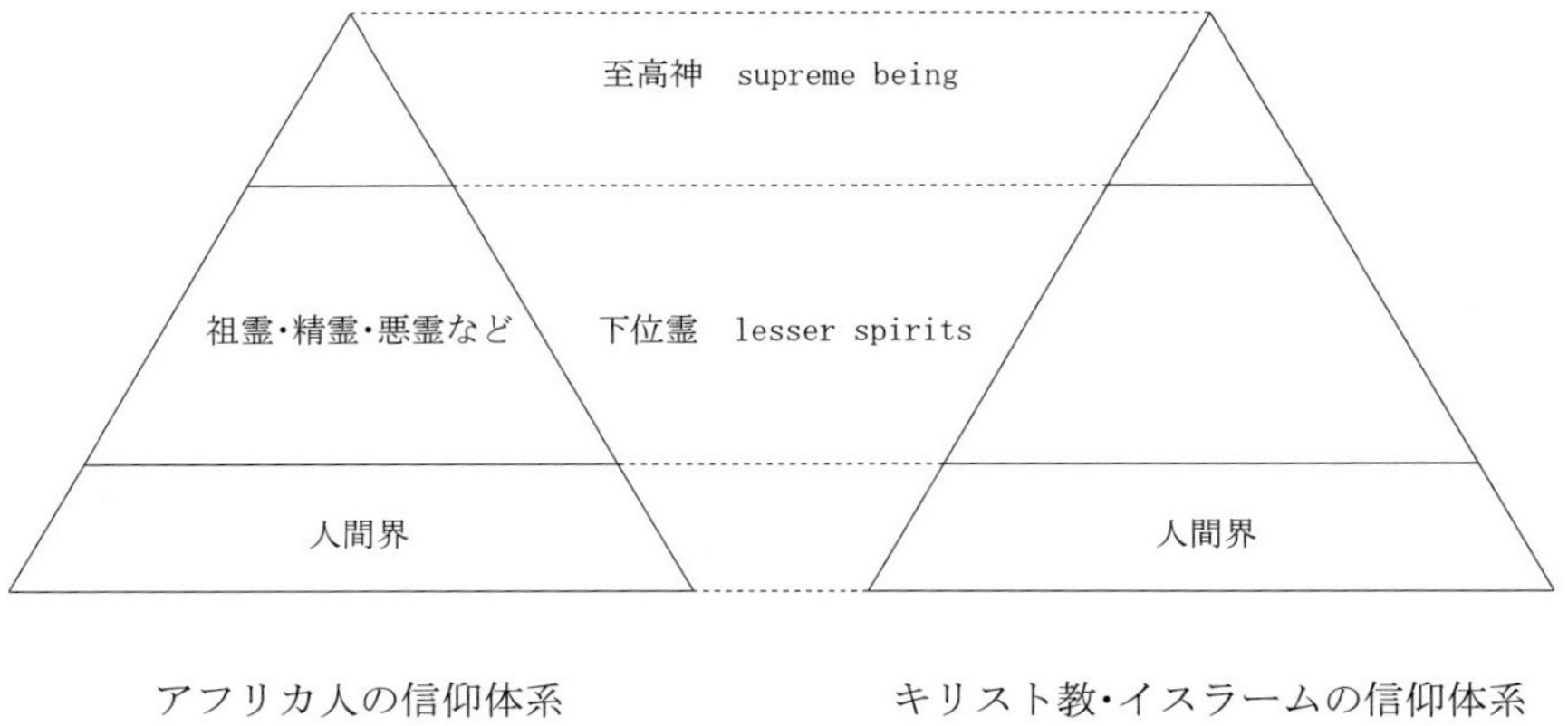

いうつよい意識を持ち、周囲の未改宗の人々に対する優越意識をあらわにした。**図2**にみられる内陸の交易路に沿ってくさびのようにムスリム多数地域が打ち込まれているのはそのためである。これらの内陸のムスリムたちは、沿岸部のアラブ・スワヒリ商人を理想の文明人ととらえ、自らをスワヒリと自称するようになった。一九世紀末期からの植民地時代初期、東アフリカでも、西アフリカ同様の現象がおき、イスラーム教の内陸拡大が進展した。内陸部の住民にとって、とくに混血がすすんだ沿岸スワヒリがもたらしたイスラーム教は、黒人の宗教、ヨーロッパ人が持ち込んだキリスト教は白人の宗教ととらえ、イスラーム教が優先的に取り込まれた。そして、これも西アフリカと共通するが、貨幣経済の浸透による市場ネットワークの確立、プランテイションや鉄道建設現場などへの出稼ぎが、イスラーム化を促進させる重要な契機になった。

アフリカのイスラームの特徴

すでにのべたように、アフリカにおけるイスラームは、アフリカの伝統的な信仰や価値体系との習合を一つの特徴とする。それは、イスラーム文化とアフリカ文化を融合したアフロ・イスラームであり、またその生活様式全体を指すと言うこともできる。ムスリムに課せられた義務として、イバーダード（信仰の五つの柱）がある。すなわち、信仰の告白、一日五回の礼拝、断食月の断食、メッカへの巡礼、イスラームへの喜捨（ザカート）である。もちろん、敬虔なアフリカ人ムスリムは厳しくこれを遵守するが、大半のムスリムは、これを、イスラームとしての理想的義務としてとらえ、私にはとてもできない相談だと言いかねない。ときには、ご禁制の飲酒を含んだ伝統的儀礼や、呪術を含んだ伝統的信仰にも耳を傾けるのである。イギリスの人類学者R・ホートンは、アフリカの伝統的信仰の中には、創造神、至高神の観念が、祖霊、精霊、悪霊、あるいは超自然的能力の容認などのマイナーな信仰と共存していると考え、アフリカ人の信仰にはイスラームやキリスト教などの一神教との類似性が見られるとした。すなわち、アフリカ人の信仰体系には、イスラームやキリスト教を受け入れる素地があるとし、それだけに、イスラームやキリスト教の信仰体系から、アフリカ的な素地を取り除くことができないのだと提唱した。さらに、一夫多妻婚、結婚に際してのイスラームの結婚契約金とアフリカでの婚資金、男女分業（隔離）、割礼など、イスラーム教習慣とアフリカの伝統的習慣には、多くの類似点があり、それが、アフリカ人にイスラームの自然な受容を可能にしたと言うこともできる。一夫一妻を絶対的条件とするキリスト教とのちがいである。

また、キリスト教は、基本的に聖書を現地語に翻訳して、その言葉で布教がおこなわれたので、本来超部族的であるキリスト教が、しばしば部族ごとのキリスト教となる傾向があった。一方、イスラームは、基本的に、すべての部族の壁を超越したアラビア語で書かれたコラーンを中心に、アジャミーヤといわれるハウサ語、フラニ語、マンデ語、スワヒリ語などの地域共通語を補助的に使うというかたちで布教されたため、容易に部族を超えた地域共通文化になっていったというちがいもあった。

前植民地的都市文化としてのイスラーム文化

そのため、イスラームは、植民地化以前のアフリカ社会に超部族的な地域共通文化をもつ都市文化をもたらし、都市を中心にした地域社会のネットワークが前植民地的な統合の基礎となったことは注目してよい。西アフリカ西部のマンデ文化、中央部でのハウサ・フルベ文化、東アフリカのスワヒリ文化などが、前植民地的な都市文化を醸成させた。その伝統は、アフリカの多くの都市にみることができる。それらの都市文化は、イスラーム地域のみならず、交易ルートのネットワークや、そのセンターである都市部において広がっていった。それは、一方では、植民地形成時の統治ネットワークの核として前植民地都市が利用され植民地形成の一助となったが、他方では、キリスト教布教を一つの旗印にする植民地形成の阻害要因ともなった。さらに、植民地体制下の初期においては、植民地勢力の手足となって、案内人、通訳、徴税請負人、労働者調達、徴兵、その他の仕事を受け持ったのは、地域のムスリムたちであった。当然、彼らは、植民地政府の保護下でイスラームを布教することになった。東アフリカの内陸部、西アフリカのギニア湾沿岸部の非イスラーム地域にイスラームがひろがったのは、皮肉にも、植民地体制の確立期であった。

また、イスラーム商人によって、前植民地時代に形成された広域交易のネットワークは植民地体制下の国境の策定などによって制限を受けたが、逆にそのネットワークは、個々の植民地地域を超えた交易を易々と実現させていった。フランス領象牙海岸に広がっていったマンデ系デュラ商人の、あるいは、ナイジェリア、ガーナ、ニジェール、チャド、カメルーンさらにスーダンにまで広がったハウサ商人の、あるいは、タンザニア、ケニア、コンゴに広がったスワヒリ商人などのネットワークは、ときには国境の壁を利用した密輸といった別の利益体系をも生み出した。その動きは、当然のように、独立後の国民国家間でも展開している。

アフリカ国民社会とイスラーム

一九六〇年代に陸続と独立を達成したアフリカ諸国は、植民地下で作り上げられた全世界的な地域形成のなかであらわになったさまざまの矛盾をそのまま温存させた上で、独立国家形成を余儀なくされた。その国家形成にイスラームはいろいろなかたちで関与して行く。西アフリカでは、先述したように、北側のサバンナのイスラーム地域とギニア湾沿岸部に首都をもつ国家との対立が根強く残っているし、東アフリカでは、沿岸部に集住するイスラーム民と、内陸部にすむ非イスラーム民との対立もみられる。いくつかの国々の事例をみてみよう。

ムスリムが九〇%以上を占めるセネガルでは、スーフィーの流れを汲むティジャニーヤ派が多数を占め、一九世紀後半にアーマド・バンバによって創立されたムーリード教団が、フランス植民地下の度重なる弾圧に耐えて、伝統農業、植民地下で開発された落花生農業、さらに、都市におけるインフォーマルセクターにおいて主導的な役割を果たし、国民社会の基層文化となっている。

ムスリムが五〇%をしめるナイジェリアでは、植民地時代に植民地政府によって育成されたキリスト教化したイボ族が、少数民ながらエリートとして独立達成後も国家の官僚機構、国家経済の主要な地位を占めてきたが、独立後ムスリムが多数を占めるハウサ・フルベ、イスラーム化が進行しているヨルバなどとの対立があらわになり、各地での暴動、さらにイボを中心にしたビアフラ独立宣言、内戦へと突き進んだ。終戦後、対立はむしろ、ムスリム対キリスト教徒というよりは、ハウサ・フルベとヨルバといった民族対立に進んでいる。マフディズムの色彩がつよいハウサ・フルベのムスリム社会では、何年に一回かずつ「われこそはマフディなり」という人物による騒乱がおこっている。イスラーム原理主義の影響もあって、数年前にも北部のカノで大きな騒乱がおこっている。一方、ムスリムの数は、特に南部のヨルバ地域の諸都市においていちじるしく増加しており、また、ムスリムであるハウサを中心にした商業のネットワークが全国に張りめぐらされていて、国民文化の重要な一角をになっている。

ムスリムが一〇%、キリスト教徒が半数近くを占めるケニアでは、沿岸部に集住するムスリム社会で、イスラーム政党結成の動きと、それを押さえる中央政府との対立が続いている。中央政府は、内陸部の人々を大量に沿岸部に送って、ムスリムを少数化させることを試みた。それに対する組織的な抵抗運動が展開し、モンバサにおける騒乱となった。その緊張は今も続いている。

ムスリムが六〇%、キリスト教徒が二五%をしめるタンザニアでは、植民地化以前に、イスラーム的都市文化であるスワヒリ文化が、地域共通文化として、沿岸部、内陸交易ルートに沿って拡大し、さらに、植民地下において、ほぼ全国に拡大した。スワヒリ文化は、タンザニアにおいては、明らかに国民文化の中核に位置している。一方、ナイジェリアのイボ族に近い形で植民地政府に育成されたキリスト教化したチャガ族が、官僚機構の中核にあったが、ニエレレ指導下のウジャマー政策のなかで、いくぶん是正され、強い対立関係はない。ただ、一九六四年に大陸部のタンガニーカと島嶼部のザンジバルが合邦して作り上げられたタンザニアにおいて、ムスリムがほとんど大多数のザンジバルが分離独立の動きを水面下でみせるなど、大きなうねりが起こる可能性もある。また、原理主義的イスラームの世界的展開のなかで、湾岸戦争のときに、イラクにくみする義勇兵の志願者がイラク大使館にあつまって、タンザニア政府をあわてさせるといった事態も見られた。

植民地分割による国境と、それによって規定された国土、植民地体制下に作り出された経済的搾取を含めた矛盾を、そのまま踏襲して独立した多くのアフリカ諸国において、植民地時代の植民地勢力とイスラーム勢力の対立は、そのまま新興アフリカ国家の中での国家とイスラーム集団とのかかわりに反映されているように思われる。

イスラーム文化

Photo by Ichige Minoru

後期イスラーム世界における食の文化と食の作法

【伝統と変容】

鈴木　董

（すずき・ただし）　一九四七年生。東京大学院博士課程退学。東京大学東洋文化研究所教授。中東研究、オスマン帝国史研究。著書に『オスマン帝国とイスラム世界』（東京大学出版会）『食はイスタンブルにあり』（NTT出版）『イスラムの家からバベルの塔へ』（リブロポート）などがある。

イスラーム世界の食の伝統

イスラーム世界は、「旧世界」の三大陸に前近代以来併立してきた「文化世界」、すなわち大文化圏の一つである。これらの文化世界の拡がりは、文字によって最も端的にとらえうるが、東方の漢字圏、梵字圏、西方のギリシア・キリル文字圏、ラテン文字圏に対しては、アラビア文字圏としてとらえることができよう。七世紀中葉から八世紀中葉にかけての形成期以来、一つの文化世界としてのイスラーム世界は、近代西欧が原動力となって作り出した近代世界体系が全地球をおおうに至るまで、相対的に自己完結的な一つの世界として、他の諸文化世界とも密接な交流をもちつつ、独自の発展をとげてきた。このような歴史的文脈の中で、生活文化の根幹をなす食の世界においても、イスラーム世界独自の食の文化を築き上げてきたといえよう。

広大な空間に拡がるイスラーム世界の中で、その食の文化は、一方では、各々の地域の文化的・歴史的背景、他方では材料とかかわる生態系的諸条件によって、多様性を示しながらも、しかし、ある程度における共通の部分もしばしば有することとなった。

戒律と食と

イスラーム世界の食の文化において、少なくともある程度、正統的なイスラームの戒律、シャリーアが浸透した部分では、まず、イスラームの戒律シャリーアのもたらす枠が、共通の枠をもたらした。その一つは、食材としての豚肉の禁忌であり、それは、イスラーム世界の全域において食の世界のレパートリーに、大きな制限を加えた。豚肉を食することの禁忌は、さらに次第に宗教的戒律上の禁忌であるにとどまらず、習俗として定着し、宗教的感情をぬきにしても殆ど生理的な嫌悪感を伴うのが通例化し、イスラーム世界の食の世界に、一つの特色を与えた。

イスラームの戒律シャーリーアに基く飲酒の禁忌は、豚の禁忌に比すれば、その影響力は限定されていた。しかし、飲酒に積極的な意味を附与するような諸文化世界の場合と比較すると、飲酒の禁忌もまた、食と食の作法に少なからぬ影響を与えた。とりわけ、饗宴のあり方への影響には、決定的なものがあったといえよう。

食の作法の共有

イスラームの戒律シャリーアの特定の食材、食物に対する禁忌が、イスラーム世界の食の世界に外側から一定の共通の枠を設定したが、イスラーム世界の食の世界では、また、食の作法においても、その広大な空間を通じてある共通性を見い出しうる。箸の使用が共有化されていった漢字圏の文化世界に対し、イスラーム世界では、指を用いて食事をとる作法が共有されていた。そして、部分的に匙を用いるのを除けば専ら指を用いる食の作法は、西欧世界においても近世に入り漸く定着したものであるフォークやナイフを用いる食の作法が「西洋化」の過程のなかで浸透してくるまで、都市部であると非都市部であるとを問わず、広く食の作法として共有された。

しかも、指を用いて食するにあたり、これまたイスラームの戒律シャリーアの下で、不浄の手とされた左手の使用を避け、右手の指を用いるという食の作法が、イスラーム世界内で、広く共用されることとなった。

文化と生態系とネットワークと

食の作法の共有と、そしてイスラームの戒律上の特定の飲食物の禁忌による制限の共有に比すれば、具体的な食材と料理の世界においては、地域〳〵における生態系のちがいによる食材の多様性と、そして地域〳〵の歴史的・文化的伝統の相違により、多様性の幅は大きかった。しかし、少なくともイスラーム世界の歴史の中で、最も強力にイスラーム世界の広汎な地域に文化的な諸要素を発信し続けた、イスラーム世界の中核的地域である、中央アジアから中東にかけての地域では、料理においても、ある範囲で共通の要素がみられたといえよう。

　イスラーム世界の文化の他の諸要素の多くにおけると同様に、イスラームの食の文化もまた、アラブ的伝統と、東方のササン朝ペルシアにまで伝わったオリエント的伝統と、西方のビザンツ帝国にまで伝わったヘレニズム的伝統が融合しつつ、イスラーム的要素が加わり、独自の食の文化が形成されていったとみることができよう。そして、これまた、イスラーム世界の文化の多くの要素と同様に、アッバース朝の頃までには、一応の基本的なパターンが成立したといえよう。この時代になるとアラビア語で料理書が書かれ、これが写本の形で流布していくにつれて、その影響は、より広汎な空間の中に拡がっていったことであろう。このような共有的要素の伝播とともに、地域〳〵の多様な条件とがあいまって、食の文化においても、共通性と多様性が共存することとなった。そして、その後の長い時間の中で、さらに発展、変容をとげていったことであろう。

後期イスラーム世界におけるオスマン帝国の食の文化の形成

　一つの大文化圏、文化世界としてのイスラーム世界が形成されていった七世紀後半以降、「西洋の衝撃」の下に近代西欧を原動力として成長した近代世界体系へと包摂され相対的自己完結性を失い、近代西欧の文化の影響下で「西洋化」の波にさらされるようになる一八世紀末に至るまでを前近代のイスラーム世界と呼びえよう。そのなかで七五〇年から一二五八年まで存続したアッバース朝が、その前半におけるイスラーム的世界帝国と呼びうる存在であったとすれば、後半においては、一三世紀末から二〇世紀初頭に至るまで存続したオスマン帝国が、これにある程度、対比しうる政治体であったといえよう。

　食の文化の世界において、アッバース朝時代に、イスラーム世界の独自の食の文化が形成発展したとすれば、オスマン帝国の時代には、この伝統が受け継がれつつ、独自の発展と洗練をとげた。

　オスマン帝国の食の文化の基幹は、中央アジア以来のトルコ民族の食の伝統と、イスラーム世界の食の伝統と、ビザンツ帝国をへて伝えられたヘレニズム以来の食の伝統と、そして、地中海の生態系に立脚している。オスマン帝国の場合、イスラーム世界の食の伝統は、文学においても、絵画や書道においても、また他の多くの文化要素においてそうであったように、アラブ・ムスリムのそれを直接受容したというより、むしろイスラーム化したイランのそれを受容した面が大きかったと思われる。

　ビザンツ世界の東半をなし、一一世紀末以降に漸くムスリム・トルコ系のルーム・セルジューク朝によってイスラーム世界の西北端のフロンティアとして包摂されたアナトリアの、さらに最西北端の辺境にムスリム・トルコ系の戦士集団として一三世紀末に歴史に登場し、アナトリアからビザンツ世界の西半たるバルカンへと拡大していったオスマン帝国において、独自の文化が本格的に発展し成熟し始めたのは、一四五三年にビザンツ一千年の帝都コンスタンティノポリスを征服し、これを新たな拠点として以降のことであった。

食の文化についても、コンスタンティノポリスの征服者にしてイスタンブルの主たるオスマン朝第七代メフメット二世の時代に入り、漸く史料が現われ始める。その一つは、アラビア語の医学書、薬学書の食に関する記述の補足つきのトルコ語訳であり、いま一つは、オスマン帝国の君主たるスルタンの宮廷の台所の食料購入の出納帳や、救貧給食施設の同じく食料購入の出納帳といった文書であった。これらを見ると、貧者の食においては麦や米のスープとパンが基本をなし、肉は飽食しうる食材ではなかったことがみてとれる。これに対し、スルタンの宮廷の食の最も重要な食材は、肉とそして砂糖であったことがわかる。この時代以降、オスマン帝国の食の文化は、帝都イスタンブルの宮廷を頂点としつつ発展し、一八世紀には洗練の極致に達するに至る。

食材と料理の名称における文化的多様性

後期イスラーム世界の文化の一大中心となったオスマン帝国の食の文化のなかでは、中央アジア以来の遊牧の伝統と、イスラームの伝統と、ヘレニズムの伝統と、そして地中海世界の食材が融合していた。

地中海世界の生態系との融合の一端は、食材の名称の中に見い出しうる。野菜類の名称としても、胡瓜はアラビア語名のフヤール、茄子はペルシア語名のバンディジャンの名で呼ばれるのに対し、菠薐草《ほうれんそう》はイスパナク、パセリはマイダノズ、セロリはケレヴィズ、レタスや萵苣《ちしゃ》はマルールといずれもギリシア語名が受け継がれていた。

魚も、淡水魚には鱒がアラ・バルウ、鯊《はぜ》がカヤ・バルウ、鯰がケディ・バルウなど、トルコ語系の名称のものが多いのに対し、海水魚の名には、ウスクムル（鯖）、パラムート（鰹）、ラビナ（遍《べ》羅《ら》）、イスタヴリット（笠子）等々、ギリシア語起源の名称が多かった。

しかし、獣肉と乳製品の領域に入ると、最も珍重される食肉は羊であるが、羊の成獣を意味するコユン、子羊を意味するクズウから、乳を意味するスウト、バターを意味するテレ・ヤー、ヨーグルトを意味し、その語源でもあるヨウルトからクリームを意味するカイマクに至るまで、すべてトルコ語起源の名称を有していた。まさに、この方面では食材の名称のなかでも、中央アジアの遊牧民であったトルコ民族の伝統が明白に表われていたのであった。

しかし、調理法に基く料理名となると、詰め物を意味するドルマ、炒め物を意味するカヴルマ、揚げ物を意味するクザルトゥマのようなトルコ語起源の名称もあるが、特に料理体系の一中心をなす肉料理のうちでも重要なものの一つ肉団子はペルシア語起源のキョフテの名で呼ばれたし、そして、今日でもトルコ料理を代表するかに海外でも見られる焼き肉を意味するケバブの語は、アラビア語起源であった。このように、既に食材と料理の名称の中に、多文化性が現われていた。

料理の体系

オスマン料理の体系の中で、最も中心をなすのは、肉料理であった。確かに、地中海の生態系のなかで、種々の魚も食材として用いられ、少なからぬ種類の魚料理も存在していた。しかし、一五世紀後半から一六世紀末にかけてのスルタンの宮廷の台所の出納帳をみても、肉類の場合は、羊か牛といった区別が必ず記されているのに対し、魚は単にペルシア語起源で魚一般をさすマヒーなる一語で表記された。しかも、帳簿には羊はきわめて頻繁に現われ、その量も膨大であるのに対し、魚が記されているのは極めて稀でまたその量も限られていた。このことは、オスマン料理の体系の中で、魚料理はあくまで極めて限定的なものであり、肉料理が中心中の中心であったことを示している。

ただし、肉の調理法についてみると、トルコ料理というと直ちに念頭に浮かぶ焼肉としてのケバブは、あくまで重要な料理の一つにとどまっていた。これに対し、ケバブのより広い意味である「水を用いずに調理されたもの」との語義からくる、オニオン・ジュースと調理されたタス・ケバブのような、実質的には煮込みというべきものをはじめ、肉と野菜を煮る形の調理法によるものも非常に重要な位置を占めていた。後代、イスタンブルを代表する料理は、焼肉としてのケバブではなく、むしろ、肉とともに野菜と水分を用いた煮物料理（スゥルゥ・イェメキレル、文字通りには「水をふくんだ料理」）であると言われたゆえんである。

野菜料理には、冷菜と温菜があった。冷菜は、オリーヴ油を用いて調理するならいであり、ゼイティン・ヤールゥ（オリーヴ油を用いた料理）と呼ばれ前菜として重要な位置を占めた。これに対し、温菜には、肉を加えバターで調理するものが多かった。

献立は、冷たい前菜から温かい前菜、スープ、温かい肉と野菜を用いた料理、肉料理、ピラフ、そしてデザートと続くことが多かった。

共食の作法とスルタンの孤食と

オスマン帝国の食の世界では、イスラーム世界の他の諸地域、諸王朝におけると同様に、原則としては、一つの食卓を囲むものは、一つの皿を共有するしきたりであった。食卓としては、大盆と盆をのせる台からなる組み立て式の食卓であるシニなるものが用いられ、ときに、大人数のときなどは、絨毯が食卓代りに用いられ、その上に食器が並べられた。そして、そのような折、ナフキンさえも、長大な薄い木綿の帯の如きものが、一座の人々によって共有された。

スルタンの食事についていえば、オスマン朝の君主も、一三世紀末から一四世紀初頭に活動した初代オスマンから一五世紀中葉の第六代ムラト二世までは、臣下と同じ場で共食する習慣があったといわれる。しかし、イスタンブルが新帝都となり、君主専制化・中央集権化が著しく進み、権力構造が大きく変わった第七代メフメット二世時代以降、スルタンが臣下と同じ場で共食することは原則としてなくなり、宮殿中の私的生活の場で、小姓らにかしづかれながら、ただ一人食事を摂るようになったといわれる。権力構造の変化が、スルタンの食事のあり方に影響を与えたのであり、かつ、この変化の中で巨大な組織に発達していったサライ、すなわち宮廷の意味が、食事時における臣下とのかかわりのあり方においても、西欧のそれなどとは非常に異なるものとなったのであった。

調味料と香料と国際商業ネットワークと

オスマン帝国で食された料理の味つけについていえば、蛋白質を分解したアミノ酸系の調味料を基本とする東アジアと異なり、イスラーム世界の多くの社会と同様に、塩とハーブとスパイスによっていた。スパイスは、大航海時代以前における殆ど独占的スパイス・ルートであったインド洋・紅海ルートとの直接の接点をもつ以前においても、東方からの胡椒、肉荳蔲、肉桂などが、間接的にもたらされ用いられていた。一五世紀後半のメフメット二世の宮廷の出納帳には、主なスパイスが殆どそろっている。ただ、一五一七年にカイロを都とするマムルーク朝を滅ぼし、インド洋・紅海ルートの最大の西のターミナルを手中にした後に、スパイスの種類も豊富化したことは、一六世紀中葉のスレイマン大帝以降の台所帳をみると明らかである。

とはいえ、スパイスは貴人の台所でもごく控えめに用いられ、容易に庶民の手のとどくところではなかった。これに対し、地中海世界産のハーブが、これも控え目ながら、しかし広汎に用いられた。

ちなみに、今日のトルコ料理に不可欠になっている唐辛子は、いうまでもなく、新大陸の産品であり、かなり後代になり普及した、まして、トマトは一九世紀後半にはまだ食材として一般化せず、中国人が蕃茄と呼んだのと同様の発想で、バンディジャーニ・エフランジュ（フランク人の茄子）と呼ばれ、すでに十九世紀には知られてはいたが普及せず、一般化したのは漸く二〇世紀前半のことであった。トマト以前のトルコ料理は、塩とハーブとスパイスとそして刻み玉葱の甘みと、ときにさらにレモンやライムの酸味を主調とした味で、イランの古典料理に近い味わいのものであったかと思われる。

公式的禁酒社会における甘味の意味

ここで、デザートに到達するが、先に宮廷の食材の二大中心は肉と砂糖であったと述べたが、砂糖は、東南アジア方面原産ながら、イスラーム世界では比較的早く甘蔗栽培が行われ砂糖が生産されたため、西欧世界におけるほど貴重な食材ではなかった。しかし、それでも高価な食材で、古代ローマや徳川時代の日本と同様に食料品商ではなく薬種商が扱うもので、スルタンや貴顕のみが用いうるもので、庶民は蜂蜜や葡萄汁を煮つめたシロップであるペクメズを用いた。

ここで宮廷で砂糖が重要であった理由を考えれば、イスラームの禁酒の戒律とのかかわりが大きかった。禁酒の戒律のため、イスラーム世界では、酒にかわり、シロップ水や香料水が主要な飲料であり、オスマン帝国でもシェルベットの名の下で、用いられていた。シェルベットは、甘味料と果汁のシロップでつくられるのが普通であったが、さらに各種の香料、生薬を加え、香りのある健康薬品をも兼ねている場合もあった。ここにはイスラーム世界にも古くより知られる医食同源的発想の一つのあらわれがみられる。実際、オスマン帝国のトプカプ宮殿の台所には、ヘルヴァ・ハネ（甘味所）なる部署があり、そこでは糖菓、シェルベットのみならず甘みを加えた健康薬も作られていた。

コーヒーと茶と

デザートの後には、ある時期以降、コーヒーが用いられるようになった。しかし、オスマン帝国、否、イスラーム世界そのものでも、コーヒーは、意外に新しいものである。エティオピア方面原産といわれるコーヒーは、地域的にもかかわりの深いイエメンに入り、そこからアラビア半島に拡まり、十五世紀頃にエジプトに入ったといわれる。興奮性をもつため、酒の類推で禁止すべきか否かがイスラームの戒律上の長い論争となったあと定着し、イスタンブルには、シリアのアラブ人の手により一六世紀中葉に漸くもたらされコーヒー店が開かれた。ここでも、一方ではエジプト同様、飲料の性質そのものについて、他方では成人男性のつどうカフヴェ、すなわちコーヒー店が政治的不満と流言の出所となる点が問題とされ、一七世紀に至るまで、解禁と禁止の間で揺れ動いた後、漸く定着したのであった。

このようにイスラーム圏の古来の特色のようにみえるコーヒーとコーヒー店も意外に新しいものなのであり、食の世界も常に変化し、ときには比較的短期間で「伝統」化するのである。ちなみに、今日のトルコにおいて古い伝統をもつかにみえる茶店（チャイ・ハネ）は、さらに新しい。茶自体は前近代に入ったことがあるようであるが、トルコで茶の飲用が普及し始めたのは一九世紀、それも後半であり、人々の間で一般化したのは、共和国時代に入り、国産茶が現われた後のことなのである。

食における伝統と「近代化・西洋化」と

イスラーム世界における食の伝統の一位相として、後期イスラーム世界の中心国家ともいうべきオスマン帝国の食の世界を紹介してきたが、社会と文化の他の諸分野におけると同様、一八世紀末以降、近代西欧の力が圧倒的となり、「西洋の衝撃」に対抗し、自らの主体性を保つべく近代西欧モデルの受容による改革の試み、すなわち「西洋化」としての「近代化」が開始されると、食の世界にも、その影響が及ぶこととなった。とはいえ、軍事や政治、いな文学や芸術、さらには衣と住居の世界に比しても、食の世界への「西洋化」としての「近代化」の影響は緩かに訪れた。

確かに、「西洋化」改革が急速に進み始めた一九世紀中葉になると、料理書の中でも西洋風料理が僅かとはいえ紹介され始めた。来訪者が増加しつつある西欧人、そして後には「西洋化」改革の過程で生みだされた西欧の文明風俗に関心をもつ人々を目当てに、西洋料理店もイスタンブルやイズミルのような大都会では現われ始め、ムスリムでもこれを食する人々も現われた。

しかし、当初、それは、ごく一部の大都会の、ごく一部の新志向をもつ人々の間だけのことであり、庶民の食の世界は殆ど不動であった。否、外国の賓客に公式には和食ではなく西洋料理のみを供するようになった明治日本とは異なり、「西洋化」改革開始後も、オスマン帝国のスルタンたちは、外国からの賓客たちにもトルコ料理を供し続けた。

一般人の食の世界に「西洋化」の影響が入り始めるのは、むしろ二〇世紀、それも共和国期に入ってからのことであった。それでも、家庭では勿論のこと、大都市内でも、飲食店の場合、圧倒的多数は伝統的トルコ料理の様々のジャンルに属する料理が供されていた。

少なくとも大都市において、外食の世界で、オスマン時代以来の伝統的トルコ料理にかわり、西欧起源の食物が大きな影響を発揮し始めるのは、一九八〇年代以降、ケンタッキー・フライド・チキンやマクドナルドの如き、米国起源の外食産業が進出し、社会経済におけるグローバリゼーションの波の中に食の世界もとり込まれ始めた後のことであった。

イスラーム世界の食の世界の一端として、オスマン帝国とその流れをくむトルコの食の世界をみてきたが、伝統的な食の世界の特質とともに、我々日本もこの一世紀半にわたり巻き込まれてきた「近代化」と「西洋化」の過程の中での食の世界の変容と食の「西洋化」のあり方の特質をみていくこともまた、比較史・比較文化の探求における甚だ興味深い一分野であるように思われる。

附記

なお、より詳細な情報及び関係文献については、拙著『食はイスタンブルにあり——君府名物考』（NTT出版、一九九七年）を参照されたい。

イスラームが始めたお香・竜涎香

堀内 勝

（ほりうち・まさる） 一九四二年生。カイロ・アメリカ大学修士課程修了。中部大学国際関係学部教授。文化記号論。著書に『ラクダの文化誌』（リブロポート）『砂漠の文化』（教育社）『乳利用の民族誌』（共著、中央法規出版）『日本の音楽・アジアの音楽』（共著、岩波書店）『食の思想』（共著、ドメス出版）などがある。

香りの意味付け

香について、また寺院の施設である香壇や香炉について、イスラームの規定は何も述べていない。しかし沐浴においても、清潔な衣服で礼拝に赴く折にも、香を体に、衣に、焚きしめてゆくのが推奨されている。乳香他その焚香薫香の多種さ、多様な用いられ方からして、余りに日常に溶け込んでいるが故に、香の存在や利用が当然視されているが故に、イスラームでは何の規定もないのだ、と述べた方が良かろう。それ程に広く深く香の文化がイスラーム世界、とりわけアラブ世界には浸透しているのである。

宗教には「かおり」は欠かせないものである。中東においても、イスラーム以前の古くオリエントと称された古代から、「乳香」をはじめとする香料を焚き、香煙を絶えさせないものであった。それは香煙が清浄さと荘厳さをかもし出している故だけではない。天上世界と地上世界とを結ぶ、或いは交接する場となっているが故である。地上から天上界に上ってゆく香煙は、人間界の祈りや願いを天上界の超能力者に聞き届ける役を果している。それ故、イスラーム世界でも、願いや救いが叶う場となる聖者廟や、由緒ある宗教施設では、香が焚かれたし、願いが叶った者がお礼として持参する香が山と積まれているのである。個人的にお籠りする場合にも、誓いをたてる場合にも、香を焚いた後、その実行に移った。また死者への埋葬品の中にも香を添えるのが良いとされた。個人レヴェルでの贈答品としても、香は最も喜こばれる品であった。

竜涎香（‘Anbar, Ambergris）

さて、ここではイスラーム期以降初めて香として利用され始めた竜涎香《りゅうぜんこう》について述べる。というのも、あれ程香についての利用法を発達させていた先行文明も、この香についての遺物も記述も存在しない。イスラームの時代になってアラブが初めてその利用法を開拓したからなのである。現代でこそマッコー鯨の腸内の病的結合物と同定された竜涎香は、源所知れずのまま海に浮遊し、岸に打上げられて発見される。このように出所が海の中で明らかでないため、民族学的にも興味深いエピソードがイスラームの歴史の上でも積み上げられることになる。

竜涎香の語源

竜涎香の西欧語Ambergrisは「灰色の琥珀」を意味し、全体の形状と鉱物的な質材が琥珀と類似し、黄色に対して灰色が多くを占めるところからの命名であった。この語源はその開拓者であるアラブ人に負いanbarがそれである。アラビア語‘anbarとは海から‘abr岸に打ち上げられたもの、それも‘abrayn両岸（海岸、川岸）に打ち上げられたもの、であり、この‘abrからの訛形‘anbarがこの「竜涎香」の意味となった（Jāḥidh: Kitāb al-Ḥayawān）。竜涎香で「香り付けされた」ものはアンバリー‘anbarīとかムアンバルmu‘anbarとか言った。前者のアンバリー、ないしはアラク・アンバリー‘araq ‘anbarīといえば竜涎香で香り高く作られたリキュール類で有名である。「灰色」種が最上品とされ、次いで青色、黄色。黒色種は質が落ちるとの評価が伝統的にあった。

海から漂着する（水には溶解しない）謎の物体、もとが不明のためその正体をめぐってさまざまな推測がなされた。海から採集される、特にアラビア海のザンジバルからアラビア半島南岸がよく知られる産地であった。Baḥr al-Zanj（ザンジュの海＝アフリカ東海岸）ではこの物体が打上げられる所で、時には人間の頭蓋骨程の大きなしろ物もあり、最大のものは一千ミスカール（四キログラム強）もの重量があるとのことである。オマーン・イエメンの半島南岸ではシフル（Shiḥur）産のものが知られる。

竜涎香の正体

竜涎香の正体をめぐっては、アラブ・イスラーム世界は大別して二説に要約できよう。一つは植物説、他は鯨類の排泄物・結石説である。

植物説

植物説にも二説あり、(a)海草のように海の中で生育するもの、(b)椰子などと同様、島で育った果実が海に吹き飛ばされたもの。

a説――アンバルは海の中に生育し、海中でも **rā'iḥa dhakiyya** (辺りに芳香を漂よわせている)。又その実の形状は **shāh** (羊・山羊) の首のように **multawī** (よじれた)、**nabāt** (植物) となっている。その実がやがて浮上し、海中を漂ようことになる、とする説。

b説――島の果実説として法学派の祖シャーフィイーはザカート税論議の中で、人伝ての話として次のように語っている。

彼は海上で舟に乗っていたところ、とある島に行き着いた。島には一本の木があり、その実はシャーの首のようであった。仔細にみると、その実はアンバルであった。そこで彼らはその実が成熟するまで待って、折合いをみて採取した。ところがある時風が吹き荒れて、その実を海に吹き飛ばしてしまった、と。さらにシャーフィイーはこうした実を大魚や海獣は飲み込んでしまう。最初は柔らかで(うまそうで)あるからだ。しかし一旦飲み込んだら助かる見込みはない。この実の内に持つ余りの熱さに殺されてしまうのである。こうした魚や海獣を漁師が捕獲する。そしてその体内に例の実を見つける。漁師はそれを魚(の子)だと思い込んでいるが、そうではなく **thamrah nabt** (植物の実) なのだ、と(Damīrī : Ḥayāt al-Ḥayawān II 277)。

鯨類の排泄物・結石説

鯨類の体の一部または排泄物である説。マッコー鯨の大量に棲息するアラビア海周辺では古くから捕鯨も行なわれ、また鯨の体内に時として芳香を発する石のようなものがあることも一部では知られていた。こうした地域ではマッコー鯨も、その芳香物質も **'anbar**と共に呼ばれていた。マッコー鯨は烏賊を好み、従ってそのカラス(固く黒色の口の部分)が消化されずに排泄物として海中に出て漂よう。アラブは竜涎香の中にみられるこのカラスを、鳥の嘴及び足の爪の残存と理解した。イスラーム暦の三世紀後半、既に竜涎香の正体の探究、憶測がなされていた。『動物の書』の中で **Jāḥiẓ** (d. 868) は次のように説明している――これを食べるとどんな生き物も死んでしまう。鳥が **minqār** (嘴) でつつくと、その嘴は突き刺さって外れて落ちてしまう。またその上に降り立つと両足の **aẓfār** (爪) もまた突き刺さったまま落ちてしまう。それを食べ物として口に入れた生き物は、どれもその食べたものによって殺されてしまう。鳥はそれをついばまなくとも例外なく死ぬ。何故なら嘴を失なって生きていられるはずはないのだから(同書V 362)。

同じ動物に関する書でも、六世紀後の **al-Damīrī** (d. 1405) では神の関与が記述されている。人間の巨人属アード族がその奢りと不信仰から専横となって神に亡ぼされたように、大魚(＝鯨 **'anbar** 又は **bār**)が海の他の魚類に専横となった時、アッラーは **1 dhirā'** (腕尺＝約四五センチメートル)程の **samakah** (魚) を送る(小判鮫のことか)。この魚は大魚の耳に密着して離れない。大魚はこの煩わしい魚を何とかふり払おうとするが、どうもがいてもそれから解放されることができず、遂に海のqaʻr(底)まで降りてゆき、海底に頭を死ぬまで打ち続ける。こうして死体となった大魚は海面に小山のように浮き上る。ザンジュの人々はこうした大魚の死体を見つけようと探し回っている。こうしてそれにめぐり会うと、kullāb(銛)をその体内にṭaraḥū(刺し込み)、海岸にまで引いてきて、胴体を裂き、竜涎香を取り出すのである(Damīrī I 188)。

イエメン・アデンで入手した竜涎香

(筆者撮影/アデンの東方シフル産/直径 3.2cm, 短径 2.7cm, 重さ 7g/1g 単位で売られ非常に高価)

竜涎香の薬効

竜涎香は中東・地中海気候では典型的な夏型の、熱(ḥārr)にして乾(yābis)。同じ体質ながら麝香程強烈ではなく、まろやかと言われる。従ってその反対の冷(bārid)と湿(rāṭib)の体質に対しては中和する働きがある。気候では冬が特に薬効が著しい。「老い」に伴なう病状に効果あり、同様にshujāʻah(元気・勇気付け)にも良い。より具体的には心臓と脳を強くすると言われる、また「しびれ」にも効果があり、fālij(手足の、半身の、不随)やlaqwah(顔面麻痺、口のゆがみ)に良い。またdalgham ghalīẓ(粘液過多・痰)に効能あり、とされている。但しbāsūr(痔)主に対しては有害とされる。この対策はkāfūr(樟脳)とkhiyār(胡瓜)とを燻蒸して香として嗅ぐことで中和される(Damīrī II 277)。

我が国の植物性「香」の趣きとは異なり、麝香や霊猫香など、動物性の香りを好んだアラブ・イスラーム世界は、鼻をツンと突く香りと動物種特有の性的な香りとを、この竜涎香に見い出し、大いに活用した。『千一夜物語』にも繁出するghāliya香水やnadd混合香が生きづく世界は竜涎香なくしては産まれないものであった。またこの香入りのコーヒーや菓子類も、この種ならではの独特な領域を作って臭覚文化の枠を高め広げていった。

〈フォトエッセイ〉

西欧人が夢見た「幸福のアラビア《アラビア・フェリックス》」イエメン

久田博幸（文・写真）

（ひさだ・ひろゆき）一九四八年生。日本大学芸術学部卒業。写真家、グラフィックデザイナー。海外の遺跡や人物を撮影し、その背後に存在する宗教的表象を探ることをライフワークとしている。著書に『写真集GATI・チベット文化圏』（藤原書店）がある。

西欧の憧れが彼らをアラビアへ駆りだした

アラビア半島の最南端にイエメン共和国がある。古代ローマ人はこの国を「幸福のアラビア　Arabia　Felix」と呼んだ。かのアレキサンダー大王も征服を試みたというが遂に叶わなかったという。中国人は「乳香の国」と呼び、周辺アラビア人は「高層宮殿の国」と呼んで、クルアーンは南アラビア全土を大イエメンとした。

古代人のみならず、十八世紀の西欧人もまだ見ぬ遥かな地に憧れと夢を投影した。大航海時代に端を発し、植民地政策で世界を

ベールに顔を包む少女

イエメンには旧約聖書の舞台とされる場所が幾つかある。標高2300mの首都サナーを見下ろすようにヌクム山(左、2892m)がそびえる。伝説ではこの山にノアの方舟が漂着したとある(定説は現トルコのアララット山)。ノアの子供セムが開いた町がサナーという。つまり、彼らの伝承にならえば、世界最古の町がこのサナーということになる。因みにサナーはマディーナット・サーム(セムの町)という異名もある

席巻する西欧が歴史の表舞台に躍り出た時代である。同時に、西欧キリスト教世界が無味乾燥な合理主義世界へ移行し、言語・民族や神秘主義による自分探しの始源を東方回帰《オリエンタリズム》に求め、世界史の座標軸を自らの歴史中心に組み替える錬金術の時代でもあった。

一七五六年、デンマーク、ゲッティング大学の神学者で東洋学者のヨハン・ダヴィッド・ミハエリスが奇抜で興味をそそる企画を進言した。「幸福のアラビア」に調査隊を派遣する計画だった。人選や任務について暗闘があったものの、一七六一年一月四日朝、デンマーク調査団に選抜された五人の隊員を乗せた船が、コペンハーゲンを出航する。北の果てに住む人びとならではの、南の楽園を目指す好奇と憧憬を乗せた大冒険旅行の始まりでもあった。

「幸福のアラビア」こと、イエメンは充分すぎるほどの伝説に満ちていた。あのノアの方舟が漂着したというヌクム山。紀元前十世

ワディ・ダハールのロック・パレス

紀にさかのぼる旧約聖書のソロモン王とシバの女王の物語。紅海を挟んだエチオピアにもシバの女王伝説があるが、エルサレムからの帰路にエチオピアのアクスムで初代皇帝となるメネリクを産んだというのがイエメン側の伝承である。かつて紅海を挟んだ両国が密接に関係していたことを物語る伝承でもある。古代地中海世界が必要とした乳香《にゅうこう》、没薬《もつやく》、バルサム（いずれも天然樹脂で、香料や薬剤に使用された）も彼らを引きつける大きな要因だった。

デンマーク調査団のその後に戻る。彼らに与えられた当初の任務は、現地での聖書の言語分析に関する調査や聖書に現れる動・植物の採取・研究。アラビアの地理、ことに出エジプトに係わる紅海の潮流についてだった。

さらに、現地人の日常生活の慣習、建築への関心だった。イスラーム教徒に対する慎重な行動と信仰への尊厳を敬い、特に女性との接触にはヨーロッパ流の自由さを禁じた。

予想に反して彼らの探検行は困難を極めた。次々に病による死者を出し、当初の計画を大幅に狂わせ、七年の歳月をかけて帰還

女性の服装にも地域性があり、海岸、山岳、砂漠部で異なる。
(左)ラハトの町であった少女、アフリカンの雰囲気も漂う。
(右)一般的なムスリム・スタイルの少女。顔を覆う女性もいる

カートを選別して購入する(左)。カートを噛む男性(右)

ジャンビーアは男性の誇り。
柄や鞘の形状は数種類あり
職業、階層で装飾も異なる

水煙草を嗜む人も多い。イスラームの国でよく見かける光景

城壁で囲まれていた首都のオールド・シティ（サナー）

外敵から守るため山頂部につくられた集落（マナーハ）

二基のマナーラをもつアル・アシュラフィーア・モスク（タイズ）

アデンに次ぐ港町。紅海に面した活気あふれる漁港（ホデイダ）

したのはドイツ人の数学・天文学者、カールステン・ニープールただ一人であった。しかも彼の踏査はイエメン西部に止まり、内陸の砂漠地帯の探索は行っていない。

当時の欧州人が夢見た楽園への探検行はあまりにも苛酷で、失意と悲惨に満ちていた。

「幸福のアラビア」は今

イエメンの住居は石と日干し煉瓦を積み上げた高層住宅である。雨が染み込むのを防ぐために屋上や窓のフチに漆喰が施され、その白さが程良いアクセントとなる。一般的には、最上階に半円形のアラバスター（雪花石膏）やオニックス製のステンドグラス窓をあしらったマフラージという応接間が設けられ、披露宴をしたり、カートパーティを行う。日本で例えるならば最上の座敷である。

しかも山岳部では頂上辺りまで集落を形成する。それ自体が要塞でもあった。紀元前から存在したという石造技術は遠く地中海世界にまで伝播したという。現在ヨーロッパの伝統のようにいわれる石造文化の遡源はアラビア半島に発したといっていい。

カートについては少し説明がいる。イエメンの男性には特に欠かせない嗜好品だからである。成人男性になると彼らは腰にジャンピーアという j字型の小刀をさすが、この年頃になるとカートという常緑樹の葉っぱを噛み煙草のように口にするようになる。口一杯にカートを頬張り、頬を膨らませて噛みながら、ミネラルウォー

砂漠の中に忽然と姿を現す石造建築の摩天楼群(シバーム)

ターなどと一緒に葉のエキスを飲み下す。口中に残ったカスは捨てるがこれを何度も繰り返す、こうして軽い神経の興奮作用を楽しむ。習慣性はなく、彼らにとっては合法的嗜好品なのである。カートを噛みながら互いに親交を深めるのがカートパーティである。周辺国でも同じようにカートを楽しんでいる。エチオピアでは、チャット、ソマリアではキャート、ケニヤではミラという。コーヒー生産が影を潜める一方、カート栽培が盛んであるが、輸出産品ではないので大きな営利は生まない。周辺アラブ諸国のように石油産出で巨富を得る国ではないからGNPは低い。しかし、飢えに苦しむというほどの貧困もない。むしろマイペースで伝統を重んじる国民性にはゆとりと誇りすら感じてしまう。

部族抗争は信義のためにあってもこの国に民族対立はない

景観が織りなす多種、多様な表情もイエメンの魅力である。ニープールらが目指した「幸福のアラビア」は同時に「緑のアラビア」を意味していた。事実彼らが踏査したのは海岸部から比較的緑豊かな山岳部だった。サナーより東へ入ることはなかった。しかし、ニープール自身、最後まで「幸福のアラビア」という呼称に理解と納得ができなかったという。

サナーの東には、四分一を意味するルヴゥ・ル・ハーリーアー砂漠が茫々と広がる。その先には紀元前十世紀の王国ハ

四輪駆動を操ったベドウィン族のドライバー

ドラマウトがある。海のシルクロード時代に現地ユダヤ人とインド、東南アジアとの交易で一時代を築いた。

シバの女王ことビルキスの古都マーリブを過ぎ、砂漠をさらに東進する。ハンドルを握るのは砂漠をよく知るベドウィン族である。東西約五百キロを渡りきると忽然と白亜の摩天楼が視野に入ってくる。シバームの高層建築群である。要塞を兼ねたビル群は肩を寄せ合うように林立している。

イエメンはアラブの伝統的部族社会が色濃く残る国である。現在でも部族間抗争など絶えることがない。男性は古武士のように名誉と誇りを重んじ、自らのテリトリーに他者が無断で踏みいることも嫌う。

昨年の九・一一事件を機に「テロ撲滅」「アルカイダの掃討」を理由に米国は特殊部隊を投入、駐屯も辞さない構えだが、イエメンの人びとは冷静に対処するだろう。「幸福のアラビア」は今も彼らの心の中に夢をつむぎつづけている。

砂塵を上げながら砂漠を疾駆する四輪駆動。ベドウィン族の運転技術と方向感覚は天下一品である（ルヴゥ・ル・ハーリーアー砂漠）

イスラーム古典文学

【アラブ・イスラームとペルシャ】

岡田恵美子

（おかだ・えみこ）一九三二年生。イラン国立テヘラン大学文学部博士課程修了。中央大学政策文化研究所客員研究員。ペルシア文学。著書に『ペルシャの神話』（筑摩書房）、訳書に『王書』（ペルシャの神話・伝説）（岩波書店）などがある。

はじめに

七世紀半ばイスラーム教が燎原《りょうげん》の火のように広まって、たちまち東はインダス川から西はアフリカ西端にいたる広大な地域がイスラーム圏内に編入された。そのうち征服以前からの高度な文化圏を抱えていたのはササン朝ペルシャのみで、当時のその版図は現代のイラン・イラク・アフガニスタンにあたる。

アラブの侵攻をうけてイラン人の大部分は従来のゾロアスター教を捨て、イスラームに改宗した。文字は中世のペルシャ文字を捨ててアラビア文字に変えた。しかし言語は変えず、アラビア文字表記にしたに過ぎない。したがって祖先伝来の神話・伝説などはかろうじて残ったのである。アラビア文字によるペルシャ語確立という困難な言語淘汰の二〇〇年を経てイスラーム圏内における近世ペルシャ文学の華がひらく。その作品不毛の時代をイラン人は「沈黙の二世紀」と呼んでいる。

宮廷と文学

「イスラーム圏内におけるペルシャ文学の華」と書いたが、イスラームとペルシャのこの微妙な関係に注意する必要があろう。イスラーム・アラブ人は征服者ではあるが、ササン朝ペルシャのような古い爛熟した文化をもっていない。ペルシャ語を使うイラン人は、アラビア文字の使用を強いられた被征服者だが、古い文化に誇りをもっている。

そして新しい文学の台頭を見ていく上で制作者（詩人・文人）に対し、これを保護する王侯・貴族を考えなければならない。もしも彼らが詩人・文人を重用しなければ、文学作品は全く記録にとどめられないか、または詩人の櫃中に眠っていることであろう。

ここでイスラーム文学を論ずる場合、まずイスラーム圏内のペルシャ語圏を設定し、その圏内で文学を受容する程に進化した宮廷の有無を調べていく必要があろう。

さてアラブ民族による政治・文化の中心地を離れたイラン北東部ホラーサーン地方に、ペルシャ民族の精神的高揚の気運が見えてきたのは九世紀半ばすぎ、伝記に残るほどの詩人が輩出したのは、十世紀の宮廷による保護が始まってからのことである。因みにこの時代にイランの北東部を支配したサーマーン朝では、王をはじめ貴族らも詩人たちを優遇したので、今日まで詩人伝や文学史に名をとどめる詩人の数は百人を越すほどであるという。なかでもルーダキー（九四〇没）は竪琴を弾く盲目の吟遊詩人として後世に名を残した。しかし、十万句といわれる詩のうち現存するのはほぼ一千句で、文学としてはまだ語りが主流であったことを物語っている。

十二世紀に書かれた逸話集『四講話』によれば、王座をとりまく者として書記、詩人、占星術師、医師があげられている。詩人は王者に楽しみをもたらすばかりでなく、その徳を称え、旅をすれば珍しい光景を謳い、戦いにあってはその様子を謳ってこれを後世に残すことが仕事であり、そのためには語り口のよい、印象的な語彙を用いる必要があった。このような宮廷詩人を重用する伝統は、イラン古代王朝の慣習であったものを、アラブ系王朝が踏襲したといわれる。ともあれ、詩作によって言語が洗練されるようになったのだから、宮廷は大いにイスラーム文化に貢献したといえよう。

語り物の伝統——叙事詩

イスラームの聖典『コーラン』は預言者ムハンマドが受けた啓示を人々が記憶し、後に集録したものだが、この宗教が興る一五〇年程前からアラブの地にはすでに詩作の伝統があった。したがって『コーラン』にみる文言も韻をふんだ散文詩の趣をもっている。やがて九世紀になるとバグダードにいわゆる学問研究所ができ、アラブ人はもちろんペルシャ系の詩人や文人も大いに活躍した。イスラーム文学の筆頭にあげられる『アラビアン・ナイト』の原形の成立もほぼこの頃と推定されている。これは良く知られているように、インド・ペルシャなどを起源とする短編物語の集大成ともいうべきもので、一夜一夜の語りが奇想天外なものもあれば、英知や教訓の盛りこまれたものもある。

前に述べた宮廷詩人による韻文学とアラブで興隆をみた散文学の中間をいくような叙事詩が、ペルシャで生まれるのは十一世紀になってからである。叙事詩には大きく分けて民族叙事詩、ロマンス叙事詩、神秘主義叙事詩があるが、これらは短くても一編五・六千句、ときには二万・三万句をこすものもある。つまり現代でいえば、一編の小説か長編物語のようなものと考えればよいだろうか。

現代のイラン人は以前ほど古典文学に心を惹かれなくなったようだが、それでも彼らがスピーチの中で、人との会話の中で引用するのは古典詩の一節。ことに次にあげる『王書』は、ペルシャ語圏なら大人から子供までその物語を知り、これを誇りとしている。

詩人フェルドウスィー（九三四〜一〇二五）は在野の詩人だが、古代イランの神話、イラン歴代の王の伝承、英雄伝説などを時代を追って、五万句という大部な作品に残した。現在の印刷物に直すと七・八冊の分量になる。『王書』にはイスラーム以前の宇宙創造・善悪二元の闘いの思想、人間の生命の躍動感・運命観などが如実に盛られ、後のペルシャ文学のあらゆるモチーフの母体となったといっても過言ではない。

中東一帯をおおうイスラームの傘の下で、各地に地方王朝が現れてくるが、十二世紀、カスピ海西岸のガンジャに一人の詩人ニザーミー（一一四一〜一二〇九）が生れた。この地は当時東西文化交流の十字路にあたり、さまざまな人種が行き交い、宗教も多様で町は開放の気にあふれ、中産階級が勃興しつつあった。したがって、民族高揚を謳う英雄伝説より、婉麗なロマンスが好まれたのである。ことに、古代ペルシャ王朝の王と美女の恋を描いた『ホスローとシーリーン』、アラブの古い悲恋伝説をテーマにした『ライラとマジュヌーン』はガンジャの絹織物と呼ばれて珍重された。

ロマンス叙事詩では人間の優しい感情の陰翳が精緻に描かれたが、次第に現実の愛を離れて、神への無限の憧憬を対象の女性（または男性）として描く神秘主義叙事詩が隆盛を迎える。さまざまな比喩やシンボル、逸話が用いられ「神との合一こそが愛の極致であり陶酔である」と謳われるようになる。十二世紀以降、多少とも神秘主義の色彩に染まらなかった作品はない、というほどペルシャ文学に多大な影響を与えた。なかでも十三世紀に小アジアで起こった「踊る宗教集団」は、神の愛を踊る文学形式として名高い。

教訓と散文

イスラーム古典文学の華麗な面は質・量ともに韻文に負うところが大きいが、アラビア語の発達、洗練によって散文にも見るべきものが現れてくる。先に述べた通りペルシャ語はアラビア文字で表記するようになり、それにつれてアラビア語彙も混入してくる。ちょうど日本語に混ざる漢語といった趣で、ペルシャ語の散文はアラビア語彙を置くことで重みが増し、鑑物《かがみもの》や教訓、歴史、宗教を語るにはうってつけの文体を作り出した。

一〇八二年、地方の小王朝の君主の記した『カーブースの書』は、神の認識から飲酒・恋愛・入浴の作法にいたる処世訓・人生訓の書として今日まで愛読されている。また、シーラーズの文人サーディーが、自らの旅の体験を通して綴った『バラ園』（一二五八）は要所要所に短い詩句を置いた散文の教訓の書としてあまりにも有名である。

花瓶のバラは君の役にたつだろうか
私のバラ園から一輪のバラを摘みたまえ
バラの生命はわずか五日か六日
けれど私のバラ園は永遠にうるわしい

市井の人々に愛された詩歌

どれほど高尚な文学であろうとも、貴族階級の囲いのうちの遊びであったり、操觚《そうこ》の士のみにつうじる高踏な芸術では今日まで命脈を保つことはできないであろう。その例にもれず、難しい規則や奇抜な表現を珍重した宮廷文学は宮廷の滅亡とともに衰退してしまった。叙事詩の機運が高まってきた頃、イラン北東部の町ニーシャプールに生れたオマル・ハイヤーム（一〇四八～一一三一）は元来天文学者・占星術師であって、作詩は余暇の手すさびであったという。イランではさして注目を浴びなかった四行詩が後世もてはやされ、イスラーム古典文学として世界の耳目を集めることになる。ペルシャ詩としては異例の短詩形。四行のうちに深遠な宇宙の真理を表現しながらも、華麗な比喩や神秘主義的傾向はそこに読み込まれていない。

最後に中世イランの異民族王朝の支配下で、市井の詩人として身をおこし、神秘主義的内容でありながら、人々に愛されて今日に至った抒情詩人ハーフェズ（一三二六～九〇）の作品をあげておこう。イスラームの教えでは禁じられている酒・楽の音・美女……の語も、神・神の愛・陶酔のシンボルとして自在に使われ、一編の詩から様々の想像が生みいだされる。詩句の自由な解釈・幾重にも響き合う言葉の意味合いが大衆に愛されたのであろうか。「ペルシャ語のコーラン」といって、今日でもなおイスラーム各地で詩占いに用いられている。

このようにイスラームという大きな傘の下の地方宮廷においてペルシャ文学が存続したといえる。宮廷の王はアラブ人・トルコ人・モンゴル人。それは、異国の王に仕えるペルシャ詩人という緊張感が文学隆盛に幸いしたものなのであろうか。

アラブの小説にみるイスラーム

奴田原睦明

（ぬたはら・のぶあき）　一九四〇年生。東京外国語大学アラビア語科卒業。東京外国語大学教授。現代アラブ文学。著書に『エジプト人はどこにいるか』（第三書館）『遊牧の文学』（岩波書店）、訳書に『ティブル』（イブラヒーム・アル・クーニー、国際言語文化振興財団）などがある。

小説による新たな人間認識

アラブの民衆の大多数にとってイスラームの教えは、彼等が生きてゆくための指針として大きな役割を果たしていることには毫も疑いがない。それは具体的に定められた道徳律として、日常生活の巨細において徹底されており、イスラームは民衆の生活に深く根を下ろし遵守されている。だがひとたびアラブの小説を読み出すとイスラームは俎上に乗せられ、容赦なく批判に晒されるのである。なぜそうなるのかというと、アラブの作家たちがイスラームの教義とは異なる新たな人間認識に立っているからである。彼等は世界文学により、イスラームとは異なる人間認識に出逢い、全身が震撼するほどの衝撃と感銘を受け、やがてそれぞれが自己の帰属する社会を作品世界として創作に向かった。これに対してイスラームを批判の余地などない絶対的なものとして受容する大多数のムスリムは当然のことながら、小説などに目を向けようとはしない。それどころか彼らにとっては、コーランを差し置いて新たな人間認識を創出しようなどとは許すまじき暴挙でしかない。しかしアラブの作家たちはそっぽを向いてしまった同胞の背に向かってなおも作品を書き続けているが、そこで彼等が採り上げているテーマがどのようなものであるのか、幾つか例を挙げてみたい。

イスラームの規範vs生活の論理

エジプトの作家・演出家であるムハンマド・アブドル・アジーズには「水牛」という短編がある。エジプトの農民は古来よりナイルの水をサーキヤ（畜力揚水機）によって畑に汲み上げ農業を営んできた。ナイルの水を汲み上げることが農業の欠かせぬ第一行程だが、これによく水牛が使われた。作品では一人の貧しい農民の所有する水牛が物音に驚き、サーキヤの下に穿ってある水槽に頭から落ち込んでしまう。時ならぬ声に皆が駆けつけ力を合わせるが、水牛はすっぽり逆さにはまって動かない。手をこまねいているうちに水牛は虫の息になって今にも死にそうになる。周知のようにムスリムは、アッラーの名を唱えた後、ザバハ（頚部の頚動脈を切断し、血を吐きださせるプロセス）したものでなければ、不浄な肉、ハラームとして食肉にはできない。他方水牛は農民にとって財産と言ってもよいものであり、これを失うことは死活問題である。つまりこの農民は宗教規範と生活の論理の狭間の絶体絶命の窮地に立たされている。結局農民たちは瀕死の水牛の尾を切り、これでザバハしたことにし、その肉をハラール（イスラームに照らして是）の肉として村人が少しずつ買い取り、損害の一部なりと補おうとするのである。つまり民衆の信条となっているイスラームの教えを少し曲げながら、あくまで生活の論理の要請を優先させようとする農民の選択が見られる。しかしながら長い歴史の中で直接的な戦いをできるだけ回避して保身に徹することを存続の本領としてきたエジプトの民衆の性向を考えると、状況がさらに切迫しどちらか一方しか選べない状況下では、彼等は最終的にはこのように生活の論理を優先させるのではなかろうか。

救済者としての作家

エジプトの農村を舞台にした作品はかなり層が厚いが、それらを読んでいると一読者である筆者の内に次第に、アラビア語でマアズールン（excusable／許されるの意）という意味の一つの声が集約されてきた。これらの作品の中では村娘たちが多く登場するが、彼女たちの悲劇が主題となっている場合が多い。何故悲劇になるのかというと、娘達の自然な生の在り方を規範としてのイスラームがそのままには許容していないためである。イスラームは人間の生き方をハラール（是）とハラーム（非）に裁断し、是非をはっきりさせ、人々が生きてゆく上での正しい道を示し、過ちを回避させる役割を果たしてはいるが、人間の行動は複雑多様で個別的性質が強く、イスラームが一律に高所から類型的に裁断した是非の網の目からはみ出すケースが続出する。例えば村娘の処女性の問題をとり上げると、宗教及び社会規範に支えられた社会慣行は村娘の処女性を厳しく監視し、誤って婚前に処女性を失った娘は厳しく裁かれ、もはや社会的に存続できなくなる。そこでは娘の処女性はもはや娘個人のものではなく、いわば社会化されてしまっている。これらの作品の書き手である作家たちは、村娘の身に起きた悲劇を一律にハラームとせずに、個々のケースとしてそれぞれの状況を具に見ようとするが、そのような作品群から共通に聞かれる声が、「このような状況下では例えハラームと裁断される結果となったとしても、それはやむを得ない・許されるべき（マアズールン）」というものである。イスラームが大上段に断罪しようとするのに対し、作家たちは非力ながら懸命に救済しようとする。

このような差異は両者の人間認識の仕方の違いから生じていると言えよう。イスラームにおいては、アッラーへの問いかけが天上へ向かってなされ、縦のベクトルを持つとすれば、これら作家達の人間探求の問いはあくまで地上を低く這いながら、人間の問題を人間の領域において問おうとする水平のベクトルを持つと言えよう。作家たちがイスラームに袂を分かち、新たな人間認識の道を選ぶに至った決定的な要因は、アラブの現代小説が西欧の翻訳小説が接ぎ木されて生まれたという文学史的事実に起因する。すでに述べたように、彼等が世界文学に接した時の衝撃は甚大なものだった。世界文学の中にみられた、生気に溢れたリアリズム、奔放な情感の奔流、虐げられた者達の運命への確固たる連帯感、人間の歓喜、苦悩、罪、悔恨への深い洞察、因襲を打破しようとする気迫、人間の謳歌等はイスラーム文化が与えてくれるものでは満足できなかったこれら若き世代の作家達を覚醒させ、全く新しい地平に導いたのだった。

イドリースのイスラーム批判

このような作家たちの領袖としてエジプトの作家、ユーセフ・イドリースがいるが、例えば彼の作品『ハラーム・禁忌』において、彼は社会・宗教規範がハラームと裁断した事態に対し、作品によって具に検証し、一人の百姓女を救済するどころか、葬ってしまった規範の側に対して、果敢な異議申したてをしている。

イドリースにはシャイフ・ストーリーと呼ばれるジャンルの作品群があるが、そこで彼はイスラームの直接的実践者として、民衆と密接な結びつきを持つシャイフ層を作品に登場させ、その虚飾をはぎ取り、欺瞞性を白日の下に晒そうとしている。例えば『肉の家』は盲目のムクリウ（コーランの読経を生業とする聖職者）が盲目を口実にして、コーラン読経に呼ばれた家の母親や娘達と次々にジナー（姦淫）を犯す物語である。現実から隔離された規範の中の安全地帯へ逃げ込んだ者同士が暗黙の内に禁忌を犯しながら、自らの禁忌に目をつぶろうとする姿を描いて、規範が持つ欺瞞性をイドリースは弾劾している。何故イドリースがかくも仮借なく、また執拗にイスラーム批判をするのかについて、彼は次のように語っている。

「シャイフ層は特に農村や都市の労働者街で大きな影響力を持ち、政治指導者的役割さえ往々にして持ち、しかもその際、宗教的権威を利用して無原則且つ誤謬に満ちた大衆操作を行うのだ。」

エジプトの舵取りとしての使命感と危機意識を持つ作家、イドリースのイスラームに対して向けられた監視の目は一切の妥協を廃している。

沙漠が秘めた精神世界――イスラーム以前の神

スーダンの作家、タイイブ・サーレフには『北へ遷りゆく時』という作品がある。作中沙漠の炎熱下での辛い一日の旅が終わって夜を迎え、砂の上に横たわり天を仰いだ語り手が次のように語る箇所がある。

「わたしはというと、この美しく慈悲深い大空の下でひとみな同胞という思いにうたれていた。酒を飲む者、礼拝する者、盗みを働く者、姦通を犯す者、戦う者、殺す者、誰も彼もが兄弟であり、源は一つなのである。神の御心の裡がどうであるかなどということは誰一人知る由もない。おそらく神自身は世事などにかまけておらず、したがって腹を立てたりすることもないであろう。」（黒田壽郎訳）

サーレフの脳裡に存在する神はイスラームのアッラーではない。それは沙漠という風土に深く根ざし、沙漠に劣らぬ広大無辺な人間認識の領域を持つ大いなる存在であるようだ。それは少なくとも人間世界の事象をハラール・ハラームで裁断することから自由な存在である。サーレフの想念の中の神の存在は歴史が選んだアッラーのみに神の存在を限定するのではなく、歴史の中で選ばなかったもう一つの神の存在を示唆していると言えよう。このようなサーレフの想念はサハラに生まれたトウアレグの作家・イブラーヒーム・アル・クーニーを思い出させる。

アル・クーニーには『偶像崇拝者』という二巻からなる長編がある。ここではいわゆる偶像崇拝という烙印を押された信仰がテーマとなっているが、イスラームの側から見れば、これはアッラー以外のものを崇拝する忌わしき邪教で、排斥すべきものである。だがアル・クーニーはイスラームが台頭する以前のサハラ沙漠において、その地の住人たちが沙漠という風土に働きかけ、精神的所産として長い年月をかけて培ったきたものを蘇生させ、復権させようとする。歴史に残る傑出した預言者こそ産み出しえなかったが、精神性に長けた占い師、魔法使い、占星師という集団と沙漠という風土と住人とが、長い時の流れの中で紡ぎ続けた精神世界の蓄積がかって存在したことをアル・クーニーは我々に想い起こさせようとする。サーレフやアル・クーニーの作品には、歴史的事実が確立することによってかき消されたものへの回想と郷愁を強く掻き立てるものがある。

Y・T・アブドッラーほか**『黒魔術』**（高野晶弘訳）第三書館, 1994 年

上エジプトに生まれた作家で，その地を自己の作品世界として作品を書き続けたが，交通事故で他界。闇深い上エジプトの農村社会の中に，エジプトに固有のものの探求がなされ，それが見事に作品化されている。エジプトの農民が自らの中から表現者として産み出したかのような，まさに農民に帰属する作家である。

I・A・クーニー**『ティブル』**（奴田原睦明訳）国際言語文化振興財団, 1997 年

サハラ沙漠に住むトウアレグ族に帰属する作家アル・クーニーの作品。彼はサハラ沙漠のみを自己の作品世界として，40 冊に及ぶ作品を既に上梓している。我々定着民の生き方に対して，非定着民，ベドウィンのもう一つの生き方と文化を提示している。イスラーム台頭以前にあった彼等の精神世界も彼の作品世界の中で展開されている。

■久田博幸

黒田美代子**『商人たちの共和国』**藤原書店, 1995 年

商人ムハンマドが神の啓示により著した『クルアーン』は，経済を軸に人間生活を規定した書でもある。アラブ世界の市場「スーク」を基点にして繰り広げられるフレキシブルな人びとの営みを徹底的なフィールドワークで検証し，活き活きと描いた金字塔的名著。

三木亘**『世界史の第二ラウンドは可能か――イスラム世界の視点から』**平凡社, 1998 年

世界史，特に近代西欧文明の形成過程を「歴史生態学」というユニークな視座と該博な知識で俯瞰する。「都市文明のふるさと，イスラーム世界」という視点から次代への展望と示唆を提起し，今なお続く西欧中心史観を縦横無尽に斬るスリリングな文明批評書である。

佐藤寛**『イエメン――もう一つのアラビア』**アジア経済研究所, 1994 年

イエメンに最も精通した著者がつづる「辺境のアラビア，イエメン」の素顔。歴史，文化，慣習を通して，それまで殆ど語られることのなかったイエメンの国情と人びとの機微を細部にわたり解説。イスラーム世界全般の理解にもふれうる，格好のパイロットブック。

ハッジ・スズキ**『中東とイスラムが本当によくわかる本』**ＫＫベストセラーズ, 2001 年

著者は日本イスラーム史に名を刻む鈴木剛氏の血脈，鈴木紘司氏。親子三代続くムスリム・ファミリー。三代ともメッカ巡礼を果たし，ハッジの称号を持つ。9・11 事件直後，間違いだらけのイスラーム報道に答えるべく緊急出版されたイスラーム理解への入門書。

片倉もとこ**『「移動文化」考』**岩波同時代ライブラリー, 1998 年

アラブ世界のライフスタイルの根底には，遊牧の記憶ともいえる「移動」の概念がひそんでいる。固定化するようでしない，「人生を旅」と考える流動的な行動体系がアラブ本来のしなやかで，グローバルな感性を生む。通俗的なアラブ観をくつがえす啓発の書。

■岡田恵美子

Ａ・Ｊ・ハーンサーリー**『ペルシア民俗誌』**（岡田恵美子訳）平凡社東洋文庫, 1999 年

法学者に扮した女たちによって，古い女性の習俗・迷信・心情を述べた近代ペルシア民俗誌。奥深いイスラームの，表の歴史には書かれていない生活誌を知るための必読の書。

岡田恵美子**『隣りのイラン人』**平凡社, 1998 年

とかく誤解の多いイラン人の中から働く女性，学者，日本女性と結婚した青年，不法就労者，留学生と，年齢・身分の異なる人々を選び，聞き書きの形で日本とイランの文化を比較した書。

■奴田原睦明

Ａ–Ｔ・サーレフ**『北へ遷りゆく時・ゼーンの結婚』**

（新装版「現代アラブ小説全集」第 8 巻, 黒田壽郎・高井清仁訳）河出書房新社, 1989 年

アラブ現代小説の白眉と言ってよい秀作である。スーダンが産んだ作家，サーレフが開示するナイル上流の農村社会におけるムスリムの実像に接し，彼等のメンタリティを知ることができる。

Ｎ・マフフーズ**『バイナル・カスライン』**上・下

（新装版「現代アラブ小説全集」第 4・5 巻, 塙治夫訳）河出書房新社, 1979 年

ノーベル賞を受賞したマフフーズの代表作。ひと昔前のカイロの市井人の生活が活写されており，イスラームを人々の日常生活の中でダイナミックに理解できる。また歴史的観点からも興味深い作品である。

Ｔ・フサイン**『わがエジプト――コーランとの日々』**（田村秀治訳）サイマル出版会, 1976 年

エジプトが産んだ盲目の碩学，タハ・フサインの自伝小説。上エジプトの農村における一人の児童の感性が香り高い作品を織りなしている。フサイン少年の背後にエジプトの農村の様々な事象が感じとれる。

Peter. B. Clarke, **West Africa and Islam**, Arnold, 1982.

これも古いが，西アフリカのイスラーム社会について書かれた，もっとも好適な入門概説書。西アフリカのイスラームの歴史を時系列的に叙述するなかに，西アフリカにおけるイスラームの特徴，混淆をえがきこんでいく。文献リストも有用。

■鈴木　董

H・A・R・キブ**『イスラム――誕生から現代まで』**（加賀谷寛訳）東京新聞出版局, 1981 年

一つのユニークな文明を形成する核となったイスラームという宗教について，原初から現代までの発展をたどりつつ，聖典コーランと教義，戒律，宗派対立の起源とその後，神秘主義の出現，現代イスラームの問題に至るまで，主要な諸問題を大きな枠組みで概観した英国の碩学の手になる古典的名著。

井筒俊彦**『コーランを読む』**岩波書店, 1983 年

比較思想的視野ふまえつつイスラーム思想研究の新地平を拓き，欧米のみならず中東諸国でも高く評価されている国際的碩学が，コーラン冒頭の章の解釈の形をとりつつ，イスラーム出現の思想的前提，当時のアラブ人の心性，イスラームの思想的核心を鮮やかに開示する。文献学の極限的可能性を示す新古典。

佐藤次高・鈴木董・坂本勉編**『イスラームの世界史』**（全 3 巻）講談社現代新書, 1993 年

7 世紀中葉以降，僅か 1 世紀間に原型が成立し，その後も拡大発展してきたイスラーム世界の歴史を，原初から近代に至るまで，空間的拡がりの中での普遍性と多様性に留意しつつたどった通史。イスラーム世界の拡がりと歴史的展開を知るための手懸かりとなりうるであろう。

I・バットゥータ**『大旅行記』**（全 7 巻予定, 家島彦一訳）平凡社東洋文庫, 1996 年-

14 世紀イスラーム世界の大旅行家の旅行記を，アラブ文献学に精通すると共に広汎なフィールドワークをも行ってきた国際的アラブ史家が，アラビア語原典から詳細な註を付して訳出した全訳。現在刊行中だが，ムスリム・ネットワークの実態と一人のムスリムの目を通して見た当時の世界を如実に実感しうる。

鈴木董**『オスマン帝国の解体』**ちくま新書, 2000 年

多様な民族・言語・宗教に属する人々が，前近代にいかなる仕組みで共存してきたのか，近代以降，この共存システムがいかなる運命を辿ったのかを，巨視的に分析する。今日の中東・バルカン等の諸地域における民族紛争・宗教紛争について考えるに際し一助たりえよう。

■堀内　勝

『コーラン』上・中・下（井筒俊彦訳）岩波文庫, 1964 年

内容をよく読みこんでおり，最低限の註釈も加えている。問題は文体。「だぞ」調の上から抑えつけるような乱暴な表現が多く，現代語訳「聖書」などと比較すると大分見劣りがする。そろそろ註釈書も訳出して然るべきで，その折は文体を疎かにしない配慮は必要。

井筒俊彦**『イスラーム生誕』**中公文庫, 1990 年

二部より成り，一部はムハンマド伝，二部はイスラームとは何か。一部の方は，イスラーム関係の書物で，これ程熱意と熱情を感じさせられるものがあろうか，と思える程。井筒氏の若い時の作品で傑作と言えよう。二部は噛んで含めるような説得力のある論。

前嶋信次**『イスラームの陰に』**河出書房新社, 1991 年

アラブ・イスラーム社会・文化の成熟さが那辺にあるかを見事に映し出している。知識の到達点をいくつかの文学的，百科全書的領域から紹介。後半のコルドバ歳時記はスペイン・アラブの一年の農事，俗事，風俗，星暦を描いて秀逸。氏の文体の到達点でもある。

I・バットゥータ**『大旅行記』**（全 7 巻予定, 家島彦一訳）平凡社東洋文庫, 1996 年-

大旅行家イブン・バットゥータ著。適訳者を得て，内容，註釈ともに素晴しい。抄訳は前嶋信次訳『三大陸周遊記』があるが，その全訳で 14 世紀のイスラーム世界の広がりとムスリムの旅行，当時の地誌が分かり，見聞と視野を広げてくれる。

『アラビアン・ナイト』（全 18 巻, 前嶋信次・池田修訳）平凡社, 1966-1992 年

原典からの翻訳。レーンやバートンの英訳もあり，また註も念入りであるが，それらも参照しながら，訳出してあるので，最も信頼に足る。カリフなど王公から乞食や盗賊まであらゆる階層に亘る往時の日常生活が描かれており，伝統的イスラーム社会を知る上での必読の書。

F・メルニーシー**『イスラームと民主主義**——近代性への怖れ』
（私市正年・ラトクリフ川政祥子訳）平凡社，2000年

イスラームと女性の問題についての活発な著作活動で著名なモロッコの社会学者の著者が，イスラームの伝統（歴史と思想）の中に，理性や個人の尊重といった，西欧の民主主義と共通の価値観を見いだし，アラブ諸国と欧米諸国双方の権威と武器による強権的な政治のあり方を告発しつつ，対話の可能性を提言。

臼杵陽**『イスラムの近代を読みなおす』**毎日新聞社，2001年

パレスチナとイスラエルの紛争が危機的状況を迎えている今日，テロと報復戦争の悪循環を断ち切るためには，まず問題の正確な把握が先決である。イスラエル研究者であり，パレスチナ問題にも詳しい著者の目配りの利いた解りやすい解説および問題提起の書。

板垣雄三編**『「対テロ戦争」とイスラム世界』**岩波新書，2002年

アメリカ同時多発テロと「対テロ戦争」について，アフガニスタンのみならず各地のイスラーム世界の研究者がそれぞれの地域の問題点を報告しているが，それらの地域の問題がどのようにアメリカの同時多発テロに結びついているかが探られている。

■日野舜也

三木亘**『世界史の第二ラウンドは可能か**——イスラム世界の視点から』平凡社，1998年

イスラーム世界を視点の中心におき，歴史生態学的な方法による，世界史のデッサン。世界史を，未開・文明・野蛮という植物生態学的な遷移というかたちでえがき，植民地化や戦争につながる世界制覇主義，自己中心的な一神教の他者を認めぬ偏狭性，利益主導のモノカルチャーなど現代世界の野蛮性をえがく。

上岡弘二・中野暁雄・日野舜也・三木亘編**『イスラム世界の人びと　第1巻　総論』**
東洋経済出版社，1984年

東京外国語大学アジア・アフリカ言語文化研究所の共同研究の成果。イスラームの世界の姿を，なるべく生き生きと，等身大の視座で描くという野心的な試みが見事に結実している。代表として第1巻『総論』をあげたが，全5巻（第2巻『農民』，第3巻『牧畜民』，第4巻『海上民』，第5巻『都市民』）すべてが有用である。

嶋田義仁**『優雅なアフリカ』**明石書店，1998年

西アフリカ・カメルーン共和国北部のフルベイスラーム王国における著者のフィールド調査から，一夫多妻と多部族構成のアフリカイスラーム社会を活写した記録。アフリカのイスラーム的世界を知るのに好適である。

和田正平編**『アフリカ**——民族学的研究』同朋社，1987年

国立民族学博物館のアフリカ共同研究の報告集。論文は多岐にわたるが，アフリカイスラーム社会の民族誌的報告として，嶋田義仁，和崎春日，日野舜也，江口一久などの論文が，アフリカのイスラーム社会，文化についての有用な実証的データ，知見を提供している。

小川了**『可能性としての国家誌**——現代アフリカ国家の人と宗教』世界思想社，1998年

セネガルのムスリム集団，ムーリード集団の成長過程を，植民地政府，セネガル独立国家とのかかわりでとらえた力作。とくに，都市部を中心にするインフォーマルセクターの解析のなかで，ムーリード集団をとらえている。

日野舜也**『アフリカの小さな町から』**筑摩書房，1984年

カメルーン共和国北部のイスラーム王国の首都ガウンデレで，数年間の一家族との生活をえがいた民族誌的成果。アフリカ都市におけるムスリム民族誌としてお勧めできる。古く，絶版になっているので，入手困難。

J. Spencer Trimingham, **The influence of Islam upon Africa**, Longman, 2d ed. 1980.

古いが，アフリカのイスラーム社会，生活について概説した数少ない著作の一つ。アフリカのイスラームの混淆を，アフリカにおけるイスラーム化の展開，ムスリムの生活，社会生活，社会・文化的変化の4側面からえがいている。同著者による，東アフリカ，西アフリカ，エチオピアなどのイスラームについての著作もある。

広河隆一『**パレスチナ**』岩波新書, 1987 年

自らのキブツでの経験を出発点として，パレスチナ問題へと視点を広げざるをえなかった著者による現在にまで続くパレスチナ問題への取り組みである。パレスチナの人々のおかれた絶望的な状況が人々と同じ目線で描かれた記述から痛いほど伝わってくる。なお，もともとフォト・ジャーナリストである同著者による写真をふんだんに使った『パレスチナ　瓦礫の中のこどもたち』(徳間文庫) もある。

Nakamura Mitsuo, Sharon Siddique and Omar Farouk Bajunid ed.,
Islam & Civil Society in Southeast Asia, Institute of Southeast Asian Studies, Singapore, 2001.

2001 年 9 月に米国でおきた同時多発テロ直前に出版された本書は，東南アジアのイスラーム知識人を一堂に会したシンポジウムの成果である。ここでは，ハンチントンのようにイスラーム文明を欧米の民主主義社会の対極として位置づける見方に対して，イスラームの側からの共通理解への道筋を探ろうとする姿勢が明確であり，テロ以降に出版されたイスラーム関連書物に比べて対照的な未来に対する展望の明るさが印象的である。しかし今でこそ，本書に見られるような日常生活を送る我々と同じ生身の人間としてイスラーム世界の人々を理解しようとする地道な努力が必要とされよう。

■加賀谷寛

中牧弘允編『**神々の相克**』新泉社, 1982 年

文化接触と土着主義を共通テーマにして各執筆者が日本の復古神道からオセアニアのマオリの民族主義運動まで取りあげている。このなかで南アジアにおける民衆宗教スーフィズムについても論じられている。

加賀谷寛・浜口恒夫『**南アジア現代史Ⅱ**』山川出版社, 1977 年

イギリスによる南アジア植民地化からパキスタン運動の発展と，独立後のパキスタンの国家建設を近現代史の立場から明らかにしている。南アジアのイスラーム復古主義運動，アリーガル運動，キラーファト運動，パキスタンとイスラーム体制の問題も取りあげる。

H・A・R・ギブ『**イスラム**——誕生から現代まで』(加賀谷寛訳) 東京新聞出版局, 1981 年

原著は欧米の教養書の Home University Library of Modern Knowledge の一つ。イスラームの概説書として研究者も，はじめに読んでおかなければならない本である。イスラームに関心ある専門外の人にも有益な入門書であろう。

荒松雄『**インド史におけるイスラム聖廟**』東京大学出版会, 1977 年

インド史の側からのイスラーム聖者廟研究の成果。支配権力と聖者廟の結びつきの問題も明らかにされる。

ミール『**ミール狂恋詩集**』(松村耕光訳注) 平凡社東洋文庫, 1996 年

ウルドゥー文学最高のミールの抒情詩の日本語訳。ムガル朝衰退期の詩人の苦痛に満ちた心の叫びが伝わってくる。この詩は今日なお，南アジアの北部で愛誦されている。

Wilfred Cantwell Smith, **Modern Islam in India**, Victor Gollancz Ltd, London, 1946.

インド・パキスタン分離独立の直前の時期に南アジアのイスラーム教徒の近現代思想史として書かれた。アリーガル運動からイクバール以後までを扱う。「社会的分析」と自負するように新鮮な当時の問題意識に溢れている。それだけに解釈に行き過ぎもある。

■宮治美江子

梶田孝道編『**ヨーロッパとイスラム**——共存と相克のゆくえ』有信堂高文社, 1993 年

ヨーロッパにおけるイスラーム教徒の問題を様々な地域から 9 人の研究者が報告し，トルコ，パキスタン，北アフリカからの移民送り出しについて 3 人の研究者が報告する。ヨーロッパ在住のイスラーム教徒の歴史的背景や現状について知ることができる。

板垣雄三監修『**講座　イスラーム世界**』(全 5 巻・別巻 1) 栄光教育文化研究所, 1994-1995 年

イスラームの歴史，その思考回路，文明としてのイスラーム，イスラーム国家の理念と現実，イスラーム教徒の社会と生活というように，宗教としてのイスラームというより，トータルな社会・生活システムとしてのイスラームをよりよく理解するのに良い。

■中村光男

『パサイ王国物語——最古のマレー歴史文学**』**（野村亨訳注）平凡社東洋文庫, 2001 年

13 世紀の中ごろ，東南アジアの島嶼部で最初にイスラームを受容した地域とされるスマトラ島の西北端，現在のインドネシア共和国のアチェ特別州にあったサムードラ・パサイ王国の古典マレー語による伝承文学。イスラーム受容，王朝初期の戦乱を描く。

T・アブドゥルラ編**『インドネシアのイスラム』**（白石さや・白石隆訳）めこん, 1985 年

インドネシア近現代史の代表的歴史学者タウフィック・アブドゥルラの編集・解説によるインドネシア人研究者のアチェーのウラマー（学者）とマドラサ（宗教学校），南スラウェシのイスラーム，ジャワのプサントレン=イスラーム寄宿塾とキアイ（塾頭）に関する研究論文集。

S・ズフリ**『プサントレンの人々**——インドネシア・イスラム界の群像**』**（山本春樹・相馬幸雄訳）井村文化事業社, 1993 年

1919 年中部ジャワの平凡な農民の子として生まれた著者がジャワの伝統主義的なプサントレン=イスラーム寄宿塾の生活を通して成長し，やがて日本占領期，独立闘争期，共和国初期にかけてイスラーム政治家，さらに宗教大臣となっていく過程の小説的自伝。

西野節男**『インドネシアのイスラム教育』**勁草書房, 1990 年

ジャワ島の伝統主義的イスラーム宗教塾プサントレンに関するフィールドワークを通した比較教育学の博士論文。代表的なプサントレンの歴史的背景，指導者のプロフィル，カリキュラム，教科書，塾生（サントリ）の日常生活などが克明に観察・記述されている。

服部美奈**『インドネシアの近代女子教育**——イスラーム改革運動のなかの女性**』**勁草書房, 2001 年

1923 年，西スマトラ州パダンパンジャンに設立された著名な近代主義的イスラーム女子教育の学校ディニヤ・プトリに，2 年あまり住み込み参与観察に従事した著者の比較教育学の博士論文。イスラームと近代化の問題に教育，とくに女子教育の視点からアプローチする。

Robert W. Hefner, **Civil Islam: Muslims and Democratization in Indonesia**, Princeton University Press, 2000.

1970 年以降，スハルト体制下のインドネシアにおける経済開発と軍部支配，イスラーム復興と知識人，中間層の成長とイスラームの体制化，民主化運動と「シビル・イスラーム」の台頭を論じ，グローバルに「文明の衝突」とは別のシナリオを構想する野心作。

Greg Barton, **Gus Dur: The Authorized Biography of Abdurrahman Wahid**, Equinox Publishing, Jakarta and Singapore, 2001.

伝統主義的ウラマーの家に生まれながら，近代主義者よりもリベラルに古典的教養の大胆な再検討を実践し，多元主義的な寛容性で他宗教，少数民族の権利擁護に努め，広汎な国民的期待を得て共和国第 4 代大統領に選ばれたが，国会と対立して「罷免」されたグス・ドゥルの闘争記。

■西井涼子

小杉泰**『イスラーム世界』**（「21 世紀の世界政治」第 5 巻）筑摩書房, 1998 年

イスラーム世界で現在起こっていることを理解するための最良の本であると思われる。複雑なイスラーム政治をきわめて明快に解き明かしてくれる。

板垣雄三編**『「対テロ戦争」とイスラム世界』**岩波新書, 2002 年

2001 年 9 月 11 日の米国で起こったテロ事件以降に出された第一線の研究者による中東地域のみならずイスラーム世界全体の動向を視野に入れた分析。

G・ケペル**『宗教の復讐』**（中島ひかる訳）晶文社, 1992 年

1970 年代以降のイスラーム，キリスト教，ユダヤ教における過激な宗教運動の背景を分析した気鋭の政治学者による書物。

大塚和夫**『近代・イスラームの人類学』**東京大学出版会, 2000 年

中東地域を中心としたフィールドワークを長年行ってきた第一線の人類学者による研究成果。実際にイスラームがどのように生活の中で息づいているのかを「近代」という世界史的文脈の中で理解する手引きとなろう。

板垣雄三編**『「対テロ戦争」とイスラム世界』**岩波新書, 2002年
　「9・11」以降，日本の出版界は空前の「イスラーム本」ブームを迎えた。しかし，イスラームがわかったところで「テロ」の理由はわからない。本書は「テロ」の理由がイスラームとは別にあること，また「テロ」ということば自体がはらむ問題性をも明らかにしている。

Fazlur Rahman, **Islam**, University of Chicago Press, 2d. ed. 1979.
　著者は自ら「ネオ・モダニスト」を名乗る思想家であったと同時に，第一級の研究者でもあった。イスラーム世界と西洋の双方における研究史を熟知し，検討を加えたうえで，著者の考える「真のイスラーム」のあり方まで垣間見せてくれる1冊。

Albert Hourani, **Arabic Thought in the Liberal Age 1798-1939**, Oxford University Press, 1962.
　スンナ派の近現代イスラーム思想はアラブ，トルコ，南アジアなどを中心に展開されてきた。中でもアラブ思想は，イスラームにあってアラビア語が占める特権的地位もあって，広くイスラーム世界全体に影響を与えている。その最良の入門書が本書である。

■M・サドリア

Leonard Binder, **Islamic Liberalism : A critique of Development Ideologies**, University of Chicago Press, 1988.
　多様なイスラーム諸社会において，さまざまなレベルについて影響力を持つ知的トレンドの包括的批判アプローチである。

Chapour Haghighat, **Iran,　La Revolution Islamique**, Editions Complexe, 1979.
　イラン革命の起源や意味についての，インフォーマルなケーススタディとして有用である。

■松原正毅

I・バットゥータ**『大旅行記』**（全7巻予定, 家島彦一訳）平凡社東洋文庫, 1996年-
　14世紀，ユーラシア大陸に成立したイスラーム世界の状況を，同時代的な記録としてまとめた書。当時のイスラーム世界のひろがりが，いきいきとした筆づかいでえがかれている。

H・A・R・ギブ**『イスラーム文明史』**（加賀谷寛ほか訳）みすず書房, 1968年
　イスラーム文明の基本構造を，歴史的な視点からとらえた書。

B・ルイス**『イスラーム世界の二千年』**（白須英子訳）草思社, 2001年
　中東を中心としたイスラーム世界の通史。

中村廣次郎**『イスラームと近代』**（「叢書　現代の宗教」第13巻）岩波書店, 1997年
　イスラーム思想のコンパクトな概説書。

Edward W.　Said, **Orientalism**, Peregrine Books, 1985.
（邦訳『オリエンタリズム』今沢紀子訳, 平凡社, 1986年）
　西洋起源の「東洋学」的思想へのラディカルな批判の書。イスラーム理解の前提をかんがえるうえで重要な作品である。

■梅村　坦

張承志**『殉教の中国イスラム』**（梅村坦編訳）亜紀書房, 1993年
　中国西北部の民衆に広まったスーフィー系イスラーム教団のうち，ジャフリーヤ派のたどった殉教の歴史を，現代の眼からまとめたもの。清朝から民国期を舞台に，国家と宗教・民衆のかかわりが臨場感をもって語られる。

張承志**『回教から見た中国』**中公新書, 1993年
　回教という古い呼称を使っているのは，回民（回族）を中心とした叙述だからである。中国の構成要素としてのイスラームの存在を認識するのに有益である。

立山良司**『エルサレム』**新潮選書, 1993 年

三大宗教の聖地であるエルサレムの歴史的発展を解明し，イスラームにとってのエルサレムの宗教的な意味や，中東和平におけるエルサレムの位置づけなどが明らかにされている。また，エルサレム問題に関してパレスチナ・イスラエルの共存の方途も示されている。

宮田律**『「イスラム過激派」をどう見るか』**岩波書店, 2002 年

同時多発テロ事件で注目された「イスラーム過激派」のイデオロギーや活動の解明を試みた。同時多発テロへのイスラーム世界の反応，また「文明の衝突」論の迷妄についても触れ，さらに，日本がイスラーム世界といかに関わっていくべきかを考えた。

■鈴木　均

E・W・サイード**『イスラム報道――ニュースはいかにつくられるか』**（浅井信雄・佐藤成文訳）みすずライブラリー, 1996 年

イラン革命に関する欧米，特にアメリカの報道のオリエンタリズム的な偏りを暴いた名著。その後も国際報道におけるＣＮＮの圧倒的優位に象徴されるこの問題の基本構造は湾岸戦争から９･11 事件以降まで一貫しており，この本のアクチュアリティは失なわれていない。

G・ケペル**『宗教の復讐』**（中島ひかる訳）晶文社, 1992 年

ユダヤ教，キリスト教，イスラームという啓典宗教が 1970 年代以降それぞれに復古主義的な宗教運動を生み出し，現在に繋がる新たな潮流を形成していく。その政治的メカニズムを比較しつつ背景となる社会変動にも言及した「野心的な」力作。

A・ラシッド**『タリバン』**（坂井定雄・伊藤力司訳）講談社, 2000 年

９・11 のテロ以前のアフガニスタン情勢について日本語で読める最良の書。イラン関係では叙述の弱い点も散見されるが，アフガンにおける「イスラーム原理主義」運動なるものの最前線における実態をこれ程赤裸裸に描き出した書物は滅多にない。

D・F・アイケルマン**『中東――人類学的考察』**（大塚和夫訳）岩波書店, 1988 年

中東地域を対象にした人類学的な研究の到達点を整理し俯瞰した理想的な大学用テキスト。中東およびイスラーム世界に欧米を中心とする人類学者がどのような観点からアプローチし，その結果何が明らかになったのかを手ぎわ良く紹介してくれる。

I・ハルドゥーン**『歴史序説』**（全４巻, 森本公誠訳）岩波文庫, 2001 年

14 世紀に書かれたイスラーム世界の政治的・社会的な自己認識の古典的著作。ここで提示されたアサビーヤ（連帯）を軸とする社会・国家理論は，現代中東イスラーム世界を理解するに際しても無限のヒントを与えてくれる。

■飯塚正人

W・C・スミス**『現代イスラームの歴史』**上・下（中村廣治郎訳）中公文庫, 1998 年

1957 年の原著刊行以来，現代イスラーム研究者の必読書として国際的に高い評価を得てきた名著の邦訳。トルコやパキスタンなど，各地の状況に関する深い洞察には目を見張る。とはいえ，何より素晴らしいのはイスラームの思想構造そのものを扱った序論であろう。

小杉泰**『イスラームとは何か――その宗教・社会・文化』**講談社現代新書, 1994 年

イスラーム思想の多様な展開を，ムスリムの歴史に言及しつつ，わかりやすく解説したという意味では，本書と中村廣治郎『イスラム――思想と歴史』（東京大学出版会，1977 年）が双璧である。概説でありながら，専門研究者をも刺激する鋭い発想や指摘に富んでいる。

小杉泰編**『イスラームに何がおきているか――現代世界とイスラーム復興』**（増補版）平凡社, 2001 年

1970 年代半ば以降，各地で顕在化した「イスラーム復興」の波をどう理解すべきか。本書では，14 人の研究者が中東，アジアからヨーロッパにまで及ぶ多様な「復興」のあり方を分析している。さらに増補版では，「9・11」後を受けた 2 つの論文を収録。

板垣雄三監修, 山岸智子・飯塚正人編**『イスラーム世界がよくわかるＱ＆Ａ 100――人々の暮らし・経済・社会』**亜紀書房, 1998 年

イスラーム思想の基本からムスリムの日常生活，現在の政治・経済・社会体制に至るまで，巷に氾濫する疑問と誤解をこの１冊で解決しようとした「大胆極まりない」試み。編者自身も編集の過程で多くの知見を得たほどで，この本でしか得られない情報もかなりある。

飯塚浩二**『東洋史と西洋史のあいだ』**岩波書店, 1963年

昔，明晰でいながらロマンティックでもある文体に乗せられて，この本と同氏の『ヨーロッパ対非ヨーロッパ』(1971年) 片手に地中海を回ったのがイスラーム世界にのめり込むきっかけとなった。中東の独自性と重要性がよく分かる。このような本を絶版にしてしまう日本の出版文化ってなんだ？

三木亘**『世界史の第二ラウンドは可能か――イスラム世界の視点から』**平凡社, 1998年

「目から鱗」の，世界史をみる視点の転換が体験できる。発展の最高段階としてヨーロッパ近代誕生を見る従来の世界史に対する疑問と世界史再構築の旺盛な冒険心を満足させたい人に是非。

宮崎市定**『アジア史概説』**中公文庫, 1987年

元々は戦中に書かれた本書をあげるのは意外に思われるかもしれない。しかし，流通面からアジア史を概観した本書は，イスラームがユーラシア・アフリカ大陸の中央に帯状に拡大していった理由をよく解き明かしてくれる。相も変わらぬ西洋中心史観の統合ヨーロッパ史に比する新しいアジア史構築の可能性はここにある。

■桜井啓子

上岡弘二編**『暮らしがわかるアジア読本　イラン』**河出書房新社, 1999年

所変わればイスラームも変わる。ペルシア文化とシーア派イスラームが融合したイラン世界の魅力が，様々な角度から語られている。人々の暮らしのなかに生きるイラン的イスラームのあり方がよくわかる一冊。

M・ハタミ**『文明の対話』**(平野次郎訳) 共同通信社, 2001年

米国によって「悪の枢軸」とまで言われたイラン。そのイランの大統領が世界に向けて発したメッセージを収録したもの。暗澹とした世界を変えていくためには，互いの文化的な相違を認めつつ対話を続けていく以外に方法はないという大統領のメッセージは傾聴に値する。

井筒俊彦**『マホメット』**講談社学術文庫, 1989年

イスラーム研究の碩学井筒俊彦の初期の作品。預言者ムハンマドの出現をとおしてイスラーム誕生の衝撃を描いたもので，リズミカルで勢いのある文体に圧倒され，一挙に7世紀のアラビアへと引き込まれてしまう。

大塚和夫ほか編**『岩波イスラーム辞典』**岩波書店, 2002年
日本イスラム協会監修**『新イスラム事典』**平凡社, 2002年
片倉もとこ編集代表**『イスラーム世界事典』**明石書店, 2002年

2002年2月から3月にかけて，3冊のイスラーム事典が相次いで発売された。執筆者はかなり重複しているが，いずれもが現段階での最高水準をめざしたもの。3冊比較するのもそれなりに意義深いが，全メンバー結集で1冊の事典にし，和文版と英文版を作成することはできなかったのかとも思う。

M・マフマルバフ**『アフガニスタンの仏像は破壊されたのではない　恥辱のあまり崩れ落ちたのだ』**(武井みゆき・渡部良子訳) 現代企画室, 2001年

映画「カンダハール」でおなじみのイランの映画監督マフマルバフによるメッセージ。世界から見放されたアフガニスタンの苦悩と悲劇がイラン人の目線で語られている。

■宮田　律

A・G・ハサン**『私はアメリカのイスラム教徒』**(池田智監訳) 明石書店, 2002年

アメリカで暮らすパキスタンからの移民二世のムスリム女性によって著された。「アメリカ人」のムスリムとして社会に一生懸命溶け込もうとする意識や姿勢が見られ，ムスリム・アメリカ人としての「誇り」も吐露されている。

中山元編**『発言・米同時多発テロと23人の思想家たち』**朝日出版社, 2002年

23人の世界的な著名な思想家たちの同時多発テロに関する発言をまとめた書。テロ事件と，その後のアメリカの報復的軍事行動の背景について，本質をよく見極め，傾聴に値する発言が少なくない。

木村修三**『中東和平とイスラエル』**神戸大学研究双書刊行会, 1991年

イスラーム世界から「憤懣」をもって見られる米国とイスラエルの特殊関係が，いかなる要因でもって成立しているかが詳細に解明されている。米国の国内的要因によって，そのバランスや公正を欠いた中東政策が追求されていることが浮き彫りになっている。

■鷹木恵子

中村廣治郎**『イスラム――思想と歴史』**東京大学出版会, 1977 年

イスラームを学ぶにあたり，先ず精読すべき古典的概説書のひとつ。イスラームの教義，思想，歴史が，それらに関わるキータームの原綴も含めて解説されている。この姉妹版には『イスラーム教入門』（岩波新書）がある。

加藤博**『文明としてのイスラーム――多元的社会叙述の試み』**東京大学出版会, 1995 年

社会経済史を専門とする著者が，イスラーム文明の多元的在り方を，生態系，貨幣，市，権力，法，宗教，文明の七つのテーマから描いた著作。歴史文書研究に留まらず，現地を歩き現場調査を重ねて培われた洞察力が冴えている。

大塚和夫**『いまを生きる人類学――グローバル化の逆説とイスラーム世界』**中央公論新社, 2002 年

人類学という学問分野が転換期にあるという危機意識に支えられつつ，イスラーム世界の社会政治問題やフィールドワークの事例を通して，「現代」について考察した論文集。優れた同時代感覚とエジプト，スーダン，スワヒリコーストなどでの調査事例が興味深い。

小杉泰編**『イスラームに何かおきているか――その宗教・社会・文化』**（増補版）平凡社, 2001 年

草の根の運動から政治的急進主義まで，さまざまな展開をとげる「イスラーム復興」の現状を，中東諸国のみならず，中央アジア，ヨーロッパ，東南アジアなどをも対象として論じた論文集。イスラーム世界の現状を知る上で格好の書。

M・ユヌス**『ムハマド・ユヌス自伝』**（猪熊弘子訳）早川書房, 1998 年

バングラデシュの経済学教授で，貧困撲滅のために貧しい人々に無担保で少額の融資をし，経済的自立を支援するという「マイクロクレジット」の考案者の自伝。特にイスラーム世界の女性のエンパワーメントについて考えさせられる好著。

■黒田美代子

ハミードッ=ラー**『イスラーム概説』**（黒田美代子訳）イスラミック・センター・ジャパン, 1983 年

イスラームの根本教義，信仰の特質をはじめ，道徳の体系，政治，司法，経済諸制度，伝統的文化等，イスラームに関わる重要な問題について，平易に解説したハミードッ=ラーの定評ある概説書の翻訳。

眞田芳憲**『イスラーム法の精神』**（改訂増補版）中央大学出版部, 2000 年

イスラーム法の法曹法的性格を浮彫りにし，その構造，機能の仕方を客観的に捉えた，ローマ法専門家による偏見のない優れた学術的研究書。

M・バーキルッ=サドル**『イスラーム哲学』**（黒田壽郎訳）未知谷, 1994 年

近代西欧哲学に対するイスラームの哲学的伝統からの批判的分析。イスラーム側の自己主張ばかりでなく，二つの文明の思想的基盤の相違を明らかにする碩学バーキルッ=サドルの重要な著作。

黒田壽郎**『イスラームの心』**中央公論社, 1980 年

公私を分たず，精神的な問題，社会的な問題を共に信仰の対象とするイスラームという教えにおける，両者の交点，融合に分析の焦点をあて，この教えの特質に光をあてた数少ない優れた小著。

M・バーキルッ=サドル**『無利子銀行論』**（黒田壽郎・岩井聡訳）未知谷, 1994 年

急速な技術革新を背景に，過剰な集中を契機に無制限な欲望の拡大を試みる現代の危機的趨勢に対し，財の自己増殖を拒むイスラームの伝統的な経済観に立脚して金融制度の転換を図る，社会的調和の回復のための異文明からの示唆。

■田村愛理

E・W・サイード**『イスラム報道――ニュースはいかにつくられるか』**
（浅井信雄, 佐藤成文訳）みすずライブラリー, 1996 年

メディアからイスラーム世界の情報を得ることが多い我々が一度は読んでおくべき本。同氏の問題提起の著書『オリエンタリズム』よりも読み易く，欧米のイスラーム報道に対する偏見の所在を明らかにしている。

D・F・アイケルマン**『中東――人類学的考察』**（大塚和夫訳）岩波書店, 1988 年

中東社会を人類学的立場から検討している本書は，欧米を中心とした従来の中東研究の諸学説を概観するにも好適である。

■小杉　泰

東長靖**『イスラームのとらえ方』**(「世界史リブレット」)山川出版社, 1996 年

最初に読む入門書として定評があり，大いにお勧めする。日本人が持つイスラーム・イメージの絶妙な分析に始まり，様々な工夫がなされていて，わかりやすい。実感を持って理解を深めることができる。写真や頭注も充実しており，中級者以上が読んでも非常に面白く，ためになる。

三浦徹・東長靖・黒木英充編**『イスラーム研究ハンドブック』**栄光教育文化研究所, 1995 年

イスラーム研究を志す人にとって必携。日本のイスラーム研究の最先端を盛り込んだ，非常に便利なハンドブック。イスラームの各分野を学ぶ際に道しるべとなる研究案内である。イスラーム固有の概念・用語が豊富に収録されたグロッサリーは興味をかきたてる。

小杉泰**『ムハンマド**――イスラームの源流を訪ねて』山川出版社, 2002 年

イスラームの開祖ムハンマドについての最新の書。ムハンマドの姿を親しみやすく描くと共に，多角的なアプローチによって，彼とイスラームについての新しい全体像の提示を試みている。人類史の観点から，ムハンマドがもたらした思想を位置づける。

小杉泰**『現代中東とイスラーム政治』**昭和堂, 1994 年

現代のイスラーム政治の特質について包括的に論じた，日本語ではほとんど唯一の本。学術的専門書なので読みやすくはないが，政治研究を志す読者に勧めたい。イスラーム政治の基本概念を把握するための必読書と言えよう。サントリー学芸賞受賞。

小杉泰編**『イスラームに何がおきているか**――現代世界とイスラーム復興』(増補版) 平凡社, 2001 年

現代世界のイスラーム復興を読み解く一冊。実態的な研究をおこなっている専門家の共同プロジェクトに基づいて，東は東南アジアから西はマグリブまで，さらにはヨーロッパを含めて，様々な地域におけるイスラームの姿を描き出している。さらに，増補版では米国における「同時多発テロ」事件に対応した分析と提言を加えた。イスラーム復興の諸組織一覧，年表，読書案内など詳細な付録付き。

■東長　靖

大塚和夫・小杉泰・小松久男・東長靖・羽田正・山内昌之編**『岩波イスラーム辞典』**岩波書店, 2002 年

今最も包括的なイスラーム辞典。項目数も類似の辞典をはるかに凌駕する。イスラーム世界全域に目配りし，現代や思想にも力点が置かれている点に特徴がある。平凡社，東京堂出版，明石書店からもイスラーム関係の辞典が出ており，読み比べてみると楽しい。

小杉泰**『イスラームとは何か**――その宗教・社会・文化』講談社現代新書, 1994 年

数多いイスラーム概説書のなかで，読みやすく，質も高い 1 冊 (そのくせ値段は安い)。イスラーム学について，バランスのとれた像を提供してくれる。エジプト・アズハル大学に学んだ筆者ならではの，一次資料を豊富に用いた説明に特長がある。

板垣雄三監修, 山岸智子・飯塚正人編**『イスラーム世界がよくわかるQ＆A 100**
――人々の暮らし・経済・社会』亜紀書房, 1998 年

イスラーム世界に関して，誰もがもつ疑問に分かりやすく答えてくれる本。多くの日本人がイスラームについて持つ偏見が本書で払拭されるだろう。1 項目が見開き 2 ページで説明されており，読みきりになっているので，暇な時にぱらぱら拾い読みするだけでも楽しい。

小杉泰**『イスラーム世界』**(「21 世紀の世界政治」第 5 巻) 筑摩書房, 1998 年

現代イスラーム世界の理解のために欠かせない 1 冊。異文化としてのイスラーム世界の論理を解き明かす。豊富な事例研究をもとに，モデル化による明晰な理論的説明がなされる。学術書でありながら，章の書き出しに凝るなど，読み物としても読者を飽きさせない。

R･A･ニコルソン**『イスラムの神秘主義**――スーフィズム入門』(新版, 中村廣治郎訳) 平凡社ライブラリー, 1996 年

スーフィズムについてコンパクトに語る 1 冊。スーフィズムの基礎理論はこれでほとんど手に入る。原理主義ばかりが注目されるイスラーム世界だが，本書でイスラームのもう一つの側面に触れてほしい。原著は 1914 年刊行だがいまだに有用。訳も平明で読みやすい。

飯沼二郎**『歴史のなかの風土』**日評選書, 1979 年

風土論が地理決定論として退けられて久しい。本書は風土論を生産文化論で豊富化し，農業のあり方が基層文化として地域の社会の性格を大きく規定するとし，その多くが乾燥地であるイスラーム世界の社会経済のあり方をも論じている。

M・ハリス**『食と文化の謎』**（板橋作美訳）岩波現代文庫, 2001 年

「豚を禁止するイスラーム世界は，無知と迷信がはびこる世界」との無知と迷信を払拭するためには是非本書の第 3 章「おぞましき豚」をすすめたい。文化唯物論を提唱する文化人類学者による，乾燥地社会の「食と文化」についての仮説

■羽田　正

佐藤次高・鈴木董・坂本勉編**『イスラームの世界史』**（全 3 巻）講談社現代新書, 1993 年

一番手軽に「イスラーム世界」の歴史を知ることができるシリーズ。ただし，執筆者は多数なので，全体が一つの筋書きに基づいて記されているわけではない。

佐藤次高**『イスラーム世界の興隆』**（「世界の歴史」第 8 巻）中央公論社, 1997 年
永田雄三・羽田正**『成熟のイスラーム社会』**（同 15 巻）1998 年
山内昌之**『近代イスラームの挑戦』**（同 20 巻）1996 年

『イスラームの世界史』よりも詳しく，各巻は一人ないし二人の著者によって統一的に記されている。3 巻あわせて読めば，19 世紀以前の「イスラーム世界」の歴史について，我が国の学界の現段階での到達点を知ることができる。

羽田正**『モスクが語るイスラム史』**中公新書, 1994 年

イスラーム世界に広く見られるモスク建築の建築様式や装飾の歴史を，政治史と結びつけて説明しようとしたもの。依然としてイスラーム建築史に関する我が国で唯一の著作。

羽田正**『勲爵士シャルダンの生涯**――17 世紀のヨーロッパとイスラーム世界**』**中央公論新社, 1999 年

17 世紀フランスの宝石商人でペルシア旅行記の著者，シャルダンの生涯を，東インド会社の文書や自筆の手紙などを用いて詳細に復元し，その背後にある西ヨーロッパ社会とペルシア・イスラーム社会の違いを分析した作品。

■黒田壽郎

黒田壽郎編**『イスラーム辞典』**（第 8 版）東京堂出版, 1999 年

イスラームの基本構造，それがもつネットワークの機能を綜合的に理解するのに便利な，読む辞典。この教えの全体像を理解するのに最も簡便な辞典。

黒田美代子**『商人たちの共和国**――世界最古のスーク，アレッポ**』**藤原書店, 1995 年

宗教としてのイスラームが，その世界観，法的規定を介して人々にどのように作用し，その結果イスラーム世界にどのような経済的市場を産み出してきたかを探る，独自の文化，社会的分析。

M・バーキルッ=サドル**『イスラーム経済論』**（黒田壽郎訳）未知谷, 1993 年

イランの碩学バーキルッ=サトルの伝統的経済に関する古典的な著作の翻訳。主題の内容，歴史的役割を知るためにも不可欠な著作。20 世紀イスラーム世界における，最も重要な作品として評価が高い。

A・シャリーアティー**『イスラーム再構築の思想』**（櫻井秀子訳）大村書店, 1997 年

現代イランの最も重要な思想家。伝統的なイスラーム解釈を改新し，新しい可能性を抉り出した点で，イラン革命に大きな影響力をもった。イスラーム再構築の試みの可能性，それが産出するエネルギーを知るためには，欠かせない著作。

H・ガーバー**『イスラームの国家・社会・法』**（黒田壽郎訳）藤原書店, 1996 年

歴史の展開にシャリーアはいかなる貢献もしなかったという，学会の通説を覆えして新たな解釈の可能性を開示したH・ガーバーの先駆的な著作。法と社会の関わりという，これまで蔑ろにされた主題に光を当てる。

黒田美代子『**商人たちの共和国**——世界最古のスーク，アレッポ』藤原書店，1995 年
北シリアのというよりイスラーム世界の卓越都市アレッポの市場と，日本からの目利きの研究者とが，出会い，知識・情報の濃密な交易をかさねた。経済の臨地研究は，人間存在と社会・環境機構を統合する全体性の次元に昇華し，新しい文化学・人間学となる。

■黒木英充

板垣雄三編『**「対テロ戦争」とイスラム世界**』岩波新書，2002 年
2001 年 9 月 11 日以降 12 月までのイスラーム世界の様々な動向を，地域的・歴史的な文脈の中に位置づけながら，多角的に幅広く論じている。地域研究者が，専門とするそれぞれの現地の視点から，これまでの研究活動の成果を踏まえて発言したもの。

内藤正典『**なぜ，イスラームと衝突するのか**——この戦争をしてはならなかった』明石書店，2002 年
同じくポスト 9･11 の世界の動きと，その語られ方をめぐり，トルコを中心とする中東とヨーロッパ諸国とをフィールドにしてきた筆者が，移民研究を通じてその双方を深く知る立場から，対話の必要性を提言している。

鈴木董『**イスラムの家からバベルの塔へ**——オスマン帝国における諸民族の統合と共存』リブロポート，1993 年
オスマン帝国を中心的な素材としながらも，イスラーム世界における国家体系と秩序をめぐり，長期的な射程をもってマクロな視点から論じたもの。現代中東の国民国家システムの中で発生する民族紛争を考えるうえで，必読の書といえよう。

加藤博『**文明としてのイスラム**——多元的社会叙述の試み』東京大学出版会，1995 年
社会経済史を専門とする著者が，灌漑システムから貨幣論，イスラーム法，権力論にまで及ぶ広範な領域でイスラームを論じたもの。自由と秩序をめぐる議論を軸に，マクロな議論を展開するが，実証的な研究成果を基礎に置いているがゆえに説得力のある論考である。

R・シャミ『**片手いっぱいの星**』（若林ひとみ訳）岩波書店，1988 年
中学生向け独語小説の邦訳であるが，現代シリアの都市生活を活写している点で，本書に優るものはない。多元的社会における人々の生活スタイルとふるまい，広い意味での文化のありようが，1960 年代ダマスクスのキリスト教徒少年の日記形式で叙述されている。

Albert Hourani, **A History of the Arab Peoples**, Harvard University Press, 1991.
イスラーム以前から現代にまで及ぶ，アラブの通史。単なる王朝変遷史ではなく，大きく 5 つに時代区分しながら，それぞれの段階を理解するのに有効なキーワードを示しつつ，20 世紀を代表する碩学ならではの，バランスの取れた記述をしている。

Robert Fisk, **Pity the Nation： Lebanon at War**, Oxford University Press, 2d, ed. 1992.
現在も一線で活躍する英人記者による，レバノン内戦のルポルタージュ。銃弾や爆撃をかいくぐりながらの，徹底した現地主義に基づく記録は，ポスト 9・11 世界においてますます貴重な証言となっている。1982 年のイスラエル軍のレバノン侵攻部分が圧巻。

■中堂幸政

J・アタリ『**歴史の破壊　未来の略奪**——キリスト教ヨーロッパの地球支配』（斎藤広信訳）朝日新聞社，1994 年
1492 年を契機とするヨーロッパ〈近代〉の出生の秘密とその後の〈歴史〉の捏造を，前近代の先行する諸世界との関連で問い直している。歴史の十字路でもあったイベリア半島のイスラーム世界との対比で西方キリスト教世界の近代が孕む暴力性を鋭く指摘。

H・I・マルー『**キリスト教史２**——教父時代』（上智大学中世思想研究所編訳）平凡社ライブラリー，1996 年
イスラームの誕生の前奏曲となる，ローマ帝国によるキリスト教の国教化を契機とする東西キリスト教間の教義論争の歴史を扱っている。アルメニア教会をはじめとする東方独立諸教会の成立の経緯についても詳しい。

松田寿男『**アジアの歴史**——東西交渉からみた前近代の世界像』岩波同時代ライブラリー，1993 年
イスラーム世界の歴史をユーラシア大陸規模での東西交渉史のなかに位置づけて解説した好著。アフリカ，南アジア，東南アジア，東アジア世界等の風土の違いを東西交渉史の関連を論じ，ヨーロッパ世界をアジアの歴史のなかで相対化することを試みている。

イスラームを理解するためのブックガイド 150

*本書の執筆者が推薦した書（執筆者によっては本書収録の論考の関連書が中心）を執筆順に配列した。

■三木　亘

井筒俊彦**『イスラーム文化』**岩波文庫, 1991 年

東西の諸思想に深い認識を持つ世界的な碩学の哲学者が晩年に語ったもの。読者の勉強次第でいくらでも深く読める。同著者訳の『コーラン』（岩波文庫）は，無人島にたずさえる一冊だけの本としておすすめ。たのしく深読みできる本である。

片倉もとこ**『イスラームの日常世界』**岩波新書, 1991 年

イスラーム世界のたくさんの人々（それも女性が多い）とつきあってきた著者の等身大のイスラーム世界像。文献とあたまでの知識ではなく，からだでの認識をズバズバ語っているのがよい。同著者の『「移動文化」考』（岩波書店）も現代イスラーム世界論として秀逸。

A・Y・アルハサン, D・R・ヒル**『イスラム技術の歴史』**（多田博一・原隆一・斎藤美津子訳）平凡社, 1999 年

近代西欧文明をもいわば現出させたイスラーム文明の物質的側面を支える技術のかずかずを語る。アレッポ大学のアラブ科学史研究所の創設者である第一の著者は，すべて原典や文書によって，かなり無視されてきたにちかいこのテーマをきわめて具体的に描く。

I・バットゥータ**『大旅行記』**（全 7 巻予定, 家島彦一訳）平凡社東洋文庫, 1996 年-

モロッコのタンジャ生れのベルベル系の著者が，内陸アジアからインド，中国にいたる，ヨーロッパと日本を除く文明地域のほとんどを訪れた 26 年間の旅日記。14 世紀イスラーム世界のパノラマとして気楽にたのしんで読めるし，深く勉強したい人は訳者の注をどうぞ。

I・ハルドゥーン**『歴史序説』**（全 4 巻, 森本公誠訳）岩波文庫, 2001 年

旧大陸世界史の曲り角を体験した 14 世紀後半チュニス人の著者が，世界史を反省的に理論化したもの。文明と田舎の動的な絡みあいで展開するかれの理論は，いまの世界にも通用するのではないかと，英国人類学者のゲルナーさんが言っているのに賛成。

■板垣雄三

佐々木毅・金泰昌編**『公共哲学 1　公と私の思想史』**東京大学出版会, 2001 年

板垣による「イスラーム思想史における公と私」という発題も含まれるが，西欧・中国・日本・インドとの比較という広い視野で各自の構想を練ってほしいもの。『現代思想　特集インド的なるもの』（1994 年 Vol. 22-7）の板垣・小谷汪之対談も参照。

溝口雄三**『中国前近代思想の屈折と展開』**東京大学出版会, 1980 年

イスラームに触らないで 16 世紀の李卓吾を凝視し，中国思想の「異ヨーロッパ的」特質についての思索から中国的近代を論じた「屈折と展開」の注目すべき書。日本での研究動向と中国社会の発展動向とを睨む『中国という視座』（平凡社，1995 年）も参照。

I・ジュバイル**『旅行記』**（関西大学東西学術研究所訳注シリーズ 6, 藤本勝次・池田修監訳）関西大学出版部, 1992 年

12 世紀末アンダルスのグラナダからメッカ巡礼におもむき，十字軍国家を通り抜け，シチリア・ノルマン王国を経て立ち戻る記録。アッシジのフランチェスコが東方に旅しイスラームから閃きを得たと見られるのは，その直後。歴史イメージの転換を促す書物。

A・ド・リベラ**『中世知識人の肖像』**（阿部一智・永野潤訳）新評論, 1994 年

エックハルト研究家である著者が，西欧のスコラ的知性形成におけるアラブ・イスラーム思想の貫禄と，第三世界を内在化させルペンを生む現代西欧のゆらぎとを，往還批評する。預言者ムハンマドの「夜の旅」説話の翻案であるダンテ『神曲』の現在的読み方は?

EDITORIAL STAFF

editor in chief
FUJIWARA YOSHIO

editor
NISHI TAISHI

photographer
ICHIGE MINORU

〔編集後記〕
イスラーム世界について考えるようになったのは，友人のC氏との25年前の出会いがきっかけである。当時C氏は，イスラーム世界が欧米といかに違って楽しい世界かを話してくれた。その中で，値段は交渉によって決まるという話があった。しかしそれは，大阪と同じではないかと思う。上京してからあまりそういう世界とはめぐり会えず，この出版界などはその最たる世界だ。つまり再販売価格維持制度で，どこで買っても同じ値段。買い物は，売り手と買い手がその値段を交渉してはじめて楽しいものになる。当たり前のことだと思うが，この西欧化された現代社会では決してそうではない。モノを買うのだが，単なるモノ買いではなく，人間を通したモノ買いが楽しいのだ。戦後アメリカから入った経済合理性の文化，スーパーマーケットや最近急に増大してきているコンビニなどでは買い物を楽しむことは出来ない。このイスラーム的世界は，時間や速度もゆったりと流れてはじめて可能になるのだろう。こういう時間を多くの日本人も過ごしてきたはずだ。西欧的近代化に決して乗らぬイスラーム的あり方を，総合的に見直す時が，今きていると思う。　（亮）

別冊『環』❹

イスラームとは何か——「世界史」の視点から

2002年5月30日発行　初版第１刷発行©
2008年5月30日発行　初版第２刷発行

編集兼発行人　藤原良雄
発行所　株式会社 藤原書店

〒162-0041　東京都新宿区早稲田鶴巻町523
電話　03-5272-0301（代表）
ＦＡＸ　03-5272-0450
ＵＲＬ　http://www.fujiwara-shoten.co.jp/
振替　00160-4-17013

印刷・製本　凸版印刷株式会社

ISBN 978-4-89434-284-2